Verhältnismäßigkeit und Ermessensreduzierung im Mehrpersonenverhältnis

Europäische Hochschulschriften

European University Studies

Publications Universitaires Européennes

Reihe II	**Rechtswissenschaft**
Series II	Law
Série II	Droit

Band/Volume **5753**

Florian Arnold

Verhältnismäßigkeit und Ermessensreduzierung im Mehrpersonenverhältnis

Der Modifikationsbedarf des Verhältnismäßigkeitsgrundsatzes im multipolaren Verwaltungsrechtsverhältnis bei einer Ermessensreduzierung auf Null am Beispiel der Baubeseitigung

PL ACADEMIC RESEARCH

Bibliografische Information der Deutschen Nationalbibliothek
Die Deutsche Nationalbibliothek verzeichnet diese Publikation in der Deutschen Nationalbibliografie; detaillierte bibliografische Daten sind im Internet über http://dnb.d-nb.de abrufbar.

Zugl.: Augsburg, Univ., Diss., 2014

Gedruckt auf alterungsbeständigem,
säurefreiem Papier.

D 384
ISSN 0531-7312
ISBN 978-3-631-66339-4 (Print)
E-ISBN 978-3-653-05664-8 (E-Book)
DOI 10.3726/ 978-3-653-05664-8

PL Academic Research ist ein Imprint der Peter Lang GmbH.
Peter Lang – Frankfurt am Main · Bern · Bruxelles · New York · Oxford · Warszawa · Wien

Diese Publikation wurde begutachtet.

www.peterlang.com

Vorwort

Die Arbeit lag im Wintersemester 2013/2014 der Juristischen Fakultät der Universität Augsburg als Dissertation vor. Sie berücksichtigt die Rechtsprechung und Literatur bis einschließlich Mai 2013.

Mein besonderer Dank gilt meinem Doktorvater, Herrn Prof. Dr. Ivo Appel. Er hat mir im Rahmen der Dissertation sowohl in thematischer als auch in inhaltlicher Hinsicht jegliche Freiheiten eingeräumt und so gewährleistet, dass diese Arbeit letztendlich erst die Möglichkeit zur Spezifikation auf die Thematik der Beziehung von Verhältnismäßigkeit und Ermessensreduzierung erfuhr. Mein Dank gilt auch Herrn Prof. Dr. Ulrich Gassner der sich zur Erstellung des Zweitgutachtens erklärt hat.

Darüber hinaus sei insbesondere meinen Eltern ein besonderer Dank ausgesprochen, die mir durch ihre permanente Unterstützung vieles ermöglicht haben, nicht zuletzt auch die Anfertigung dieser Arbeit. Schließlich gebührt ein herzliches Dankeschön meinem Freund und Mentor Prof. Dr. Hagen Kobor für seinen stets weiterführenden Rat und ausführliche Diskussionen an manch langen Mittwochabenden.

München, den 11.04.2015 *Florian Arnold*

Inhaltsverzeichnis

Abkürzungsverzeichnis

a. A.	anderer Ansicht
Abs.	Absatz
AcP	Archiv für die civilistische Praxis (Z)
AGVwGO	Gesetz zur Ausführung der Verwaltungsgerichtsordnung
ALR	Allgemeines Preußisches Landrecht
Alt.	Alternative
Anm.	Anmerkung
AO	Abgabenordnung
AöR	Archiv des öffentlichen Rechts (Z)
Art.	Artikel
Aufl.	Auflage
BAG	Bundesarbeitsgericht
BauGB	Baugesetzbuch
BauNVO	Baunutzungsverordnung
BauR	Baurecht (Z)
BayBO	Bayerische Bauordnung
BayLStVG	Bayerisches Landesstraf- und Verordnungsgesetz
BayObLG	Bayerisches Oberstes Landesgericht
BayPAG	Bayerisches Polizeiaufgabengesetz
BayVBl.	Bayerische Verwaltungsblätter (Z)
BayVerfGH	Bayerischer Verfassungsgerichtshof
BayVGH	Bayerischer Verwaltungsgerichtshof
BB	Betriebsberater
BBauGB	Bundesbaugesetzbuch
Bd.	Band
Beschl.	Beschluss
BGB	Bürgerliches Gesetzbuch
BGBl.	Bundesgesetzblatt
BGH	Bundesgerichtshof
BGHSt	Entscheidungen des Bundesgerichtshofs in Strafsachen
BGHZ	Entscheidungen des Bundesgerichtshofs in Zivilsachen
BImSchG	Bundesimmissionsschutzgesetz
BImSchV	Bundesimmissionsschutzverordnung
BSG	Bundessozialgericht
BSGE	Entscheidungen des Bundessozialgerichts

BT-Drucks.	Bundestagsdrucksache
BVerfG	Bundesverfassungsgericht
BVerfGE	Entscheidungen des Bundesverfassungsgerichts
BVerwG	Bundesverwaltungsgericht
BVerwGE	Entscheidungen des Bundesverwaltungsgerichts
bzw.	beziehungsweise
d.	der
ders.	derselbe
d. h.	das heißt
DÖV	Die Öffentliche Verwaltung (Z)
DVBl.	Deutsches Verwaltungsblatt (Z)
EAG Bau	Europarechtsanpassungsgesetz Bau
Einf.	Einführung
Einl.	Einleitung
Entscheid.	Entscheidung
EuGRZ	Europäische Grundrechte-Zeitschrift (Z)
f.	folgende; für
ff.	fortfolgende
FG	Festgabe
FS	Festschrift
GG	Grundgesetz
GG-Kommentar	Grundgesetz-Kommentar
GS	Gedächtnisschrift
Hs.	Halbsatz
i. d. S.	in diesem Sinne
i. e. S.	im engeren Sinne
i. V. m.	in Verbindung mit
i. w. S.	im weiteren Sinne
JA	Juristische Arbeitsblätter (Z)
JR	Juristische Rundschau (Z)
JURA	Juristische Ausbildung (Z)
JuS	Juristische Schulung (Z)
JZ	Juristenzeitung (Z)
Kap.	Kapitel
KG	Kammergericht
krit.	kritisch
lit.	Buchstabe

LStVG	Landesstraf- und Verordnungsgesetz
m. w. N.	mit weiteren Nachweisen
NJW	Neue Juristische Wochenschrift (Z)
Nr.	Nummer
NuR	Natur und Recht (Z)
n. v.	nicht veröffentlicht
NVwZ	Neue Zeitschrift für Verwaltungsrecht (Z)
NVwZ-RR	Neue Zeitschrift für Verwaltungsrecht Rechtsprechungsreport (Z)
OVG	Oberverwaltungsgericht
OVGE	Entscheidungen der Oberverwaltungsgerichte
PrOVG	Preußisches Oberverwaltungsgericht
PrOVGE	Entscheidungen des Preußischen Oberverwaltungsgerichts
PrPVG	Preußisches Polizeiverwaltungsgesetz
RG	Reichsgericht
RGSt	Entscheidungen des Reichsgerichts in Strafsachen
RGZ	Entscheidungen des Reichsgerichts in Zivilsachen
Rn.	Randnummer
S.	Seite
sog.	so genannt; so genannter; so genannte; so genanntes
StGB	Strafgesetzbuch
StPO	Strafprozessordnung
TierSG	Tierseuchengesetz
u.a.	unter anderem; und andere
UPR	Umwelt und Planungsrecht (Z)
Urt.	Urteil
v.	von; vom
VA	Verwaltungsakt
VBlBW	Verwaltungsblätter für Baden-Württemberg (Z)
VerwArch	Verwaltungsarchiv (Z)
VG	Verwaltungsgericht
VGH	Verwaltungsgerichtshof
VGHE	Entscheidungen des Verwaltungsgerichtshofs
vgl.	vergleiche
Vorbem.	Vorbemerkung
VR	Verwaltungsrundschau (Z)
VwGO	Verwaltungsgerichtsordnung

VwVfG	Verwaltungsverfahrensgesetz
WRV	Weimarer Reichsverfassung
Z	Zeitschrift
z. B.	zum Beispiel
ZG	Zeitschrift für Gesetzgebung (Z)
ZRP	Zeitschrift für Rechtspolitik (Z)
z. T.	zum Teil

Einleitung

A. Problemstellung

> *„Haben mithin schon bisher die Gerichte es als rechtlich geboten und tatsächlich möglich erkannt, zum Schutze der Freiheit des Bürgers Gesetze unter gewissen Voraussetzungen auf ihre Notwendigkeit zu prüfen, so kann eine solche Prüfung dem Bundesverfassungsgericht noch weniger entzogen sein; denn ihm ist* [...] *der Schutz der Grundrechte gerade gegenüber dem Gesetzgeber anvertraut* [...]."

Mit dieser Feststellung im Rahmen seines Apothekenurteils[1] begab sich das BVerfG Ende der 1950-er Jahre auf neues Terrain – es machte sich erstmals die Prüfung legislativer Akte anhand des Verhältnismäßigkeitsgedankens zur Aufgabe. Welche Konsequenzen und Auswirkungen dieses Betreten von Neuland auf die deutsche Rechtslandschaft in den kommenden Jahrzehnten und bis zum heutigen Tage haben würde, war zu diesem Zeitpunkt noch nicht vorhersehbar. In dieser Verhältnismäßigkeitsprüfung[2] des bayerischen Apothekengesetzes durch das BVerfG – hier noch in Form einer qualitativen Eingriffsunterscheidung anhand der sog. 3-Stufen-Rechtsprechung bei Art. 12 GG – ist letztlich der „Startschuss" für eine neue juristische Zeitrechnung zu sehen. Denn schon bald war eine Prüfung staatlicher Akte auf ihre Verhältnismäßigkeit – sodann in fortentwickelter Form einer Prüfung ihrer Geeignetheit, Erforderlichkeit und Angemessenheit – zum „Sinnbild" judikativen Grundrechtsschutzes geworden, mithin war letztlich ein effektives Mittel zur Gewährleistung bürgerlicher Freiheit gefunden.

Heute sieht man im Grundsatz der Verhältnismäßigkeit – abstrakt formuliert –insbesondere *„ein verfassungsrechtliches Kriterium für Art und Ausmaß*

1 Siehe BVerfG, Urt. v. 11.06.1958 – 1 BvR 596/56 – BVerfGE 7, S. 377 (413).

2 Dabei ist an dieser Stelle darauf hinzuweisen, dass das BVerfG im Apothekenurteil den Begriff der Verhältnismäßigkeit noch nicht als solchen prägte. Vielmehr entwickelte das Gericht in diesem Urteil zur Berufsfreiheit die 3-Stufen-Theorie aus der *„allgemeinen Bedeutung des Art. 12 Abs. 1"*, *„den Grundauffassungen der Verfassung und dem von ihr vorausgesetzten Menschenbild"* sowie *„der Gesamttendenz des Grundrechtsabschnitts* [...], *der* [...] *leerlaufende Grundrechte im früheren Sinn nicht mehr kennt"* und stellt die späteren Teilgrundsätze der Verhältnismäßigkeit im Rahmen der 3-Stufen-Theorie unter ein *„für das Eingreifen des Gesetzgebers* [...] *von Verfassungs wegen* [bestehendes] *Gebot der Differenzierung"*. Siehe BVerfG, Urt. v. 11.06.1958 – 1 BvR 596/56 – BVerfGE 7, S. 377 (399, 402 f., 403 f., 405); *Schlink* in: FS 50 Jahre BVerfG II, S. 446.

zulässiger Einschränkungen der grundrechtlichen Freiheit durch Gesetz oder auf Grund Gesetzes."[3] Mit dieser Kurzdefinition bringt es *Badura* auf den Punkt, wenn er die Aufgabe und Funktion des wohl weitreichendsten Grundsatzes beschreibt, den das deutsche Verwaltungs- und Verfassungsrecht kennt. Bei staatlichen Maßnahmen der Legislative, Exekutive und Judikative ist stets darauf zu achten, dass das absolut notwendige Maß nicht überschritten[4] wird, die Maßnahme das Übermaßverbot beachtet[5] bzw. kein Verstoß gegen das Übermaßverbot[6] vorliegt.[7]

Zahlreiche Autoren haben sich in der Vergangenheit mit dem Begriff der Verhältnismäßigkeit in den verschiedensten Facetten auseinandergesetzt – soweit ersichtlich jedoch regelmäßig mit seiner Bedeutung im Zweipersonenverhältnis Staat – Maßnahmeadressat. Allerdings befindet sich das Verwaltungsrecht zum gegenwärtigen Zeitpunkt in einer Phase des elementaren Wandels[8]: Das klassische Verwaltungsrechtsverhältnis, eng bezogen auf die unmittelbar Beteiligten (Behörde und Bürger), gelangt immer weiter in den Hintergrund. Das moderne Verwaltungsrechtsverhältnis hingegen darf sich nicht mehr auf die unmittelbar betroffenen Kreise beschränken, vielmehr sind regelmäßig die Interessen und Rechtsgüter von Dritten als mittelbar von einer Behördenentscheidung Betroffene zu berücksichtigen.

---

3 Siehe *Badura*, Staatsrecht, S. 370, Rn. 52.

4 Vgl. *von Krauss*, Der Grundsatz der Verhältnismäßigkeit, S. 5.

5 Vgl. *Kirchhof* in: Handbuch des Staatsrechts V, (3.Aufl.), § 99 Rn. 50.

6 Vgl. z.B. *Ipsen*, JuS 1990, S. 634; ferner *Schlink* in: FS 50 Jahre BVerfG II, S. 463.

7 Auch in gemeinschaftsrechtlicher Hinsicht war die Fortentwicklung des Verhältnismäßigkeitsprinzips in Deutschland zu einem allgemeingültigen, rechtsgebietsübergreifenden Grundsatz mit einer strikt festgelegten Prüfungsstruktur grundlegend – europarechtlich wird insoweit auch von der *„deutschen Erfindung"* gesprochen. Siehe *Koch*, Der Grundsatz der Verhältnismäßigkeit in der Rechtsprechung des Gerichtshofs der europäischen Gemeinschaften, S. 49 m. w. N.

8 Vgl. vertiefend zum Wandel des Verwaltungsrechts *Ossenbühl*, DVBl. 1994, S. 1381 ff.; ferner zu der auch dem Wandel des Verwaltungsrechts sowie der zunehmenden Bedeutung des Drittschutzes geschuldeten Frage nach Sinn und Zweck der Privatsierung des Verwaltungsverfahrens vgl. *Appel* in: Hoffmann-Riem/Schmidt-Aßmann/Voßkuhle, Grundlagen des Verwaltungsrechts II, S. 851 ff. Zur generellen Entwicklung und Modernisierung der Verwaltung vgl. *König*, Verwaltungsstaat im Übergang, S. 106 ff., 143 ff.

Diese „Emanzipation" des Drittschutzes[9] führt gleichzeitig zu verschiedensten Modifikationen in der gelebten Verwaltungswirklichkeit: In verfahrensrechtlicher Hinsicht hat die Behörde heute bei Prüfung einer rechterheblichen Handlung mit drittbeeinflussender Außenwirkung nicht mehr nur dem eigentlichen Maßnahmeadressaten rechtliches Gehör zu garantieren, auch muss regelmäßig bereits an dieser Stelle eines Verwaltungsverfahrens eine mögliche Drittbetroffenheit anderer Bürger berücksichtigt und mit einbezogen werden. Diese Berücksichtigung auf formeller Seite findet ihren rechtlichen Gegenpart in der materiell-rechtlichen Behördenprüfung. Hat die Behörde im Einzelfall auch Dritte im Rahmen des Verwaltungsverfahrens zu beteiligen, so sind deren Einwendungen, Äußerungen und Bedenken bei der Sachentscheidung zwingend zu berücksichtigen, um letztlich eine einzelfallgerechte Entscheidung gewährleisten zu können.

Bezogen auf die Historie bzw. das traditionelle Verständnis des Verwaltungsrechtsverhältnisses lässt sich für die Zukunft die Entwicklung von der „Ausnahmekonstellation" Drittschutz zum verwaltungsrechtlichen Regelfall und damit die zunehmende Verdrängung bipolarer Verwaltungsrechtsverhältnisse zu Ausnahmekonstellationen konstatieren. Mit diesem bereits eingesetzten Wandel des Verständnisses des Verwaltungsrechtsverhältnisses[10] ist denknotwendig auch eine Modifikation seiner wesentlichen „Kontrollinstrumente" verbunden. Wenn sich das Standardverwaltungsrechtsverhältnis nicht mehr nur auf bipolarer sondern zunehmend auf multipolarer Ebene abspielt, so bedeutet dies auch aus rechtsstaatlicher Sicht eine zwingende Anpassung bestehender Kontrollmechanismen staatlicher Machtausübung, um den modifizierten Anforderungen auch aus rechtstaatlicher Sicht gerecht werden zu können.

B. Untersuchungsgegenstand

Eine der wichtigsten Regularien zur Begrenzung staatlicher Macht stellt heute – sowohl in verfassungsrechtlicher als auch in verwaltungsrechtlicher Hinsicht

9 *Zacher* spricht generell von dem rechtstaatlichen Erfordernis eines „*System*[s] der *Lösung von Konflikten*", welches keiner festen, starren Grenzen bedarf, sondern vielmehr „*dynamische*" und „*veränderbare*" Antworten ermöglicht. Siehe *Zacher* in: FS f. Knöpfle, S. 413 f.

10 Vertiefend zu den Veränderungen in der Beteiligung bzw. der Berücksichtigung von Interessen im Rahmen des Verwaltungsverfahrens vgl. *Rossen-Stadtfeld* in: Hoffmann-Riem/Schmidt-Aßmann/Voßkuhle, Grundlagen des Verwaltungsrechts II, S. 694 ff., Rn. 56 ff.

– der Grundsatz der Verhältnismäßigkeit dar. Ausgehend von der bereits benannten Apotheken-Entscheidung des BVerfG hat er sich bis heute zu einem universell einsetzbaren Instrument staatlicher Machtbegrenzung entwickelt. Doch auch hierbei ist festzustellen, dass der Grundsatz der Verhältnismäßigkeit mit seinen Teilgrundsätzen der Geeignetheit, Erforderlichkeit und Angemessenheit insbesondere auf das überkommene bipolare Verwaltungsrechtsverhältnis zugeschnitten ist. Soll jedoch der Grundsatz der Verhältnismäßigkeit auch in Zukunft seine herausragende Bedeutung insbesondere auf Ebene des bürgernahen Verwaltungsrechts behalten, so setzt dies zwangsläufig seine (universelle) Anwendbarkeit auch bei Mehrpersonenverhältnissen voraus.[11]

Es soll daher im Rahmen dieser Arbeit der Frage nachgegangen werden, ob die bisherige Bedeutung des Grundsatzes der Verhältnismäßigkeit (i. w. S.) insbesondere als Schutzinstrument des Bürgers vor hoheitlichen Eingriffen auch auf Ermessensreduzierungen in Mehrpersonenverhältnissen anwendbar ist oder ob der rechtstaatliche Verhältnismäßigkeitsgedanke in diesen besonderen Fallkonstellationen des multipolaren Verwaltungsrechtsbereichs zumindest in technischer Hinsicht Modifikationen unterliegt, um insbesondere die Rechtsgüter Drittbetroffener effektiv schützen und dadurch Einzelfallgerechtigkeit gewährleisten zu können. Die dabei erarbeiteten, abstrakten Untersuchungsergebnisse sollen sodann anhand der bayerischen Rechtsgrundlage für eine bauaufsichtlichen Beseitigungsanordnung in Form von Art. 76 Satz 1 BayBO auf ihre praxisbezogene Richtigkeit überprüft werden.

C. Gang der Arbeit

Die Arbeit befasst sich mit den „prüfungstechnischen" Aspekten des Verhältnismäßigkeitsgrundsatzes (i. w. S.) – mithin soll insoweit insbesondere der Einfluss einer auf beeinträchtigten Drittbelangen resultierenden Ermessensreduzierung auf Null auf die Bedeutung und den Prüfungsinhalt für seine Teilgrundsätze in multipolaren Verwaltungsrechtsverhältnissen untersucht werden. Aufbauend auf einem wissenschaftlich bereits vorbereiteten Grundgerüst – die Bedeutung des Verhältnismäßigkeitsgrundsatzes im klassischen, bipolaren Verwaltungsrechtsverhältnis ist bereits hinlänglich untersucht worden – wird es in einem ersten Schritt der Arbeit insbesondere darum gehen, anhand abstrakter Untersuchungen einen eventuellen Modifikationsbedarf des

11 Zur generellen Bedeutung des Verhältnismäßigkeitsgrundsatzes in der Zukunft und damit zu den „offenen" Fragen im Zusammenhang mit der Veränderung des Staatsverständnisses an sich vgl. *Kloepfer* in: FG 50 Jahre BVerwG, S. 341 ff.

Grundsatzes der Verhältnismäßigkeit im multipolaren Bereich festzustellen. Ein besonderes Augenmerk soll dabei auf das Dreipersonenverhältnis auf Basis einer Ermessensreduzierung auf Null gelegt werden.

In einem zweiten Schritt sollen die erarbeiteten, abstrakten Grundsätze auf ihre Praktikabilität in der Verwaltungspraxis überprüft werden. Die hierfür ausgewählte Vorschrift des Art. 76 Satz 1 BayBO soll dabei als Ausgangspunkt dienen, anhand dessen mit Hilfe von Fallbeispielen ein bestehender Modifkationsbedarf der Verhältnismäßigkeitsprüfung belegt werden soll.

Im Rahmen des ersten Kapitels soll zunächst der Untersuchungsgegenstand der Arbeit herausgearbeitet und letztlich der thematische Zugang in die Materie geschaffen werden, indem ein Überblick über die Historie des Verhältnismäßigkeitsgedankens sowie wichtiger Stufen seiner Entwicklung gewährt wird. Zudem soll anhand einer Abgrenzung zu verwandten Grundsätzen und Instrumentarien des Öffentlichen Rechts die Position und Stellung des Verhältnismäßigkeitsgrundsatzes im deutschen Recht fixiert werden.

Das zweite Kapitel soll daraufhin insbesondere anhand des klassischen bipolaren Anwendungsfeldes des Verhältnismäßigkeitsgrundsatzes (i. w. S.) dessen grundlegende Bedeutung für den Bürger sowohl in verfassungsrechtlicher als auch verwaltungsrechtlicher Hinsicht betrachten. Besondere Beachtung soll dabei nicht nur den grundrechtlichen Bezügen des Verhältnismäßigkeitsgrundsatzes sondern gerade auch seiner Anwendung in der Rechtsprechung von BVerfG und BVerwG geschenkt werden. Daneben soll das Zusammenspiel von staatlichem Ermessen und dem Verhältnismäßigkeitsgedanken herausgearbeitet werden, um dadurch letztlich den bipolaren Vergleichsmaßstab für die nachfolgenden Untersuchungen des Mehrpersonenverhältnisses bei Ermessensreduzierungen zu schaffen.

Im dritten Kapitel soll die Bedeutung des Verhältnismäßigkeitsgrundsatzes im Mehrpersonenverhältnis in abstrakter Hinsicht und damit zunächst ohne Bezug zu konkreten Vorschriften untersucht werden. Nach einem Überblick über bedeutende und damit regelmäßig konfligierende Rechtsgüter der Beteiligten wird anhand eines Perspektivenwechsels jeweils aus Sicht einer beteiligten Partei die Bedeutung des Verhältnismäßigkeitsgrundsatzes (i. w. S.) sowie gegebenenfalls dessen Modifikationsbedürfnis dargestellt. Zentrales Element der Untersuchung wird die Konstellation einer auf wichtigen Drittbelangen basierenden Ermessensreduzierung auf Null sein – mithin diejenige Fallkonstellation, in der die Rechtsgüter eines Drittbetroffenen mit die höchste Aufmerksamkeit in multipolaren Verwaltungsrechtsverhältnissen finden.

Im Rahmen der letzten beiden Kapitel wird der Schwerpunkt der Untersuchung auf die Vorschriften des öffentlichen Baurechts gelenkt. Dabei soll gezeigt werden, dass es sich bei den Vorschriften des Bauplanungs- und Bauordnungsrechts um eine konfliktträchtige Materie handelt, die sich für die Untersuchung des Verhältnismäßigkeitsgrundsatzes in Mehrpersonenverhältnissen besonders eignet. Im Rahmen des vierten Kapitels wird daneben an verschiedenen Normen des BauGB sowie der BauNVO die besondere Nähe zum verfassungsrechtlichen Verhältnismäßigkeitsgedanken in Form der Abwägung aufgezeigt.

Zum Abschluss der Untersuchungen sollen im fünften Kapitel die abstrakten Untersuchungsergebnisse aus dem dritten Kapitel anhand der Vorschrift des Art. 76 Satz 1 BayBO mit Hilfe von Fallbeispielen einem Praxistest unterzogen werden. Die Vorschrift wurde bewusst hierfür gewählt, da sie aufgrund ihrer schwerwiegenden wirtschaftlichen und rechtlichen Konsequenzen geradezu als Musterbeispiel für das Konfliktpotential im Baunachbarrecht und somit für Mehrpersonenverhältnisse angesehen werden kann.

Kapitel 1: Der Grundsatz der Verhältnismäßigkeit im Allgemeinen

Im Folgenden soll als dogmatische Grundsteinlegung ein kurzer Abriss der Historie und der Systematik des Verhältnismäßigkeitsgrundsatzes in materiellrechtlicher Hinsicht gegeben werden.

A. Geschichtliche Entwicklung

Gegenstand der folgenden Untersuchung ist es nicht, die historischen Grundlagen des Verhältnismäßigkeitsgrundsatzes in aller Breite und Tiefe nachzuzeichnen. Verschiedene Vertreter des Schrifttums haben sich diesem Thema bereits gewidmet. Hervorzuheben sind in diesem Zusammenhang *Hirschberg*[12], *Wieacker*[13] sowie *Remmert*[14], auf deren Arbeiten im nachfolgenden insbesondere Bezug genommen wird. Im Folgenden soll vielmehr anhand eines Streifzuges durch die Geschichte verdeutlicht werden, dass *„das Erfordernis der Staatszweckgerichtetheit des Staatshandelns"*[15] lange Zeit keine Selbstverständlichkeit war und das heutige Verständnis einer Staatsraison das Ergebnis einer langen, im Mittelalter beginnenden Entwicklung darstellt.

I. Vom Mittelalter zur Neuzeit

Die Entstehung des Gedankens, staatliches Handeln zu beschränken und so den Rechten des Einzelnen größtmögliche Entfaltung zu gewähren, indiziert die Existenz einer eingriffsbefugten, staatlichen Macht.[16] Eine solche, die

---

12 Vgl. *Hirschberg*, Der Grundsatz der Verhältnismäßigkeit, S. 3 ff.

13 Vgl. *Wieacker*, Geschichtliche Wurzeln des Prinzips der verhältnismäßigen Rechtsanwendung, S. 867 ff.

14 Vgl. *Remmert*, Verfassungs- und verwaltungsrechtsgeschichtliche Grundlagen des Übermaßverbotes, S. 8 ff.

15 Siehe *Remmert*, Verfassungs- und verwaltungsrechtsgeschichtliche Grundlagen des Übermaßverbotes, S. 21; ähnlich *Heinsohn*, Der öffentlichrechtliche Grundsatz der Verhältnismäßigkeit, S. 9 f.

16 Vgl. *Remmert*, Verfassungs- und verwaltungsrechtsgeschichtliche Grundlagen des Übermaßverbotes, S. 8; *Heinsohn*, Der öffentlichrechtliche Grundsatz der Verhältnismäßigkeit, S. 10 ff.

Rechtsordnung verändernde, Staatsmacht entstand uneingeschränkt jedoch erst Mitte des 18. Jahrhunderts, so dass ab diesem Zeitpunkt erstmals öffentlich Diskussionen über Möglichkeiten zur Beschränkung der Staatsmacht in Erscheinung traten.[17] Weitgehende Einigkeit bestand dabei insbesondere bezüglich der Vorstellung, das Handeln des Regenten an die Staatszwecke zu binden.[18] In der logischen Konsequenz sollte folglich nur beschlossen werden können *„was Allen, oder Vielen, oder Einem one Nachteil andrer, nützt.“*[19] Damit war der Grundstein für ein modernes Staatsverständnis gelegt, in dem sich die Frage der Rechtmäßigkeit des staatlichen Handelns insbesondere über den konkret verfolgten Zweck beantworten ließ.[20] In dieser liberalen Staatsidee ist ein erster Schritt dahin zu sehen, was man heute als Grundsatz der Verhältnismäßigkeit im weiteren Sinne versteht. Zugleich bleibt aber festzuhalten, dass bis zum Ende des 18. Jahrhundert dieser Grundsatz der *„Staatszweckgerichtetheit“*[21] des Staatshandelns nur die Frage nach dem „Ob“ des staatlichen Handelns beantwortete. Eine Prüfung der konkreten Handlungsmodalitäten und damit die Frage nach der Rechtmäßigkeit des „Wie“ der staatlichen Maßnahme im heutigen Sinne der Geeignetheit, Erforderlichkeit und Angemessenheit der Maßnahme war zu dieser Zeit noch nicht explizit vorgesehen, wurde jedoch – was zumindest die Grundsätze der Geeignetheit und der Erforderlichkeit betrifft – weitläufig gefordert.[22]

---

17 Zuvor existierten keine Staaten im heutigen Sinne – die mittelalterlichen Gemeinwesen existierten ohne Souverän. Gott war der Anfang des Rechts, dem jeder, auch der an der Spitze stehende König bzw. Fürst unterstand. Dessen Aufgabe konzentrierte sich darauf, das bestehede Recht zu wahren, nicht jedoch neues Recht zu schaffen. Vgl. *Kern*, Gottesgnadentum und Widerstandsrecht im frühen Mittelalter, S. 8 ff.; *Böckenförde* in: Staat, Gesellschaft, Freiheit, S. 42 ff.

18 Vgl. *Link*, Herrschaftsordnung und bürgerliche Freiheit, S. 132 ff., 147 ff.; *Remmert*, Verfassungs- und verwaltungsrechtsgeschichtliche Grundlagen des Übermaßverbotes, S. 16; *Heinsohn*, Der öffentlichrechtliche Grundsatz der Verhältnismäßigkeit, S. 14 ff.

19 Siehe *Schlözer*, Allgemeines Statsrecht und Verfassungslere, S. 96, zitiert nach: *Remmert*, Verfassungs- und verwaltungsrechtsgeschichtliche Grundlagen des Übermaßverbotes, S. 17.

20 *Baer* stellt hierzu fest, dass dieser Begriff des Staatszweckes zunächst jedoch schwer einzugrenzen und daher *„die Weite des staatlichen Zugriffs fast unbegrenzt“* war – ein Zustand, der sich erst im Jahre 1881 durch das sogenannte Kreuzberg-Urteil änderte. Siehe *Baer*, „Der Bürger“ im Verwaltungsrecht, S. 94.

21 Siehe *Remmert*, Verfassungs- und verwaltungsrechtsgeschichtliche Grundlagen des Übermaßverbotes, S. 17; ähnlich *Heinsohn*, Der öffentlichrechtliche Grundsatz der Verhältnismäßigkeit, S. 9 f.

22 So forderte bereits *Svarez*, staatliche Macht könne nicht *„weiter gehen, als es dem Zwecke der Staatsverbindung gemäß und zur Erreichung derselben notwendig ist.“* Siehe *Svarez*

II. Im deutschen Recht ab Mitte des 19. Jahrhunderts

Entscheidend für die Fortentwicklung des Verhältnismäßigkeitsgrundsatzes im deutschen Recht war zunächst die Verschmelzung der liberalen, zweckgebundenen Staatsidee mit dem aufkommenden demokratischen Grundgedanken. Resultat dieser Verbindung war die gesellschaftliche Forderung nach der Schaffung verbindlicher Ermächtigungsgrundlagen für Eingriffe des Staates in die Freiheit der Bürger.[23] Eine weitere Stärkung erfuhr der aufkommende Gerechtigkeitsgedanke durch die zeitgleich eintretende Schaffung einer unabhängigen Verwaltungsgerichtsbarkeit zur Überprüfung staatlicher Maßnahmen, wobei sich die gerichtliche Kontrolle ab dem Ende des 19. Jahrhunderts nicht mehr nur auf den mit der Maßnahme verfolgten Zweck beschränkte, sondern sich auch auf die Frage nach der Intensität und damit nach der Erforderlichkeit des Eingriffs erstreckte. Rechtlicher Ausgangspunkt für die Anwendung des Grundsatzes der Verhältnismäßigkeit nach damaligem Verständnis und infolgedessen für die Entscheidungen des PrOVG[24] wurde § 10 II 17 ALR[25], wonach die Verwaltung („*Polizey*") verpflichtet war „*die nöthigen Anstalten zur Erhaltung der öffentliche Ruhe*" zu treffen.[26]

In der Literatur gab zeitgleich vor allem *Mayer*[27] der Problematik des gerechten Ausgleichs neue Konturen, in dem er die aufkommende Frage nach dem mildesten Mittel erstmals mit dem Begriff der „*Verhältnismäßigkeit*" umschrieb. Dies führte jedoch in der Folge insbesondere in der Literatur[28] zu terminologischen

---

in: Vorträge über Recht und Staat, S. 467; ferner *Heinsohn*, die Svarez Bedeutung für das Verständnis des damaligen Polizeibegriffs als „*besonders prägend*" hervorhebt und ihn als „*maßgeblichen*[n] *Kopf für die Entstehung und Durchsetzung des ALR*" ansieht. Siehe *Heinsohn*, Der öffentlichrechtliche Grundsatz der Verhältnismäßigkeit, S. 10, 23 f., ähnlich *Rosin*, VerwArch 3, S. 249 (260).

23 Vgl. *Hirschberg*, Der Grundsatz der Verhältnismäßigkeit, S. 3.

24 Vgl. OVG Preußen, Urt. v. 03.07.1886 – I B 28/86 – PrOVGE 13, S. 424 (426); Urt. v. 18.12.1896 – I B 40/96 – PrOVGE 31, S. 409; Urt. v. 21.09.1903 – III B 28/03 – PrOVGE 44, S. 342.

25 Die Normen des Allgemeinen Preußischen Landrechts (ALR) entsprachen damals dem heutigen allgemeinen Sicherheitsrecht der Länder, beispielsweise in Bayern dem Landesstraf- und Verordnungsgesetz (LStVG).

26 Vgl. *Arnstedt*, Das Preußische Polizeirecht, S. 32, zitiert nach: *Hirschberg*, Der Grundsatz der Verhältnismäßigkeit, S. 3; ferner *Heinsohn*, Der öffentlichrechtliche Grundsatz der Verhältnismäßigkeit, S. 22 f.; *Held-Daab*, Das freie Ermessen, S. 190 f.

27 Siehe *Mayer*, Deutsches Verwaltungsrecht, S. 267.

28 Vgl. z.B. *Fleiner*, Institutionen des deutschen Verwaltungsrechts, S. 35; *Jelllinek*, Gesetzesanwendung und Zweckmäßigkeitserwägungen, S. 79, 289 ff.

Schwierigkeiten und Missverständnissen, da *Mayer* offensichtlich (nur) den Grundsatz der Erforderlichkeit meinte.[29] Letzterer konnte seinen Einfluss als Kontrollinstrument staatlichen Handelns in den nächsten Jahrzehnten kontinuierlich erweitern und fand schließlich bis in die 1960-er Jahre seinen Platz in den meisten Sicherheits- und Polizeigesetzen der Länder.

Im Gegensatz zur Problematik des mildesten Mittels entwickelte sich der Grundsatz der Verhältnismäßigkeit (i. e. S.) – im heutigen Verständnis – als eigenständige Maxime erst nach dem Ende des Zweiten Weltkriegs. Bedingt durch die gesellschaftlich immer stärker werdende Forderung nach Gerechtigkeit und Willkürverboten gewann auch dieses Element des heutigen Verhältnismäßigkeitsgedankens (i. w. S.) schnell an Bedeutung und war schon bald aus den sicherheitsrechtlichen Vorschriften nicht mehr weg zu denken. Spätestens seit den grundlegenden Werken von *Lerche*[30] und *von Krauss*[31] ist in der Konsequenz daher bei staatlichen Eingriffsmaßnahmen streng zwischen ihrer Erforderlichkeit und ihrer Verhältnismäßigkeit (i. e. S.) zu unterscheiden.

Die Fortentwicklung des Grundsatzes der Verhältnismäßigkeit (i. w. S.), d.h. die Überprüfung staatlicher Maßnahmen anhand der Grundsätze der Geeignetheit, Erforderlichkeit und Angemessenheit bzw. Verhältnismäßigkeit (i. e. S.), erfolgte seitdem insbesondere durch die Rechtsprechung der Gerichte, wobei – wie eingangs festgestellt – dem BVerfG u.a. aufgrund seines Apothekenurteils[32] aus dem Jahre 1958 eine besondere Bedeutung zukommt.

III. In der Rechtsprechung des BVerfG

Zu seinen Anfängen beschränkte das BVerfG seine Überprüfung staatlicher Eingriffe in die Grundrechte der Bürger auf die Frage des Notwendigen[33], erweiterte diesen Prüfungsrahmen jedoch zügig (wenn auch nicht immer ausdrücklich) auf die Angemessenheit.[34] Nach seinem Apothekenurteil[35] fasst das Gericht die Grundsätze der Geeignetheit, der Erforderlichkeit sowie der Verhältnismäßigkeit (i. e. S.) zum

---

29 Vgl. *Schneider* in: FG 25 Jahre BVerfG II, S. 392 f.; *von Krauss,* Der Grundsatz der Verhältnismäßigkeit, S. 4 f.; *Hirschberg,* Der Grundsatz der Verhältnismäßigkeit, S. 6 f. sowie *Held-Daab*, Das freie Ermessen, S. 193.

30 *Lerche*, Übermaß und Verfassungsrecht.

31 *Von Krauss,* Der Grundsatz der Verhältnismäßigkeit.

32 Vgl. BVerfG, Urt. v. 11.06.1958 – 1 BvR 596/56 – BVerfGE 7, S. 377.

33 Vgl. BVerfG, Urt. v. 20.03.1952 –1 BvR 267/51 – BVerfGE 1, S. 167 (178).

34 Vgl. BVerfG, Beschl. v. 10.02.1953 – 1 BvR 787/52 – BVerfGE 2, S. 121 (123); Urt. v. 10.05.1957 – 1 BvR 550/52 – BVerfGE 6, S. 389 (439).

35 Vgl. BVerfG, Urt. v. 11.06.1958 – 1 BvR 596/56 – BVerfGE 7, S. 377 (402 ff., 431 ff.).

Grundsatz der Verhältnismäßigkeit (i. w. S.) zusammen.[36] Diese Rechtsprechung sowie deren fortlaufende und bis heute andauernde Bestätigung waren wegweisend für das heutige Verständnis des Grundsatzes der Verhältnismäßigkeit. Zwar sorgte zwischenzeitlich die parallele Verwendung des „*Übermaßverbotes*"[37] nicht nur in der Literatur für terminologische Verwirrungen, dennoch ist sich das BVerfG stets treu geblieben und setzt den Grundsatz der Verhältnismäßigkeit (i. w. S.) bis heute konsequent – und weit über den ursprünglichen Anwendungsbereich der Grundrechte hinaus – als universelles Kontrollinstrument staatlicher Maßnahmen ein.

B. Rechtsgrundlage und inhaltliche Abgrenzung

I. Die verfassungsrechtliche Grundlage

Ebenso vielfältig wie die Formulierungen für ein und denselben Gedanken des gerechten Ausgleichs waren ursprünglich die in der Literatur[38] und der Rechtsprechung[39] vertretenen Ansichten nach der gesetzlichen Grundlage des

---

36 Vgl. *Grabitz*, AöR 98, S. 568 ff. Beispielhaft für die Verwendung des neuen Ausdrucks des Grundsatzes der Verhältnismäßigkeit: BVerfG, Beschl. v. 14.12.1965 – 1 BvL 14/60 – BVerfGE 19, S. 330 (337 ff.); Beschl. v. 14.02.1967 – 1 BvL 17/63 – BVerfGE 21, S. 150 (155); Beschl. v. 19.06.1969 – 1 BvR 353/67 – BVerfGE 26, S. 215 (228); Beschl. v. 16.03.1971 – 1 BvR 52/66 – BVerfGE 30, S. 292 (316).

37 Gemeint war damit die Zusammenfassung der Grundsätze der Erforderlichkeit und der Verhältnismäßigkeit (i. e. S.) unter (teilweiser) Ausgrenzung des Grundsatzes der Geeignetheit. Vgl. *Lerche*, Übermaß und Verfassungsrecht, S. 21; *Wellhöfer*, Das Übermassverbot im Verwaltungsrecht, S. 68 ff. Heute wird der Begriff des Übermaßverbotes regelmäßig nur noch als Synonym für die Frage der Verhältnismäßigkeit (i. e. S.) verwandt. Vgl. z.B. BayVGH, Urt. v. 28.06.2010 – 1 B 09.1911 – BayVBl. 2011, S. 500 (503 f.).

38 So sieht beispielsweise *Dürig* in jeder härter als notwendig angewandten staatlichen Maßnahme eine Degradierung des Menschen zum Objekt und daher die Rechtsgrundlage des Verhältnismäßigkeitsgrundsatzes in der Menschenwürde des Art. 1 Abs. 1 GG. Vgl. *Dürig*, AöR 81, S. 117 ff. Andere Stimmen in der Literatur verstanden das verfassungsrechtliche Gleichheitsgebot als Gebot zu „*verhältnismäßiger*" Gleichbehandlung und leiteten den Grundsatz der Verhältnismäßigkeit aus Art. 3 Abs. 1 GG ab. Vgl. z.B. *Scheuner*, DÖV 1956, S. 65 ff.; *Ipsen*, AöR 78, S. 314.

39 So waren das RG sowie der BGH lange Zeit der Ansicht, dass ein Grundrecht durch einen staatlichen Eingriff dann in seinem Wesensgehalt angetastet wird, wenn durch den Eingriff die wesensgemäße Geltung und Entfaltung des Grundrechts stärker eingeschränkt würde als dies der sachliche Anlass und Grund, der zu dem Eingriff geführt hat, unbedingt und zwingend gebietet. Vgl. RG, Urt. v. 12.07.1881 – 1667/81 – RGSt 4, S. 375 (376 f.); BGH, Urt. v. 28.04.1952 – V RG 3/52 – n. v. Dieser Ansicht, die die

Verhältnismäßigkeitsgrundsatzes im deutschen Recht.[40] Diese Mannigfaltigkeit an entwickelten Theorien in der Literatur ist letztlich insbesondere auf das Versäumnis des Gesetzgebers zurückzuführen, den Verhältnismäßigkeitsgrundsatz im Grundgesetz explizit schriftlich niederzulegen. Bis zum heutigen Tage haben jedoch nur wenige der ursprünglichen Ansätze überlebt; die Mehrzahl der entwickelten Ansätze fand nur wenig Beachtung. Heute besteht in Literatur[41] und Rechtsprechung[42] weitgehend Einigkeit darüber, dass die dem Verhältnismäßigkeitsgrundsatz zugrunde liegende Gerechtigkeitsidee[43] als Bestandteil des verfassungsrechtlichen Rechtsstaatsprinzips anzusehen ist.

Das BVerfG geht in seiner zu den Freiheitsgrundrechten fortentwickelten Rechtsprechung noch einen Schritt weiter[44] und fügt der bestehenden Grundvorstellung hinzu, dass sich der Verhältnismäßigkeitsgrundsatz *„im Grunde aus dem Wesen der Grundrechte selbst ergibt, die als Ausdruck des allgemeinen Freiheitsanspruchs des Bürgers gegenüber dem Staat von der öffentlichen Gewalt jeweils nur soweit beschränkt werden dürfen, als es zum Schutz öffentlicher Interessen unerläßlich ist.“*[45] Generell, d.h. nicht nur auf die Freiheitsgrundrechte bezogen, formuliert das Gericht den Verhältnismäßigkeitsgrundsatz daher als die von Verfassungs wegen dem Einzelnen gewährleistete *„größtmögliche“*[46] Chance der Persönlichkeitsentfaltung.[47] Die Verankerung des Verhältnismäßigkeitsgrundsatzes

---

Rechtsgrundlage des Verhältnismäßigkeitsgrundsatzes daher in der Wesensgehaltssperre des Art. 19 Abs. 2 GG sah, folgten später auch weitere Teile der Literatur und Rechtsprechung. Vgl. BayObLG, Urt. vom 24.11.1954 – 1 St 102/53 – DVBl. 1955, S. 194 f.; BayVGH, Urt. vom 13.11.1953 - 93 IV 52 – VGHE 7, S. 12 (25 ff.); *Schoen*, DÖV 1955, S. 137 ff.; *von Krauss*, Der Grundsatz der Verhältnismäßigkeit, S. 51.

40 Vgl. *Krugmann*, Der Grundsatz der Verhältnismäßigkeit im Völkerrecht, S. 44 f.; vertiefend hierzu ferner *Arnauld*, JZ 2000, S. 276 ff.

41 Vgl. z.B. *Wittig*, DÖV 1968, S. 819; *Maurer*, Staatsrecht I, S. 227 Rn. 55; *Jarass* in: *Jarass/Schlink*, GG-Kommentar, S. 509 Rn. 80. Anders hingegen *Lerche*, der im Übermaßverbot generell ein eigenständiges Element der Verfassung sieht, und gerade nicht einen Bestandteil bestehender Verfassungsprinzipien wie dem Rechtsstaatprinzip. Vgl. *Lerche*, Übermaß und Verfassungsrecht, S. 77 ff.

42 Vgl. z.B. BSG, Urt. v. 22.01.1986 – 8 RK 30/85 – BSGE 59, S. 276 (278); BVerfG, Beschl. v. 30.09.1987 – 2 BvR 933/82 – BVerfGE 76, S. 256 (359); Beschl. v. 01.06.1989 – 2 BvR 239/88 – BVerfGE 80, S. 109 (120); Beschl. v. 24.06.2003 – 2 BvR 685/03 – BVerfGE 108, S. 129 (136).

43 Vgl. *Larenz*, Methodenlehre der Rechtswissenschaft, S. 468.

44 Vgl. *Grabitz*, AöR 98, S. 586.

45 Siehe BVerfG, Beschl. v. 15.12.1965 – 1 BvR 513/65 – BVerfGE 19, S. 342 (348 f.).

46 Siehe BVerfG, Urt. v. 17.08.1956 – 1 BvB 2/51 – BVerfGE 5, S. 85 (204).

47 Vgl. *Grabitz*, AöR 98, S. 586.

im verfassungsrechtlichen Rechtsstaatsprinzip, abgeleitet aus den Artikeln 1 Abs. 3 bzw. 20 Abs. 3 GG[48], wird heute als herrschende Meinung angesehen und hat sich gegen alle gegenläufigen Ansätze aus Literatur und Rechtsprechung dauerhaft durchgesetzt.

II. Inhaltliche Abgrenzungen

Will man den Grundsatz der Verhältnismäßigkeit in seiner Funktionsweise und Dogmatik begreifen, so lässt sich ein Vergleich mit anderen elementaren Rechtsgrundsätzen nicht umgehen. Insbesondere mit den folgenden drei Instrumentarien des Öffentlichen Rechts verbindet den Verhältnismäßigkeitsgrundsatz (i. w. S.) einerseits eine gewisse Nähe, andererseits lassen sich jedoch auch erhebliche Unterschiede feststellen.

1. Gleichheitsgrundsatz

Der Verhältnismäßigkeitsgrundsatz und das Gleichheitsgebot des Art. 3 Abs. 1 GG verfolgen – prima facie – ähnliche Ziele und weisen insofern eine gewisse Nähe zueinander auf. Versteht man den Gleichheitssatz des Art. 3 Abs. 1 GG daher als Willkürverbot, so dient auch er dem Schutz des Bürgers vor unangemessenen Eingriffen des Staates.[49] Die größte Gemeinsamkeit zwischen dem Gleichheitsgebot und dem Verhältnismäßigkeitsgrundsatz lässt sich daher im jeweilig implizierten Verhältnismäßigkeitsgedanken feststellen. Aufgabe des Gleichheitsgebotes ist es jedoch nicht, absolute Gleichheit sicherzustellen, sondern vielmehr für eine *„verhältnismäßige“*[50] Gleichheit im Hinblick auf einen bestimmten, gemeinsamen Vergleichsstandpunkt zu sorgen.[51] Eine angemessene Lösung bei Interessenskonflikten zu finden, darin ist auch eine der wesentlichen Aufgaben des Verhältnismäßigkeitsgrundsatzes zu sehen, allerdings divergieren insbesondere die Zielrichtungen der Prinzipien: Während der Gleichheitsgedanke aus Art. 3 Abs. 1 GG stets bestrebt ist, mehrere Fallkonstellationen miteinander zu verglei-

48 In seiner Entscheidung vom 05.03.1968 stellt das BVerfG hierzu fest, dass sich *„die Grundsätze der Verhältnismäßigkeit und des Übermaßverbotes als übergreifende Leitregeln allen staatlichen Handels zwingend aus dem Rechtstaatsprinzip“* ergeben. Siehe BVerfG, Beschl. v. 05.03.1968 – 1 BvR 579/67 – BVerfGE 23, S. 127 (133).

49 Vgl. *Kirchhof* in: Handbuch des Staatsrechts V, § 124 Rn. 161.

50 Siehe *Triepel*, Goldbilanzverordnung und Vorzugsaktien, S. 29; ferner *Leibholz*, Die Gleichheit vor dem Gesetz, S. 72 ff., beide zitiert nach: *Kirchhof* in: Handbuch des Staatsrechts V, § 124, S. 911.

51 Vgl. *Kirchhof* in: Handbuch des Staatsrechts V, § 124 Rn. 163.

chen, erfolgt der angemessene Ausgleich beim Verhältnismäßigkeitsgrundsatz aufgrund einer Zweck-Mittel-Relation im Rahmen einer einzigen staatlichen Maßnahme.[52] Oder in den Worten *Lerches*[53]: *„Ein Robinson Crusoe könnte – ohne Freitag – durch eine gedachte Staatsgewalt weder gleich noch ungleich behandelt werden, wohl aber unverhältnismäßig.“*[54]

2. *Untermaßverbot*

Die grundrechtliche Schutzpflicht als zentrale Größe der objektiv-rechtlichen Dimension der Grundrechte[55], abgeleitet insbesondere aus den Art. 1 Abs. 1 Satz 2 GG sowie Art. 2 Abs. 1 und 2 GG, verpflichtet den Staat – im Zusammenspiel mit Art. 1 Abs. 3 GG – zur Schaffung und Beibehaltung grundrechtsgemäßer Lebensbedingungen.[56] Wie das BVerfG in seinem ersten Abtreibungsurteil[57] und in der darauf basierenden Fortentwicklung seiner Rechtsprechung feststellt, verpflichtet die verfassungsrechtliche Schutzpflicht die staatliche Gewalt, Grundrechtsgefährdungen entgegenzutreten.[58] Der jeweilige Grundrechtsträger hat somit einen Anspruch auf aktives Einschreiten des Gesetzgebers zur Abwehr nichthoheitlicher Gefahren.[59] Bei der Beantwortung der Frage nach der – lange Zeit kaum diskutierten – Kontroll-Problematik dieser gesetzgeberischen Schutzpflichterfüllung, hatte *Schuppert*[60] maßgeblichen Anteil aufgrund seiner Einführung des Begriffes des *„Untermaßverbotes“*. Dieses Kontrollprinzip zeichnet sich zum Einen dadurch aus, dass es sich – *„dem finalen Charakter der Schutzverpflichtung entsprechend“*[61] – nur auf eine Überprüfung des Ergebnisses beschränkt. Das zweite, das Untermaßverbot näher charakterisierende Merkmal findet sich im Prüfungsumfang. Danach wird die Kontrolle staat-

52 Vgl. *Kirchhof* in: Handbuch des Staatsrechts V, § 124 Rn. 163.

53 Siehe *Lerche*, Übermaß und Verfassungsrecht, S. 30.

54 Weitere Unterschiede zwischen dem Gleichheitsgebot und dem Verhältnismäßigkeitsgrundsatz ergeben sich ferner im Hinblick auf deren Wirkungsbreite und deren Zweck. Vgl. hierzu *Kirchhof* in: Handbuch des Staatsrechts V, § 124 Rn. 164 ff.

55 Vgl. *Klein*, JuS 2006, S. 960.

56 Vgl. *Bumke*, Der Grundrechtsvorbehalt, S. 75 f.

57 Vgl. BVerfG, Urt. v. 25.02.1975 – 1 BvF 2/74 – BVerfGE 39, S. 1 (44 ff.).

58 Vgl. *Hain/Schlette/Schmitz*, AöR 122, S. 33 (51); *Pieroth/Schlink*, Grundrechte, Rn. 101 ff., 110 ff.

59 Vgl. *Jaeckel*, Schutzpflichten im deutschen und europäischen Recht, S. 17.

60 Siehe *Schuppert*, Funktionell-rechtliche Grenzen der Verfassungsinterpretation, S. 15.

61 Siehe *Klein*, JuS 2006, S. 961.

licher Schutzmaßnahmen auf ein Mindestmaß reduziert. Eine Verletzung des Untermaßverbotes ist daher nur denkbar, wenn die Ausgestaltung des Schutzes durch die Rechtsordnung den Mindestanforderungen nicht entspricht.[62] Eine generelle Festsetzung dieser Mindestanforderungen ist aufgrund der Vielzahl von möglichen Gefahrsituationen und betroffenen Grundrechten naturgemäß nicht möglich. Nach der Rechtsprechung des BVerfG[63] soll der Gesetzgeber seiner Verpflichtung und damit den Mindestanforderungen zum Schutze der Grundrechtsträger zumindest dann nicht nachgekommen sein, wenn er seine Schutzpflicht evident verletzt hat. Fortentwickelt wurde diese Rechtsprechung in der Folge für Rechtsgüter von höchster Bedeutung, wie etwa das Leben oder die Gesundheit. Hier sei – so das BVerfG – der gerichtliche Prüfungsmaßstab zu konkretisieren und damit dem Gestaltungsspielraum des Gesetzgebers engere Grenzen zu setzen, weswegen das Einhalten der Mindestanforderungen in diesen Fällen sowohl in normativer als auch in tatsächlicher Art der vollen gerichtlichen Kontrolle unterliege.[64] Zahlreiche Stimmen in der Literatur[65] folgten diesem neuen Ansatz, wenn auch nicht immer ohne erhebliche Diskussionen.[66]

Entgegen der wenigen – aber immer noch existenten – Stimmen in der Literatur, die einen qualitativen Unterschied zwischen dem Untermaßverbot und dem Übermaßverbot nicht zu erkennen vermögen[67], lassen sich bei genauerer Betrachtung sehr wohl gewichtige Divergenzen finden. Ein wesentlicher Unterschied besteht dabei in Bezug auf die jeweiligen Prüfungsgegenstände: Während das Übermaßverbot eine einzelne konkrete staatliche Maßnahme überprüft, betrifft das Untermaßverbot lediglich die Prüfung eines konkreten Zieles, welches allerdings auf vielen verschiedenen Wegen erreicht werden kann.[68] Oder wie es *Wahl/Masing* ausdrücken: *„Das Übermaßverbot bezieht sich auf et-*

---

62 Vgl. BVerfG, Urt. v. 28.05.1993 – 2 BvF 2/90 – BVerfGE 88, S. 203 (254 f.)

63 Vgl. BVerfG, Beschl. v. 14.01.1981 – 1 BvR 612/72 – BVerfGE 56, S. 54 (80); BVerfG, Beschl. v. 28.02.2002 – 1 BvR 1676/01 – NJW 2002, S. 1638.

64 Vgl. BVerfG, Beschl. v. 14.01.1981 – 1 BvR 612/72 – BVerfGE 56, S. 54 (81); Urt. v. 28.05.1993 – 2 BvF 2/90 – BVerfGE 88, S. 203 (261 ff.); *Klein*, JuS 2006, S. 961.

65 Vgl. z.B. *Canaris*, AcP 184, S. 201 ff.; ferner *Kirchhof* in: Handbuch des Staatsrechts V, (3. Aufl.), § 99 Rn. 58.

66 Insbesondere wird bis heute über die eigenständige Funktion des Untermaßverbotes diskutiert. Vgl. z.B. *Dreier* in: Dreier, GG-Kommentar, Art. 20 GG Rn. 184; *Hain*, DVBl. 1993, S. 982 ff.; *Dietlein*, ZG 1995, S. 131 ff.; *Hain*, ZG 1996, S. 75 ff.; *Alexy*, Theorie der Grundrechte, S. 414 ff.

67 Vgl. z.B. *Alexy*, Theorie der Grundrechte, S. 427; *Borowski*, Grundrechte als Prinzipien, S. 119; *Schlink* in: FS 50 Jahre BVerfG II, S. 462 ff.

68 Vgl. BVerfG, Beschl. v. 06.05.1977 – 1 BvR 409/90 – BVerfGE 96, S. 56 (64).

was Bewahrendes, das Untermaßverbot dagegen auf etwas Kommendes.“[69] Denn letztlich überprüft das Übermaßverbot eine in der Vergangenheit ergriffenen Maßnahme, während durch die Erfüllung der grundrechtlichen Schutzpflicht die Zukunft durch den Gesetzgeber geprägt wird.[70]

Desweiteren bestehen auch dogmatische Unterschiede: Berücksichtigt man die unterschiedlichen Prüfungsgegenstände, so wird deutlich, dass dem Gesetzgeber bei der Erfüllung seiner grundrechtlichen Schutzpflicht eine weitläufige Auswahl verschiedenster rechtmäßiger Maßnahmen zugestanden wird. Mit anderen Worten: Verfassungsrechtlich vorgegeben wird dem Gesetzgeber lediglich, dass er bei drohender Gefahr handeln muss, nicht jedoch die Art und Weise seines Handelns – insofern bleibt er grundsätzlich völlig frei. Anders ist dies hingegen bei der Kontrolle eines (legislativen) Eingriffs anhand des Übermaßverbotes. Hier steht dem Gesetzgeber gerade kein rechtlicher Beurteilungsfreiraum bzw. kein „*Prognosespielraum*“[71] zur Verfügung. Vielmehr sind die rechtlichen Grenzen des staatlichen Eingriffs durch das Übermaßverbot, insbesondere durch den Grundsatz der Erforderlichkeit, bereits sehr eng gezogen.[72]

Schließlich zeigt sich eine weitere Divergenz zwischen Über- und Untermaßverbot im Hinblick auf den Bezugszeitpunkt für die gerichtliche Kontrolle. Während die Judikative eine staatliche Maßnahme auf ihre Vereinbarkeit mit dem Übermaßverbot nach deren Beendigung – aus einer „ex post“-Sichtweise – überprüft, versetzt sich das Gericht bei der Kontrolle der Einhaltung des Untermaßverbotes auf den Zeitpunkt der Entscheidung zurück. Diese „ex ante“- Sichtweise soll gewährleisten, dass das Gericht bei der Prüfung der Rechtmäßigkeit der Maßnahme dem weiten Beurteilungsspielraum des Gesetzgebers gerecht wird.[73]

3. *Verwaltungsermessen*

Was unter dem Begriff des (Verwaltungs-)Ermessens explizit zu verstehen ist, ist gesetzlich nicht definiert. Weder § 40 VwVfG noch § 114 VwGO erklären dieses Instrumentarium des Öffentlichen Rechts. Vielmehr wird in diesen Vorschriften lediglich zur Grenze der Ermessensausübung bzw. zum Umfang der gerichtlichen Kontrolle einer Ermessensausübung Stellung genommen und

69 Siehe *Wahl/Masing*, JZ 1990, S. 553 (558 f.).
70 Vgl. *Klein*, JuS 2006, S. 962.
71 Siehe *Klein*, JuS 2006, S. 962.
72 Vgl. *Dietlein*, ZG 1995, S. 139.
73 Vgl. *Bryde* in: FG 50 Jahre BVerfG I, S. 554.

mithin das Institut „Ermessen“ an sich bereits vorausgesetzt. Fest steht nur, dass eine Gemeinsamkeit von Ermessen und Verhältnismäßigkeit darin besteht, dass beide der Rechtsfolgenseite einer Norm zuzuordnen sind. Über inhaltliche Differenzen ist mit diesen Feststellungen jedoch noch nichts gesagt.

Ermessen bedeutet, die Möglichkeit des Handelnden, beim *„Vorliegen bestimmter Tatbestandsvoraussetzungen, unter verschiedenen denkbaren und zulässigen Rechtsfolgen zu wählen.“*[74] Mit anderen Worten: Sind alle Voraussetzungen der Tatbestandsseite einer (verwaltungsrechtlichen) Ermessensnorm erfüllt, so liegt es in der Hand des durch die Norm zum freien Handeln Ermächtigten, den mit der Norm verfolgten Zweck auf der Rechtsfolgenseite durch eine von ihm – im Rahmen der Gesetze zulässigen – frei wählbaren Maßnahme zu erreichen.[75] Dabei ist es eine Frage der Auslegung, ob eine Norm dem Handelnden ein Ermessen einräumt.[76] Ausgehend vom Wortlaut[77] ist daher durch den Rechtsanwender für jeden konkreten Einzelfall zu prüfen, ob er an legislativ vorbestimmte Maßnahmen gebunden ist oder ihm bei der Wahl des Mittels ein Beurteilungsspielraum gewährt wird.

Der Grundsatz der Verhältnismäßigkeit überprüft hingegen die vom Rechtsanwender aufgrund des ihm zustehenden Ermessens gewählte Maßnahme auf ihre Geeignetheit, Erforderlichkeit und Angemessenheit.[78] Er schließt somit an die Ermessensausübung des Handelnden unmittelbar an und kontrolliert, ob die konkrete Maßnahme mit den Teilgrundsätzen des Verhältnismäßigkeitsprinzips vereinbar ist. Diese rechtliche „Symbiose“ von Ermessensausübung und dem Grundsatz der Verhältnismäßigkeit impliziert jedoch auch Konflikte: So zeigt die gelebte Verwaltungswirklichkeit, dass das

---

74 Siehe *Kopp/Ramsauer*, VwVfG, § 40 Rn. 3.

75 Als Beispiel kann hier der Wortlaut einiger polizeirechtlicher Ermächtigungsnormen wie Art. 11, 13 ff. BayPAG sowie die im Rahmen dieser Arbeit noch näher zu behandelnde Norm des Art. 76 Satz 1 BayBO herangezogen werden.

76 Vgl. *Weidemann*, DVBl 1992, S. 1573; *Schöpfer*, NVwZ 1991, S. 551; BVerwG, Urt. v. 26.03.1981 - 3 C 134.79 - DVBl 1981, S. 975 (977).

77 Ausdrücke wie „kann“, „soll“, „darf“ oder „ist befugt“ weisen auf die Einräumung eines Ermessensspielraums für den Handelnden hin, wenn auch in Einzelfällen durch die zusätzliche teleologische Auslegung bzw. aus dem Normkontext eine strikte Bindung ohne Spielraum vorliegen kann. Vgl. *Kopp/Ramsauer*, VwVfG, § 40 Rn. 41 ff.

78 Vgl. z.B. BVerwG, Urt. v. 23.03.1982 – 1 C 20.81 – BVerwGE 65, S. 174 (178); BVerwG, BayVBl. 1991, S. 579; VGH München, Beschl. v. 16.03.1981 – 22 CS 81 A.185 – BayVBl. 1982, S. 53; BayVerfGH, Entscheid. v. 23.04.1982 – 3 VII 80 – BayVBl. 1982, S. 652; vertiefend zum Verhältnis Übermaßverbot und Ermessen vgl. auch *Wellhöfer*, Das Übermaßverbot im Verwaltungsrecht, S. 99 ff. m. w. N.

Zusammenspiel von Verhältnismäßigkeit und Ermessen nicht immer reibungslos verläuft. Insbesondere kann das Zusammenspiel im Einzelfall zu einer Beschränkung des Ermessensspielraums des Handelnden führen, wobei die „ultima ratio“ einer Ermessensreduzierung auf Null auf Härtefälle beschränkt bleibt.[79]

C. Die Teilgrundsätze des Verhältnismäßigkeitsgrundsatzes

Der Grundsatz der Verhältnismäßigkeit (i. w. S.) stellt selbst lediglich den Oberbegriff eines verfassungsrechtlichen Kontrollinstruments für Maßnahmen der staatlichen Gewalt dar und setzt sich aus drei Teilprinzipien zusammen.[80] Auf den Punkt gebracht: Um den Anforderungen an den Grundsatz der Verhältnismäßigkeit (i. w. S.) gerecht werden zu können, muss zur Verfolgung des konkreten, legitimen Zwecks die staatliche Eingriffshandlung geeignet, erforderlich und angemessen sein.[81]

Nachfolgend sollen die Teilgrundsätze der Geeignetheit, Erforderlichkeit und Angemessenheit einer näheren Betrachtung unterzogen werden. Dabei soll insbesondere die jeweilige Bedeutung und Funktion der einzelnen Teilgrundsätze herausgearbeitet und abschließend anhand der Rechtsprechung des BVerfG[82]

---

79 Vgl. z.B. BVerwG, Urt. v. 23.11.1967 - I C 30.65 - BVerwGE 28, S. 233 (238); Urt. v. 15.07.1987 - 4 C 56.83 - BVerwGE 78, S. 40 (46); BVerwG, Beschl. v. 10.12.1997 - 4 B 204.97 - NVwZ 1998, S. 395. Vertiefend zur Ermessensreduzierung (auf Null) vgl. die Ausführungen in Kap. 3. B. I. 2. b). bb).

80 Vgl. z.B. BVerfG, Beschl. v. 20.06.1984 - 1 BvR 1494/78 u.a. - BVerfGE 67, S. 157 (173); Beschl. v. 08.10.1985 - 1 BvL 17/83 u.a. - BVerfGE 70, S. 278 (286); Urt. v. 15.01.2002 - 1 BvR 1783/99 - BVerfGE 104, S. 337 (347 ff.); Urt. v. 12.12.2006 - 1 BvR 2576/04 - BVerfGE 117, S. 163 (182).

81 Auch in gemeinschaftsrechtlicher Hinsicht hat sich diese Prüfungsstruktur bewährt - so gilt dieses deutsche Modell als *„Vorbild der Verhältnismäßigkeitsprüfung des EuGH“*. Siehe *Koch*, Der Grundsatz der Verhältnismäßigkeit in der Rechtsprechung des Gerichtshofs der Europäischen Gemeinschaft, S. 63.

82 Hierbei ist zu beachten, dass sich die Rechtsprechung des BVerwG zur Verhältnismäßigkeit weitestgehend mit der Rechtsprechung des BVerfG deckt. Vgl. z.B. BVerwG, Urt. v. 07.05.1957 - III C 378.56 -BVerwGE 5, S. 50 (52); Urt. v. 22.04.1971 - VIII C 186.70 - BVerwGE 38, S. 68 (75); Urt. v. 19.01.1989 - 7 C 77.87 - BVerwGE 81, S. 197 (210); Urt. v. 15.02.1990 - 4 C 47.89 - BVerwGE 84, S. 361 (368); Urt. v. 29.11.1991 - 7 C 6.91 - BVerwGE 89, S. 215 (220); Urt. v. 24.06.1993 - 7 C 26.92 - BVerwGE 94, S. 1 (7); Urt. v. 17.05.1995 - 11 C 2.94 - BVerwGE 98, S. 221 (227); Urt. v. 11.12.1996 - 11 C 15.95 - BVerwGE 102, S. 316 (319 f.); Urt. v. 01.09.1997 - 4 A 36.96 - BVerwGE 105, S. 178 (185 f.). Vgl. *Kloepfer* in: FG 50 Jahre BVerwG, S. 329 ff.

die Frage beantwortet werden, ob eine strenge und umfassende Kontrolle insoweit tatsächlich angebracht und praktikabel ist oder vielmehr den staatlichen Organen durch Gewährung von Handlungsspielräumen eine gewisse Freiheit bei der Erfüllung ihrer Aufgaben zugestanden wird.

I. Vorprüfung

Vorauszugehen hat der Prüfung der benannten Teilgrundsätze jeweils die Ermittlung des mit der staatlichen Maßnahme konkret verfolgten Zwecks.[83] Entscheidender Maßstab für die Legitimität sind dabei jeweils diejenigen Zwecke, die sich im Wege der Auslegung des anwendbaren Gesetzes nach objektiven Maßstäben ergeben.[84] Im Hinblick auf die drei Staatsgewalten ist hierbei festzustellen, dass diese Rechtmäßigkeitsanforderung den Gesetzgeber bei Weitem nicht so in seinen Maßnahmen einschränkt wie die Exekutive oder Judikative. Denn grundsätzlich[85] ist der Gesetzgeber frei in der Entscheidung, welchen Zweck er konkret mit einer Maßnahme verfolgen möchte. Der Exekutive hingegen steht ein solcher Spielraum nicht zu. Ihr sind vielmehr durch die Legislative die jeweils zu verfolgenden Ziele und Zwecke – in Form von Gesetzen und Rechtsverordnungen – verbindlich vorgeschrieben.[86] Gerade bei grundrechtssensiblen Rechtsmaterien kann insofern ein Blick in den Grundrechtskatalog hilfreich sein, da der Verfassungsgeber in einigen Gesetzesvorbehalten der Grundrechte die verfolgbaren Zwecke als Schranken der Grundrechte ausdrücklich bezeichnet hat. Diese Schranken dienen sowohl der Begrenzung der gesetzgeberischen Einschränkungs- und Eingriffsmöglichkeit als auch – spiegelbildlich – dem Schutz des Bürgers vor staatlichem Machtmissbrauch.[87] Gelangt man schließlich zu dem Ergebnis, dass mit der staatlichen Maßnahme

---

m. w. N. Aufgrund dieser Rechtsprechungskongruenz wird bezüglich der Darstellung der einzelnen Teilgrundsätze der Verhältnismäßigkeit im nachfolgenden Abschnitt auf die jeweils umfassende Darstellung beider Rechtsprechungen verzichtet und stattdessen stellvertretend für beide Gerichte in der Regel auf die Rechtsprechung des BVerfG abgestellt.

83 Vgl. *Jarass* in: Jarass/Pieroth, GG-Kommentar, Art. 20 Rn. 83.

84 Vgl. *Wernsmann*, NVwZ 2000, S. 1364.

85 Ausgenommen sind hiervon die Konstellationen, in denen der Legislative aufgrund der Grundrechte oder aufgrund besonderer Kompetenzbestimmungen die Verfolgung gewisser Ziele versagt ist, sowie die Fälle, in denen die Verfassung dem Gesetzgeber die Verfolgung bestimmter Zwecke und Schutzpflichten ausdrücklich oder konkludent aufgibt. Vgl. *Schlink* in: FS 50 Jahre BVerfG II, S. 450.

86 Vgl. *Schlink* in: FS 50 Jahre BVerfG II, S. 450.

87 Vgl. *Ipsen*, Staatsrecht II, S. 43.

ein legitimes Ziel verfolgt wird, so ist mit der eigentlichen Prüfung ihrer Verhältnismäßigkeit anhand der Teilgrundsätze der Geeignetheit, Erforderlichkeit und Angemessenheit fortzufahren.

II. Der Teilgrundsatz der Geeignetheit

Ausgangspunkt der weitergehenden Prüfung ist stets die Frage, ob die staatliche Maßnahme zur Erreichung des verfolgten Zwecks geeignet ist.[88] Voraussetzung ist hierfür eine Maßnahme, mit deren „*Hilfe der gewünschte Erfolg gefördert werden kann*".[89] Es muss mithin festgestellt werden, ob zwischen der Maßnahme und dem legitimen Ziel ein abstraktes Kausalitätsverhältnis bejaht werden kann. Steht von vorneherein objektiv fest, dass mit dem staatlichen Handeln die erstrebte Wirkung[90] in keinem Fall erreicht werden kann, so ist die Maßnahme bereits aus diesem Grund als ungeeignet und infolgedessen als unverhältnismäßig (i. w. S.) anzusehen.

1. Geeignetheit als Bestandteil des Verhältnismäßigkeitsgrundsatzes

Es war lange Zeit nicht selbstverständlich, die Frage nach der Geeignetheit der staatlichen Maßnahme zur Erreichung des angestrebten Zwecks als Teil des Verhältnismäßigkeitsgrundsatzes (i. w. S.) anzusehen. Vielmehr war man sich anfänglich[91] in der Literatur weitgehend darin einig, die Frage der Geeignetheit getrennt vom Verhältnismäßigkeitsgrundsatz bzw. im Rahmen einer Vorprüfung zu behandeln.[92] Bestärkt wurden diese Stimmen seit Mitte des 20. Jahrhunderts zudem durch *Lerche*[93], der sich ebenfalls für eine Trennung der Prinzipien aussprach und die Geeignetheit des staatlichen Eingriffs vor der eigentlichen Verhältnismäßigkeitsprüfung - wenn überhaupt - feststellte.[94] Dass ein funktionaler Unterschied zwischen dem Grundsatz der Geeignetheit einerseits und den

---

88 Gleichbedeutend mit dem Begriff der Geeignetheit werden in der Literatur auch die Formulierungen der Tauglichkeit bzw. der Zwecktauglichkeit verwendet.

89 Siehe BVerfG, Beschl. v. 10.04.1997 - 2 BvL 45/92 - BVerfGE 96, S. 10 (23); Beschl. v. 20.06.1984 - 1 BvR 1494/78 u.a. - BVerfGE 67, S. 157 (173); Urt. v. 14.07.1999 - 1 BvR 2226/94 u.a. -BVerfGE 100, S. 313 (373).

90 Vgl. *Hirschberg*, Der Grundsatz der Verhältnismäßigkeit, S. 50.

91 Vgl. hierzu die Ausführungen zur geschichtlichen Entwicklung des Verhältnismäßigkeits-grundsatzes in Kap. 1. A. I., II.

92 Vgl. *Ipsen*, Staatsrecht II, S. 44.

93 Vgl. hierzu insbesondere *Lerche*, Übermaß und Verfassungsrecht, S. 19 ff.

94 Dabei fällt insbesondere auf, dass *Lerche* kaum Stellung zur Frage der Geeignetheit nimmt, sondern wie selbstverständlich von der Geeignetheit der am Übermaßverbot zu prüfenden Maßnahme ausgeht.

Grundsätzen der Erforderlichkeit und Angemessenheit andererseits und damit einhergehend durchaus gute Argumente für die Ansicht *Lerches* bestehen, stellt letztlich auch *Grabitz*[95] fest, indem er diese Prinzipien strikt nach Qualität und Quantität der staatlichen Maßnahme trennt: Danach befasse sich die Prüfung der Geeignetheit eines eingesetzten Mittels mit der Qualität des Mittels, wobei festzustellen ist, ob die konkrete Maßnahme überhaupt zur Förderung des verfolgten Zwecks dienlich sein kann. Die Teilgrundsätze der Erforderlichkeit und der Angemessenheit hingegen setzen sich alleine mit der Quantität der staatlichen Maßnahme auseinander, d.h. diese beiden Elemente des Verhältnismäßigkeitsprinzips sind Ausdruck einer Idee des *„Maßvollen bzw. des Maßstabgerechten"*[96] und bezeichnen insoweit eine quantitative Relation zwischen Zweck und Mittel.[97]

Vor diesem Hintergrund scheint es nicht weiter befremdlich, dass lange Zeit eine strikte Trennung der heute durch das BVerfG vereinten[98] Teilgrundsätze vertreten wurde. Gleichwohl hat sich das BVerfG mit seiner Ansicht durchgesetzt, so dass in der Konsequenz heute die Frage der Geeignetheit als integraler Bestandteil des Verhältnismäßigkeitsgrundsatzes (i. w. S.) geprüft wird.[99]

2. *Inhalt des Grundsatzes*

Nicht nur die Frage der inhaltlichen Zugehörigkeit der Geeignetheitsfrage zum Verhältnismäßigkeitsprinzip wurde lange Zeit kontrovers diskutiert. Ähnliche Divergenzen bestehen seit jeher in der Literatur hinsichtlich der inhaltlichen Grundidee dieses Teilgrundsatzes respektive einer in der Praxis anwendbaren Definition. Lehnt man sich diesbezüglich beispielsweise an die herrschende Definition im Polizeirecht an, so gilt eine Maßnahme als *„zur Zweckerreichung geeignet, wenn mit ihrer Hilfe der gewünschte Erfolg näher rückt."*[100] Umgekehrt formuliert sei eine staatliche Maßnahme bzw. der Einsatz eines staatlichen Mittels dann als untauglich bzw. ungeeignet anzusehen, wenn *„sie die Erreichung des beabsichtigten Ziels erschwert oder im Hinblick auf das Ziel überhaupt keine Wirkung entfaltet."*[101]

---

95 Vgl. *Grabitz*, AöR 98, S. 571.

96 Siehe *Larenz*, Methodenlehre der Rechtswissenschaft, S. 468.

97 Vgl. *Grabitz*, AöR 98, S. 571; a. A. *Hirschberg*, Der Grundsatz der Verhältnismäßigkeit, S. 148.

98 Vgl. die Ausführungen in Kap. 1. A. III.

99 Vgl. *Stern*, Staatsrecht III/2, S. 776 ff.

100 Siehe *Schnapp*, JuS 1983, S. 852; *Gentz*, NJW 1968, S. 1603.

101 Siehe *Jakobs*, Der Grundsatz der Verhältnismäßigkeit, S. 59 f. Kompliziert drücken sich hingegen *Pieroth/Schlink* aus, wenn sie feststellen: *„Geeignetheit bedeutet, dass*

Einig sind sich die verschiedenen Ansätze – soweit ersichtlich – zumindest insoweit, als inhaltlich streng zwischen der Geeignetheit der Maßnahme im Sinne ihrer Zwecktauglichkeit und der Frage ihrer Zweckmäßigkeit zu unterscheiden ist.[102] Die Diskussion der Geeignetheit bzw. der Zwecktauglichkeit einer Maßnahme ist stets rechtlicher Natur und im Rahmen der Rechtmäßigkeitskontrolle staatlicher Maßnahmen von den zuständigen Gerichten zu überprüfen.[103] Im Gegensatz dazu handelt es sich bei der Frage ihrer Zweckmäßigkeit um eine Beurteilung der richtigen Ermessensausübung und somit letztlich um eine vorgenommene Wertung, die der Kontrolle durch die Judikative grundsätzlich entzogen ist.[104]

Schließlich müssen sich die Maßnahme und der mit ihr konkret verfolgte Zweck im Rahmen des von der Verfassung als zulässig Erachteten befinden. Ist dennoch ein Verstoß gegen die verfassungsrechtliche Werteordnung insoweit festzustellen, so bedarf die Frage der Geeignetheit keiner vertieften Prüfung anhand der obigen Definitionsmerkmale mehr, vielmehr sind verfassungswidrige Mittel oder Zwecke per se als ungeeignet anzusehen.[105]

3. *Beurteilungsspielraum des Staates*

Maßnahmen der Legislative sowie der Exekutive ist gemeinsam, dass sich ihre Geeignetheit zur Verfolgung legitimer Zwecke nicht immer von vorne herein fehlerfrei einschätzen lässt.[106] Als Beispiel kann hierbei auf die Fülle von polizeilichen Maßnahmen[107] Bezug genommen werden, die alltäglich aufgrund einer plötzlich auftretenden (konkreten) Gefahr ergriffen werden müssen. Damit vergleichbar ist die Situation des Gesetzgebers.[108] Auch er kann nicht in allen Fällen, in denen sein Tätigwerden notwendig erscheint, von der Geeignetheit seiner beabsichtigten Maßnahme von Beginn an ausgehen. Ferner hat er stets

der Zustand, den der Staat durch den Eingriff schafft, und der Zustand, in dem der verfolgte Zweck als verwirklicht zu betrachten ist, in einem durch bewährte Hypothesen über die Wirklichkeit vermittelten Zusammenhang stehen." Siehe *Pieroth/Schlink*, Grundrechte, Rn. 293.

102 Vgl. *Jellinek*, Gesetzesanwendung und Zweckmäßigkeitserwägungen, S. 79.

103 Vgl. *Jakobs*, Der Grundsatz der Verhältnismäßigkeit, S. 64.

104 Vgl. *Stern*, Staatsrecht III/2, S. 777; *Jakobs*, Der Grundsatz der Verhältnismäßigkeit, S. 64.

105 Vgl. *Jakobs*, Der Grundsatz der Verhältnismäßigkeit, S. 60; *Pieroth/Schlink*, Grundrechte, Rn. 289 ff.

106 Vgl. *Stern*, Staatsrecht III/2, S. 777 f.

107 Vgl. hierzu vertiefend z.B. *Knemeyer*, Polizei- und Ordnungsrecht, S. 165 ff.

108 Vgl. *Stern*, Staatsrecht III/2, S. 777.

zu berücksichtigen, dass jede von ihm getroffene Maßnahme – generell gesprochen – nur dann geeignet oder tauglich sein kann, wenn sie einen durch die Verfassung vorgegebenen Zweck fördert.[109]

Mit anderen Worten: In den genannten Aufgabenfeldern des Staates – Gesetzgebung und Verwaltung – beruhen nicht wenige Maßnahmen auf Prognosen[110] – mithin auf *„Aussagen über die Wirklichkeit in der Zukunft"*[111] –, aber gerade nicht auf der gesicherten Erkenntnis, dass der gewünschte Erfolg mit der getroffenen Entscheidung tatsächlich eintreten wird. Vielmehr lässt sich regelmäßig erst im Nachhinein zweifelsfrei feststellen, ob sich der erwünschte Erfolg auch realisiert hat.[112]

Selbstverständlich hat die im Einzelfall zum Handeln aufgeforderte staatliche Stelle stets vor der Ergreifung einer Maßnahme jeweils zu prüfen, ob der Verfassungsgeber anhand der zur Handlung legitimierenden Norm abschließend einen festen Zweck verfolgt oder ob ihr als dem Rechtsanwender eine eigene Zielsetzung gestattet ist.[113] Ist letzteres – wie in der Regel – nicht der Fall, so ist die zu treffende Maßnahme nur dann als „tauglich" im Sinne des Geeignetheitsgrundsatzes anzusehen, wenn sie das verfassungsrechtlich konkret vorgegebene Ziel fördern kann.[114] Zentrale Aufgabe der Judikative als kontrollierende Staatsgewalt ist es wiederrum, den eingeräumten Beurteilungsspielraum der Exekutive bzw. die *„Einschätzungsprärogative"*[115] des Gesetzgebers einerseits nicht ausufern zu lassen, sowie andererseits zu gewährleisten, dass die von der Verfassung verbindlich vorgegebenen Ziele eingehalten werden. Dabei ist insbesondere der Rechtsprechung des BVerfG insoweit große Bedeutung zuzumessen.

4. Rechtsprechung des BVerfG

Wie bereits festgestellt, bejaht das BVerfG die Geeignetheit bzw. Tauglichkeit eines staatlichen Mittels, wenn *„mit seiner Hilfe der gewünschte Erfolg gefördert werden*

---

109 Vgl. *Dechsling*, Das Verhältnismäßigkeitsgebot, S. 80.

110 Vgl. *Heckmann* in: Becker/Heckmann/Kempen/Manssen, S. 287, Rn. 156 f.; *Benda/Klein*, Lehrbuch des Verfassungsprozessrechts, Rn. 214 ff.

111 Siehe *Schlink* in: FS 50 Jahre BVerfG II, S. 455.

112 Vertiefend zur Problematik der Ungewissheit vgl. *Appel* in: Schmidt-Aßmann/Hoffmann-Riem, Methoden der Verwaltungsrechtswissenschaft, S. 327 ff.

113 Vgl. *Dechsling*, Das Verhältnismäßigkeitsgebot, S. 80.

114 Vgl. *Dechsling*, Das Verhältnismäßigkeitsgebot, S. 81.

115 Siehe *Pieroth/Schlink*, Grundrechte, Rn. 292.

kann."[116] Damit weist das Gericht auf folgende zwei Eckpunkte seiner hierzu ergangenen und bis heute aufrecht erhaltenen Rechtauffassung hin: Zunächst stellt es fest, dass das eingesetzte staatliche Mittel den legitimen Zweck nicht vollständig erfüllen muss, um als „geeignet" im Sinne des Verhältnismäßigkeitsprinzips angesehen zu werden. Vielmehr ist insoweit bereits eine Teileignung[117] ausreichend, denn auch diese fördert den gewünschten Erfolg. Es ist somit – zugunsten des Handelnden – stets streng zwischen der (ausreichenden) Förderung des gewünschten Erfolgs und dessen vollständiger Erreichung zu unterscheiden.[118]

Ferner fordert das Gericht vom Handelnden nicht, dass das eingesetzte Mittel den verfolgten Zweck letztendlich auch tatsächlich erreicht. Es prüft vielmehr lediglich, ob aus der Sicht eines verständig Handelnden zum Zeitpunkt der Entscheidung davon ausgegangen werden durfte, dass die Maßnahme die Erreichung des gewünschten Erfolgs fördern könnte.[119] Rechtlich gesehen stellt diese „ex ante"-Sichtweise des BVerfG[120] den Gegenpart zum zuvor bereits herausgearbeiteten Beurteilungsspielraum des Handelnden dar. Denn nur aufgrund dieses Entgegenkommens des Gerichts bei der Überprüfung der staatlichen Maßnahme ist es möglich, dem Handelnden weiterhin ein aktives Tun aufgrund von Prognosen einzuräumen. Würde das Gericht hingegen – wie üblich – anhand einer „ex post"-Betrachtung[121] seine Kontrolle ausüben, so hätte dies die Aufhebung jeder auf einer Prognose basierenden staatlichen Maßnahme zur Folge, deren Ungeeignetheit sich erst im nach hinein zeigt. Bezogen auf Maßnahmen des Gesetzgebers kann man die rechtliche Situation demnach wie folgt mit den Worten *Sterns* zusammenfassen: „*Es* (das Gericht) *billigt dem*

116 Siehe BVerfG, Beschl. v. 10.04.1997 – 2 BvL 45/92 – BVerfGE 96, S. 10 (23); Beschl. v. 20.06.1984 – 1 BvR 1494/78 u.a. – BVerfGE 67, S. 157 (173); Urt. v. 14.07.1999 – 1 BvR 2226/94 u.a. – BVerfGE 100, S. 313 (373).

117 Vgl. BVerfG, Urt. v. 22.05.1963 – 1 BvR 78/56 – BVerfGE 16, S. 147 (183); Urt. v. 11.06.1958 – 1 BvR 596/56 –BVerfGE 7, S. 377 (412); Beschl. v. 17.07.1961 – 1 BvL 44/55 –BVerfGE 13, S. 97 (113); *Jarass* in Jarass/Pieroth, GG-Kommentar, Art. 20 Rn. 84.

118 So auch *Jakobs*, Der Grundsatz der Verhältnismäßigkeit, S. 61 f.; *Grabitz*, AöR 98, S. 572; *Stern*, Staatsrecht III/2, S. 778.

119 Vgl. *Grabitz*, AöR 98, S. 572.

120 Vgl. zur Überprüfung gesetzgeberischer Maßnahmen z.B. BVerfG, Beschl. v. 19.03.1975 – 1 BvL 20/73 u.a. – BVerfGE 39, S. 210 (230); Beschl. v. 21.12.1977 – 1 BvR 820/76 u.a. –BVerfGE 47, S. 89 (131).

121 Vgl. *Jakobs*, Der Grundsatz der Verhältnismäßigkeit, S. 63.

Gesetzgeber ein nicht geringes Maß an „Fehlprognosen" zu, verlangt aber, sie gegebenenfalls durch „Nachfassen" zu korrigieren.[122]

Die Rechtsprechungspraxis[123] zeigt sich daher aufgrund des zugestandenen Einschätzungsspielraums des Gesetzgebers recht milde im Sinne von wenig restriktiv. Ist eine staatliche Maßnahme nicht bereits zum Zeitpunkt der Entscheidung nach objektiven Bewertungsmaßstäben völlig ungeeignet und erschwert es nicht die Förderung des erwünschten Ziels, so ist in der Regel von deren Geeignetheit bzw. Tauglichkeit im Sinne der Verhältnismäßigkeit (i. w. S.) auszugehen.[124]

III. Der Teilgrundsatz der Erforderlichkeit

Liegt eine geeignete staatliche Maßnahme im Einzelfall vor, so schließt sich unmittelbar die Prüfung des Teilgrundsatzes der Erforderlichkeit an. Hier stellt sich die Frage, ob der Handelnde unter mehreren gleich geeigneten Mitteln dasjenige auserwählt hat, dass für den Maßnahmeadressaten die geringsten Nachteile mit sich bringt.[125] Voraussetzung hierfür ist, dass überhaupt mehrere gleich geeignete Mittel zur Verfügung stehen. Ist dies nicht der Fall, so stellt das einzig geeignete Mittel zwangsläufig auch das Erforderliche dar.[126]

1. Terminologie

Vergleichbar mit der Vielfalt an Termini für die Frage der Geeignetheit des staatlichen Mittels finden sich auch in der Literatur verschiedene Synonyme[127] für den Teilgrundsatz der Erforderlichkeit. Dabei wird überwiegend neben dem

---

122 Siehe *Stern*, Staatsrecht III/2, S. 778.

123 Vgl. z.B. BVerwG, Urt. v. 30.01.2002 - 9 A 20.01 - BVerwGE 115, S. 373 (383); BVerfG, Beschl. v. 09.03.1994 -2 BvL 43, 51, 63, 64, 70, 80/92, 2 BvR 2031/92 - BVerfGE 90, S. 145 (172); Urt. v. 16.03.2004 - 1 BvR 1778/01 - BVerfGE 110, S. 141 (164 ff.).

124 Vgl. *Jakobs*, Der Grundsatz der Verhältnismäßigkeit, S. 63.

125 Vgl. *Jarass* in: Jarass/Pieroth, GG-Kommentar, Art. 20 Rn. 85; *Maurer*, Staatsrecht I, S. 228, Rn. 57.

126 Vgl. *Jakobs*, Der Grundsatz der Verhältnismäßigkeit, S. 66; a. A. *Stern*, Staatsrecht III/2, S. 780.

127 Vgl. hierzu den Überblick über die in der Literatur gebräuchlichen Begrifflichkeiten bei *Jakobs*, Der Grundsatz der Verhältnismäßigkeit, S. 76 m. w. N.

Begriff der *„Erforderlichkeit“*[128] auf das *„Notwendige“*[129] abgestellt respektive die Frage nach dem *„mildesten, gleicheffektiven“* bzw. *„gleich wirksamen Mittel“* gestellt.[130] Aus Gründen der Klarstellung beschränken sich die im Rahmen dieser Arbeit verwandten Synonyme auf die genannten Begrifflichkeiten, wenn im Folgenden der Inhalt, die Funktionen sowie die Rechtsprechung des BVerfG zum Grundsatz der Erforderlichkeit näher betrachtet werden soll.

2. Inhalt des Grundsatzes

Der ursprünglich aus dem Polizeirecht stammende[131] Grundsatz der Erforderlichkeit stellt mit seiner Überprüfung die Weichen für die – die Verhältnismäßigkeitskontrolle abschließende – Angemessenheitsprüfung. Insofern kommt der Frage des notwendigen Eingriffs unter anderem die wichtige Funktion der Vorauswahl der anschließend miteinander abzuwägenden Rechtsgüter und Belange zu.

Bei der Prüfung der Erforderlichkeit ist nicht auf die abstrakte Sichtweise – wie beim Grundsatz der Geeignetheit – abzustellen, sondern entscheidend ist die auf den konkreten Einzelfall bezogene Analyse des staatlichen Handelns.[132] „Notwendig“ zum Erreichen des angestrebten Erfolgs ist eine gewählte Maßnahme demnach nur dann, wenn sie für die konkret vorliegende Fallkonstellation unter den gleichgeeigneten Mitteln den geringsten Eingriff in die bürgerliche Individualrechtssphäre darstellt.[133] Aus der Sicht des

128 Vgl. z.B. *Lerche* in: Handbuch des Staatsrechts V, S. 783 ff.; *Grzeszick* in: Maunz/Dürig, GG-Kommentar III, Art. 20 VII, Rn. 113 ff.; *Ipsen*, Staatsrecht II, S. 44, Rn. 191.

129 Vgl. z.B. *Lerche*, Übermaß und Verfassungsrecht, S. 19; *Hirschberg*, Der Grundsatz der Verhältnismäßigkeit, S. 57; *von Krauss*, Der Grundsatz der Verhältnismäßigkeit, S. 14, 87 ff.

130 Vgl. z.B. *Heckmann* in: Becker/Heckmann/Kempen/Manssen, S. 287, Rn. 157; *Jakobs*, Der Grundsatz der Verhältnismäßigkeit, S. 66 m. w. N.

131 So hieß es beispielsweise bereits in § 56 des Entwurfs eines Allgemeinen Gesetzbuchs für die preußische Staaten: *„Der Staat kann die natürliche Freiheit seiner Bürger nur insoweit einschränken, als das wohl der gesellschaftlichen Verbindung solches erfordert.“* Siehe *Stern*, Staatsrecht III/2, S. 779 m. w. N.; ähnlich *Jakobs*, Der Grundsatz der Verhältnismäßigkeit, S. 66 ff.

132 Vgl. *Lerche* in: Handbuch des Staatsrechts V, § 122 Rn. 18; *Dechsling*, Der Grundsatz der Verhältnismäßigkeit, S. 64 ff. Differenzierend bei der Frage der Erforderlichkeit auf Grundrechtsebene, vgl. *Kirchhof* in: Handbuch des Staatsrechts V, (3. Aufl.), § 99 Rn. 50.

133 Vgl. *Heckmann* in: Becker/Heckmann/Kempen/Manssen, S. 287, Rn. 157.

Adressaten bedeutet dies: Er darf bei einer hoheitlichen Einzelmaßnahme nur insoweit in seinen subjektiv-öffentlichen Rechten beschränkt werden, wie es zur Erreichung des im konkreten Einzelfall angestrebten legitimen Ziels unbedingt sein muss.[134]

Bei gesetzgeberischen Maßnahmen kann das handelnde Organ naturgemäß nicht auf einen konkreten Einzelfall abstellen. Demnach muss für die dort zu treffenden, allgemein gehaltenen Maßnahmen ein anderer Bewertungsmaßstab Anwendung finden: die Allgemeininteressen bzw. die Allgemeinrechtsgüter aller durch die Maßnahme betroffener Adressaten.[135] Dabei ist zu bedenken, dass der Gesetzgeber durch seine abstrakt-generellen Maßnahmen, wie Gesetz- und Verordnungserlass, über seine politischen Ziele und damit einhergehend über die öffentlichen Interessen im jeweiligen Sachgebiet entscheidet.[136] *„Organisiert"*[137] daher der Gesetzgeber durch seine abstrakt-generellen und von Verfassungs wegen geforderten Maßnahmen das Staatsleben, so kommt dem Erforderlichkeitsgebot – sowie dessen immanenter Verpflichtung zu bestmöglicher Sachverhaltsausforschung[138] möglicher Konsequenzen – eine nicht zu unterschätzende Rolle zu. Der Gesetzgeber muss daher vor Ergreifen der Maßnahme das zu berücksichtigende Tatsachenmaterial vollständig zusammentragen, die betroffenen Rechtsgüter bewerten und abschließend im Rahmen eines Gesamtvergleiches das die Allgemeininteressen am wenigsten einschneidende[139], gleichgeeignete Mittel auswählen.

Auf verwaltungsrechtlicher Ebene ist die Frage nach der Notwendigkeit eines Mittels insbesondere dann schwierig zu beantworten, wenn im konkreten Einzelfall für den Maßnahmeadressaten ein objektiv als milder anzusehendes Mittel subjektiv nicht als milder empfunden wird.[140] Diese Frage wurde bereits

---

134 Dieses Prinzip des geringstmöglichen Eingriffs wird daher auch als staatliche Verpflichtung zum *„Interventionsminimismus"* verstanden. Vgl. BVerwG, Beschl. v. 14.11.1974 - I WB 159.71 - NJW 1974, S. 874 (877); ähnlich *Schoch*, JURA 2004, S. 462 (467).

135 Vgl. *Jarass* in: Jarass/Pieroth, GG-Kommentar, Art. 20 Rn. 85.

136 Vgl. *Badura*, Staatsrecht, S. 131 Rn. 28, S. 333 Rn. 18 ff.; *Bleckmann*, JuS 1994, S. 181 f.

137 Vgl. *Lerche* in: Handbuch des Staatsrechts V, § 122 Rn. 18.; im Ergebnis auch *Kirchhof* in: Handbuch des Staatrechts V, (3. Aufl.), § 99 Rn. 51 ff.

138 Vgl. *Lerche* in: Handbuch des Staatsrechts V, § 122 Rn. 19.

139 Vgl. *Stern*, Staatsrechts III/2, S. 779.

140 Vgl. *Hirschberg*, Der Grundsatz der Verhältnismäßigkeit, S. 65.

Ende des 19. Jahrhunderts durch das PrOVG diskutiert[141] und wird bis heute in der Literatur hauptsächlich im Bereich des Polizei- und Ordnungsrechts unter dem Fachterminus des „Austauschmittels“ behandelt.[142] Rechtsprechung und Literatur sind sich dabei einig, dass ein gleich wirksames, den Adressaten aus seiner Perspektive – im Vergleich zum objektiv erforderlichen – jedoch weniger belastende Austauschmittel als das „mildere“ im Sinne des Erforderlichkeitsgebotes anzusehen ist. Diese Rechtsauffassung wurde mittlerweile in die meisten der Polizei- und Ordnungsgesetze der Länder integriert, wie beispielsweise die bayerischen Vorschriften des Art. 4 Abs. 1 BayPAG[143] sowie Art. 8 Abs. 1 BayLStVG[144] zeigen. Ist der rechtsanwendenden Exekutivstelle daher bekannt, dass mehrere gleich wirksame und die Allgemeinheit gleich belastende Maßnahmen zur Auswahl stehen, das objektiv erforderliche Mittel subjektiv für den Maßnahmeadressaten jedoch nicht den geringsten Eingriff in seine Rechtsgüter bedeuten würde, so hat die Behörde zwingend das für den Betroffenen subjektiv mildeste Austauschmittel zu wählen.[145]

Beispiel:
Besteht die konkrete Gefahr, dass ein auf dem Grundstück des Eigentümers A befindlicher Baum aufgrund seiner Höhe bei starken Stürmen auf das Grundstück des Nachbarn B stürzt, so kann die zuständige Sicherheitsbehörde grundsätzlich von A verlangen, den Baum so zu kürzen, dass keine Sturzgefahr mehr von ihm ausgeht. Unverhältnismäßig, da objektiv nicht erforderlich, wäre das staatliche Verlangen, den Baum insgesamt zu fällen,

---

141 Vgl. z.B. OVG Preußen, Urt. v. 08.12.1879 – II B 115/79 – PrOVGE 6, S. 290; Urt. v. 03.12.1885 – II C 134/85 – PrOVGE 12, S. 303; Urt. v. 18.01.1886 – II B 73/85 – PrOVGE 13, S. 397; *Grupp*, VerwArch 69, S. 127.

142 Vgl. z.B. BayVGH, Urt. v. 28.06.2010 – 1 B 09.1911 – BayVBl. 2011, S. 500 ff.; ferner *Grzeszick* in: Maunz/Dürig, GG-Kommentar III, Art. 20 VII, Rn. 115; *Jakobs*, Der Grundsatz der Verhältnismäßigkeit, S. 73 ff.; *Grupp*, VerwArch 69, S. 125.

143 Art. 4 Abs. 1 BayPAG lautet: *„Von mehreren möglichen und geeigneten Maßnahmen hat die Polizei diejenige zu treffen, die den Einzelnen und die Allgemeinheit am wenigsten beeinträchtigen.“*

144 Art. 8 Abs. 1 BayLStVG lautet: *„Unter mehreren möglichen und geeigneten Maßnahmen ist diejenige zu treffen, die den einzelnen und die Allgemeinheit am wenigsten beeinträchtigt.“*

145 Vgl. *Jakobs*, Der Grundsatz der Verhältnismäßigkeit, S. 75; vertiefend *Grupp*, VerwArch 69, S. 125 ff., insbesondere zu den Fragen, ob es sich bei der Verständigung zwischen Bürger und Verwaltung über das Austauschmittel rechtlich gesehen um einen mitwirkungsbedürftigen VA oder einen verwaltungsrechtlichen Vertrag handelt, sowie, ob eine Anwendbarkeit der Rechtsfigur des Austauschmittels über das Polizei- und Ordnungsrecht hinaus möglich ist.

da es grundsätzlich den Eigentümer A stärker in seinem Grundrecht aus Art. 14 Abs. 1 GG beeinträchtigen würde als es nötig wäre, um die Gefahr zu bannen.

Hat der Eigentümer A jedoch ohnehin vor, den Baum zu fällen, da er beispielsweise den frei werdenden Platz anderweitig nutzen möchte, so wäre es für ihn subjektiv milder, wenn er nicht den Baum kürzen müsste, sondern in Gänze fällen könnte, da dies weniger Aufwand für ihn bedeuten würde. In diesem Fall liegt mit dem Fällen des gesamten Baumes ein Austauschmittel im oben genannten Sinne vor, da eine objektiv schwerwiegendere Maßnahme den Adressaten A im konkreten Einzelfall subjektiv weniger beeinträchtigen würde als das grundsätzlich objektiv „mildere" Kürzen des Baumes.

Was konkreten Einzelfall als das jeweils mildeste unter mehreren gleich wirksamen Mitteln anzusehen ist, bestimmt sich dabei insbesondere aus dem betroffenen Rechtsgut selbst, der Anzahl der beeinträchtigten Personen sowie der Dauer und der Intensität des Eingriffs, wobei auch Nebenwirkungen[146] sowie günstige Auswirkungen auf sonstige Rechtsgüter zu berücksichtigen sind.[147] Steht der Verwaltung im konkreten Einzelfall kraft Gesetzes jedoch gar kein Ermessensspielraum zu, wird ihr mithin die Anwendung eines bestimmten Mittels zur Erreichung des angestrebten Ziels legislativ verbindlich vorgeschrieben, so ist eine Ausforschung des Sachverhalts nach milderen Handlungsalternativen nicht angezeigt. Vielmehr gebietet in diesen Fällen der Grundsatz der Gesetzmäßigkeit der Verwaltung[148] die strikte Umsetzung des vorgegeben Mittels selbst dann, wenn der Maßnahmeadressat sich auf die Existenz eines für ihn milderen, gleich wirksamen und die Allgemeinheit nicht stärker beeinträchtigenden Austauschmittels beruft.[149] Mit *Dechsling* und *von Krauss* lässt sich der Inhalt des Erforderlichkeitsgrundsatzes daher abstrakt zusammengefasst beschreiben als *„sittliche, an den Staat gerichtete Forderung, aber auch ein Gebot der Vernunft und der Ökonomie der Kräfte"*[150].

---

146 Vgl. hierzu auch *Heusch*, Der Grundsatz der Verhältnismäßigkeit im Staatsorganisationsrecht, S. 42.

147 Vgl. *Gentz*, NJW 1968, S. 1604; *Stern*, Staatsrecht III/2, S. 781; *Grzeszick* in: Maunz/Dürig, GG-Kommentar III, Art. 20 VII, Rn. 115; *Jakobs*, Der Grundsatz der Verhältnismäßigkeit, S. 75; *Berner/Köhler*, PAG, zu Art. 4 Rn. 4.1.

148 Vertiefend zum Grundsatz der Gesetzmäßigkeit der Verwaltung, vgl. die Ausführungen in Kap. 2. B. I. 2.

149 Vgl. *Jakobs*, Der Grundsatz der Verhältnismäßigkeit, S. 74; ähnlich *Grupp*, VerwArch. 69, S. 127 m. w. N.

150 Siehe *Dechsling*, Das Verhältnismäßigkeitsgebot, S. 91; *von Krauss*, Der Grundsatz der Verhältnismäßigkeit, S. 39 ff.

3. *Beurteilungsspielraum des Staates*

Hinsichtlich der Frage der Erforderlichkeit des Mittels wird der handelnden Stelle (Verwaltung oder Gesetzgeber) – ähnlich der Konstellation bei der Geeignetheitsprüfung – ein Beurteilungsspielraum bei der Entscheidung eingeräumt. Dadurch wird es der Behörde wiederrum ermöglicht, im Einzelfall auf Basis von Prognosen zu handeln.[151] Grund hierfür ist die alltägliche Verwaltungspraxis, in der es zur Verfolgung eines bestimmten angestrebten Ziels nicht immer nur das eine „erforderliche" bzw. das eine „mildeste" Mittel gibt. Insofern kann die Terminologie „mildeste Mittel" durchaus verwirrend sein: Bei genauer Betrachtung wird man häufig zu dem Ergebnis gelangen, dass unter den gleich geeigneten Mitteln auch mehrere für den Bürger dieselbe Tiefe an Beeinträchtigung seiner Rechte mit sich bringen.[152]

Für den Gesetzgeber ergibt sich hieraus insbesondere ein weitgehender Beurteilungsspielraum bei abstrakt-generellen Regelungen, die keinen allzu schweren Eingriff in die Grundrechte der Bürger bedeuten. Als Beispiel hierfür kann auf die Rechtsprechung des BVerwG zur Berufsfreiheit verwiesen werden. Dort wird dem Gesetzgeber bei einfachen Berufsausübungsregeln aufgrund der relativen Milde der Beeinträchtigung ein weiter Beurteilungsspielraum zugestanden.[153] Für die Exekutive gilt beim Erlass abstrakt-genereller Normen wie z.B. Rechtsverordnungen oder Verwaltungsvorschriften grundsätzlich dasselbe, denn hier steht die handelnde Stelle vor derselben Problematik wie der Gesetzgeber, so dass auch ein Raum für Prognosen gewährt werden muss. Ferner ist der Gesetzgeber ermächtigt, eigene Prognoseentscheidungen auf die zum Erlass von Rechtsverordnungen legitimierten Stellen zu übertragen[154], weshalb eine Gleichbehandlung von Legislative und Exekutive insofern nicht nur nützlich sondern aus Effektivitätsgründen auch geboten erscheint.

Bei konkret-individuellen Verwaltungsmaßnahmen gilt dieser Beurteilungs spielraum der Verwaltung jedoch nur in den Fällen, in denen ihr von Gesetzes wegen ein Ermessen eingeräumt ist. Wird ihr hingegen kraft Gesetzes das im konkreten Einzelfall anzuwendende Mittel verbindlich vorgegeben, so

151 Vgl. *Kloepfer* in: FG 50 Jahre BVerwG, S. 329 (335); *Cremer*, Freiheitsgrundrechte, S. 303 ff.

152 Vgl. *Stern*, Staatsrecht III/2, S. 782; *Hirschberg*, Der Grundsatz der Verhältnismäßigkeit, S. 74 f.; *Jakobs*, Der Grundsatz der Verhältnismäßigkeit, S. 75 f.

153 Vgl. *Jarass* in: Jarass/Pieroth, GG-Kommentar, Art. 12 Rn. 36, Art. 20 Rn. 88.

154 Vgl. *Jarass* in: Jarass/Pieroth, GG-Kommentar, Art. 20 Rn. 90; BVerfG, Beschl. v. 27.06.2002 - 2 BvF 4/98 - BVerfGE 106, S. 1 (17).

ist dementsprechend kein Raum für Prognosen und infolgedessen für einen Beurteilungsspielraum.[155] In diesen seltenen Fällen sichert der Grundsatz von der Gesetzmäßigkeit der Verwaltung die Anwendung des mildesten Mittels, der gerichtlichen Kontrolle unterliegt insofern nur das legitimierende Gesetz selbst.[156] Im Regelfall ermächtigen die Verwaltungsnormen die handelnde Stelle jedoch zur Ausübung ihres Ermessens und geben ihr gerade keine verbindliche Vorgabe hinsichtlich der zu treffenden Maßnahme. Aufgrund der Vielfalt an verwaltungsrechtlichen Ermessensentscheidungen kommt in diesen Fällen der Judikative und dabei letztlich insbesondere auch der Rechtsprechung des BVerfG neben der Kontrolle auch die Funktion zu, der Verwaltung durch Formulierung allgemein zu beachtender Hinweise und Leitlinien die Verwaltungspraxis und somit die Entscheidungsfindung vorhersehbarer und zuverlässiger zu machen.

4. Rechtsprechung des BVerfG

Nach der Rechtsprechung des BVerfG ist eine staatliche Maßnahme „erforderlich" im Sinne des Verhältnismäßigkeitsgrundsatzes (i. w. S.), wenn die handelnde Stelle *„nicht ein anderes, gleich wirksames, aber das Grundrecht nicht oder doch weniger fühlbar einschränkendes Mittel hätte wählen können."*[157]

Was bedeutet jedoch „gleich wirksam"? Selbst das BVerfG findet auf diese Frage keine allgemein gültige Antwort respektive eine einheitliche, allgemein gültige Definition. Vielmehr entscheidet das Gericht diese Frage an jedem konkreten Einzelfall neu[158], was aufgrund der unüberschaubaren Vielfalt an möglichen Fallkonstellationen verständlich und praxisgerecht erscheint. Eine universell geltende Definition wäre auch nicht wünschenswert; denn eine „starre" Inhaltsbeschreibung würde niemals allen zur Entscheidung vorliegenden Sachverhaltskonstellationen gerecht werden. Vielmehr hätte eine solche Lösung zwangsläufig zur Folge, dass die getroffene Definition mit der Zeit zunehmend durch Ausnahmen durchlöchert werden und so

---

155 Vgl. *Degenhart*, Staatsorganisationsrecht, Rn. 401; *Jarass* in: Jarass/Pieroth, GG-Kommentar, Art. 20 Rn. 90a.

156 Vgl. *Degenhart*, Staatsorganisationsrecht, Rn. 409.

157 Vgl. z.B. BVerfG, Beschl. v. 18.12.1968 – 1 BvL 12/65 – BVerfGE 25, S. 1 (17); Beschl. v. 16.03.1971 – 1 BvR 665/66 – BVerfGE 30, S. 292 (316); Beschl. v. 10.05.1972 – 1 BvR 293/65 – BVerfGE 33, S. 171 (187); Beschl. v. 20.06.1984 – 1 BvR 1494/78 u.a. – BVerfGE 67, S. 157 (177); Beschl. v. 31.10.1984 – 1 BvR 35/82 u.a. – BVerfGE 68, S. 193 (219); Beschl. v. 09.03.1994 – 2 BvL 43/92 u.a. – BVerfGE 90, S. 145 (172); Beschl. v. 26.04. 1995 – 1 BvL 19/94 u.a. – BVerfGE 92, S. 262 (273).

158 Vgl. *Grabitz*, AöR 98, S. 574.

ihren vereinheitlichenden Sinn verlieren würde. Eine starre Definition ohne Berücksichtigung der individuellen Umstände könnte daher nicht zur allgemeinen Rechtssicherheit beitragen.

Wie bereits angemerkt, räumt das Gericht dem Gesetzgeber einen weiten Handlungsspielraum – eine sogenannte Einschätzungsprärogative[159] – bei der Analyse von Sachverhalten, Risiken sowie der Auswahl der zu treffenden Mittel ein. Dieses Zugeständnis ermöglicht es dem Gesetzgeber wiederrum – wie auch im Rahmen der Geeignetheitsprüfung[160] – aufgrund von Prognosen handeln zu können. Die Weite des Spielraums hängt dabei nach Ansicht des Gerichts maßgeblich ab *„von der Eigenart des in Rede stehenden Sachbereichs, den Möglichkeiten sich ein hinreichend sicheres Urteil zu bilden und der Bedeutung der auf dem Spiele stehenden Rechtsgüter"*.[161] Er erstreckt sich dabei insbesondere auf Fälle relativ geringer Grundrechtsbeeinträchtigungen sowie auf Sachverhalte, in denen *„der personale Bezug zurücktritt bzw. der soziale Bezug hoch ist wie [...] bei wirtschaftsbezogenen Regelungen*[162], etwa aus dem Bereich des Arbeitsmarktrechts.[163] Konsequenz hieraus ist, dass aufgrund des eingeräumten Beurteilungsspielraums aus rechtlicher Sicht Zweifel an den Prognosen der Legislative nur dann beachtlich werden, wenn diese auf die gegenwärtigen Kenntnisse aus Wissenschaft und Praxis gestützt werden können.[164]

---

159 Vgl. z.B. BVerfG, Urt. v. 05.02.2004 – 2 BvR 2029/01 – BVerfGE 109, S. 133 (158); Beschl. v. 06.10.1987 – 1 BvR 1086,1468,1623/82 – BVerfGE 77, S. 88 (106); Beschl. v. 22.05.1979 – 1 BvL 9/75 – BVerfGE 51, S. 193 (208 f.); Urt. v. 01.03.1979 – 1 BvR 532, 533/77, 419/78 sowie 1 BvL 21/78 – BVerfGE 50, S. 290 (332 f.); ähnlich BVerfG, Beschl. v. 05.03.1974 –1 BvL 27/72 – BVerfGE 37, S. 1 (20); Beschl. v. 18.12.1968 – 1 BvL 5,14/64 sowie 5,11,12/65 –BVerfGE 25, S. 1 (19 f.). Vgl. ferner *Schlink* in: FS 50 Jahre BVerfG II, S. 458; *Jarass* in: Jarass/Pieroth, GG-Kommentar, Art. 20 Rn. 87; *Schneider* in: FG 25 Jahre BVerfG II, S. 397 ff.

160 Vgl. Kap 1. C. II. 3.

161 Siehe BVerfG, Urt. v. 01.03.1979 – 1 BvR 419/78 – BVerfGE 50, S. 290 (332 f.); Urt. v. 26.05.1981 – 1 BvL 56/78 u.a. – BVerfGE 57, S. 139 (159); Urt. v. 16.02.1983 – 2 BvE 1/83 u.a. – BVerfGE 62, S. 1 (50); Beschl. v. 09.03.1994 – 2 BvL 43/92 u.a. – BVerfGE 90, S. 145 (173); *Jarass* in: Jarass/Pieroth, GG-Kommentar, Art. 20 Rn. 87.

162 Siehe BVerfG, Beschl. v. 17.11.1992 – 1 BvR 168/89 u.a. – BVerfGE 87, S. 363 (383); Beschl. v. 29.04.1996 – 2 BvG 1/93 – BVerfGE 94, S. 315 (326); Beschl. v. 03.04.2001 –1 BvL 32/97 – BVerfGE 103, S. 293 (307); *Jarass* in: Jarass/Pieroth, GG-Kommentar, Art. 20 Rn. 88.

163 Vgl. z.B. BVerfGE, Beschl. v. 03.04.2001 – 1 BvL 32/97 – BVerfGE 103, S. 293 (307); Beschl. v. 18.07.2005 – 2 BvF 2/01 – BVerfGE 113, S. 167 (252).

164 Vgl. *Schlink* in: FS 50 Jahre BVerfG II, S. 458.

Im Rahmen dieser Einschätzungsprärogative steht es dem Gesetzgeber nach der Rechtsprechung des BVerfG desweiteren frei, in bestimmten Situationen nicht nur auf ein (gleich wirksames) Mittel zurückzugreifen, sondern darüber hinaus auch mehrere (gleich wirksame) Maßnahmen gleichzeitig einzusetzen, um den angestrebten Zweck zu erreichen. Dies rechtfertigt sich bereits aus dem Umstand, dass eine auf Prognosen basierende Entscheidung stets das Risiko der Fehleinschätzung in sich trägt. Um dieses Risiko zu minimieren, ist es durchaus verständlich und aus rechtstaatlicher Sicht sogar zu begrüßen, wenn der Gesetzgeber daher mehrere Mittel einsetzt, um die Wahrscheinlichkeit des Erfolgseintritts zu erhöhen.[165]

Um diesen Handlungs- und Beurteilungsspielraum von Legislative und Exekutive nicht zu konterkarieren, erweist sich das BVerfG bei der Überprüfung der Erforderlichkeit der getroffenen Maßnahmen bzw. der ergriffenen Mittel als durchaus milde im Sinne von weniger restriktiv. So verneint das Gericht die Notwendigkeit einer Maßnahme lediglich in solchen Fällen, in denen entweder im Rahmen einer „ex ante"-Prüfung aus der Sicht eines verständig Handelnden zu erkennen war, dass ein gleich effektives, jedoch weniger beeinträchtigendes Mittel hätte angewandt werden können[166] oder wenn sich im Rahmen einer „ex post"-Betrachtung offenbart, dass die ergriffene Maßnahme – im Vergleich zu anderen gleich wirksamen Mitteln – zu stark[167] in die Rechte des Adressaten, von Dritten oder der Allgemeinheit[168] eingegriffen hat.[169]

---

165 Vgl. z.B. BVerfG, Beschl. v. 14.02.1967 - 1 BvL 17/63 - BVerfGE 21, S. 150 (157); Beschl. v. 23.03.1971 - 1 BvL 25/61 - BVerfGE 30, S. 336 (347).

166 Vgl. z.B. BVerfG, Urt. v. 04.03.1964 - 1 BvR 373/61 - BVerfGE 17, S. 269 (279).

167 Siehe *Grabitz* AöR 98, S. 575 mit Verweis auf BVerfG, Urt. v. 04.04.1967 - 1 BvR 84/65 - BVerfGE 21, S. 261 (270).

168 Siehe *Grabitz*, AöR, 98, S. 568 (574 f.) mit Verweis auf BVerfG, Beschl. v. 18.07.2005 - 2 BvF 2/01 - BVerfGE 113, S. 167 (259); ferner *Jarass* in: Jarass/Pieroth, GG-Kommentar, Art. 20 Rn. 85; eingeschränkt zudem auch *Stern*, Staatsrecht III/2, S. 781.

169 Aktuelles Beispiel hierfür sind zwei Beschlüsse des BVerfG zur polizeilichen Ingewahrsamnahme mehrerer Beschuldigter zwecks Feststellung ihrer Identität und Durchführung erkennungsdienstlicher Maßnahmen. Hier stellt das Gericht fest, dass eine fünf- bzw. achtstündige Freiheitsentziehung durch Ingewahrsamnahme mehrerer Beschuldigter zum Zwecke der Anfertigung von zwei bzw. drei Lichtbildern pro Person auf Grundlage von § 81b Alt. 1 StPO nicht erforderlich im Sinne des Verhältnismäßigkeitsgrundsatzes sei, um das tatsächliche damalige Aussehen der betroffenen Personen zu dokumentieren. Vgl. BVerfG, Beschl. v. 08.03.2011 -1 BvR 47,142/05 - DVBl. 2011, S. 623 ff.

IV. Der Teilgrundsatz der Proportionalität

Die umfangreiche Prüfung des Verhältnismäßigkeitsgrundsatzes (i. w. S.) und damit auch seiner Teilgrundsätze schließt mit der Prüfung der Verhältnismäßigkeit (i. e. S).[170] Hier ist – ohne dass es hierfür hinreichend bestimmte Maßstäbe oder Prüfungsvorgaben gibt – danach zu fragen, ob die Anwendung des geeigneten und erforderlichen Mittels zur Erreichung des legitimen Ziels verhältnismäßig ist bzw. war. Welcher Gestalt diese Kontrolle sein soll oder anhand welcher Merkmale sie zu erfolgen hat, ist weder der Legislative noch der Exekutive vorgegeben. Dies hat zwangsläufig zur Folge, dass sich in Literatur und Rechtsprechung unterschiedliche Ansätze und eine vielfältige Terminologie für die Prüfung dieser *„Zweck-Mittel-Relation"*[171] entwickelte.

1. Terminologie

Um sprachlichen Missverständnissen bezogen auf den Grundsatz der Verhältnismäßigkeit (i. w. S.) vorzubeugen, sind für den Begriff der Verhältnismäßigkeit (i. e. S.) in Theorie und Praxis seit langem insbesondere die Synonyme der *„Proportionalität"*[172], der *„Angemessenheit"*[173] sowie der *„Zumutbarkeit"*[174] geläufig. Diese terminologische Vielfalt bedeutet jedoch nicht gleichzeitig, dass die verschiedenen Stimmen im Schrifttum auch völlig unterschiedliche Wege zur Prüfung der Verhältnismäßigkeit (i. e. S.) einschlagen. Denn Kern der Prüfung bleibt stets das bereits angesprochene Verhältnis zwischen Maßnahme und Ziel. Unterschiede in Literatur und Rechtsprechung ergeben sich insbesondere im Hinblick auf den (gerichtlichen) Kontrollumfang.

a) Positiver Ansatz

Nach dem überwiegend in der Literatur vertretenen, sogenannten positiven Ansatz[175] muss das eingesetzte Mittel zum mit ihm verfolgten Zweck in

---

170 Vgl. *Hotz*, Zur Notwendigkeit und Verhältnismässigkeit von Grundrechtseingriffen, S. 35.

171 Siehe *Jakobs*, Der Grundsatz der Verhältnismäßigkeit, S. 95.

172 Siehe z.B. *Grabitz*, Freiheit und Verfassungsrecht, S. 95; *Voßkuhle*, JuS 2007, S. 430.

173 Siehe z.B. *Ossenbühl* in: FS f. Lerche, S. 152; *Kirchhof* in: Handbuch des Staatsrechts V, (3. Aufl.), § 99 Rn. 51; *Wittig*, DÖV 1968, S. 819.

174 Vgl z.B. *Badura*, Staatsrecht, S. 131, Rn. 28, S. 370 Rn. 52; *Schneider*, Die Güterabwägung des Bundesverfassungsgerichts bei Grundrechtskonflikten, S. 205; *Grzeszick* in: Maunz/Dürig, GG-Kommentar III, Art. 20 VII, Rn. 117.

175 Vgl. *Stern*, Staatsrecht III/2, S. 128; ähnlich *Hirschberg*, Der Grundsatz der Verhältnismäßigkeit, S. 75; *von Krauss*, Der Grundsatz der Verhältnismäßigkeit, S. 15 f.

einem angemessenen Verhältnis stehen. Dies bedeutet in concreto, dass die Proportionalität bzw. Angemessenheit der Maßnahme nach dieser Ansicht als eine Tatbestandsvoraussetzung für die Rechtmäßigkeit der staatlichen Maßnahme angesehen wird und somit vom Rechtsanwender positiv festgestellt werden muss. Dadurch wird durch die Befürworter dieser Ansicht der ausführenden Stelle auferlegt, Fall für Fall explizit nachzuweisen, dass die von ihr getroffene Maßnahme lediglich Beeinträchtigungen im angemessenen Rahmen für den jeweiligen Adressaten zur Folge hat.

b) Negativer Ansatz

Im Gegensatz hierzu steht der sogenannte negative Ansatz. Diese - von Teilen in der Literatur und insbesondere von der Rechtsprechung verfolgte - Ansicht bejaht die Angemessenheit einer staatlichen Maßnahme bereits dann, wenn das eingesetzte Mittel nicht außer Verhältnis zu dem angestrebten Zweck steht.[176] Dies bedeutet eine spürbare Erleichterung für die handelnde Stelle: Sie muss gerade nicht explizit feststellen, dass sich Mittel und Zweck in einem angemessenen Verhältnis zueinander befinden, sondern es reicht bereits aus, wenn die Maßnahme im konkreten Einzelfall *„nicht außer Verhältnis"*[177] zum Zweck steht. Dieses „Minus" an Anforderung an das Zweck-Mittels-Verhältnis bedeutet gleichzeitig ein wichtiges „Plus" an Handlungs- und Entscheidungsfreiheit und damit generell eine erhebliche Erleichterung für Legislative und Exekutive bei der Bewältigung ihrer Aufgaben im Hinblick auf die Einhaltung des Verhältnismäßigkeitsgrundsatzes (i. w. S.).

Bei allen Unterschieden vereinen die beiden Ansätze im Kern jedoch dieselbe rechtliche Problematik: Es geht bei der Prüfung der Verhältnismäßigkeit (i. e. S.) um eine Abwägung[178] der widerstreitenden Interessen[179] bzw. der kollidierenden Rechtsgüter.[180] Zentraler Bewertungsmaßstab sind dabei sowohl im Rahmen des negativen als auch des positiven Ansatzes die individuellen Umstände, durch

---

176 Vgl. *Stern*, Staatsrecht III/2, S. 128; *Gentz*, NJW 1968, S. 1604; *Hotz*, Zur Notwendigkeit und Verhältnismässigkeit von Grundrechtseingriffen, S. 17.

177 Vgl. *Grabitz*, Freiheit und Verfassungsrecht, S. 84.

178 Vgl. *Grzeszick* in: Maunz/Dürig, GG-Kommentar III, Art. 20 VII, Rn. 118; *Jarass* in: Jarass/Pieroth, GG-Kommentar, Art. 20 Rn. 86; *Hotz*, Zur Notwendigkeit und Verhältnismässigkeit von Grundrechtseingriffen, S. 16 f.

179 Vgl. *Hirschberg*, Der Grundsatz der Verhältnismäßigkeit, S. 77 ff.; *Stern*, Staatsrecht III/2, S. 783 mit Beispielen aus der Rechtsprechung.

180 Vgl. *Heckmann* in: Becker/Heckmann/Kempen/Manssen, S. 287 f., Rn. 158 ff.; *Dechsling*, Das Verhältnismäßigkeitsgebot, S. 8 ff.

deren Berücksichtigung letztlich die Einzelfallgerechtigkeit der Maßnahme sichergestellt werden soll.

2. *Inhalt des Grundsatzes*

Wie alle Teilgrundsätze des Verhältnismäßigkeitsgrundsatzes (i. w. S.) hat auch die Frage der Proportionalität einer staatlichen Maßnahme ihren Ursprung im Verwaltungsrecht, genauer gesagt im Polizeirecht.[181] Durch die Erweiterung seines Anwendungsbereichs auf die verfassungsrechtliche Ebene hat sich die Bedeutung und Dimension dieses *„fundamentalen Gerechtigkeitsprinzips"*[182] weit über ihr ursprüngliches Maß hinaus entwickelt, was gleichzeitig auch eine zunehmende Schwierigkeit einer einheitlichen Inhaltsdefinition mit sich brachte.[183] Wie *Maurer*[184] feststellt, handelt es sich bei dem Begriff der Proportionalität methodologisch um einen unbestimmten Rechtsbegriff, welcher der Auslegung zugänglich ist und dessen Anwendung daher zwangsläufig von Unsicherheiten gekennzeichnet ist. Daher ist es notwendig, den Begriffsinhalt dieser Verhältnismäßigkeitsfrage so eng wie möglich zu bestimmen, um der Gefahr einer *„Leerformel"*[185] entgegenzuwirken.

Generell handelt es sich bei der Frage der Angemessenheit um die Beziehung zwischen zwei Größen: dem eingesetzten Mittel einerseits und dem verfolgten Zweck andererseits. Diese müssen *„nach Wert, Rang, Gewicht, Bedeutung, Wichtigkeit, Qualität oder Intensität in richtigem Verhältnis zueinander stehen."*[186] Die hierbei vorzunehmende gegenseitige Abwägung ist – wie *Larenz* anmerkt – keine öffentlich-rechtliche Eigenart, sondern seit langem Bestandteil der juristischen Methodenlehre und insofern ein wichtiger Bestandteil in vielen verschiedenen Rechtsgebieten.[187] Verhältnismäßig (i. e. S.) ist diese Relation der widerstreitenden Interessen jedoch nur dann, wenn die Vorteile der Maßnahme

---

181 Vgl. *Remmert*, Verfassungs- und verwaltungsrechtsgeschichtliche Grundlagen des Übermaßverbotes, S. 28 ff.

182 Siehe *Maurer*, Staatsrecht II, S. 45.

183 Vgl. *Stern*, Staatsrecht III/2, S. 782.

184 Vgl. *Maurer*, Staatsrecht II, S. 45.

185 Siehe *Jakobs*, Der Grundsatz der Verhältnismäßigkeit, S. 14 f., der in der Inhaltsbeschreibung des Vergleichs zweier Größen anhand einer Dritten *„nichts anderes als eine Leerformel"* sieht, *„die der inhaltlichen Konkretisierung bedarf."* Ähnlich wohl auch *Dechsling*, Das Verhältnismäßigkeitsgebot, S. 7 f.

186 Siehe *Schlink* in: FS 50 Jahre BVerfG II, S. 445.

187 Vgl. *Larenz*, Methodenlehre der Rechtswissenschaft, S. 404 ff. Für die Reichweite des Instituts der Abwägung über das öffentliche Recht hinaus kann hier für das

die damit verbundenen Nachteile überwiegen.[188] Damit ist viel gesagt und dennoch ist eine wichtige Frage in diesem Zusammenhang noch nicht beantwortet: Welcher Abwägungsmaßstab ist zugrunde zu legen, wenn man die beteiligten Rechtspositionen, Werte und Folgen zueinander in Beziehung setzt?[189]

Dieser Frage hat sich die Literatur[190] gewidmet, ohne jedoch zu einem eindeutigen und universell anwendbaren Ergebnis zu gelangen. Viele der hierzu entwickelten Ansätze versuchten vergeblich, ein festes, abgeschlossenes und verbindliches Rangverhältnis der Werte und Interessen zu konstruieren bzw. nachzuweisen. Letztlich kam man allgemein jedoch zu dem Ergebnis, dass eine solche Rangordnung tatsächlich nicht existiert und auch nicht geschaffen werden kann.[191] Wie *Jakobs* konstatiert, ist es jedoch gerade nicht die Aufgabe des Verhältnismäßigkeitsgedankens, eine solche verbindliche und starre Werteordnung zur näheren Determinierung der jeweils zu treffenden Abwägung zu schaffen. Vielmehr komme es auf die individuell zu treffende Entscheidung und der damit zusammenhängenden individuellen Werte an. Anknüpfungspunkt müsse daher zunächst die Feststellung *des relativen Gewichts der tangierten Rechtspositionen*[192] zueinander sein. Ist dies herausgearbeitet, ist aufgrund der *„individuellen Umstände des Interessenkonflikts“*[193] eine eventuelle Modifikation des Werteverhältnisses vorzunehmen. Dabei ist zu berücksichtigen, dass eine staatliche Maßnahme nur selten zu einer umfassenden Einschränkung des Grundrechts bzw. der betroffenen Grundrechte beim Adressaten führt. Es werden stattdessen regelmäßig nur Teilaspekte des Grundrechts betroffen sein,[194]

Privatrecht auf *Medicus*, AcP 192, S. 35 ff. sowie auf die Rechtsprechung des BAG zum Arbeitskampfrecht verwiesen werden.

188 Vgl. *Stober* in: Wolff/Bachhof/Stober/Kluth, Verwaltungsrecht I, § 30 II b; *Stern*, Staatsrecht III/2, S. 783.

189 Ähnlich *Dechsling*, Das Verhältnismäßigkeitsgebot, S. 17.

190 Vgl. z.B. *Alexy*, Theorie der Grundrechte, S. 146; *Hubmann*, AcP 155, S. 85 ff.; *ders.*, Wertung und Abwägung im Recht, S. 145 ff.; *Münzberg*, Verhalten und Erfolg als Grundlagen der Rechtswidrigkeit und Haftung, S. 265 ff.

191 Vgl *Hotz*, Zur Notwendigkeit und Verhältnismässigkeit von Grundrechtseingriffen, S. 38 f.; *Grabitz*, AöR 98, S. 609. Vertiefend hierzu *Dechsling*, der sich insbesondere mit dem Ansatz von *v. Arnim*, eine *„harte Ordnung“* nachzuweisen bzw. zu entwickeln, intensiv auseinandersetzt. Vgl. *Dechsling*, Das Verhältnismäßigkeitsgebot, S. 18 ff.

192 Siehe *Jakobs*, Der Grundsatz der Verhältnismäßigkeit, S. 26.

193 Siehe *Wendt*, AöR 104, S. 460 f.

194 Vgl. *Wendt*, AöR 104, S. 462 f.

so dass der Adressat sich nicht auf den vollständigen Verlust eines Grundrechts berufen kann.

Im Ergebnis ist im Rahmen der Abwägung dieser betroffene Grundrechtsbe standteil des Maßnahmeadressaten gegenüber dem jeweiligen öffentlichen Interesse der handelnden Stelle zu gewichten. Insbesondere von Bedeutung ist dabei, ob der beeinträchtigte Teilaspekt zum Kernbereich des konkreten Grundrechts zählt oder ihm lediglich eine dezentrale Bedeutung beizumessen ist.[195] Weiterhin abwägungserheblich sind die Fragen nach den individuellen Nebenwirkungen und Folgeproblemen des eingesetzten Mittels für die Rechtsgüter des jeweiligen Adressaten.[196] Dabei ist es durchaus nicht ungewöhnlich, dass eine staatliche Maßnahme in verschiedene, grundrechtlich geschützte Rechtspositionen eingreift respektive mit der Belastung eines Grundrechts zugleich eine positive Auswirkung auf eine andere geschützte Rechtsposition einhergeht. Zudem spielt bei der Gewichtung neben der Dringlichkeit der staatlichen Maßnahme auch die Nähe zu allgemein anerkannten Gemeinschaftsgütern eine bedeutende Rolle, wobei mit zunehmender Nähe gleichzeitig eine höhere Gewichtung des Belangs einhergeht.[197]

Eine umfassende und vollständige Darstellung sämtlicher Belange, die bei der Abwägung der widerstreitenden Rechtspositionen im Rahmen der Verhältnismäßigkeitsprüfung (i. e. S.) eine Rolle spielen können, ist aufgrund der unfassbaren Vielfalt an denkbaren Konstellationen naturgemäß nicht möglich.[198] Dennoch helfen die genannten Kriterien, den Begriff der Abwägung und somit den Inhalt des Proportionalitätgedankens besser fassbar und transparenter zu machen.[199] Auch wenn damit abschließend die Frage nach dem eigentlichen Inhalt dieses Teilgrundsatzes nicht einheitlich und vollständig beantwortet werden kann, so ist es gerade auch ein großer Vorteil der Angemessenheitsprüfung, sich nicht an objektiven Maßstäben allgemein festhalten zu lassen, sondern auf die individuellen Besonderheiten der einzelnen Abwägung eingehen und infolgedessen jeweils gerechte Lösungen finden zu können.

---

195 Vgl. *Jakobs*, Der Grundsatz der Verhältnismäßigkeit, S. 26 f.

196 Vgl. *Wendt*, AöR 104, S. 463.

197 Vgl. *Jakobs*, Der Grundsatz der Verhältnismäßigkeit, S. 27.

198 Vertiefend z.B. *Wendt*, AöR 104, S. 457 ff., wobei aufgrund der aufgezeigten Problematik nicht von einer abschließenden und vollumfänglichen Darstellung ausgegangen werden. Anschaulich hierzu ferner *Blech*, Die Verhältnismäßigkeit nachträglicher Anordnungen nach § 17 Bundes-Immissionsschutzgesetz, S. 136 ff. mit der Darstellung eines generellen Abwägungsvorgangs im Immissionsschutzrecht.

199 Vgl. *Jakobs*, Der Grundsatz der Verhältnismäßigkeit, S. 27.

3. Rechtsprechung des BVerfG

Auch dem BVerfG war es – soweit ersichtlich – bisher nicht möglich, eine einheitliche Definition des Grundsatzes der Verhältnismäßigkeit (i. e. S.) zu entwickeln. So umschreibt es in seinen Urteilen dieses Gebot der Proportionalität mit Klauseln, wie die staatliche Maßnahme dürfe für den Adressaten *„nicht unzumutbar sein"* oder ihn *„nicht übermäßig belasten"*.[200] Aus diesen Umschreibungen ist bereits ersichtlich, dass das BVerfG im Rahmen der Prüfung der Proportionalität nicht dem positiven Ansatz[201] sondern den für die Legislative und Exekutive angenehmeren negativen Ansatz verfolgt. Ziel seiner Prüfung ist es somit nicht, positiv festzustellen, dass das eingesetzte Mittel und der mit ihm verfolgte Zweck in einem angemessenen Verhältnis zueinander stehen. Vielmehr darf die staatliche Maßnahme nur nicht unverhältnismäßig sein.[202]

Mit anderen Worten: Das BVerfG sieht die Beweislast für die Verhältnismäßigkeit der zu überprüfende Maßnahme in der Regel[203] nicht bei der handelnden Stelle, sondern entscheidet stets zu Gunsten der Exekutive, solange die Unverhältnismäßigkeit der Maßnahme nicht explizit feststeht.[204] Dadurch ist es dem Gericht möglich, *„die unterschiedlichen öffentlichen Interessen den in den Grundrechten ebenso unterschiedlich geschützten Individualinteressen in rechtstaatlich vertretbarer Weise zuzuordnen"*.[205] Dies ist auch nötig, da insbesondere das Zusammentreffen bzw. die Kollision von grundrechtlich geschützten Individualfreiheiten mit staatlicher Aufgabenerfüllung dem Grundgesetz immanent ist.[206] Das BVerfG sieht im Proportionalitätsgedanken vor allem

---

200 Siehe z.B. BVerfG, Urt. v. 11.06.1958 – 1 BvR 596/56 – BVerfGE 7, S. 377 (405 f.); Beschl. v. 03.05.1967 – 2 BvR 134/63 – BVerfGE 22, S. 1 (20 f.); Beschl. v. 19.06.1969 – 1 BvR 353/67 – BVerfGE 26, S. 215 (226); Beschl. v. 14.10.1970 – 1 BvR 307/68 – BVerfGE 29, S. 221 (235); *Grabitz*, AöR 98, S. 575; ferner BVerfG, Urt. v. 14.07.1999 – 1 BvR 2226/94 u.a. – BVerfGE 100, S. 313 (393 ff.); Urt. v. 14.12.1999 – 1 BvR 1327/98 – BVerfGE 101, S. 331 (351 ff.); *Schlink* in: FS 50 Jahre BVerfG II, S. 459.

201 Vgl. Kap. 1. C. IV. 1.

202 Vgl. *Grabitz*, AöR 98, S. 576.

203 Anders sieht das Gericht die Beweislast in den Fällen, in denen es um die Beschränkung verfassungsrechtlicher Rechtsgüter geht, welche grundsätzlich als unbeschränkbar gelten. Hier muss die öffentliche Gewalt explizit die Verhältnismäßigkeit ihrer Maßnahme positiv darlegen. Vgl. *Langheineken*, Der Grundsatz der Verhältnismäßigkeit, S. 124 ff.

204 Vgl. *Langheineken*, Der Grundsatz der Verhältnismäßigkeit, S. 124 ff., 130.

205 Siehe *Grabitz*, AöR 98, S. 580.

206 Vgl. *Schneider*, Die Güterabwägung des Bundesverfassungsgerichts bei Grundrechtskonflikten, S. 18; *Ramm*, JZ 1972, S. 142.

eine Argumentationsstruktur ohne festen Maßstab. Als Bewertungsmaßstab dienen vielmehr die jeweiligen Umstände des Einzelfalls. Dabei ist dem Gericht eine Tendenz hin zugunsten der individuellen bürgerlichen Freiheit nicht abzusprechen,[207] was insbesondere eine genauere Betrachtung seiner Rechtsprechung zu den sogenannten preferred freedoms[208] zeigt.[209]

Trotz dieser Feststellung des jeweils von den individuellen Umständen abhängigen Verhältnismäßigkeitsmaßstabs hat das Gericht dennoch nach und nach gewisse Kriterien herausgebildet, die Prüfungen im Sinne des Verhältnismäßigkeitsgedankens stützen und als Orientierungspunkte hierfür dienen sollen.[210] Leitbild ist dabei der Gedanke, dass ein staatlicher Eingriff *„in angemessenem Verhältnis zu dem Gewicht und der Bedeutung des Grundrechts“*[211] stehen muss bzw. *„die Schwere des Eingriffs (…) nicht außer Verhältnis zu dem Gewicht der ihn rechtfertigenden Gründe stehen“*[212] darf.

Will man diese theoretischen und abstrakten Ansätze in die Praxis umsetzen, so sind zunächst in einem ersten Schritt die Intensität und die Folgen des jeweiligen Eingriffs durch die getroffene Maßnahme oder – wie es das Gericht ausdrückt – *„die Art und Schwere der Beeinträchtigung“*[213] zu ermitteln.[214] Hier ist insbesondere darauf einzugehen *„unter welchen Voraussetzungen und*

---

207 Vgl. *Stern*, Staatsrecht III/2, S. 818.

208 Zu den *preferred freedoms* werden die Grundrechte der Meinungs-, Presse- und Informationsfreiheit sowie der Glaubens- und Gewissensfreiheit gezählt, vgl. *Stern*, Staatsrecht III/2, S. 818.

209 Vgl. z.B. zur Meinungs-, Presse- und Informationsfreiheit BVerfG, Urt. v. 05.08.1966 – 1 BvR 586/62 – BVerfGE 20, S. 162 (176 f.); Beschl. v. 14.05.1985 – 1 BvR 233/81 u.a. – BVerfGE 69, S. 315 (344 f.); Beschl. v. 14.07.1987 – 1 BvR 362/79 – BVerfGE 76, S. 196 (208 f.) sowie Beschl. v. 26.06.1990 – 1 BvR 1165/89 – BVerfGE 82, S. 272 (280). Zur Glaubens- und Gewissensfreiheit vgl. z.B. BVerfG, Beschl. v. 19.10.1971 – 1 BvR 387/65 – BVerfGE 32, S. 98 (107 f.); Beschl. v. 25.03.1980 – 2 BvR 208/76 – BVerfGE 53, S. 366 (401); Beschl. v. 05.02.1991 – 2 BvR 263/86 – BVerfGE 83, S. 341 (356). Vgl. *Schneider*, Die Güterabwägung des Bundesverfassungsgerichts bei Grundrechtskonflikten, S. 105 f.; ferner *Stern*, Staatsrecht III/2, S. 818.

210 Vgl. *Jarass* in: Jarass/Pieroth, GG-Kommentar, Art. 20 Rn. 86.

211 Siehe BVerfG, Beschl. v. 20.06.1984 – 1 BvR 1494/78 u.a. – BVerfGE 67, S. 157 (173).

212 Ähnlich BVerfG, Urt. v. 23.03.1960 – 1 BvR 216/51 – BVerfGE 11, S. 30 (44 f.) zur Beschränkung von Art. 12 GG durch kassenarztrechtliche Bestimmungen. Ferner BVerfG, Beschl. v. 23.03.1971 – 1 BvL 25/61 – BVerfGE 30, S. 336 (351) zur Meinungs- und Informationsfreiheit.

213 Vgl. BVerfG, Beschl. v. 24.05.2005 – 1 BvR 1072/01 – BVerfGE 113, S. 63 (80).

214 Vgl. *Jarass* in: Jarass/Pieroth, GG-Kommentar, Art. 20 Rn. 86a.

wieviele Grundrechtsträger wie intensiven Beeinträchtigungen ausgesetzt sind".[215] Der nächste Prüfungsschritt gilt sodann der Feststellung *„des Rangs des zu schützenden Rechtsguts"*[216] sowie der *„Intensität seiner Gefährdung"*.[217] Es ist daher nach der Relevanz der Beeinträchtigung für die Verfolgung des angestrebten Zwecks zu fragen,[218] wobei *„intensive Grundrechtseingriffe (...) erst von bestimmten Verdachts- und Gefahrenstufen an"*[219] zulässig sind. Abschließend sind in einem letzten Schritt die bisher ermittelten Ergebnisse in eine umfassende Gesamtabwägung[220] einzustellen, wobei nach Ansicht des BVerfG mit zunehmendem Beeinträchtigungsgrad zwingend höhere Anforderungen an das jeweils angestrebte Ziel zu stellen sind.[221] Dabei muss jedoch berücksichtigt werden, dass eine Abwägung in all ihren Bestandteilen stets Ausdruck subjektiver Wertung ist und damit die ernsthafte Gefahr besteht, dass das BVerfG seine jeweilige subjektive Ansicht im Rahmen einer *„Billigkeitsrechtsprechung"*[222] als verfassungsrechtlich verbindlich postuliert.[223] Diese Gefahr hat das Gericht erkannt und ist ihr dadurch entgegengetreten, indem es beim Bestehen subjektiver Wertungsspielräume insoweit der handelnden staatlichen Stelle einen Beurteilungs- und Entscheidungsspielraum einräumt, welcher der gerichtlichen Kontrolle entzogen ist. Dies hat zur Folge, dass die Rechtsprechung des BVerfG zur Frage der Proportionalität -ähnlich wie bei den Grundsätzen der Geeignetheit und Erforderlichkeit - weniger restriktiv gegenüber der Legislative und Exekutive ausgestaltet ist.[224] Im Ergebnis wird daher eine Unangemessenheit

215 Siehe BVerfG, Urt. v. 14.07. 1999 - 1 BvR 2226/94 u.a. - BVerfGE 100, S. 313 (376).

216 Siehe BVerfG, Beschl. v. 24.05.2005 - 1 BvR 1072/01 - BVerfGE 113, S. 63 (80).

217 Siehe BVerfG, Urt. v. 27.02.2008 - 1 BvR 370/07 u.a. - BVerfGE 120, S. 274 (327).

218 Vgl. *Jarass* in: Jarass/Pieroth, GG-Kommentar, Art. 20 Rn. 86a.

219 Vgl. BVerfG, Urt. v. 04.04.2006 - 1 BvR 518/02 - BVerfGE 115, S. 320 (360 f.) zur Vereinbarkeit einer präventiven polizeilichen Rasterfahndung mit dem Grundrecht auf informationelle Selbstbestimmung.

220 Vgl. z.B. BVerfG, Beschl. v. 15.05.1995 - 2 BvL 19/91 u.a. - BVerfGE 92, S. 277 (327).

221 Vgl. z.B. BVerfG, Beschl. v. 13.06.2007 - 1 BvR 1550/03 u.a. - BVerfGE 118, S. 168 (195); *Jarass* in: Jarass/Pieroth, GG-Kommentar, Art. 20 Rn. 86a.

222 Siehe *Leisner*, Der Abwägungsstaat, S. 11 ff.; *Breuer* in: FG 50 Jahre BVerwG, S. 242 ff.

223 Vgl. *Grzeszick* in: Maunz/Dürig, GG-Kommentar III, Art. 20 VII, Rn. 118.

224 Vgl. z.B. BVerfG, Urt. v. 18.12.1968 - 1 BvR 638,673/64 sowie 200,238,249/65 - BVerfGE 24, S. 367 (406); Beschl. v. 15.07.1969 - 2 BvF 1/64 - BVerGE 26, S. 338 (382 f.); Urt. v. 01.12.1954 - 2 BvG 1/54 - BVerfGE 4, S. 115 (127) sowie BVerfG, Urt. v. 29.11.1961 - 1 BvR 758/57 - BVerfGE 13, S. 230 (233); *Schneider* in: FG 25 Jahre BVerfG II, S. 400 m. w. N.

des staatlichen Eingriffs nur bei eindeutigen und schweren Fällen bejaht[225], was im Hinblick auf die Einräumung des Einschätzungs- und Beurteilungsspielraums konsequent und sachdienlich ist.

V. Zwischenergebnis

Ausgehend von dem Gedanken, staatliche Eingriffe zugunsten der bürgerlichen Freiheit zu beschränken[226], hat der Grundsatz der Verhältnismäßigkeit (i. w. S.) seit Mitte des 18. Jahrhunderts eine weitgreifende Entwicklung genommen. Anfangs nur im Verwaltungsrecht eingesetzt, ist dieses aus dem Rechtsstaatsprinzip abgeleitete Abwehrinstrument gegen staatliche Eingriffe heute als eines der wichtigsten Regularien staatlicher Macht – weit über das Öffentliche Recht hinaus – anzusehen. Entscheidend für diese Entwicklung war insbesondere die Rechtsprechung des BVerfG, welches erstmals die Teilgrundsätze der Geeignetheit, Erforderlichkeit und Proportionalität zum Oberbegriff des Verhältnismäßigkeitsgrundsatzes vereinte und dieses Gerechtigkeitsprinzip im Laufe seiner Rechtsprechung *„zum wichtigsten Element seiner Kontrolle von Gesetzgebung, Verwaltung und Rechtsprechung“*[227] erhob. Dabei ist das Gericht seiner Rechtsprechung stets treu geblieben, indem es einerseits den staatlichen Organen gewisse Einschätzungs- und Beurteilungsspielräume zugesteht, andererseits aber auch anhand der Anwendung des Verhältnismäßigkeitsgedankens die *„Aktualisierung und Effektuierung* [des] *grundrechtlichen Freiheitsschutzes“*[228] gewährleistet.

225 Vgl. z.B. BVerfG, Beschl. v. 24.05.1977 – 2 BvR 988/75 – BVerfGE 44, S. 353 (373); Beschl. v. 10.04.1997 – 2 BvL 45/92 – BVerfGE 96, S. 10 (23 ff.); *Grzeszick* in: Maunz/ Dürig, GG-Kommentar III, Art. 20 VII, Rn. 120.

226 Siehe *Remmert*, Verfassungs- und verwaltungsrechtsgeschichtliche Grundlagen des Übermaßverbotes, S. 8.

227 Siehe *Schlink* in: FS 50 Jahre BVerfG, S. 445.

228 Siehe *Grabitz*, AöR 98, S. 570; *ders.*, Freiheit und Verfassungsrecht, S. 84.

Kapitel 2: Der Verhältnismäßigkeitsgrundsatz im Zweipersonenverhältnis

Im folgenden Kapitel soll das klassische verwaltungsrechtliche Zwei-Personen-Verhältnis zwischen staatlicher Behörde und Bürger untersucht und in seinen Grundzügen dargestellt werden. Die dabei aufzuzeigenden Grundsätze sollen als Basis für die im nachfolgenden Kapitel zu diskutierende, zentrale Hauptthematik der Arbeit – Verhältnismäßigkeit und Ermessensreduzierung im Mehrpersonenverhältnis – dienen. Im Rahmen dieses Kapitels soll zunächst auf die verfassungsrechtliche Beziehung zwischen der staatlichen Gewalt, dem Verhältnismäßigkeitsgrundsatz und den bürgerlichen Grundrechten eingegangen werden, bevor anhand der „Standardvariante" des klassischen Zweipersonenverhältnisses die Anwendung des Verhältnismäßigkeitsgrundsatzes näher betrachtet wird.

A. Verhältnismäßigkeitsgrundsatz und Grundrechte

Wie bereits gezeigt[229], finden sich die historischen Ursprünge des Verhältnismäßigkeitsgrundsatzes (im heutigen Verständnis) im Verwaltungsrecht, genauer gesagt im preußischen Polizei- und Sicherheitsrecht des 19. Jahrhunderts. Ausgehend von diesem Rechtsgebiet hat sich der Grundsatz der Verhältnismäßigkeit zudem zu einem bedeutenden verfassungsrechtlichen Kontrollinstrument entwickelt. Insbesondere im Schutz der bürgerlichen Grundrechte ist insoweit heute eine wichtige Anforderung an den Verhältnismäßigkeitsgrundsatz zu sehen, so dass sich an dieser Stelle ein tieferer Einblick in seine verfassungsrechtliche Bedeutung gebietet.

I. Verfassungsrechtliche Bedeutung

Die Ausweitung des Verhältnismäßigkeitsgrundsatzes hin zu einem auch verfassungsrechtlichen Regulativ ist vor allem der immer mehr in den Vordergrund getretenen Problematik der Konfliktschlichtung geschuldet.[230] Angesichts der Tatsache, dass die bürgerlichen Grundrechte mit den verfassungsrechtlichen Aufgaben und

229 Vgl. hierzu die Ausführungen in Kap. 1. A.

230 Vgl. *Lerche*, Übermaß und Verfassungsrecht, S. XXI f.; *Fohmann*, EuGRZ 1985, S. 54 f.; *Schmidt-Preuß*, Kollidierende Privatinteressen im Verwaltungsrecht, S. 52 f.

Interessen des Staates zunehmend schwerer miteinander in Einklang zu bringen sind[231], kommt dem Gebot der Verhältnismäßigkeit daher heute insbesondere die Aufgabe zu, solche Kollisionen interessensgerecht zu entkräften.[232]

1. Der historische Wandel der Bedeutung der Grundrechte

Zwar waren in der Reichsverfassung von 1919 die Grundrechte im II. Hauptteil (Art. 109 ff. WRV) bereits selbständig geregelt, ihre Existenz garantierte zu jener Zeit aber keinen vergleichbaren Schutz der Bürger vor staatlichen Eingriffen, wie es heute als selbstverständlich angesehen wird. Vielmehr hatten die Grundrechte damals *„den Charakter eines staatlichen Benefizes, welches vom Gesetzgeber jederzeit eingeschränkt oder zurückgezogen werden konnte.“*[233] Der Grund hierfür lag in der damaligen Rechtsordnung, in der eine dem heutigen Art. 1 Abs. 3 GG vergleichbare Regelung nicht existierte und demnach der Gesetzgeber zur Einhaltung der Grundrechte nicht verpflichtet sondern die Bindung an diese rein fakultativer Art war.[234] Diese *„Vormachtstellung“*[235] des Gesetzes gegenüber den Grundrechten der Bürger wurde schließlich durch die Einführung des GG am 23.05.1949 im Generellen sowie Art. 1 Abs. 3 GG im Speziellen beendet und damit die bürgerliche Freiheit endgültig als bedeutendes Staatsprinzip anerkannt.[236] Mit *Krüger*[237] hieß es seitdem nicht mehr *„Grundrechte nur im Rahmen der Gesetze“*, sondern *„Gesetze nur im Rahmen der Grundrechte.“*

---

231 Man denke hier nur an die gegenwärtige Diskussion über die Möglichkeiten einer nachträgliche Anordnung der Sicherheitsverwahrung bei Straftätern nach der hierzu ergangenen Rechtsprechung des BVerfG, zuletzt mit Beschl. vom 15.09.2011 (Az.: 2 BvR 1516/11).

232 Vgl. *Lerche*, Übermaß und Verfassungsrecht, S. XXII. Dass diese verfassungsrechtliche Bedeutung des Verhältnismäßigkeitsgedankens eine „Neuentdeckung“ durch das GG von 1949 darstellt, soll der folgende Rückblick in die Historie zeigen. Daran anschließend wird die Frage zu klären sein, ob und inwiefern sich die Anwendung des Verhältnismäßigkeitsgrundsatzes durch Legislative, Exekutive und Judikative voneinander unterscheidet, ehe abschließend die Wirkung und Funktion des Verhältnismäßigkeitsgrundsatzes im Grundrechtsbereich insbesondere anhand der Rechtsprechung des BVerwG thematisiert werden soll.

233 Siehe *von Krauss*, Der Grundsatz der Verhältnismäßigkeit, S. 22.

234 Vgl. *Schmitt*, Verfassungslehre, S. 154, 253, zitiert nach: *von Krauss*, Der Grundsatz der Verhältnismäßigkeit, S. 22.

235 Vgl. *von Krauss*, Der Grundsatz der Verhältnismäßigkeit, S. 23.

236 Vgl. *Uber*, Freiheit des Berufs, S. 42; *von Krauss*, Der Grundsatz der Verhältnismäßigkeit, S. 23.

237 Siehe *Krueger*, DVBl. 1950, S. 626.

Erst hierdurch sowie durch die Erweiterung des Grundrechtsschutzes auch auf juristische Personen nach Art. 19 Abs. 3 GG entstand erstmals ein effektiver Schutz vor staatlichen Eingriffen, der zugleich jedoch die Gefahr von Kollisionen zwischen Grundrechten untereinander bzw. zwischen Grundrechten und sonstigen Verfassungsgütern mit sich brachte. Diese Interessenskonflikte konnten ab diesem Zeitpunkt nicht mehr – wie regelmäßig zu Zeiten der WRV – zugunsten des Gesetzgebers gelöst werden, sondern mussten sich damals und heute an den Teilgrundsätzen des Verhältnismäßigkeitsgedankens messen lassen.

Seit dem Lüth-Urteil[238] des BVerfG wird den Grundrechten kumulativ neben der bereits anerkannten Abwehrfunktion eine objektive Werteordnung attestiert bzw. jedem einzelnen Grundrecht der *„Charakter einer [...] objektiven Wertentscheidung“*[239] zugesprochen, die gesetzesübergreifend in allen Rechtsbereichen zu beachten ist. Abgeleitet aus dieser objektiven Werteordnung der Grundrechte interpretierte das BVerfG im Rahmen seiner Rechtsprechung schrittweise[240] grundrechtliche Schutzpflichten des Staates gegenüber den Bürgern, die es dem Grunde nach insbesondere aus dem Menschenwürdegehalt eines jeden Grundrechts ableitete[241] und deren Maß sich individuell aus den einzelnen Grundrechten ergibt.[242]

---

238 BVerfG, Urt. v. 15.01.1958 – 1 BvR 400/51 – BVerfGE 7, 198 (205).

239 Siehe *Böckenförde*, Zur Lage der Grundrechtsdogmatik nach 40 Jahren Grundgesetz, S. 24 ff.; ähnlich *Poscher*, Grundrechte als Abwehrrechte, S. 229 ff.; *Borowski*, Grundrechte als Prinzipien, S. 21.

240 Nach dem Lüth- Urteil sind als weitere, wichtige Entscheidungen hin zur Etablierung der grundrechtlichen Schutzpflichten insbesondere der Kalkar-Beschluss (BVerfG, Beschl. v. 08.08.1978 – 2 BvL 8/77 – BVerfGE 49, S. 89), die Mühlheim-Kärlich-Entscheidung (BVerfG, Beschl. v. 20.12.1979 – 1 BvR 385/77 – BVerfGE 53, S. 30 ff.) sowie schließlich die Fluglärm-Entscheidung (BVerfG, Beschl. v. 14.01.1981 – 1 BvR 612/72 – BVerfGE 56, 54) anzusehen. Vgl. hierzu *Poscher*, Grundrechte als Abwehrrechte, S. 292 ff.

241 Vgl. *Calliess*, Rechtstaat und Umweltstaat, S. 617 ff.; *ders.*, DVBl. 2003, S. 1096 (1101); *Stern*, Staatsrecht III/2, S. 729 ff. Ablehnend hingegen *Isensee*, der sich für ein *„Grundrecht auf Sicherheit“* der Bürger ausspricht. Vgl. *Isensee*, Das Grundrecht auf Sicherheit, S. 33.

242 Vertiefend zu der Thematik der grundrechtlichen Schutzpflichten z.B. *Böckenförde*, Zur Lage der Grundrechtsdogmatik nach 40 Jahren Grundgesetz, S. 24 ff.; *Calliess*, Rechtstaat und Umweltstaat, S. 605 ff.; *Aulehner*, Grundrechte und Gesetzgebung, S. 11 f.; *Gellermann*, Grundrechte in einfachgesetzlichem Gewande, S. 230 ff.

2. *Staatsgewalt und Grundrechte*

Legislative, Exekutive und Judikative sind verfassungsrechtlich verpflichtet, den Verhältnismäßigkeitsgrundsatz zu verwirklichen, allerdings sind die Ansatzpunkte der Gewalten hierfür völlig unterschiedlich.[243] Während der Gesetzgeber rein gestalterisch „maßvoll" vorzugehen hat, kann sich die Verwaltung letzten Endes auf die einzelfallgerechte Vollziehung der legislativen Normen konzentrieren – im Gegensatz hierzu kommt der Judikative wiederrum eine eher „bewahrende" Rolle zu, da sie die Einhaltung des Verhältnismäßigkeitsprinzips durch Legislative und Exekutive zu überprüfen und dabei dieses selbst zu beachten hat.[244]

Mit anderen Worten: Der Gesetzgeber hat die abstrakten Vorgaben des GG aufzunehmen und durch Inhalte in Form von Gesetzen und Verordnungen im Rahmen des Verhältnismäßigen auszufüllen. Die hierdurch geschaffenen Inhalte stellen wiederrum den Ansatzpunkt für das Tätigwerden der Exekutivorgane dar. Deren Aufgabe ist es, die abstrakt-generellen Regelungen des Gesetzgebers mit Leben zu erfüllen und hierdurch den Grundrechten zu ihrer jeweils optimalen Wirkungsweise[245] zu verhelfen. Durch die alltägliche Anwendung der Gesetze und Verordnungen auf konkret-individuelle Einzelfälle unter Beachtung des Grundsatzes der Verhältnismäßigkeit gewährleistet die Verwaltung letztlich dem jeweiligen Maßnahmeadressaten im Idealfall effektiven Grundrechtsschutz.

Eine unzumutbare Beschneidung der staatlichen Exekutivrechte geht mit den strengen, grundrechtsschützenden Vorgaben der Verfassung nicht einher, es ist vielmehr als ein Zeichen der unbedingten Rechtsstaatlichkeit zu werten, wenn staatliche Macht auf das Nötigste begrenzt wird, um dem Einzelnen größtmögliche Freiheit einzuräumen.[246] Sollte in Einzelfällen jedoch die Legislative oder die

243 Vgl. vertiefend hierzu *Kloepfer* in: FG 50 Jahre BVerwG, S. 329 ff.

244 Vgl. *Kirchhof* in: FS f. Lerche, S. 147.

245 So die herrschende Auffassung, welche sich an der von *Alexy* maßgeblich mitentwickelten Prinzipientheorie der Grundrechte orientiert: Hiernach stellen die Grundrechte keine starren, unbeweglichen Regeln dar, sondern offenbaren als unbestimmte aber dadurch anpassungsfähigere und beweglichere Prinzipien mit *„normativer Tendenz zur Optimierung"* ihre Vorteile. Vgl. *Böckenförde*, Zur Lage der Grundrechtsdogmatik nach 40 Jahren Grundgesetz, S. 54 ff.; *Poscher*, Grundrechte als Abwehrrechte, S. 73 ff.; *Aulehner*, Grundrechte und Gesetzgebung, S. 354 ff. Grundlegend zur Prinzipientheorie vgl. *Alexy*, Theorie der Grundrechte, S. 75 ff. sowie *ders.* in: Handbuch der Grundrechte II, S. 147 ff.; kritisch hierzu *Borowski*, Grundrechte als Prinzipien, S. 61 ff., 68 ff.

246 So *von Krauss*, Der Grundsatz der Verhältnismäßigkeit, S. 25.

Exekutive ihrem verfassungsrechtlichen Auftrag nach Grundrechtsschutz nicht bzw. nicht in ausreichendem Maße nachkommen, zeigt sich ein wesentlicher Vorteil der Teilung staatlicher Gewalt durch die (nachträgliche) Möglichkeit der Einschaltung der Gerichte. Die von *Kirchhof* als *„bewahrend“*[247] umschriebene Rolle der Gerichte ist daher im Endeffekt nichts anderes als das durch Art. 19 Abs. 4 GG gewährleistete, abschließende Glied einer dreiteiligen staatlichen Handlungskette zur Realisierung des verfassungsmäßigen Auftrags zum Schutz der Grundrechte durch die Anwendung des Verhältnismäßigkeitsgrundsatzes.[248]

3. *Verhältnismäßigkeit und Grundrechte*

Die Grundrechte sind des Bürgers höchstes Gut und stellen nach *Masing* verfassungsrechtlich den *„Grundpfeiler für den Rechtsstatus des Einzelnen gegenüber der Verwaltung dar.“*[249] Wie bereits deren Stellung im Grundgesetz (Art. 1 bis 19 GG) sowie die Vorschrift des Art. 1 Abs. 3 GG zeigen, binden sie alle staatliche Gewalt als unmittelbar anwendbares Recht. Als subjektive Rechte ist ihre Einhaltung gerichtlich respektive verfassungsgerichtlich einklagbar, wodurch die dadurch begründete Freiheit zu einem bedeutenden, wenn nicht sogar zu dem bedeutendsten Bürgerrecht unseres Rechtsstaates gelangt ist. Dennoch finden auch im Geltungsbereich des GG die Grundrechte des Einzelnen notwendigerweise ihre Grenzen. Würden den bürgerlichen Handlungen keinerlei (staatliche) Grenzen gesetzt, käme es zwangsläufig zu Interessenskonflikten, die mangels vorgegebener Maßstäbe nicht immer gerecht zu lösen wären. Dass diese Problematik heute dankbarerweise befremdlich und realitätsfern wirkt, ist insbesondere dem Institut der Rechtsstaatlichkeit geschuldet. Dem Rechtsstaat kommt nicht nur die Aufgabe zu, staatliche Machtausübung zu begrenzen, er hat darüber hinaus die verfassungsrechtlich gewährte Freiheit der Bürger zu „dirigieren“, um Konflikten vorzubeugen und letztlich das Wohl der Allgemeinheit zu sichern.

Der Staat ist dabei vor die Aufgabe gestellt, eine solch „gerechte“ Balance zwischen den Staatsinteressen im Sinne des Gemeinwohls und den verfassungsrechtlich geschützten Individualrechten der Bürger zu finden. Ein Ungleichgewicht zwischen den widerstreitenden Positionen ist dabei nicht immer auszuschließen. In diesen Fällen kommt erneut der geteilten Staatsgewalt eine bedeutende Rolle zu, da – zumindest theoretisch – ein bestehendes Ungleichgewicht spätestens

247 Siehe *Kirchhof* in: FS f. Lerche, S. 147.

248 So auch *Schlink* in: FS 50 Jahre BVerfG II, S. 460 f.

249 Siehe *Masing* in: Hoffmann-Riem/Schmidt-Aßmann/Voßkuhle, Grundlagen des Verwaltungsrechts I, S. 457, Rn. 37.

durch die Judikative wieder ausgeglichen werden sollte. Um bereits im legislativen und exekutiven Bereich ein solches Ungleichgewicht zwischen den widerstreitenden Bürger- und Allgemeininteressen bestmöglich zu verhindern, sind der staatlichen Gewalt bestimmte Instrumentarien durch das GG an die Hand gegeben bzw. durch die Rechtsprechung[250] zur Seite gestellt worden.

Ein zentrales Regularium, mit dessen Hilfe die erstrebte Balance zwischen Staatsinteressen und bürgerlichen Freiheit erreicht werden soll, ist der Grundsatz der Verhältnismäßigkeit. Seine Anwendung dient allen drei Staatsgewalten bei ihrer Aufgabe, widerstreitende Interessen miteinander in Einklang zu bringen, und sichert dadurch gleichzeitig die bürgerliche Freiheit, soweit dies im Rahmen der Gesetze unter Beachtung aller den Einzelfall betreffender Umstände möglich ist. Dass das Handeln der Legislative dabei besonderen Schwierigkeiten ausgesetzt ist, liegt insbesondere in folgendem Punkt begründet: Im Gegensatz zu Exekutive und Judikative muss der Gesetzgeber die Ziele seines Handelns selbst im Voraus exakt definieren, um in der Folge die in Betracht zu ziehenden widerstreitenden Interessen gewichten und miteinander in Einklang bringen zu können.[251] Er kann sich somit nicht darauf beschränken, bereits gefasste Grundsatzentscheidungen in den Alltag zu übertragen (wie die Exekutive) oder staatliches Handeln an verfassungsrechtlich vorgegebenen Wertungen zu überprüfen (wie die Judikative). Er hat vielmehr in den verfassungsmäßig vorgegebenen Aufgabenfeldern durch grundlegende Entscheidungen den legislativen Rahmen und damit die Richtlinien für die exekutive Umsetzung des gefundenen Entscheidungsergebnisses in die Praxis zu schaffen.[252]

Darüber hinaus wird aus den Grundrechten – neben der beschriebenen Abwehrfunktion gegenüber hoheitlichen Eingriffen – eine objektive Werteordnung abgeleitet, welche als Basis für grundrechtliche Leistungs- und Teilhaberechte des Bürgers gegenüber dem Staat dient. In den Vordergrund getreten sind hierbei

---

250 Dabei ist neben den Entscheidungen des BVerfG auch auf die Rechtsprechung des BGH zu verweisen. Dieser hat insbesondere in der Zivilgerichtsbarkeit Maßstäbe gesetzt, seitdem er den Grundsatz der Verhältnismäßigkeit konsequent auch auf Fallkonstellationen des bürgerlichen Rechts anwendet und diese Rechtsprechung bis heute fortentwickelt, wie ein Blick in seine Rechtsprechung zu § 138 Abs. 2 BGB (Wucher), § 228 Satz 1 BGB (defensiver Notstand), § 251 Abs. 2 Satz 1 BGB (Geldersatz statt Naturalrestitution), oder § 950 Abs. 1 Satz 1 BGB (Eigentumserwerb durch Verarbeitung) zeigt. Vgl. *Medicus*, AcP 192, S. 35 (37 f.) mit Nachweisen aus der Rechtsprechung.

251 Vgl. *Kirchhof* in: FS f. Lerche, S. 147.

252 Vgl. *Kirchhof* in: FS f. Lerche, S. 147.

insbesondere seit dem Lüth-Urteil des BVerfG[253] die sogenannten grundrechtlichen Schutzpflichten des Staates gegenüber dem Bürger. Diese aus Art. 1 Abs. 1 Satz 2 GG i. V. m. Art. 1 Abs. 3 GG dem Grunde nach, sowie aus dem jeweils konkret betroffenen Grundrecht dem Umfang nach bestehenden Schutzpflichten gewährleisten dem Bürger als logische Konsequenz des staatlichen Gewaltmonopols die Sicherung ihrer verfassungsrechtlichen Rechtsgüter vor Beeinträchtigungen, gerade auch von Seiten anderer Bürger.[254] Entsprechend den obigen Ausführungen zur abwehrrechtlichen Funktion finden diese Schutzpflichten des Staates denknotwendig jedoch auch ihre rechtstaatlichen Grenzen: Durch das Untermaßverbot[255] als Ausdruck des Verhältnismäßigkeitsgedanken ist der Staat lediglich zu einem gewissen Mindestmaß an Schutz verpflichtet. Die Grenzen hierzu sind selbstverständlich nicht universell fixierbar, sondern vielmehr von den konkreten Umständen im Einzelfall abhängig.

4. Verhältnismäßigkeit in der Rechtsprechung des BVerfG

Ohne die Rechtsprechung des BVerfG im Generellen und zu den (Freiheits-) Grundrechten im Speziellen hätte der Grundsatz der Verhältnismäßigkeit nicht die Bedeutung, die er heute für sich beanspruchen darf. Neben seiner verfassungsrechtlichen Herleitung (auch) aus den Freiheitsgrundrechten[256] bestimmt der Grundsatz mittlerweile maßgeblich die Rechtsprechung des Gerichts zu den Grundrechten – eine Entwicklung, die *Schlink*[257] wie folgt beschreibt: „*Seine Rechtsprechung zu den Grundrechten ist durch und durch Verhältnismäßigkeitsrechtsprechung, der grundrechtliche Vorbehalt des Gesetzes ist zum Vorbehalt des verhältnismäßigen Gesetzes geworden, und wie das Gebot der Verhältnismäßigkeit für eingreifende Gesetze gilt, gilt es auch für die Eingriffe, die Verwaltung und Rechtsprechung auf die Gesetze stützen.*“

---

253 BVerfG, Urt. 15.01.1958 – 1 BvR 400/51 – BVerfGE 7, S. 198 (205); konsequent sodann BVerfG, Beschl. v. 20.12.1979 – 1 BvR 385/77 – BVerfGE 53, S. 30 (57); Beschl. v. 14.01.1981 – 1 BvR 612/72 – BVerfGE 56, S. 54 (78).

254 So auch *Calliess*, Rechtstaat und Umweltstaat, S. 606; *ders.* in: Handbuch der Grundrechte II, S. 963 (983).

255 Vertiefend zum Untermaßverbot generell vgl. die Ausführungen in Kap. 1. B. II. 2. sowie speziell im Zusammenhang mit der Aufgabe des Gesetzgebers zur Harmonisierung von Grundrechtskonflikten im verfassungsrechtlichen Mehrpersonenverhältnis vgl. Kap. 3. B. I. 2. bzw. Kap. 3. B. III. 1.

256 Vgl. Kap. 1. B. I.

257 Siehe *Schlink* in: FS 50 Jahre BVerfG II, S. 445; ferner *Schneider*, Die Güterabwägung des Bundesverfassungsgerichts bei Grundrechtskonflikten, S. 201 f.

Nicht übersehen werden darf dabei jedoch, dass die Ausweitung des Anwendungsspielraums des Verhältnismäßigkeitsgrundsatzes durch das BVerfG diesem gleichzeitig eine abstrakte Möglichkeit zur politischen Kontrolle der Handlungen des Gesetzgebers verleiht.[258] Diese Feststellung mag im Hinblick auf den Grundsatz der Gewaltenteilung zunächst etwas befremdlich erscheinen, entspricht (theoretisch) heute jedoch der politischen Realität. Denn letztlich steht bereits der Gesetzgeber bei der Erfüllung seiner verfassungsrechtlich vorgegebenen Aufgaben regelmäßig vor dem Problem, Staatsinteressen mit den Interessen der bürgerlichen Adressaten harmonisieren zu müssen. So lässt sich letztlich (fast) jedes politische Problem, für welches der Gesetzgeber eine Lösung zu entwickeln hat, in eine rechtliche Fragestellung transformieren, die sich wiederrum durch die Anwendung des Verhältnismäßigkeitsgrundsatzes (respektive seiner Teilgrundsätze) beantworten lässt.[259] Durch diese legislatorische Anwendung des Verhältnismäßigkeitsgrundsatzes zur Lösung gesetzgeberischer Konfliktsituationen erweitert sich theoretisch gleichzeitig die Kontrollmöglichkeit des BVerfG, denn auch die Verfassungsrichter sind im Rahmen ihrer Tätigkeit durch Art. 20 Abs. 3 GG an die Einhaltung des Verhältnismäßigkeitsprinzips gebunden.

Indem sich das BVerfG selbst jedoch nicht als „politische“ Instanz versteht und dem Gesetzgeber in gewissen Bereichen seines Tätigwerdens „Gestaltungsfreiräume“ zuspricht, die der gerichtlichen Kontrolle entzogen sind, verhindern diese Einschätzungsprärogativen zweckmäßig eine „ausufernde“ Kontrolle der Verfassungsrichter und damit die Realisierung der Gefahr politischer Einflussnahme.[260]

Bei der nachträglichen Kontrolle legislatorischer Akte durch das BVerfG offenbaren sich diese zugestandenen Gestaltungsfreiräume des Gesetzgebers

---

258 Vgl. *Schlink* in: FS 50 Jahre BVerfG II, S. 464; ähnlich *Ossenbühl* in: FS f. Lerche, S. 157.

259 Ob ein Gesetz geeignet, erforderlich und angemessen ist, um das erstrebte Ziel zu erreichen, ob damit einhergehende Belastungen der Bürger noch in Relation zum Zweck stehen, ob und wie die Interessen und Rechte der Bürger bestmöglich gewahrt werden können, dies alles sind Fragen, die der Gesetzgeber sich bereits bei der Ausarbeitung und damit lange vor Erlass eines Gesetzes stellen muss. Denn wenn er dies nicht thematisiert und problematisiert, erfolgt nachträglich die Kontrolle des Gesetzes durch das BVerfG, welches das Gesetz ebenfalls an den Maßstäben des Verhältnismäßigkeitsgrundsatzes messen und gegebenenfalls die Norm gemäß § 95 Abs. 3 Satz 1 BVerfGG für nichtig erklären muss. Vgl. *Schlink* in: FS 50 Jahre BVerfG II, S. 464 f.

260 Vgl. *Schlink* in: FS 50 Jahre BVerfG II, S. 465.

insbesondere bei der Prüfung des Verhältnismäßigkeitsgrundsatzes: So wurde bereits im Rahmen der Behandlung der einzelnen Teilgrundsätze festgestellt, dass insbesondere die Geeignetheit und Erforderlichkeit eines staatlichen Mittels zur Verfolgung eines legitimen Zweckes durch das Gericht bewusst nur auf grobe Missverhältnisse respektive offensichtliche Verstöße überprüft wird. Eine positive Feststellung, dass das angewandte Mittel tatsächlich als geeignet und auch als erforderlich anzusehen war, findet gerade nicht statt. Entsprechend verweist das Gericht in den jeweiligen Entscheidungen[261] ausdrücklich auf die strikte Trennung der Gewalten und damit letztlich auch auf die Gestaltungsfreiheit des Gesetzgebers. Dieses System der richterlichen Selbstbeschränkung bzw. *„judical self restraint"*[262] des BVerfG begrenzt somit auf effektive Art und Weise die (theoretisch bestehende) Möglichkeit politischer Einflussnahme und gibt gleichzeitig dem Gesetzgeber die Entscheidungsbefugnis, die ihm das Grundgesetz von je her zugesteht. Explizit äußert sich das Gericht hierzu wie folgt:

> *„Der Grundsatz des judicial self-restraint, den sich das Bundesverfassungsgericht auferlegt, bedeutet nicht eine Verkürzung oder Abschwächung seiner [...] Kompetenz, sondern den Verzicht „Politik zu treiben", d.h., in den von der Verfassung geschaffenen und begrenzten Raum freier politischer Gestaltung einzugreifen. Er zielt also darauf ab, den von der Verfassung für die anderen Verfassungsorgane garantierten Raum freier politischer Gestaltung offen zu halten."*[263]

II. Verwaltungsrechtliche Bedeutung

Neben seiner verfassungsrechtlichen Relevanz besteht die wesentliche Bedeutung des Verhältnismäßigkeitsgrundsatzes für den Bürger im Schutz seiner

---

261 Vgl. für viele nur BVerfG, Urt. v. 31.07.1973 - 2 BvF 1/73 - BVerfGE 36, S. 1 (14 f.), worin das Gericht explizit auf die strikte Trennung von gerichtlicher Überprüfung und der Gestaltung von politischen Maßnahmen verweist und insofern dem Gesetzgeber weite Gestaltungsfreiräume gestattet.

262 Verfassungsrechtlich gesehen entstammt dieser Grundsatz der richterlichen Selbstbeschränkung dem Grundsatz der Gewaltenteilung und verpflichtet die Judikative im Rahmen ihrer Rechtsprechung nicht selbst gestalterisch tätig zu werden, sondern diese Aufgabe weiterhin der zuständigen Staatsgewalt beziehungsweise deren Organe zu überlassen.

263 Vgl. BVerfG, Urt. v. 31.07.1973 - 2 BvF 1/73 - BVerfGE 36, S. 1 (14 f.). Vgl. zudem BVerfG, Urt. v. 16.10.1977 - 1 BvQ 5/77 - BVerfGE 46, 160 (163) zur Forderung der Bundesregierung im Rahmen der Schleyer-Entscheidung gegenüber dem BVerfG auf Einhaltung des judical self-restraint.

Rechte gegenüber behördlichen Ermessenshandlungen auf Verwaltungsebene, mithin im direkten Umgang des Bürgers mit den Behörden.[264]

1. *Verhältnismäßigkeit und Einzelfallgerechtigkeit*

Ob ein illegal gebautes Wohnhaus tatsächlich beseitigt werden muss, in welcher Höhe ein Bußgeldbescheid wegen Tempoüberschreitung erlassen wird oder schlicht die Frage nach der Anordnung eines Maulkorbes für Hunde, es ist bei staatlichen Eingriffsmaßnahmen regelmäßig eine Frage der Verhältnismäßigkeit, welche über die Rechtsbeziehung zwischen Behörde und Bürger entscheidet. Gerade diese Vielfalt an denkbaren Sachverhalten, mit denen die Verwaltungsebene tagtäglich umzugehen hat, offenbart gleichzeitig eine der charakteristischen Eigenschaften und Stärken des Verhältnismäßigkeitsgrundsatzes: Seine Anwendung ist universeller Art und damit nicht an eine bestimmte Handlungsform der Verwaltung gebunden. Egal ob mündlich, schriftlich, in Form eines Verwaltungs- oder eines Realaktes, eine Prüfung der Teilgrundsätze des Verhältnismäßigkeitsprinzips ist regelmäßig dann möglich und angebracht, wenn aufgrund eines exekutiven Ermessensspielraumes durch eine hoheitliche Maßnahme der Behörde in die subjektiv-öffentlichen Rechte eines Bürgers eingegriffen wird respektive eine Verletzung subjektiv-öffentlicher Rechte droht.[265]

Durch die universelle Anwendbarkeit des Verhältnismäßigkeitsgrundsatzes auf verwaltungsrechtliche Sachverhalte wird es der Behörde damit erleichtert, die Spezifitäten des Einzelfalls zu erkennen sowie die konkreten Interessen der Parteien individuell zu gewichten um letztlich „*Rationalität in der Sache*"[266] gewährleisten zu können. Die hierdurch erzielbare, deutlich erhöhte Einzelfallgerechtigkeit wäre ohne dies bei vergleichbaren Grundsachverhalten ansonsten nicht zu gewährleis-

---

264 Daher soll im Folgenden zunächst der Begriff der staatlichen Ermessenshandlung näher beschrieben werden, bevor auf die Problematik eingegangen wird, ob und gegebenenfalls wie die Verwaltung im direkten Umgang mit dem Bürger aufgrund der individuellen Umstände durch die Anwendung des Verhältnismäßigkeitsgrundsatzes Einzelfallgerechtigkeit schaffen kann. Abschließend soll anhand eines Überblicks die praktische Bedeutung des Verhältnismäßigkeitsgrundsatzes in der Rechtsprechung des BVerwG dargestellt werden.

265 Vgl. *Hirschberg*, Der Grundsatz der Verhältnismäßigkeit, S. 194 mit einem Beispiel unverhältnismäßiger Finanzvollstreckung sowie *Jakobs*, der im Verhältnismäßigkeitsprinzip (bezogen auf atomrechtliche Fallgestaltungen) ein (verwaltungsrechtliches) „*Allheilmittel*" sieht. Vgl. *Jakobs*, Der Grundsatz der Verhältnismäßigkeit, S. 177.

266 Siehe *Schlink* in: FS 50 Jahre BVerfG II, S. 464.

ten.[267] Gleichzeitig bedeutet das Handlungsziel der Einzelfallgerechtigkeit ein erhebliches „Mehr" an Grundrechtsschutz des Maßnahmeadressaten. Aufgrund der Berücksichtigung der jeweiligen Individualumstände kann einzelfallbezogen eine individuelle Schutzbedürftigkeit des Bürgers besser erkannt und beim Vollzug der Maßnahme durch die Behörde berücksichtigt werden.[268] Denn letztlich darf hinsichtlich des Grundrechtsschutzes in einem Rechtsstaat kein Unterschied zwischen legislativen und exekutiven Maßnahmen des Staates bestehen: Beide Arten staatlichen Handelns müssen darauf ausgerichtet sein, die Erfüllung der Staatsinteressen mit dem Schutz der bürgerlichen Freiheiten in Einklang zu bringen. Ob diese Zielerreichung im Rahmen der Gesetzgebung erfolgt oder erst anschließend durch den konkreten Vollzug der Gesetze durch die Verwaltung „auf zweiter Ebene" gewährleistet wird, darf im Hinblick auf Art. 1 Abs. 3 GG für den Schutz der bürgerlichen Grundrechte nicht entscheidend sein. Denn letztlich ist es die Aufgabe der Staatsgewalt, die in eine Norm gegossenen Interessenabwägungen der Legislative in die Praxis und damit in das Individualrechtsverhältnis Staat –Bürger zu transferieren.

In Anlehnung an *Krüger*[269] kann somit festgestellt werden: *„Verhältnismäßige Verwaltung nur im Rahmen der Grundrechte."*

2. *Verhältnismäßigkeit in der Rechtsprechung des BVerwG*

Wie bereits dargelegt[270], kommt der Judikative im Staatsapparat die „bewahrende" Aufgabe zu, Maßnahmen der Legislative und der Exekutive auf ihre Vereinbarkeit mit der Verfassung respektive dem formellen und materiellen Recht zu überprüfen. Beleuchtet man die Rechtsprechung zu behördlichen Einzelakten, so nehmen insoweit die Entscheidungen des BVerwG eine wichtige Rolle ein, denn letztlich ist es dessen verfassungsrechtliche Aufgabe aus Art. 20 Abs. 3 GG, letztinstanzlich konkret-individuelle Exekutivmaßnahmen auf deren Vereinbarkeit mit geltendem Recht zu kontrollieren und Einzelfallgerechtigkeit zu schaffen.[271] Gerade aufgrund dieser verfassungsrechtlichen Verantwortung

267 So auch *von Krauss*, Der Grundsatz der Verhältnismäßigkeit, S. 39; vgl. *Schneider*, Die Güterabwägung des Bundesverfassungsgerichts bei Grundrechtskonflikten, S. 191.

268 Vgl. *Schneider*, Die Güterabwägung des Bundesverfassungsgerichts bei Grundrechtskonflikten, S. 191 mit Verweis auf BVerfG, Beschl. v. 15.04.1970 - 2 BvR 396/69 - BVerfGE 28, S. 175 (186); Urt. v. 15.12.1970 - 2 BvF 1/69 u.a. - BVerfGE 30, S. 1 (18).

269 Vgl. Kap. 2. A. I. 1.

270 Vgl. Kap. 2. A. I. 2.

271 Vgl. *Kloepfer* in: FG 50 Jahre BVerwG, S. 330.

gegenüber „*Gesetz und Recht*“[272] zählt der Grundsatz der Verhältnismäßigkeit letztlich auch dabei zu den tragenden Rechtsprinzipien.[273]

Dabei wurden anfänglich noch bestehende terminologische Unterschiede in der Rechtsprechung zwischen dem BVerfG und dem BVerwG im Laufe der Zeit aufgegeben[274], so dass heute übereinstimmend bei beiden Gerichten vom Übermaßverbot bzw. dem Verhältnismäßigkeitsgrundsatz gesprochen wird.[275] Nicht außer Acht gelassen werden darf allerdings, dass sich die Anwendung des Verhältnismäßigkeitsgedankens durch das BVerwG nicht auf die klassische Eingriffsverwaltung beschränkt; vielmehr gewinnt dieser Gerechtigkeitsgedanke heute noch mehr an Bedeutung durch die Frage nach dem „Ob“ und „Wie“ seiner Anwendbarkeit im Rahmen der Leistungsverwaltung, mithin in einem Bereich des Verwaltungsrechts, in dem unmittelbar keine Beeinträchtigung oder Begrenzung der bürgerlichen Rechtsgüter vorliegt.[276]

Wendet man jedoch den Blick wieder zurück auf den Verhältnismäßig keitsgedanken in seinem „klassischen“ Anwendungsbereich und somit hin zur Eingriffsverwaltung, so lässt sich feststellen, dass sich zwischen der Rechtsprechung des BVerfG und der Rechtsprechung des BVerwG insbesondere folgende Parallelen ziehen lassen: Wie auch beim Verfassungsgericht umfasst die Prüfung einer staatlichen Maßnahme durch das BVerwG neben der Frage nach der Legitimität des erstrebten Maßnahmezwecks die Kontrolle anhand der Teilgrundsätze der Geeignetheit, Erforderlichkeit und Angemessenheit.[277] Ferner liegt auch beim BVerwG der Schwerpunkt der Verhältnismäßigkeitsprüfung bei den

---

272 Vgl. Art. 20 Abs. 3 GG.

273 Vgl. Kloepfer in: FG 50 Jahre BVerwG, S. 329.

274 So wandte das BVerwG anfangs den Gedanken des Übermaßverbotes speziell und beschränkt nur auf Enteignungen an (vgl. z.B. BVerwG, Urt. v. 18.08.1964 – I C 48.63 – BVerwGE 19, S. 171 (173)). In späteren Entscheidungen wurde das Übermaßverbot aus dem Verhältnismäßigkeitsprinzip hergeleitet (vgl. z.B. BVerwG, Urt. v. 12.12.1985 – 1 WB 8.85 – BVerwGE 83, S. 90 (101), ehe sich das BVerwG der Terminologie des BVerfG anschloss (vgl. z.B. BVerwG, Urt. v. 01.09.1997 – 4 A 36.96 – BVerwGE 105, S. 178 (185). Siehe *Kloepfer* in: FG 50 Jahre BVerwG, S. 331 f.

275 Vgl. *Kloepfer* in: FG 50 Jahre BVerwG, S. 331 m. w. N.

276 Vgl. *Kloepfer* in: FG 50 Jahre BVerwG, S. 333; vertiefend ferner *Kirchhof* in: FS f. Lerche, S. 143 f.

277 Vgl. z.B. BVerwG, Urt. v. 22.06.1994 – 6 C 40.92 – BVerwGE 96, S. 136 (142); Urt. v. 01.09.1997 – 4 A 36.96 – BVerwGE 105, S. 178 (186).

Teilgrundsätzen der Erforderlichkeit[278] und der Angemessenheit[279]. Entscheidungen über die Ungeeignetheit einer staatlichen Maßnahme existieren nur selten; dies ist insbesondere der Tatsache geschuldet, dass sich das Gericht bei der Prüfung der Geeignetheit eines Mittels – wie auch das BVerfG[280] – auf ein Verbot offensichtlich ungeeigneter Mittel beschränkt.[281]

Bei seinen Entscheidungen über die Gesetzeskonformität exekutiver Einzelmaßnahmen behilft sich das Gericht bei der Prüfung der Verhältnismäßigkeit ferner mit der altbewährten, aber noch heute universell einsetzbaren Formel, wonach die Zulässigkeit und Tiefe eines staatlichen Eingriffs in die Rechte des Bürgers von Gewicht und Bedeutung des von der Behörde verfolgten öffentlichen Interesses abhängt.[282]

B. Verhältnismäßigkeit im Zweipersonenverhältnis

Im Rahmen des nachfolgenden Abschnitts wird nun das verwaltungsrechtliche Zwei-Personenverhältnis näher betrachtet. Dabei soll in einem ersten Schritt

---

278 Vgl. z.B. BVerwG, Urt. v. 26.03.1955 – I C 149.53 – BVerwGE 2, S. 36 (38 f.); Urt. v. 21.12.1961 – I C 9.60 – BVerwGE 13, S. 258 (259); Urt. v. 18.08.1964 – I C 48.63 – BVerwGE 19, S. 171 (172 ff.); Urt. v. 17.05.1995 – 11 C 2.94 – BVerwGE 98, S. 221 (226 f.); Urt. v. 22.10.1995 – 3 C 33.94 – BVerwGE 99, S. 315 (321 f.); Urt. v. 11.12.1996 – 11 C 15.95. – BVerwGE 102, S. 316 (319).

279 Vgl. z.B. BVerwG, Urt. v. 07.05.1957 – III C 378.56 – BVerwGE 5, S. 50 (51); Urt. v. 20.10.1972 – IV C 14.71 – BVerwGE 41, S. 67 (68); Urt. v. 12.12.1985 – 1 WB 8.85 – BVerwGE 83, S. 90 (101); Urt. v. 29.11.1990 – 3 C 77.87 – BVerwGE 87, S. 154 (166 f.); Urt. v. 06.04.1995 – 2 WDB 6.94 – BVerwGE 103, S. 222 (225).

280 Vgl. Kap. 1. C. II. 4.

281 Vgl. BVerwG, Urt. v. 27.01.1967 – IV C 105.65 – BVerwGE 26, S. 131 ff.; *Kloepfer* in: FG 50 Jahre BVerwG, S. 334.

282 Kurz formuliert: Je bedeutender und wichtiger das verfolgte öffentliche Interesse, desto eher dürfen dem Bürger schwer wiegende Rechtsfolgen auferlegt werden. Vgl. *Kloepfer* in: FG 50 Jahre BVerwG, S. 339 sowie aus der Rechtsprechung z. B. BVerwG, Urt. v. 13.11.1979 – 1 C 12.75 – BVerwGE 59, S. 104 (109); Urt. v. 17.01.1980 – 7 C 42.78 – BVerwGE 59, S. 319 (323); Urt. v. 20.02.1990 – 1 C 42.83 – BVerwGE 84, S. 375 (381); Urt. v. 27.08.1996 – 1 C 8.94 – BVerwGE 102, S. 12 (19); Urt. v. 09.11.1994 – 1 D 57.93 – BVerwGE 103, S. 184 (189). In dieser Ansicht stimmt das BVerwG mit dem BVerfG überein und wendet diese „Formel" im Rahmen seiner Rechtsprechung zum Grundsatz der Verhältnismäßigkeit explizit an. Vgl. z.B. BVerfG, Urt. v. 15.12.1983 – 1 BvR 209, 269, 362, 420, 440, 484/83 –BVerfGE 65, S. 1 (46); Urt. v. 17.07.1984 – 2 BvE 11, 15/83 – BVerfGE 67, S. 100 (143); Beschl. v. 20.06.1984 – 1 BvR 1494/78 – BVerfGE 67, S. 157 (173).

die Bedeutung der verfassungsrechtlichen Maximen des Gesetzesvorbehalts sowie des Gesetzesvorrangs für die Eingriffsverwaltung herausgearbeitet werden. Daran anschließend wird näher auf die Relation zwischen staatlichem Ermessen und dem Verhältnismäßigkeitsgrundsatz einzugehen sein. Schließlich sollen die durch die Anwendung des Verhältnismäßigkeitsprinzips miteinander in Einklang zu bringenden widerstreitenden Interessen von Staat und Bürger näher betrachtet werden, bevor in einem letzten Teil Ausführungen über die Anwendung des Verhältnismäßigkeitsgrundsatzes im konkreten Zweipersonenverhältnis als Basis für die nachfolgende Untersuchung des Verhältnismäßigkeitsprinzips im Mehrpersonenverhältnis dienen.

I. Eingriffsverwaltung

Da sich die vorliegende Arbeit zum Verhältnismäßigkeitsgrundsatz im Zwei- bzw. Mehrpersonenverhältnis auf den Bereich der Eingriffsverwaltung beschränkt, gilt es zunächst diesen Rechtsbegriff näher zu bestimmen sowie dabei geltende Grundsätze aufzuzeigen.[283]

1. Begriff und Abgrenzung

Eine gefestigte und einheitliche Definition des Begriffs der Eingriffsverwaltung existiert nicht. Der Begriff wird vielmehr in Literatur und Rechtsprechung weitgehend ohne nähere Ausführungen als selbstverständlich angewandt. Will man den Begriff fassbar machen und ihm einen deskriptiven Inhalt geben, so bietet sich – angelehnt an bestehende Definitionsversuche der Literatur[284] – folgende Beschreibung an, wonach der Begriff der Eingriffsverwaltung alle staatlichen Einzelmaßnahmen umfasst, *„die dem Maßnahmeadressaten ein Handeln, Dulden oder Unterlassen verbindlich aufgeben und damit zumindest in dessen allgemeine Handlungsfreiheit aus Art. 2 Abs. 1 GG eingreifen."*

Inhaltlich näher charakterisiert werden können solche staatlichen Eingriffsmaßnahmen durch folgende Elemente:

- eine Finalität des Handelns,
- eine unmittelbare Rechtsbegrenzung des Adressaten,
- eine rechtliche Qualität dieser Beeinträchtigung,

283 Vertiefend zur hoheitlichen Belastung bürgerlicher Grundrechte vgl. *Eckhoff*, Der Grundrechtseingriff, S. 3 ff.

284 Siehe *Huber*, Konkurrenzschutz im Verwaltungsrecht, S. 229 m. w. N.

- ein Grundrechtsträger als Adressat der staatlichen Maßnahme sowie
- eine Beeinträchtigung durch Befehl bzw. Zwang.[285]

Generell gemeint ist mit dem Begriff der Eingriffsverwaltung folglich der Teil des Verwaltungsrechts, in dem der Bürger durch aktives Handeln staatlicher Stellen in seinen subjektiv-öffentlichen Rechten beschränkt wird respektive beschränkt werden kann.[286] Die originäre Handlungsform der eingreifenden Verwaltung stellt insoweit das Polizei- und Sicherheitsrecht dar. Dort werden regelmäßig durch Maßnahmen der Sicherheitsbehörden bürgerliche Rechte beschränkt, um den Eintritt einer (konkreten) Gefahr für die öffentliche Sicherheit und/oder Ordnung[287] zu verhindern.[288] Abzugrenzen ist die Eingriffsverwaltung von der Leistungsverwaltung. Dieser Teil der öffentlichen Verwaltung ist gerade nicht auf den Eingriff in die Rechte des Bürgers ausgelegt, sondern charakterisiert sich durch fördernde Leistungen des Staats an die Bürger respektive an die Mitglieder des Gemeinwesens zur Verbesserung des Lebensstandards.[289] Dies kann auf individuelle Art und Weise geschehen, wie bei der staatlichen Gewährung von Subventionen an Arbeitslose und Sozialhilfebedürftige. Aber auch in kollektiver Hinsicht existieren unterstützende Maßnahmen des „Wohlfahrtstaates“, beispielsweise bei der Erfüllung der grundgesetzlich festgelegten Staatsaufgaben wie dem Erhalt von Bildungsstätten (vgl. Art. 7 GG).

285 Siehe *Bleckmann*, Staatsrecht II, S. 411, Rn 34 ff.; ähnlich *Eckhoff*, Der Grundrechtseingriff, S. 175 f.

286 So auch *Maurer*, Allgemeines Verwaltungsrecht, § 2 Rn. 5.

287 Vgl. hierzu den Wortlaut von Art. 2 Abs. 1, Art. 11 Abs. 1 BayPAG sowie Art. 6 Abs. 1 BayLStVG.

288 Unerheblich dabei ist, ob ein Eingriff aufgrund von Vorschriften des allgemeinen Sicherheitsrechts (nach BayLStVG) ergeht, oder ob sich die legitimierende Vorschrift aus dem besonderen Sicherheitsrecht wie beispielsweise aus Art. 76 Satz 1 BayBO zur Beseitigung eines Schwarzbaus ergibt.

289 Vgl. *Schulze-Fielitz* in: Hoffmann-Riem/Schmidt-Aßmann/Voßkuhle, Grundlagen des Verwaltungsrechts I, S. 841 f., Rn. 39 ff. m. w. N. Dabei ist nicht zu übersehen, dass auch eine nicht gewährte staatliche Unterstützung im Rahmen der Leistungsverwaltung wiederrum einen Eingriff in die Rechte des Bürgers bedeuten kann. Der entscheidende Unterschied zur Eingriffsverwaltung liegt letztlich darin, dass diese gezielt auf eine Beschränkung der bürgerlichen Rechte ausgelegt ist, während die Leistungsverwaltung nur als mittelbare Folge einen Eingriff in die Freiheiten der Bürger bedeuten kann. Vgl. hierzu *Hirschberg*, Der Grundsatz der Verhältnismäßigkeit, S. 28 f. Noch weiter geht *Huber*, der in Frage stellt, ob eine Trennung zwischen Eingriffs- und Leistungsverwaltung überhaupt noch sinnvoll ist. Vgl. *Huber*, Konkurrenzschutz im Verwaltungsrecht, S. 485.

Selbst der heutzutage als selbstverständlich angesehene Bau und Unterhalt von Straßen und Plätzen, die öffentliche Wasserversorgung sowie die Bereitstellung von öffentlichen Verkehrsmitteln, mithin die gesamte Infrastruktur oder zusammengefasst der gesamte Bereich der Daseinsvorsorge[290], zählt zum Bereich der Leistungsverwaltung.[291]

2. *Grundsatz der Gesetzmäßigkeit der Verwaltung*

Um einen Fehlgebrauch staatlicher Gewalt gegenüber den Bürgern im Rahmen der Eingriffsverwaltung ausschließen zu können, bedarf es verfassungsrechtlicher Maßstäbe, welche die staatlichen Stellen zwingen, sich an „*Recht und Gesetz*“[292] zu halten und sich nicht über das Gesetz respektive die Verfassung zu stellen. Im GG ist dies insbesondere durch die Klassifizierung der Bundesrepublik Deutschland als Rechtsstaat in Art. 20 Abs. 3 GG geschehen. Durch die Ewigkeitsklausel in Art 79 Abs. 3 GG gefestigt, ist das Rechtsstaatsprinzip im Geltungsbereich des GG zu einer unabänderlichen verfassungsrechtlichen Maxime geworden, an die gemäß Art. 20 Abs. 3 GG bzw. Art. 1 Abs. 3 GG alle Staatsgewalt gebunden ist.

Wichtiger Bestandteil dieses Rechtsstaatsprinzip ist in verwaltungsrechtlicher Hinsicht der Grundsatz von der Gesetzmäßigkeit der Verwaltung. Dieses Prinzip mit Verfassungsrang stellt auf allen Ebenen deutschen Verwaltungshandelns sicher, dass Recht und Gesetz von den Exekutivorganen eingehalten werden und so letztlich der Schutz der Grundrechte, insbesondere der Schutz der bürgerlichen Freiheit, Priorität genießt. Im Grundsatz der Gesetzmäßigkeit der Verwaltung ist daher ein wichtiges verfassungsrechtliches Element zum Schutze der bürgerlichen Grundrechte zu sehen. Als rechtlicher Oberbegriff lässt er sich desweiteren in die folgenden beiden Teilgrundsätze aufspalten, die gewährleisten sollen, dass Maßnahmen der Verwaltung den Erfordernissen der Rechtsstaatlichkeit entsprechen: die Grundsätze des Vorbehalts respektive des Vorrangs des Gesetzes.

290 Insbesondere in Form von Sach-, Dienst-, Geld- und Sozialleistungen.

291 Vertiefend zum Begriff der Leistungsverwaltung bzw. seiner Charakteristik vgl. *Schulze-Fielitz* in: Hoffmann-Riem/Schmidt-Aßmann/Voßkuhle, Grundlagen des Verwaltungsrechts I, S. 841 ff., Rn 39 ff.; *Wellhöfer*, Das Übermaßverbot im Verwaltungsrecht, S. 142 ff.

292 Vgl. Art. 20 Abs. 3 GG.

a) *Grundsatz des Vorbehalts des Gesetzes*

Dieser erste Teilgrundsatz des Prinzips der Gesetzesmäßigkeit der Verwaltung regelt insbesondere das Verhältnis zwischen Legislative und Exekutive[293] indem er festlegt, dass die staatlichen Verwaltungsorgane im Rahmen der Eingriffsverwaltung grundsätzlich nicht tätig werden dürfen, wenn kein Gesetz existiert, dass die Behörde zur Vornahme der konkreten Handlung legitimiert.[294] Kurz gefasst: Kein staatliches Handeln zu Lasten der Bürger ohne gesetzliche Legitimation!

Explizit normiert ist dieser Verwaltungsgrundsatz im GG – im Gegensatz zum Ordnungswidrigkeiten- und Strafrecht[295] – jedoch nicht, als verfassungsrechtliches Gewohnheitsrecht ist er jedoch als fester Bestandteil des Rechtsstaatsprinzips anerkannt.[296] Grundsätzlich unerheblich ist dabei, ob die eingreifende Verwaltungsmaßnahme direkt auf ein formelles Gesetz gestützt werden kann oder aufgrund einer Satzung oder Verordnung ergeht, welche wiederrum ihre Ermächtigungsgrundlage aus einem förmlichen Gesetz zieht. Entscheidend ist nur das generelle Bestehen eines förmlichen Gesetzes, welches dem Entscheidungsträger der zuständigen Verwaltungsbehörde direkt – oder über den „Umweg" einer zwischen geschalteten Verordnung respektive Satzung – die belastende Maßnahme gegenüber dem Bürger ermöglicht.[297] Einzuschränken ist diese Aussage jedoch im Grundrechtsbereich, denn regelmäßig offenbart der Wortlaut jedes einzelnen Grundrechts selbst, ob und gegebenenfalls in welcher Form eingreifende Maßnahmen in den grundrechtlichen Schutzbereich möglich sind. Ein Blick in das GG verdeutlicht diese Situation: Während sich manche Grundrechte nur durch (formales Parlaments-)Gesetz beschränken lassen[298], stehen andere Grundrechte Eingriffen „durch oder aufgrund eines Gesetzes"[299], d.h. durch formelle und materielle Gesetze, offen.

---

293 Vgl. *Ossenbühl* in: Handbuch des Staatsrechts III, § 62 Rn. 7; *Jesch*, Gesetz und Verwaltung, S. 126; *Sobota*, Das Prinzip Rechtsstaat, S. 107; *Krebs* in: Handbuch des Staatsrechts V, (3. Aufl.), § 108 Rn. 85, 100 ff.

294 Vgl. *Wehr*, JuS 1997, S. 419 ff.

295 Art. 103 II GG bestimmt explizit für das Ordnungswidrigkeiten- und Strafrecht, dass keine Strafe ohne Gesetz ausgesprochen werden darf („Nulla poene sine lege."), vgl. auch § 1 StGB.

296 Vgl. *Wehr*, JuS 1997, S. 419 ff.

297 Vgl. zum Gesetzesvorbehalt *Reimer* in: Hoffmann-Riem/Schmidt-Aßmann/Voßkuhle, Grundlagen des Verwaltungsrechts I, S. 605 ff., Rn. 23 ff.

298 Siehe z.B. Art. 2 Abs. 2 Satz 3 GG, Art. 10 Abs. 2 Satz 1 GG.

299 Siehe z.B. Art. 8 Abs. 2 GG, Art. 11 Abs. 2 GG, Art. 12 Abs. 1 Satz 2 GG.

b) Grundsatz des Vorrangs des Gesetzes

Durch diesen zweiten Teilgrundsatz des Prinzips der Gesetzesmäßigkeit der Verwaltung ist alle Staatsgewalt verpflichtet, sich an die bestehenden Gesetze zu halten. Er verbietet mithin das staatliche Handeln contra legem[300] und legt gleichzeitig eine abstrakte Rangordnung staatlicher Handlungsarten fest.[301] Auf Maßnahmen der Exekutive bezogen, regelt der Vorrang des Gesetzes somit verbindlich, dass ein formelles (Parlaments)Gesetz „*jeder anderen staatlichen Willensäußerung* – wie beispielsweise Verordnungen, Satzungen, Verwaltungsvorschriften, Erlässen oder Verwaltungsakten – *vorgeht*".[302]

Für die verwaltungsrechtliche Praxis bedeutet dies, dass die Behörde im Bereich der Eingriffsverwaltung nicht frei und nach Belieben handeln kann. Sie ist vielmehr nur ermächtigt, gegenüber den Bürgern belastende Maßnahmen auszuführen, soweit das legitimierende Gesetz sie dazu ermächtigt. Nur im Rahmen dieser Rechtsgrundlage darf die staatliche Stelle Eingriffe in die Rechte der Bürger vornehmen. Geht die Behörde über den Anwendungsbereich der Norm hinaus oder verstößt eine staatliche Handlung gegen ihre Ermächtigungs- bzw. Rechtsgrundlage, so ist die Maßnahme als rechtswidrig anzusehen und kann durch den Bürger spätestens im Rahmen eines Gerichtsverfahrens beseitigt werden.

Zusammenfassend bestimmt der Grundsatz des Vorrangs des Gesetzes damit – gemeinsam mit dem Grundsatz des Vorbehalts des Gesetzes – eine erste und daher grundlegende Beschränkung staatlicher Verwaltungstätigkeit. Diese allein würde aber noch nicht dem verfassungsrechtlichen Auftrag zum Schutz der bürgerlichen Grundrechte vor staatlichen Eingriffen genügen – vielmehr bedarf es auf „zweiter Stufe" weiterer Regeln, um einen Fehlgebrauch staatlicher Gewalt zu verhindern.

Diese zweite Stufe stellt insbesondere bei verwaltungsrechtlichen Ermessensvorschriften der Grundsatz der Verhältnismäßigkeit (i. w. S.) dar. Da sich die Frage nach dem Einfluss des Verhältnismäßigkeitsgrundsatzes auf behördliche Entscheidungen insbesondere bei legislativ eingeräumten Ermessensspielräumen stellt, soll anhand der nachfolgenden Darstellungen zunächst die rechtliche Beziehung zwischen der staatlichen Ermessensausübung und dem Grundsatz der Verhältnismäßigkeit (i. w. S.) näher begutachtet werden.

---

300 Vgl. *Wehr*, JuS 1997, S. 231 ff.

301 Vgl. *Ossenbühl* in: Handbuch des Staatsrechts III, § 62 Rn. 1; *Sobota*, Das Prinzip Rechtsstaat, S. 106; *Brenner* in: Handbuch des Staatsrechts III, (3. Aufl.), § 44 Rn. 28.

302 Siehe *Sobota*, Das Prinzip Rechtsstaat, S. 104.

3. Verhältnismäßigkeit und staatliches Ermessen

Staatliche Maßnahmen der Eingriffsverwaltung stehen als Ausdruck des Opportunitätsprinzips regelmäßig im Ermessen der Behörde. Der Gesetzgeber hat in § 40 VwVfG nicht geregelt, was gemeinhin unter dem Begriff des Ermessens zu verstehen ist. Vielmehr enthält die Norm lediglich „Eckpunkte" einer ordnungsgemäßen Ermessensausübung durch die jeweilige Behörde. Explizit heißt es dort:

> *„Ist die Behörde ermächtigt, nach ihrem Ermessen zu handeln, hat sie ihr Ermessen entsprechend dem Zweck der Ermächtigung auszuüben und die gesetzlichen Grenzen des Ermessens einzuhalten."*

Als Element der Rechtsfolgenseite einer einfach-gesetzlichen, verwaltungsrechtlichen Norm gewährt legislativ eingeräumtes Ermessen der zuständigen Behörde beim Vorliegen des jeweiligen Tatbestands einen Handlungsfreiraum, in dessen Rahmen die Behörde selbst entscheiden kann, ob und wie sie im Einzelfall handeln möchte.[303] Dabei ist die Behörde im Rahmen dieser *„Letztentscheidungsbefugnis"*[304] – wie der Wortlaut des § 40 VwVfG klarstellt – lediglich an den Handlungszweck der jeweiligen Ermächtigungsgrundlage sowie an die (allgemeinen) gesetzlichen Grenzen (insbesondere Grundrechte, Verfassungsprinzipien sowie die Grundsätze des Vorrangs und des Vorbehalts des Gesetzes) gebunden.[305] Mit dieser Feststellung ist gleichzeitig bereits die Frage nach der Relation von staatlicher Ermessensausübung und dem Verhältnismäßigkeitsgrundsatz grob umschrieben: Als Ausdruck des verfassungsrechtlichen Rechtsstaatsprinzips stellt der Verhältnismäßigkeitsgrundsatz eine Grenze der staatlichen Ermessensausübung und mithin ihren Gegenpart mit dem Ziel der Beschränkung des behördlichen Handlungs- und Gestaltungsspielraums dar und gewährleistet auf diese Weise eine *„rechtstaatliche Disziplinierung der Verwaltung"*[306].

---

303 Vgl. *Hain/Schlette/Schmitz*, AöR 122, S. 33 (35 f.).

304 Siehe *Di Fabio*, VerwArch 86, S. 214 (215).

305 Insoweit hat das BVerfG den Begriff des *„pflichtgemäßen Ermessens"* geprägt, siehe z.B. BVerfG, Beschl. v. 26.02.1985 – 2 BvR 1145/83 – BVerfGE 69, S. 161 (169). Entsprechend wird im Rahmen eines verwaltungsgerichtlichen Verfahrens die Ermessensentscheidung einer Behörde nur im Hinblick auf die Grenzen des § 40 VwVfG überprüft, was durch den Wortlaut des § 114 Satz 1 VwGO auch normativ verdeutlicht wird.

306 Siehe *Schoch*, JURA 2004, S. 462 (466).

a) Sinn und Zweck von Ermessensvorschriften

Der Sinn von verwaltungsrechtlichen Ermessensvorschriften liegt insbesondere in ihrem „delegatorischen“[307] Charakter zur behördlichen Bewältigung einer (ansonsten nicht fassbaren) Fülle von unterschiedlichen Sachverhalten, mit denen die Exekutive täglich konfrontiert wird. Es wäre schlichtweg unmöglich, konkret-individuelle Sachverhaltskonstellationen in ihren jeweiligen Umständen legislativ zu erfassen und in der Folge der Exekutive hierfür eine bestimmte Handlungsform verbindlich aufzugeben. Vielmehr kann der Gesetzgeber in den Worten *Di Fabios*[308] nur insoweit seiner verfassungsrechtlichen Aufgabe zur Organisierung des Staates nachkommen, als er mit Hilfe einer *„normativen Typisierung“* Gruppen von bestimmten Sachverhalten abstrakt-generell zusammenfasst und der Exekutive hierfür eine Vorauswahl bestimmter Handlungsmöglichkeiten vorgibt[309], mithin das (eventuelle) Einschreiten der Behörde nur grob delegiert. Die Entscheidung, ob im konkreten Einzelfall gehandelt wird, sowie die Frage, welche Maßnahme in diesem Fall zu ergreifen ist, entscheidet die Behörde jeweils selbst im Rahmen des ihr überlassenen Ermessenspielraums anhand der individuellen Umstände.[310] Denn nur auf diese Weise kann gewährleistet werden, dass die Behörde auf die Umstände des Einzelfalles näher eingehen und somit einzelfallgerecht, effizient und akzeptabel handeln kann.[311]

---

307 Siehe *Hain/Schlette/Schmitz*, AöR 122, S. 32 (37). Selbstredend sind dabei die verfassungsrechtlichen Grenzen insoweit zu beachten, als der Gesetzgeber der Exekutive nicht völlig freie Hand bei der Erfüllung ihrer Maßnahmen überlässt. Vielmehr ist der Gesetzgeber durch die Verfassung verpflichtet, das Wesentliche (insbesondere die tatbestandlichen Voraussetzungen einer Norm) selbst zu regeln und insbesondere nur auf der Rechtsfolgenseite der Behörde einen gewissen Handlungsspielraum zu gewähren. Davon zu unterscheiden sind demgegenüber die Fälle, in denen der Gesetzgeber durch die Verwendung unbestimmter Rechtsbegriffe der Exekutive bereits auf der Tatbestandsseite einen begrenzten Spielraum überlässt.

308 Siehe *Di Fabio*, VerwArch 86, S. 214 (229).

309 Die Breite des legislativ vorgegebenen Ermessensspielraums kann sich dabei von der Vorgabe einer fakultativ zu setzenden Rechtsfolge bis hin zur völligen Freigabe des Handlungsspielraumes erstrecken; vgl. *Hain/Schlette/Schmitz*, AöR 122, S. 33 (36).

310 Vgl. *Sachs* in: Stelkens/Bonk/Sachs, § 40 Rn. 13 f.; *Hain/Schlette/Schmitz*, AöR 122, S. 32 (35).

311 Vgl. *Voßkuhle*, JuS 2008, S. 117 (117); ähnlich *Kopp/Ramsauer*, VwVfG, § 40 Rn. 15; *Laub*, Die Ermessensreduzierung in der verwaltungsgerichtlichen Rechtsprechung, S. 8 f.

b) Formen der Ermessensausübung

Der Oberbegriff des staatlichen Ermessens wird in die zwei Untergruppen des Entschließungs-[312] sowie des Auswahlermessens[313] unterteilt, obwohl in der Praxis häufig eine klare Trennung nicht möglich ist.[314]

aa) Entschließungsermessen

Sind die rechtlichen Voraussetzungen einer exekutiven Ermächtigungsnorm[315] tatbestandlich erfüllt und ist der handelnden Behörde für diesen Fall die Frage des Tätigwerdens vom Gesetzgeber in ihr Ermessen gestellt, so spricht man vom Entscheidungsermessen der Behörde. Das den Verwaltungsbehörden Ermessenspielräume gewährende Opportunitätsprinzip stellt somit den Gegenpart zum handlungsverpflichtenden Legalitätsprinzip des Öffentlichen Rechts dar.

Aus der Sicht der Behörde geht es beim Entscheidungsermessen schlicht um die Frage, ob beim Vorliegen der tatbestandlichen Voraussetzungen die Behörde überhaupt einschreiten muss. Anders als bei gebundenen Vorschriften, bei denen die Behörde durch den Gesetzgeber zum Einschreiten verbindlich aufgefordert ist, kann bei Ermessensnormen die zuständige Verwaltungsstelle grundsätzlich selbst über ihr Tätigwerden entscheiden.[316] Eine Ausnahme besteht insbesondere[317] nur in solchen Situationen, in denen sich die Behörde aufgrund ihrer Verhaltensweise respektive einer bestimmten Verwaltungspraxis bei vergleich-

---

312 Vertiefend zum Begriff des Entschließungsermessens vgl. z.B. *Decker* in: Simon/Busse, BayBO I, Art. 76 Rn. 207 ff. mit Beispielen aus der Rechtsprechung.

313 Vertiefend zum Begriff des Auswahlermessens vgl. *Voßkuhle*, JuS 2008, S. 117 ff.

314 So Laub, Die Ermessensreduzierung in der verwaltungsgerichtlichen Rechtsprechung, S. 10. Auch *Götz* weist darauf hin, dass regelmäßig die Frage des Entschließungsermessens nicht beantwortet werden kann, bevor die Behörde sich mit den möglichen Handlungsalternativen – und damit mit der Frage des Auswahlermessens – näher auseinander gesetzt hat. Vgl. *Götz*, Allgemeines Polizei- und Ordnungsrecht, S. 103 Rn. 2.

315 Insbesondere im Polizei- und Sicherheitsrecht, im Recht der Sozialleistungen oder im Rahmen der sog. steuernden Verwaltung.

316 So auch *Laub*, Die Ermessensreduzierung in der verwaltungsgerichtlichen Rechtsprechung, S. 9.

317 Daneben kann die Behörde in Fällen der Ingerenz oder bei ungerechtfertigter Passivität zum Einschreiten verpflichtet sein. Vgl. hierzu vertiefend *Di Fabio*, VerwArch 86, S. 214 (224 f.) Zur Ermessensreduzierung und deren Konsequenz für das Verhalten der Behörde im Einzelfall kann auf die Ausführungen in Kap. 3. B. III. 2. verwiesen werden.

baren Fallkonstellationen in der Vergangenheit auch für die Zukunft selbst bindet. In diesen Fällen darf die Behörde grundsätzlich, d.h. ohne Vorliegen eines besonderen Rechtfertigungsgrundes, aus Gründen der Gleichbehandlung (Art. 3 Abs. 1 GG) nicht von ihrer langjährigen Verwaltungspraxis abweichen.[318]

bb) Auswahlermessen

Die Frage des Auswahlermessens setzt unmittelbar an die behördliche Ausübung des Entschließungsermessens an. Es handelt sich hierbei um die Frage, wie oder auf welche Weise die Behörde im konkreten Einzelfall handeln möchte. Regelmäßig ist der Behörde hierfür vom Gesetzgeber ein weiter Spielraum eingeräumt worden, so dass sich die Frage des Maßnahmemittels letztlich nur an den in § 40 VwVfG genannten Grenzen messen lassen muss. Als Beispiel für einen solchen weiten Handlungsspielraum kann auf den Wortlaut der jeweiligen landesrechtlichen Generalbefugnis der Polizei, in Bayern beispielsweise auf Art. 11 BayPAG, verwiesen werden. Nach Abs. 1 der Vorschrift kann die bayerische Polizei *„die notwendigen Maßnahmen treffen, um eine im einzelnen Fall bestehende Gefahr für die öffentliche Sicherheit oder Ordnung abzuwehren* [...]". Der weite Begriff der „Maßnahmen" charakterisiert hier den behördlichen Entscheidungsfreiraum, mit welchem Mittel und – bei mehreren Störern – gegen wen die konkrete Maßnahme ausgeführt werden kann. Als Gegenbeispiel kann auf § 18 des Tierseuchengesetzes (TierSG) verwiesen werden. Diese Generalbefugnis ermächtigt die jeweils zuständige Behörde *„zum Schutz einer besonderen Gefahr einer Tierseuche"* lediglich zur Vornahme der in den §§ 19 bis 30 TierSG aufgeführten Maßregeln. Im Gegensatz zu Art. 11 BayPAG kann die Behörde im Rahmen des TierSG insoweit nur legislativ vorgegebene Handlungen treffen, mithin nur noch selbst darüber entscheiden, welche der konkret vorgegebenen Maßnahmen sie ergreift. Sie kann also nicht – wie die Polizeibeamten nach Art. 11 BayPAG – grundsätzlich frei über die zu ergreifende Maßnahme entscheiden. Gleichzeitig zeigt der Wortlaut des Art. 11 Abs. 1 BayPAG durch den Verweis auf die Notwendigkeit der einzelnen Maßnahme, dass auch dem Grundsatz der Verhältnismäßigkeit bei Ermessensentscheidungen eine ge-wichtige Bedeutung zukommt.

c) Der Einfluss des Verhältnismäßigkeitsprinzips auf staatliche Ermessensentscheidungen

Der Grundsatz der Verhältnismäßigkeit als verfassungsrechtliches Korrektiv staatlicher Maßnahmen gegenüber dem Bürger soll die ausreichende Berück-

318 Vgl. *Hain/Schlette/Schmitz*, AöR 122, S. 33 (49 f.).

sichtigung der bürgerlichen Grundrechte und damit die *„rechtstaatliche Disziplinierung der Verwaltung“*[319] sicherstellen. Mit dieser Feststellung ist viel und gleichzeitig wenig gesagt, denn auf welche Weise der Verhältnismäßigkeitsgrundsatz die behördliche Ermessensentscheidung im Einzelfall beeinflusst, bleibt mit dieser theoretischen Phrase noch unbeantwortet.[320]

aa) Verhältnismäßigkeit und Entschließungsermessen

Im Rahmen des Entschließungsermessens hat der Grundsatz der Verhältnismä ßigkeit regelmäßig nur wenig Bedeutung. Dies hängt mit seiner verfassungsrechtlichen Funktion zusammen, staatliche Eingriffe auf ein dem Bürger „erträgliches“ Maß zu beschränken. Beim Entschließungsermessen der Behörde geht es jedoch im Grunde nur um eine „Vorfrage“ staatlicher Machtbegrenzung im Sinne des Verhältnismäßigkeitsprinzips: Denn nur wenn die Behörde sich in diesem ersten Schritt des Ermessens dazu entscheidet, gegenüber dem einzelnen Bürger zu handeln, kommt auf Seiten des Bürgers der Verhältnismäßigkeitsgrundsatz als „Abwehrmechanismus“ zur Geltung. Schließlich ist eine Prüfung der einzelnen Teilgrundsätze der Geeignetheit, Erforderlichkeit sowie der Angemessenheit der staatlichen Maßnahme zur Erreichung des von der Behörde verfolgten Zwecks erst möglich, wenn eine konkrete Maßnahme ergangen ist, nicht jedoch bereits bei der Entscheidung über das „Ob“ des behördlichen Einschreitens an sich.

bb) Verhältnismäßigkeit und Auswahlermessen

Hat sich die Behörde auf erster Stufe im Rahmen des ihr von Gesetzes wegen eingeräumten Ermessenspielraumes für ein Handeln im konkreten Fall entschlossen, so hat sie grundsätzlich auch auf zweiter Stufe die freie Wahl des Maßnahmemittels. Die Behörde ist insoweit lediglich an die in § 40 VwVfG aufgeführten Grundsätze gehalten, d.h., sie hat *„ihr Ermessen entsprechend dem*

319 Siehe Schoch, JURA 2004, S. 462 (466).

320 Zur tiefergehenden Untersuchung des Einflusses des Verhältnismäßigkeitsprinzips auf die beiden Ausformungen der staatlichen Ermessensausübung bietet sich erneut eine getrennte Darstellung von Entschließungs- und Auswahlermessen an. Dabei soll an dieser Stelle explizit die Klarstellung erfolgen, dass die nachfolgenden Feststellungen generell nur im Rahmen von bipolaren Verwaltungsrechtsverhältnissen gelten, mithin für die unmittelbare Rechtsbeziehung zwischen Staat und Maßnahmeadressat. Ob die dabei dargestellten Grundsätze ohne weiteres auch auf verwaltungsrechtliche Mehrpersonenverhältnisse übertragen werden können, wird an späterer Stelle noch ausführlich zu thematisieren sein.

Zweck der Ermächtigung auszuüben und die gesetzlichen Grenzen des Ermessens einzuhalten." Bei der Überprüfung der staatlichen Maßnahme hinsichtlich der Einhaltung der gesetzlichen Grenzen im Sinne des § 40 VwVfG zeigt sich die Beziehung des Auswahlermessens zum Grundsatz der Verhältnismäßigkeit. An dieser Stelle der Prüfung hat eine Kontrolle der staatlichen Maßnahmen auf sogenannte Ermessensfehler der Behörde bei der Auswahl des konkreten Mittels zu erfolgen, wobei insbesondere die folgenden Ermessensfehler voneinander unterschieden werden:[321] der Ermessensnichtgebrauch (oder Ermessensausfall), der Ermessensfehlgebrauch (in Gestalt eines Ermessensdefizit oder aufgrund sachfremder Erwägungen der Behörde) sowie die Ermessensüberschreitung (in Form einer Gleichheitswidrigkeit oder einer Unverhältnismäßigkeit).[322]

Es handelt sich demnach bei der Frage nach der Verhältnismäßigkeit des eingesetzten Mittels um eine Überprüfung der behördlichen Maßnahme bezüglich einer etwaigen Überschreitung des gewährten Ermessensspielraums. Ist eine staatliche Maßnahme aufgrund eines Verstoßes gegen einen oder mehrere Teilgrundsätze des Verhältnismäßigkeitsprinzips rechtswidrig, handelt es sich dabei um einen Ermessensfehler der Behörde mit der Konsequenz der grundsätzlichen[323] Angreifbarkeit des staatlichen Hoheitsaktes.

cc) Zwischenergebnis

Verbildlicht dargestellt kann man die „Aufgabe" des Verhältnismäßigkeits grundsatzes im bipolaren Verwaltungsrechtsverhältnis wie folgt beschreiben: Im Rahmen eines legislativ vorgegebenen Auswahlermessensspielraumes hat die Behörde grundsätzlich die freie Wahl, wie sie im konkreten Einzelfall gegenüber dem Maßnahmeadressaten handeln möchte. Das grundgesetzlich verankerte Rechtsstaatsprinzip verpflichtet alle staatliche Gewalt – und somit auch die Behörde als Organ der Exekutive – jedoch zur Beachtung der Grundrechte des jeweiligen

---

321 Vgl. *Müller* in: Huck/Müller, VwVfG, § 40 Rn. 24 ff.

322 Da für die vorliegende Arbeit im Folgenden lediglich der Teilaspekt der Ermessensüberschreitung in Form eines Verstoßes gegen den Grundsatz der Verhältnismäßigkeit von Belang ist, wird bewusst auf die nähere Darstellung der einzelnen Arten von Ermessensfehlern verzichtet. Vgl. vertiefend hierzu die Ausführungen bei *Kopp/Ramsauer*, VwVfG § 40 Rn. 58 ff.

323 Dabei darf nicht übersehen werden, dass ein etwaiger Ermessensfehler sowohl im Rahmen eines (je nach Landesrecht möglichen) Widerspruchsverfahrens sowie durch ergänzenden Vortrag in einem gegebenenfalls anschließenden verwaltungsgerichtlichen Verfahren geheilt werden kann. Vgl. *Müller* in: Huck/Müller, VwVfG, § 40 Rn. 30 f.; ferner *Kopp/Ramsauer*, VwVfG, § 40 Rn. 68 f.

Maßnahmeadressaten. In der verwaltungsrechtlichen Theorie und Praxis erfolgt dieser Schutz der bürgerlichen Grundrechte insbesondere durch das bürgerliche „Abwehrinstrument" in Gestalt des Verhältnismäßigkeitsgrundsatzes. Durch die Kontrolle des behördlichen Auswahlermessens anhand der Teilgrundsätze der Geeignetheit, Erforderlichkeit und Angemessenheit wird sichergestellt, dass der Bürger keinen härteren Eingriff in seine geschützten Rechtsgüter respektive in seine Interessen zu dulden hat, als es aufgrund der Umstände des Einzelfalles angezeigt ist. Damit kann abschließend festgestellt werden: Der Grundsatz der Verhältnismäßigkeit (i. w. S.) wirkt von Seiten des betroffenen Bürgers der behördlichen Eingriffsmaßnahme entgegen und drängt die behördliche Ermessensentscheidung im Ergebnis auf das im konkreten Einzelfall der Billigkeit entsprechende Maß zurück.

Im folgenden Abschnitt soll ein näherer Blick auf die regelmäßig im Rahmen der Eingriffsverwaltung miteinander in Einklang zu bringenden Interessen der Behörde und des betroffenen Bürgers geworfen werden. Denn letztlich richtet sich die Verhältnismäßigkeit eines staatlichen Eingriffs in die bürgerlichen Rechtsgüter danach, ob *„die durch die Entscheidung hervorgerufene Beeinträchtigung der Rechtsposition des Betroffenen durch andere gegenläufige Interessen, die mit der Entscheidung zulässigerweise verfolgt werden"*[324], im Einzelfall zu rechtfertigen ist.

An dieser Stelle soll darauf hingewiesen werden, dass sich die folgenden Ausführungen zum Verhältnismäßigkeitsgrundsatz im Zweipersonenverhältnis bewusst auf den Teilgrundsatz der Proportionalität konzentrieren und somit insbesondere die Behandlung der widerstreitenden Interessen thematisieren. Denn letztlich stellt die dort stattfindende Gewichtung respektive Abwägung der sich gegenüberstehenden Interessen von Staat und Bürger das „Herzstück" einer jeden Verhältnismäßigkeitsprüfung (i. w. S.) dar.[325]

---

324 Siehe *Kopp/Ramsauer*, VwVfG, § 40 Rn. 65.

325 Dabei soll an dieser Stelle darauf hingewiesen werden, dass die Begriffe der Proportionalität sowie der Güter- bzw. Interessenabwägung heute in Rechtsprechung und Lehre als weitgehend austauschbar angesehen werden. Dennoch handelt es sich bei genauerem Hinsehen um Begrifflichkeiten, die im Einzelfall auch Unterschiede aufweisen können; vgl. hierzu vertiefend *Hirschberg*, Der Grundsatz der Verhältnismäßigkeit, S. 83 ff. m. w. N. sowie *Schneider*, Die Güterabwägung des Bundesverfassungsgerichts bei Grundrechtskonflikten, S. 204 ff. m. w. N. Hinsichtlich der Prüfung der Teilgrundsätze der Geeignetheit und Erforderlichkeit im Zweipersonenverhältnis kann mangels Besonderheiten sowie zur Vermeidung von

Vor dem Einstieg in die direkte Verhältnismäßigkeits- respektive Proportionalitätsprüfung im Zweipersonenverhältnis soll aber in einem „vorbereitenden" Abschnitt zunächst noch auf die miteinander in Einklang zu bringenden Rechtspositionen von Staat und Bürger näher eingegangen werden. Denn die politische Gestaltungsaufgabe des Gesetzgebers – so stellt *Schlink*[326] fest – besteht insbesondere in der *„Bewertung und Abwägung von Aufgaben und Ressourcen, Zwecken und Mitteln, Interessen der Allgemeinheit, staatlicher Notwendigkeit und individueller Freiheit"*.

II. Staatliche Interessen bei exekutiven Maßnahmen

Die Interessen des Staates, die insbesondere auch mit exekutiven Maßnahmen verfolgt werden, lassen sich grob in zwei Lager aufteilen:[327] Zum Einen geht es um sicherheitsrechtliche Maßnahmen und somit regelmäßig um die Aufrechterhaltung bzw. den Schutz der öffentlichen Sicherheit und Ordnung sowie um effektive Gefahrenabwehr. Zum Anderen hat der Staat durch die ausführende Gewalt die verfassungsrechtlich vorgegebenen und legislativ in Gesetzesform gegossenen Aufgaben und Ziele zu verwirklichen und umzusetzen. Dabei kann sich die verfassungsrechtliche Staatsaufgabe direkt aus dem Wortlaut des GG (z.B. in Form einer Verantwortlichkeit wie bei Art. 7 GG[328] oder als Kompetenz aus Art. 71 ff. GG[329]) oder indirekt durch Begrenzungsmöglichkeiten der bürgerlichen Grundrechte (wie z.B. bei Art. 5 Abs. 2 GG –Jugendschutz) ergeben. Weitere Kollektivinteressen des Staates offenbaren sich unter anderem durch die „Pluralisierung" der in den Grundrechten enthaltenen Individualrechtsgüter zu Gemeinschaftsgütern wie beispielsweise bei der Volksgesundheit (als Kollektivrechtsgut aus dem Grundrecht auf individuelle, körperliche Integrität

---

unnötigen Wiederholungen auf die obigen Ausführungen (vgl. Kap. 1. C. II., III.) verwiesen werden.

326 Siehe *Schlink* in: FS 50 Jahre BVerfG II, S. 461.

327 Vgl. *Schneider*, Die Güterabwägung des Bundesverfassungsgerichts bei Grundrechtskonflikten, S. 130.

328 Art. 7 GG verpflichtet den Staat insbesondere zur Gewährleistung und Aufrechterhaltung eines öffentlichen Schulsystems respektive Schulwesens.

329 Aus den in den Art. 71 ff. GG aufgeführten Gesetzgebungskompetenzen des Bundes und der Länder können gleichzeitig die verfassungsrechtlich vorgegebenen Aufgabenbereiche des Staates abgeleitet werden, in deren Rahmen der Staat zum Wohle der Gemeinschaft tätig zu werden verpflichtet ist.

aus Art. 2 Abs. 2 Satz 1 GG)[330] sowie aus den legislatorisch zur Verfolgung der staatliche Wirtschafts-, Sozial- und Gesellschaftspolitik geschaffenen Gemeinschaftsrechtsgütern wie Energie oder der Straßenverkehr.[331]

1. Öffentliche Sicherheit und Ordnung

Sicherheitsrechtliche Maßnahmen der Verwaltung sind grundsätzlich dazu bestimmt, die öffentliche Sicherheit und Ordnung aufrechtzuerhalten bzw. bereits eingetretene Störungen zu beseitigen, um dadurch die öffentliche Sicherheit und Ordnung wieder herzustellen. Dabei ist der Geltungsbereich des Begriffs der „öffentlichen Sicherheit" sehr weit gefasst: Neben den Individualrechtsgütern der Bürger umfasst er die wesentlichen Einrichtungen des Staates und die Gesamtheit der Rechtsordnung.[332] Dagegen ist die inhaltliche Bedeutung der „öffentliche Ordnung" eher unbestimmt gehalten. Nach der Rechtsprechung des BayVerfGH fasst man unter diesen Rechtsbegriff noch heute alle Regeln, deren Befolgung nach den jeweils herrschenden sozialen und ethischen Anschauungen als unentbehrliche Voraussetzung für ein gedeihliches Miteinanderleben der Menschen angesehen wird.[333]

Werden die Sicherheitsbehörden im Sinne einer effektiven Gefahrenabwehr tätig, so geschieht dies grundsätzlich in dem Willen, auf präventivem Wege das Leben in der Gemeinschaft zu stärken sowie zum Wohle der Gemeinschaft die öffentliche Sicherheit und Ordnung vor Störungen zu schützen.[334] Das Sicherheitsrecht bedeutet jedoch mehr als nur den Einsatz der Polizei: Der Begriff ist bewusst weit gefasst und umfasst alle verwaltungsrechtlichen Fallkonstellationen, die eine Gefahr für die öffentliche Sicherheit und Ordnung bedeuten können. So handelt es sich beispielsweise bei den landesrechtli-

---

330 Vgl. *Schneider*, Die Güterabwägung des Bundesverfassungsgerichts bei Grundrechtskonflikten, S. 126 f. mit Verweis auf u.a. BVerfG, Urt. v. 11.06.1958 – 1 BvR 596/56 – BVerfGE 7, S. 377 (414); Beschl. v. 25.02.1969 – 1 BvR 224/67 – BVerfGE 25, S. 236 (247).

331 Vgl. *Schneider*, Die Güterabwägung des Bundesverfassungsgerichts bei Grundrechtskonflikten, S. 134.

332 Vgl. *Heckmann* in: Becker/Heckmann/Kempen/Mannsen, S. 273, Rn. 100 ff.

333 Angelehnt an BayVerfGH, Entscheid. v. 13.10.1951 – Vf. 168-V-50 – BayVerfGH 4, S. 194 (204 f.); vgl. ferner hierzu *Gallwas* in: Gallwas/Wolff, Bay. Polizei- und Sicherheitsrecht, S. 47 m. w. N.

334 Ausführlich zu den geschützten Rechtsgütern unter den Begriffen der öffentlichen Sicherheit sowie der öffentliche Ordnung vgl. *Heckmann* in: Becker/Heckmann/Kempen/Mannsen, S. 273 ff., Rn. 100 ff., 110.

chen Vorschriften des Bau-, Tierschutz-, Tierseuchen-, Naturschutz- oder auch des Wasserrechts um Normen, die als leges speziales den allgemeinen sicherheitsrechtlichen Vorschriften des landesrechtlichen Landesstraf- und Verordnungsrechts vorgehen und einzig dem Zweck dienen, die öffentliche Sicherheit und Ordnung aufrechtzuerhalten.

Diese – als „besonderes“ Sicherheitsrecht gemeinhin bezeichneten – Gesetze im formellen oder materiellen Sinne legitimieren jedoch regelmäßig nicht die Polizei sondern insbesondere Gemeinden und Landratsämter dazu, durch effektive Maßnahmen die jeweiligen Gefahren für die öffentliche Sicherheit und Ordnung zu erkennen, deren Eintritt zu verhindern respektive eine bereits eingetretene Gefahr im Sinne einer Störung zu beseitigen. Es handelt sich dabei in der Regel um Vorschriften der Eingriffsverwaltung, weswegen es bei der Frage der Rechtmäßigkeit einer sicherheitsrechtlichen Ermessensmaßnahme – und diese stellt den Regelfall im Sicherheitsrecht dar – letztlich wieder entscheidend auf eine Prüfung des Grundsatzes der Verhältnismäßigkeit (i. w. S.) hinaus läuft.[335]

Es kann damit festgehalten werden, dass die Wahrung und Aufrechterhaltung der öffentlichen Sicherheit und Ordnung zu den grundlegenden Aufgaben der Staatsverwaltung gehört. Denn eine bestehende Rechtsordnung respektive das Leben in einer bürgerlichen Gesellschaft ist geprägt von Ge- und Verboten und kann nur dann seine Vorteile effektiv entfalten, wenn die Einhaltung der gemeinsamen Werte und gesellschaftlichen Zielen auch durch eine staatliche „Macht“ kontrolliert wird. Dabei darf die Bedeutung von „Macht“ nicht missverstanden werden: Primäre Aufgabe der Verwaltung ist es nicht, Störungen der öffentliche Sicherheit und Ordnung zu pönalisieren, sondern diese bereits noch im Vorfeld zu erkennen, frühzeitig zu unterbinden und dadurch den Eintritt von Schäden verschiedenster Art zu verhindern.

2. Sonstige verfassungsrechtliche Interessen und Aufgaben des Staates

Neben dem sicherheitsrechtlichen Aspekt der effektiven Gefahrenabwehr verfolgt die staatliche Verwaltung mit ihren Maßnahmen ferner Interessen, die sich direkt aus dem GG ergeben respektive deren Bedeutung als Gemeinschaftswert unbestritten ist und so ein staatliches Handeln in diesem Sinne legitimieren. Als Beispiele hierfür können insbesondere neben der bereits benannten

335 Vertiefend zur Problematik, ob die Anwendung des Verhältnismäßigkeitsgrundsatzes auf gebundene Vorschriften stets ausgeschlossen sei, vgl. *Wellhöfer*, Das Übermassverbot im Verwaltungsrecht, S. 170 ff. m. w. N.

Volksgesundheit[336] auch die freiheitlich demokratische Grundordnung[337] (Art. 9 Abs. 2, Art. 10 Abs. 2, Art. 11 Abs. 2, Art. 18 GG), das Wohl der Allgemeinheit (Art. 14 Abs. 2, Abs. 3 GG), der Jugendschutz (Art. 5 Abs. 2, Art. 11 Abs. 2, Art. 13 Abs. 3 GG) sowie das Steuerwesen (Art. 105 GG) genannt werden.[338] Explizit als Rechtsgüter des Staates – und damit formell getrennt von den Gemeinschaftsrechtsgütern – zu beachten sind neben dem Bestand des Staates und der Bundesländer insbesondere das Berufsbeamtentum sowie die gesamte Rechtspflege (Art. 74 Abs. 1 GG).[339]

III. Interessen und Rechtsgüter der Bürger

Den staatlichen Interessen stehen bei bipolaren Exekutivmaßnahmen regelmäßig schützenswerte Interessen respektive Rechtsgüter des jeweiligen Maßnahmeadressaten gegenüber. Dabei wird regelmäßig in Rechtsprechung und Literatur von dem Begriff des "Rechtsguts"[340] reger Gebrauch gemacht, ohne den materiellen Inhalt des Terminus näher zu umschreiben. Angelehnt an die Rechtsprechung des BVerfG entwickelte *Marx*[341] folgende inhaltliche Kurzumschreibung des Rechtsgut-Begriffes, wonach es sich dabei schlicht um *„mit Verfassungsrang ausgestattete Rechtswerte"*[342] handeln soll. Gemeint sind damit Rechtspositionen der einzelnen Bürger, der Gemeinschaft sowie des Staates, die dem GG zu entnehmen sind und denen bereits aus diesem Grund eine hohe Wertigkeit beizumessen ist.[343] Rechtsgüter im so verstandenen Sinne sind strikt von solchen Rechtpositionen der Bürger abzugrenzen, die nicht explizit Berücksichtigung im GG gefunden haben. Diese – als unterverfassungsrechtlich zu bezeichnenden – Rechte der Bürger gelten demnach grundsätzlich nicht als

---

336 Vgl. BVerfG, Beschl. v. 17.12.2958 – 1 BvL 10/56 – BVerfGE 9, S. 39 (49 ff.); Urt. v. 08.02.1961 – 1 BvL 10/60 – BVerfGE 12, S. 144 (150).

337 Vgl. BVerfG, Urt. v. 23.10.1952 – 1 BvB 1/51 – BVerfGE 2, S. 1 (12 f.); Urt. v. 17.08.1956 – 1 BvB 2/51 – BVerfGE 5, S. 85 (LS 5).

338 Vgl. *Schneider*, Die Güterabwägung des Bundesverfassungsgerichts bei Grundrechtskonflikten, S. 130 f. m. w. N.

339 Vgl. *Schneider*, Die Güterabwägung des Bundesverfassungsgerichts bei Grundrechtskonflikten, S. 134.

340 Vertiefend und ausführlich zum Begriff des Rechtsguts siehe *Schulte*, Rechtsgutsbegriff und Öffentliches Recht, S. 17 ff., 101 ff.

341 Siehe *Marx*, Zur Definition des Begriffs „Rechtsgut", S. 17 ff.

342 Vgl. BVerfG, Beschl. v. 26.05.1970 – 1 BvR 345/69 – BVerfGE 28, S. 243 (261).

343 Vgl. *Schneider*, Die Güterabwägung des Bundesverfassungsgerichts bei Grundrechtskonflikten, S. 127.

Rechtsgüter im aufgezeigten Sinne, es sei denn, die Legislative hatte beabsichtigt *„den hinter einem Grundrecht stehenden Grundwert zum Schutzgut unterverfassungsrechtlicher Normen“*[344] zu erklären.

Im Rahmen dieser Arbeit soll exemplarisch lediglich auf die (bürgerlichen) Rechtsgüter im beschriebenen, verfassungsrechtlichen Sinne[345] Bezug genommen werden, mithin die Grundrechte der Bürger als abstrakte Rechtsgüter im individuellen Sinne sowie als Teilbereiche der verfassungsrechtlich garantierten bürgerlichen Freiheit in den Mittelpunkt der Betrachtung gerückt werden. Denn aufgrund der Tatsache, dass der Begriff der „bürgerlichen Freiheit“ an sich nur schwer unter eine Definition zu fassen ist, muss diese Freiheit legislativ greifbar gemacht werden. Wenn daher nach Art. 1 GG die Würde des Menschen und nach Art. 2 Abs. 1 GG die bürgerliche Freiheit zu den obersten verfassungsrechtlichen Rechtsgütern erklärt werden, so müssen diese Rechtsbegriffe durch den Gesetzgeber oder die Verwaltung mit Leben gefüllt werden. Diese Beschreibung und inhaltliche Ausgestaltung von Art. 1 Abs. 1 GG und Art. 2 Abs. 1 GG ist insbesondere Aufgabe der Grundrechte: Sie selbst sind jeweils Puzzleteile, welche in ihrer Gesamtheit insbesondere den Begriff der Menschenwürde gestalten und gleichzeitig ein Ausufern des demokratischen Freiheitsbegriffes verhindern.[346]

Ein so verstandener, individueller „Rechtsgut“-Begriff lässt sich daher mit *Schneider*[347] beschreiben als *„der vom einzelnen Individuum, nicht aber*

---

344 Siehe *Schneider*, Die Güterabwägung des Bundesverfassungsgerichts bei Grundrechtskonflikten, S. 129. In diesen Fällen dient eine einfach-gesetzliche Vorschrift nach ihrem Sinn und Zweck dem Schutz eines verfassungsrechtlichen Rechtsgutes. Als Beispiel hierfür kann das Grundrecht auf Leben und körperliche Integrität dienen, welches unter anderem in den strafrechtlichen Bestimmungen der §§ 211 ff. StGB bzw. §§ 223 ff. StGB einen weitläufigen Schutz findet.

345 Ausdrücklich nicht Gegenstand der folgenden Untersuchungen sind damit unterverfassungsrechtliche Rechtspositionen der Bürger.

346 Vgl. *Schneider*, Die Güterabwägung des Bundesverfassungsgerichts bei Grundrechtskonflikten, S. 128.

347 Siehe *Schneider*, Die Güterabwägung des Bundesverfassungsgerichts bei Grundrechtskonflikten, S. 129. Würde man nun – was den Rahmen dieser Arbeit sprengen würde und daher nicht Gegenstand derselben sein kann – die bürgerlichen Rechtsgüter respektive die bürgerlichen Grundrechte einer näheren Betrachtung unterziehen, so böte es sich an, die Grundrechte nach ihrer Art und ihrer Beschränkungsmöglichkeit durch staatliche Maßnahmen zu unterscheiden. Konsequenterweise würde man nach *Schneider* zu einer Unterteilung der Grundrechte in folgende Gruppen gelangen:
-Gleichheitsgrundrechte
-Freiheitsgrundrechte mit Inhalts- und Regelungsvorbehalt

vom Menschen an sich, losgelöste schutzwürdige objektive Wert, wie er in den Grundrechten seine ursprüngliche Festlegung erfahren hat.“

IV. Anwendung des Verhältnismäßigkeitsgrundsatzes

Die nachfolgenden Ausführungen beschäftigen sich zunächst mit der Anwendung des Verhältnismäßigkeitsgrundsatzes in der Rechtsprechung durch das BVerwG.[348]

1. Lösungsansatz des BVerwG

Das BVerwG hat seit seiner Gründung im Jahre 1953 *„die Art und Weise richterlichen Entscheidens in der Verwaltungsgerichtsbarkeit maßgeblich bestimmt.“*[349] Betrachtet man aus diesem Grund die Rechtsprechung des Gerichts näher, so lässt sich hinsichtlich der Anwendung des Verhältnismäßigkeitsgrundsatzes eine strikte Unterscheidung des Gerichts zwischen der Überprüfung von gebundenen Verwaltungsmaßnahmen und der Überprüfung von Ermessenshandlungen erkennen. Bei der Überprüfung von gebundenen Verwaltungsmaßnahmen trifft das Gericht eine originäre Entscheidung über den jeweiligen Sachverhalt und überprüft anschließend in einem zweiten Schritt, ob die Entscheidung der Exekutive gegebenenfalls korrigiert werden muss.[350] Anders verläuft die

---

-Freiheitsgrundrechte mit qualifiziertem Gesetzesvorbehalt
-Freiheitsgrundrechte mit einfachen Gesetzesvorbehalt
-Freiheitsgrundrechte ohne Gesetzesvorbehalt
-Grundrechte ohne subjektiv-öffentliches Recht (Teilhaberechte und Leistungsrechte).
Siehe *Schneider*, Die Güterabwägung des Bundesverfassungsgerichts bei Grundrechtskonflikten, S. 46 ff.; 82 ff.; 99 ff.; 105 ff. m. w. N.

348 Anschließend sollen mit Hilfe eines Exkurses über die Rechtsprechung des BVerfG zu Grundrechtskonflikten die Gemeinsamkeiten beider Bundesgerichte bei der Anwendung des Verhältnismäßigkeitsgrundsatzes herausgearbeitet werden, bevor mit einem Blick auf die Literatur und der dort vertretenen Ansichten über die Anwendung des Verhältnismäßigkeitsgrundsatzes bei verfassungsrechtlichen Konflikten zwischen Staat und Bürger dieser Themenkomplex insgesamt seinen Abschluss finden soll. Diesbezüglich sei an dieser Stelle vorausgeschickt, dass es sich bei den behandelten Ansätzen der Literatur nicht um eine abschließende Darstellung handeln kann. Aufgrund der Fülle unterschiedlicher Ansätze, die in den letzten Jahrzehnten zur Lösung des Konflikts im Zweipersonenverhältnis entwickelt und teilweise wieder verworfen wurden, würde deren Relevanz und Wertigkeit im Verhältnis zur Rechtsprechung des BVerwG unangemessen akzentuiert.

349 Siehe *Ramsauer* in: FG 50 Jahre BVerwG, S. 699.

350 Vgl. *Ramsauer* in: FG 50 Jahre BVerwG, S. 700.

Entscheidungsfindung des Gerichts jedoch bei Ermessenshandlungen der Verwaltung, mithin bei Maßnahmen, die aufgrund eines legislativ gewährten Beurteilungsspielraums ergangen sind. Hier darf das Gericht bereits aus Gründen der Gewaltenteilung keine eigene originäre Entscheidung treffen, sondern überprüft lediglich die Rechtmäßigkeit der getroffenen Verwaltungsmaßnahme unter Berücksichtigung der jeweils eingeräumten Beurteilungsspielräume entsprechend der gesetzlichen Vorgabe in § 114 Satz 1 VwGO.

Bei der Prüfung exekutiver Ermessensentscheidungen zeigt sich die besondere Bedeutung des Verhältnismäßigkeitsgrundsatzes: Während bei der Anwendung von gebundenen Verwaltungsvorschriften durch die jeweilige Behörde aufgrund der vorgegebenen Rechtsfolgen grundsätzlich[351] keinerlei Abwägung der widerstreitenden Interessen stattfindet, stellt diese Gewichtung der entgegenstehenden Rechtsgüter beim Erlass von Ermessensentscheidungen regelmäßig den Kern der Entscheidungsfindung dar. Es ist hier gerade keine feste Rechtsfolge an das Vorliegen eines bestimmten Tatbestandes geknüpft; vielmehr *„ermöglicht das Verhältnismäßigkeitsprinzip die Korrektur gesetzlich zulässiger Maßnahmen“*[352] und gewährleistet eine, den Umständen des Einzelfalles entsprechende, rechtsstaatliche und insbesondere „gerechte“ Lösung zu finden.[353]

Im Rahmen dieser *„verwaltungsgerichtlichen Kontrolle der Grundrechtskonformität unter Verhältnismäßigkeitsgesichtspunkten“*[354] hält sich das BVerwG

351 Dabei sei an dieser Stelle darauf hin gewiesen, dass die Anwendung des Verhältnismäßigkeitsgrundsatzes auf gebundene Vorschriften nicht vollkommen ausgeschlossen ist. Bereits in den 70-er Jahren des 20. Jahrhunderts beschäftigte sich das BVerwG mit der Frage, ob auch eine gebundene Verwaltungsvorschrift der Anwendung des Verhältnismäßigkeitsgrundsatzes ausnahmsweise zugänglich sei. Vgl. BVerwG, Urt. v. 06.05.1966 – IV C 136.65 – DVBl. 1966, S. 693. Entsprechend wird auch in der Literatur eine Verhältnismäßigkeitsprüfung ausnahmsweise befürwortet, wenn aufgrund der Umstände des Einzelfalles eine Anwendung der an sich verbindlich vorgegebenen Rechtsfolge als unbillig oder als unzumutbare Härte anzusehen ist. Vgl. *Wellhöfer*, Das Übermassverbot im Verwaltungsrecht, S. 170 ff. m. w. N.

352 Siehe *Kloepfer* in: FG 50 Jahre BVerwG, S. 337 mit Verweis auf BVerwG, Urt. v. 22.04.1971 – VIII C 186.70 – BVerwGE 38, 68 (71 ff.).

353 Ähnlich *Hofmann*, Abwägung im Recht, S. 112.

354 Siehe *Kloepfer* in: FG 50 Jahre BVerwG, S. 337; als Beispiel aus der Rechtsprechung für viele siehe nur BVerwG, Urt. v. 22.06.1994 – 6 C 40.92 – BVerwGE 96, S. 136 (138 ff.) sowie Urt. v. 27.08.1996 – 1 C 8.94 – BVerwGE 102, S. 12 (18 f.).

bei wichtigen Entscheidungen – beispielsweise im Eigentumsrecht[355] – regelmäßig strikt an die Vorgaben des BVerfG und setzt dessen „Richtlinien" konsequent um.[356]

2. *Exkurs: Die Anwendung des Verhältnismäßigkeitsgrundsatzes in der Rechtsprechung des BVerfG zu Grundrechtskonflikten*

Das BVerfG hat sich in seiner Rechtsprechung schon früh für eine starke Position des Verhältnismäßigkeitsgedankens, insbesondere des Proportionalitätsgrundsatzes, ausgesprochen und daher dessen universelle Anwendbarkeit zur Kontrolle staatlicher Machtausübung gefördert. Strikte Unterscheidungen zwischen Geltung und Anwendbarkeit des Verhältnismäßigkeitsprinzips finden sich in seiner Rechtsprechung nicht, vielmehr zeigt die Kontinuität der Rechtsprechung, dass der Bereich der Anwendbarkeit seit jeher stetig zunimmt und mittlerweile von einer (fast) universalen Geltung des Grundsatzes im Verhältnis Staat-Bürger auszugehen ist.[357]

Die vom BVerfG zu lösenden Grundrechtskonflikte sind jedoch keine Sachverhalte, in denen grundrechtlich geschützte Rechtspositionen zweier Bürger unmittelbar aufeinander prallen.[358] Es geht vielmehr um Konstellationen, in denen der Staat zum Schutz bürgerlicher Grundrechte Maßnahmen ergreift, diese Maßnahmen jedoch gleichzeitig Interessen anderer Grundrechtsträger

---

355 Vgl. z.B. BVerwG, Urt. v. 22.04.1971 – VIII C 186.70 – BVerwGE 38, S. 68 (71 f.); Urt. v. 31.10.1991 – 3 C 32.87 – BVerwGE 89, S. 153 (157); *Kloepfer* in: FG 50 Jahre BVerwG, S. 337.

356 Vgl. z.B. BVerwG, Urt. v. 15.02.1990 – 4 C 47.89 – BVerwGE 84, S. 361 (367 ff.); Urt. v. 31.10.1991 – 3 C 32.87 – BVerwGE 89, S. 153 (157); *Kloepfer* in: FG 50 Jahre BVerwG, S. 337; ähnlich BVerwG, Urt. v. 23.10.2007 – 1 C 10.07 – BVerwGE 129, S. 367 (373); Beschl. v. 25.02.2009 – 6 C 47.07 – BVerwGE 133, S. 165 (180). Um die bestehenden Parallelen in der Rechtsprechung der beiden Gerichte hinsichtlich der Anwendung des Verhältnismäßigkeitsgrundsatzes deutlicher herausstellen zu können, soll im Rahmen eines Exkurses nachfolgend näher auf die Rechtsprechung des BVerfG und dessen Anwendung des Verhältnismäßigkeitsgrundsatz (insbesondere die Prüfung der Proportionalität von Zweck und Mittel) bei grundrechtlichen Interessenskonflikten eingegangen werden.

357 Die Frage, ob sich eine universelle Geltung des Verhältnismäßigkeitsgrundsatzes auch auf das Verfassungsrecht übertragen lässt, hat das BVerfG verneint. Demnach sei der Grundsatz nur im Verhältnis Bürger – Staat anwendbar; eine darüber hinaus gehende Anwendbarkeit, beispielsweise auf die Institutionsgarantie aus Art. 28 Abs. 2 GG, wurde durch das BVerfG ausgeschlossen. Vgl. BVerfG, Beschl. v. 07.03.1990 – 1 BvR 1215/87 – BVerfGE 81, S. 298 (338); *Kloepfer* in: FG 50 Jahre BVerwG, S. 333.

358 Vgl. *Kloepfer*, Grundrechte als Entstehungssicherung und Bestandschutz, S. 20.

beschränken.[359] Somit – so *Rüfner*[360] – stehen sich in diesen Grundrechtskonflikten regelmäßig *„als Berechtigte und Verpflichtete aus den Grundrechten nicht die Bürger untereinander, sondern Staat und Bürger"* gegenüber.

Zur Prüfung solcher Konflikte zwischen verfassungsrechtlichen Rechtsgütern des Staates und der Bürger konzentriert sich das Gericht regelmäßig auf die Verhältnismäßigkeitsprüfung und dort insbesondere auf den Proportionalitätsgedanken[361]. Hier hat es einen eigenen Weg beschritten[362], welcher zunächst mit dem unbestimmten Begriff der *„Güterabwägung"*[363] bezeichnet wurde. Es zeigte sich dabei früh[364], dass sich die Prüfung der Proportionalität von Zweck und Mittel durch das Verfassungsgericht nicht alleine mit diesem Begriff der Abwägung umschreiben lässt, sondern dass das Gericht grundsätzlich eine zweistufige Prüfung verfolgt, um verfassungsrechtliche Konflikte einzelfallgerecht zu lösen: Im Rahmen dieses zweistufigen Kontrollverfahrens prüft das Gericht generell auf erster Stufe das Vorliegen eines abstrakten Rang- oder Werteverhältnisses zwischen den konkret widerstreitenden Interessen respektive Rechtsgütern, bevor auf der zweiten Stufe unter maßgeblicher Berücksichtigung der Umstände des Einzelfalles eruiert wird, ob das – gegebenenfalls auf erster

359 Vgl. *Rüfner* in: FG 25 Jahre BVerfG II, S. 455.

360 Siehe *Rüfner* in: FG 25 Jahre BVerfG II, S. 455.

361 Vgl. z.B. BVerfG, Urt. v. 15.01.1958 – 1 BvR 400/51 – BVerfGE 7, S. 198 (214 f.); Beschl. v. 17.07.1961 – 1 BvL 44/55 – BVerfGE 13, S. 97 (113 ff.); Beschl. v. 15.12.1965 – 1 BvR 513/65 – BVerfGE 19, S. 342 (348 f.); Urt. v. 05.08.1966 – 1 BvR 586/62 – BVerfGE 20, S. 162 (213).

362 Maßgebend insofern das „Lüth"-Urteil (BVerfG, Urt. v. 15.01.1958 – 1 BvR 400/51 – BVerfGE 7, S. 198 ff.) sowie das „Apotheken"-Urteil (BVerfG, Urt. v. 11.06.1958 – 1 BvR 596/56 –BVerfGE 7, S. 377 ff.).

363 Siehe z.B. BVerfG, Urt. v. 15.01.1958 – 1 BvR 400/51 – BVerfGE 7, 198 (210); Beschl. v. 10.07.1958 – 1 BvF 1/58 – BVerfGE 8, S. 71 (81); Urt. v. 07.08.1962 – 1 BvL 16/60 – BVerfGE 14, S. 263 (282); Beschl. v. 18.12.1962 – 1 BvR 665/62 – BVerfGE 15, S. 223 (225); Urt. v. 05.08.1966 – 1 BvR 586/62 – BVerfGE 20, S. 162 (178 ff.); Beschl. v. 06.11.1968 – 1 BvR 501/62 – BVerfGE 24, S. 278 (282); Urt. v. 05.06.1973 – 1 BvR 536/72 – BVerfGE 35, S. 202 (221 ff.); Beschl. v. 09.06.1975 – 1 BvR 2268/73 – BVerfGE 40, S. 65 (76); Beschl. v. 15.05.1995 – 2 BvL 19/91 u.a. – BVerfGE 92, S. 277 (327); Beschl. v. 13.06.2007 –1 BvR 1550/03 u.a. – BVerfGE 118, S. 168 (195).

364 Vgl. hierzu insbesondere die Ausführungen von *Lerche*, Übermaß und Verfassungsrecht, S. 150; *Schlink*, Abwägung im Verfassungsrecht, S. 45 ff. sowie *Schneider*, Die Güterabwägung des Bundesverfassungsgerichts bei Grundrechtskonflikten, S. 151 ff.

Stufe festgestellte – Rangverhältnis im konkreten Fall einer einzelfallbezogenen und einzelfallgerechten Korrektur bedarf.[365]

Im Rahmen seiner Analyse der Rechtsprechung des BVerfG bei Grundrechtskonflikten weist *Schneider* jedoch nach, dass das Gericht dieses „Prüfungsschema" nicht stringent verfolgt, sondern eine umfassende Zweistufenprüfung gerade die Ausnahme darstellt.[366] Dies kann zum Einen damit begründet werden, dass ein echtes abstraktes Rang- respektive Wertverhältnis zwischen grundrechtlich geschützten Rechtsgütern an sich nicht besteht[367] und infolgedessen vom Gericht bisher explizit auch nicht festgestellt werden konnte.[368] Zum Anderen hängt das Ergebnis der Güterabwägung[369] vielmehr entscheidend von der Prüfung der zweiten Stufe und somit von der Berücksichtigung der Individualumstände ab.[370] Denn selbst wenn das Gericht – in einem der seltenen

365 Vgl. z.B. BVerfG, Beschl. v. 05.03.1968 - 1 BvR 579/67 - BVerfGE 23, S. 127 (133 f.); Urt. v. 04.05.2011 - 2 BvR 2365/09, 740/10, 2333/08, 1152/10, 571/10 - BVerfGE 128, S. 326 (372 f., 388 ff.) m. w. N.

366 Vgl. *Schneider*, Die Güterabwägung des Bundesverfassungsgerichts bei Grundrechtskonflikten, S. 181 ff.

367 Vgl. *Grabitz*, AöR 98, S. 577 ff.; *Lerche*, Übermaß und Verfassungsrecht, S. 126 ff; *Schlink*, Abwägung im Verfassungsrecht, S. 152 f.; Rüfner in: FG 25 Jahre BVerfG II, S. 461 ff.; a. A. und somit die Existenz einer Rang- bzw. Werteordnung innerhalb der Grundrechte bejahend u.a. *Dürig*, AöR 81, S. 117 ff. und wohl auch *v. Hippel*, NJW 1967, S. 539 ff.

368 Nimmt man die mehrmals vom Gericht betonte besondere Bedeutung von Art. 5 Abs. 1 und Abs. 2 GG heraus, so sind alle Grundrechte grundsätzlich gleichwertig und stehen damit nicht in einem Über-Unterverhältnis zueinander. Vgl. z.B. BVerfG, Beschl. v. 20.12.1960 - 1 BvL 21/60 - BVerfGE 12, S. 45 (52); Beschl. v. 04.10.1965 - 1 BvR 112/63 - BVerfGE 19, S. 135 (138). *Wellhöfer* weist ferner darauf hin, dass eine verfassungsimmanente Rangordnung in keinster Weise starr oder fest sein könnte, vielmehr bedürfe sie einer starken Flexibilität, so dass jeder verwaltungsrechtliche Einzelfall aufgrund der individuellen Umstände eine andere Rangordnung bedeuten kann. Vgl. *Wellhöfer*, Das Übermassverbot im Verwaltungsrecht, S. 42.

369 Kritisch zu dem Begriff der Abwägung äußert sich *Schlink*, der nach seiner Analyse der Rechtsprechung des BVerfG zur Abwägung bei Grundrechtskonflikten zu dem Ergebnis kommt, dass dieser Rechtsbegriff zwar in der Rechtsprechung und im Schrifttum mittlerweile unverzichtbar geworden ist, in concreto jedoch die inhaltliche Prüfung des BVerfG dabei mit der Bewertung und Gewichtung konfligierender Rechtsgüter nur noch wenig zu tun hat. Er sieht daher das Bedürfnis nach einer methodischen Disziplinierung und inhaltlichen Neubesetzung des Abwägungsbegriffs an sich. Vgl. *Schlink*, Die Abwägung im Verfassungsrecht, S. 15 f.

370 So im Ergebnis auch *Jakobs*, Der Grundsatz der Verhältnismäßigkeit, S. 106 ff.

Fälle – auf erster Stufe ein abstraktes Rangverhältnis zwischen den kollidierenden Rechtsgütern feststellen konnte[371], so musste es dennoch im zweiten Schritt dieses Rangverhältnis aufgrund der Umstände des Einzelfalls auf ihre Richtigkeit hin überprüfen und gegebenenfalls korrigieren.[372] Aufgrund der Maßgeblichkeit der Einzelfallumstände für die Frage der Proportionalität zwischen Zweck und Mittel ist es konsequent, dass das Gericht in seinen Entscheidungen zu Grundrechtskollisionen mittlerweile regelmäßig ganz auf die Prüfung eines abstrakten Rangverhältnisses der Rechtsgüter verzichtet und lediglich eine umfassende Prüfung der Einzelumstände vorsieht.[373]

Im Ergebnis lässt sich hinsichtlich der Anwendung des Verhältnismäßigkeitsgrundsatzes durch das BVerfG bei Grundrechtskonflikten feststellen, dass sich das Gericht regelmäßig auf die jeweiligen Umstände des Einzelfalles und daher maßgeblich auf die Prüfung der Proportionalität von Zweck und Mittel konzentriert. Diese Präferenz des Gerichts ist aus den dargelegten Gründen logisch und konsequent: Denn nur auf diese Weise kann das Gericht eine einzelfallgerechte und damit rechtsstaatliche Lösung eines Interessenkonflikts gewährleisten.

3. *Vergleich von BVerfG und BVerwG*

Für die Übertragung dieser Rechtsprechungsgrundsätze des BVerfG zur Anwendung des Verhältnismäßigkeitsgrundsatzes bei Grundrechtskonflikten auf die Rechtsprechung des BVerwG bedeutet dies Folgendes: Bei der Prüfung der Verhältnismäßigkeit (i. w. S.) einer staatlichen Maßnahme konzentriert sich

---

371 Insbesondere bei der Rechtsprechung zur Meinungsfreiheit und dem Grundrecht aus Art. 2 Abs. 2 Satz 1 GG; vgl. hierzu z.B. BVerfG, Urt. v. 15.01.1958 – 1 BvR 400/51 – BVerfGE 7, S. 198 (210 f.); Beschl. v. 18.02.1970 – 2 BvR 531/68 – BVerfGE 28, S. 36 (48); Beschl. v. 11.04.1973 – 2 BvR 701/72 – BVerfGE 35, S. 35 (39) zur Meinungsfreiheit sowie BVerfG, Beschl. v. 25.07.1963 – 1 BvR 542/62 – BVerfGE 17, S. 108 (118); Beschl. v. 14.11.1969 – 1 BvR 253/68 – BVerfGE 27, S. 211 (219) zum Recht auf Leben und körperliche Integrität. Vgl. *Schneider*, Die Güterabwägung des Bundesverfassungsgerichts bei Grundrechtskonflikten, S. 105 m. w. N.

372 Vgl. *Schneider*, die Güterabwägung des Bundesverfassungsgerichts bei Grundrechtskonflikten, S. 224 sowie *Wellhöfer*, Das Übermassverbot im Verwaltungsrecht, S. 42 f.

373 Vgl. z.B. BVerfG, Beschl. v. 11.10.1962 – 1 BvL 22/57 – BVerfGE 14, S. 288 (300 ff.); Beschl. v. 08.10.1985 – 2 BvR 1150/80 sowie 1504/82 – BVerfGE 70, S. 297 (311); Urt. v. 05.02.2004 – 2 BvR 2029/01 – BVerfGE 109, S. 133 (157 ff.); *Schneider*, Die Güterabwägung des Bundesverfassungsgerichts bei Grundrechtskonflikten, S. 186 f., 192 f., 206 f.

das BVerwG – entsprechend den Verfassungsrichtern – auf die Erforderlichkeit der Maßnahme[374] sowie insbesondere auf die Zweck-Mittel-Relation.[375] Nur in Ausnahmefällen wird auf die Geeignetheit staatlicher Maßnahmen genauer eingegangen.[376] Zentraler Punkt der Verhältnismäßigkeitsprüfung ist somit bei beiden Bundesgerichten die Proportionalität der staatlichen Maßnahme. Inhaltlich prüfen die obersten Verwaltungsrichter die Zweck-Mittel-Relation[377] ebenfalls in zwei Stufen: Es wird zunächst versucht, die widerstreitenden Interessen in ein abstraktes Werte- oder Rangverhältnis zu setzen, bevor in einem zweiten Schritt unter maßgeblicher Berücksichtigung der Umstände des jeweiligen Falles zu prüfen ist, ob der konkrete staatliche Eingriff das einzelfallgerechte Mittel darstellte.[378] Insgesamt beschränkt sich das BVerwG letztlich damit auch auf eine *„negative Evidenzkontrolle nicht offensichtlich außer Verhältnis stehender Maßnahmen unter Zugrundelegung der konkreten Umstände des Einzelfalles“*[379]

---

374 Insbesondere in der Rechtsprechung zum Enteignungsrecht nimmt die Problematik der Erforderlichkeit einer staatlichen Maßnahme eine bedeutende Rolle ein. Vgl. für viele nur BVerwG, Urt. v. 18.08.1964 – I C 48.63 – BVerwGE 19, 171 (176); *Kloepfer* in: FG 50 Jahre BVerwG, S. 335; ferner BVerwG, Urt. v. 30.04.2008 – 3 C 16.07 – BVerwGE 131, S. 147 (152 f.); Urt. v. 02.07.2008 – 7 C 38.07 – BVerwGE 131, S. 259 (267).

375 Vgl. für viele z.B. BVerwG, Urt. v. 23.01.2008 – 6 A 1.07 – BVerwGE 130, S. 180 (190 ff.); Urt. v. 23.10.2008 – 7 C 48.07 – BVerwGE 132, S. 224 (231 f.); Urt. v. 26.08.2009 – 3 C 19.08 – BVerwGE 134, S. 345 (353 f.); Urt. v. 10.11.2009 – 1 C 19.08 – BVerwGE 135, S. 219 (224 f.).

376 Vgl. z.B. BVerwG, Urt. v. 29.04.2009 – 6 C 16.08 – BVerwGE 134, S. 1 ff. (16), in dem das Gericht eine „lehrbuchartige“ Prüfung der Verhältnismäßigkeit mit allen Teilgrundsätzen vornahm.

377 An dieser Stelle soll nicht unbemerkt bleiben, dass an der gerichtlichen Prüfung des Verhältnismäßigkeitsgedankens in Form der Zweck-Mittel-Relation in der Literatur zum Teil erhebliche Kritik geübt wurde. So sieht *Jakobs* erhebliche Schwächen der Zweck-Mittel-Relation, insbesondere bei der Festlegung eines Vergleichsmaßstabs sowie hinsichtlich des Begriffes des Zweckes an sich. Vgl. *Jakobs*, DVBl. 1985, S. 97 ff. Ähnlich auch *Zischer*, der sich ebenfalls mit der Frage beschäftigt, ob die Maßgeblichkeit des Zweckbegriffes für die Verhältnismäßigkeitsprüfung nicht gleichzeitig zusätzliche Probleme mit sich bringe. Vgl. *Zischer*, BB 1983, 1285 (1289 ff.).

378 Vgl. z.B. BVerwG, Urt. v. 29.03.2007 – 5 C 33.05 – BVerwGE 128, S. 271 (277); Urt. v. 23.10.2007 – 1 C 10.07 – BVerwGE 129, S. 367 (373 ff.); Urt. v. 13.03.2008 – 7 C 44.07 – BVerwGE 131, S. 11 (19); Urt. v. 26.08.2009 – 3 C 19.08 – BVerwGE 134, S. 345 (354 f.).

379 Siehe *Kloepfer* in: FG 50 Jahre BVerwG, S. 336; BVerwG, Urt. v. 29.11.1990 – 3 C 77.87 – BVerwGE 87, S. 155 (166 f.); Urt. v. 06.04.1995 – 2 WDB 6.94 – BVerwGE 103, S. 222 (225).

mit der Folge, dass nur in Fällen offenkundiger Unverhältnismäßigkeit eine staatliche Maßnahme kassiert wird.[380]

4. *Meinungsbild in der Literatur*

Die Ansichten in der Literatur zum Verhältnismäßigkeitsgrundsatz befassen sich weniger mit dessen konkreten Prüfungsinhalt (da sich hier kaum beachtliche Abweichungen von der geschilderten Rechtsprechung des BVerwG zeigen), sondern rücken vielmehr die Frage nach der Anwendbarkeit und Geltung des Verhältnismäßigkeitsgrundsatzes an sich in das Zentrum der Betrachtung. Es geht hierbei insbesondere um die Frage, ob der Verhältnismäßigkeitsgrundsatz als Rechtssatz respektive verfassungsrechtliches Prinzip universell Anwendung finden muss oder ob er nicht vielmehr lediglich als eine Art „*ultima ratio*" zur Sicherung rechtsstaatlicher Grundsätze herangezogen werden kann.[381]

Die Ausführungen *Lerches* zur Verhältnismäßigkeit bzw. dem Übermaßverbot haben zu dieser Diskussion wesentlich beigetragen. Zu einem Zeitpunkt, zu dem die heutige Bedeutung des Grundsatzes der Verhältnismäßigkeit im Allgemeinen sowie für die Sicherung der bürgerlichen Freiheit im Speziellen noch nicht absehbar war, untersuchte *Lerche* erstmals dessen Anwendungsmöglichkeiten sowie dessen Grenzen.[382] Um eine grenzenlose Ausweitung des Verhältnismäßigkeitsgedankens und somit dessen Entwicklung hin zu einer „*Leerformel*"[383] schon damals zu verhindern, erklärte *Lerche* die Frage nach der Anwendbarkeit des Verhältnismäßigkeitsgrundsatzes als abhängig von verschiedenen Typen gesetzgeberischer Normen. So bildet *Lerche* im Rahmen der grundgesetzlich zulässigen Grundrechtsbeschränkungen unterschiedliche Gruppen von Normen der „*eingreifenden*", „*verdeutlichenden*", „*grundrechtsprägenden*", „*mißbrauchswehrenden*" sowie „*konkurrenzlösenden*" Art und

---

380 Vgl. hierzu z.B. BVerwG, Urt. v. 15.07.1988 – 7 C 5.87 – BVerwGE 80, S. 36 (41); Urt. v. 10.12.2009 – 3 C 29.08 – BVerwGE 135, S. 353 (357 f.).

381 Vgl. *Jakobs*, Der Grundsatz der Verhältnismäßigkeit, S. 56 ff. m. w. N.

382 Diese umfassende Auseinandersetzung mit dem Übermaßverbot sowie dessen Potential durch *Lerche* wird – neben *Rupprecht von Krauss*' Abhandlung zum Verhältnismäßigkeitsgrundsatz aus dem Jahre 1955 – bis zum heutigen Tage in zahllosen Werken der einschlägigen juristischen Literatur rückblickend als wegweisend für die Entwicklung des Verhältnismäßigkeitsgrundsatzes angesehen und gewürdigt. Vgl. *Ossenbühl* in: FS f. Lerche, S. 151 f.

383 Vgl. *Jakobs*, Der Grundsatz der Verhältnismäßigkeit, S. 14 f., *Dechsling*, Das Verhältnismäßigkeitsgebot, S. 7 f.

untersuchte an diesen die Anwendbarkeit des Verhältnismäßigkeitsgedankens.[384] Im Ergebnis ging *Lerche* bereits damals davon aus, dass die Ausweitung des Anwendungsbereichs des Verhältnismäßigkeitsgedankens mitunter die Gefahr seiner Aushöhlung in sich trage.[385]

Verschieden sind die Ansichten in der Literatur, wenn es um die inhaltliche Prüfung des – insoweit übereinstimmend als wichtigsten Teilgrundsatz der Verhältnismäßigkeitsprüfung angesehenen – Proportionalitätsgedankens geht. Während einige Autoren einen Verstoß nur bei offensichtlichen und groben Verletzungen bejahen[386], vertritt der größere Teil des Schrifttums[387] die strikte Auffassung, dass jeder Verstoß beziehungsweise jedes Missverhältnis zwischen Zweck und Mittel zur Unverhältnismäßigkeit der Maßnahme führe.

V. Zwischenergebnis

Der Grundsatz der Verhältnismäßigkeit (i. w. S.) stellt aufgrund seiner universellen Einsetzbarkeit zum Schutz bürgerlicher Freiheit ein bedeutendes Kontrollinstrument staatlicher Machtausübung dar. Seine Stärke respektive sein wesentlicher Vorteil liegt dabei insbesondere auf der Berücksichtigung der Umstände des Einzelfalles. Da in einem demokratischen Staat Interessenkollisionen

---

384 Siehe *Lerche*, Übermaß und Verfassungsrecht, S. 106 ff.

385 Vereinzelte Stimmen in der Literatur unterscheiden ebenso streng zwischen Geltung und Anwendbarkeit des Verhältnismäßigkeitsgrundsatzes. So fordert beispielsweise *Wolff* eine gewisse Zurückhaltung der staatlichen Organe bei der Anwendung des Verhältnismäßigkeitsgedankens. Die Legislative solle vielmehr durch die Exekutive insbesondere auf ihre Verantwortung zur Schaffung von Rechtstaatlichkeit überwacht werden, mit der Konsequenz, dass Rechtssätze (wie der Verhältnismäßigkeitsgrundsatz) nur dann zum Zuge kommen sollten, wenn auf anderem Wege eine *„politische unangemessene Rechtsfindung“* nicht vermieden werden könne. Siehe *Wolff* in: GS f. Jellinek, S. 52 f. Ähnlich argumentieren vereinzelt Stimmen in der Literatur, die es als maßgebende Aufgabe von Rechtssätzen wie dem Verhältnismäßigkeitsgrundsatz ansehen, wenn diese nur zur Berichtigung aber nicht zur Verdrängung des eigentlichen Regelungsinhalts einer Norm angewendet werden. Als Ergebnis bescheinigen diese Meinungen dem Verhältnismäßigkeitsgrundsatz lediglich eine optionale Anwendbarkeit jedoch keine universelle Geltung. Vgl. *Jakobs*, der Grundsatz der Verhältnismäßigkeit, S. 57 f. m. w. N.; *Hirschberg*, Der Grundsatz der Verhältnismäßigkeit, S. 216 f.; *Engisch*, Einführung in das juristische Denken, S. 166 ff.

386 Vgl. z.B. *Rupp*, AöR 92, S. 212 ff. m. w. N.

387 Vgl. für viele nur *Langheineken*, Der Grundsatz der Verhältnismäßigkeit, S. 36 ff. m. w. N.

zwischen Staat und Bürger unvermeidbar sind, bieten die Teilgrundsätze der Geeignetheit, Erforderlichkeit und der Proportionalität einen effektiven Schutz für die verfassungsrechtlich vorgegebene Maxime der bürgerlichen Freiheit in all ihren durch die einzelnen Grundrechte konkretisierten Facetten. Im Rahmen der Rechtsprechung des BVerwG zur Verhältnismäßigkeit einer staatlichen Maßnahme im Zweipersonenverhältnis liegt der Schwerpunkt der Prüfung auf der Zweck-Mittel-Relation und damit insbesondere bei der Frage der Proportionalität der Maßnahme. Die Teilgrundsätze der Geeignetheit und Erforderlichkeit nehmen dabei regelmäßig nur Nebenrollen ein. Inhaltlich erfolgt die Prüfung der Proportionalität durch das BVerwG dabei grundsätzlich in zwei Stufen: Während generell in einem ersten Schritt versucht wird, ein abstraktes Rangverhältnis zwischen den widerstreitenden Rechtsgütern herzustellen, wird durch die anschließende Berücksichtigung der individuellen Umstände geprüft, ob die staatliche Maßnahme eine einzelfallgerechte Lösung des konkreten Interessenkonflikts darstellt. Für das Zweipersonenverhältnis kann daher zusammenfassend festgestellt werden, dass die Rechtsprechung aufgrund der hohen Bewertung der konkreten Umstände des Einzelfalles einen Weg gefunden hat, der – losgelöst von abstrakten Rang- und Wertverhältnissen – anhand der individuellen Gegebenheiten eine einzelfallgerechte Lösung im Sinne des Rechtsstaatsprinzips und der bürgerlichen Freiheit gewährleisten kann.[388]

388 Ob sich die im Rahmen dieses Kapitels aufgezeigte Bedeutung des Verhältnismäßigkeitsgrundsatzes im Zweipersonenverhältnis ohne Modifikationen auch auf verwaltungsrechtliche Interessenkollisionen im Mehrpersonenverhältnissen mit Ermessensreduzierung übertragen lässt, soll im folgenden Kapitel untersucht werden.

Kapitel 3: Verhältnismäßigkeit und Ermessensreduzierung im Mehrpersonenverhältnis

Im folgenden Kapitel soll anhand der bisherigen Erkenntnisse untersucht werden, ob die festgestellten Grundsätze für die Anwendung des Verhältnismäßigkeitsgrundsatzes im *„bipolaren Verhältnis“*[389] Staat – Bürger ohne jegliche Modifikation auch auf *„multilaterale“*[390] Rechtsbeziehungen mit Ermessensreduzierung übertragen werden können.

A. Mehrpersonenverhältnisse im Allgemeinen

Mit dem Begriff des Mehrpersonenverhältnisses[391] sind Rechtsverhältnisse gemeint, die geprägt sind von einer Interessenkollision zwischen staatlichen Rechtsgütern und Rechtsgütern mehrerer Privatpersonen in Bezug auf den Erlass oder die Unterlassung einer bestimmten hoheitlichen Exekutivmaßnahme. Ein Mehrpersonenverhältnis im hier untersuchten Sinne spiegelt demnach eine Situation wider, in der sich zwei grundsätzlich getrennt zu beachtende, bipolare Verwaltungsrechtsverhältnisse Staat – Bürger gegenseitig beeinflussen und kumulativ ein Konflikt zwischen den jeweiligen Privatinteressen besteht, welcher durch eine Entscheidung des Staates hoheitlich zu lösen ist.[392]

I. Mehrpersonenverhältnisse in der Vergangenheit und in der Zukunft

1. Historischer Überblick

Die Entwicklung vom einst nur bipolaren hin zum nun multipolaren Verfassungs- respektive Verwaltungsrechtsverhältnis stellt das Ergebnis einer modernen

---

389 Vgl. *Martens*, DÖV 1982, S. 96.

390 Vgl. *Isensee* in: Eigentumsgarantie und Umweltschutz, S. 6.

391 In der Literatur findet sich zur Thematik des Mehrpersonenverhältnisses kein einheitlicher Sprachgebrauch. Die verwandten Synonyme sind vielseitiger Art und umfassen insbesondere die Begrifflichkeiten der Multilateralität, der Polygonalität sowie den Ausdruck des mehrpolaren Rechtsverhältnisses. Vgl. *Schmidt-Preuß*, Kollidierende Privatinteressen im Verwaltungsrecht, S. 1 m. w. N.

392 Zur allgemeinen Ausgangslage beim dreiseitigen sicherheitsrechtlichen Verwaltungsrechtsverhältnis vgl. *Maunz*, BayVBl. 1977, S. 135.

Neubewertung des Individualschutzes dar.[393] Ende des 19. Jahrhunderts verstand man das (sicherheitsrechtliche) Verwaltungsrechtsverhältnis als strikt zweiseitige Relation zwischen Staat und Maßnahmeadressaten.[394] Die Rechtsgüter Dritter waren nicht individuell geschützt, sondern fanden lediglich in kollektiver Hinsicht als Bestandteil der Rechtsgüter der Allgemeinheit Berücksichtigung. Diese Rechtslage resultierte aus einer lange Zeit vorherrschenden Meinung in Literatur und Rechtsprechung, wonach das Polizei- und Sicherheitsrecht lediglich dem Schutz der Öffentlichkeit und damit dem Wohl der Allgemeinheit diente und gerade nicht den Interessen des Einzelnen.[395] Gestützt werden konnte diese – jahrzehntelang herrschende Auffassung – nicht einmal durch den Wortlaut der einschlägigen Gesetze. Denn bereits in den 30-er Jahren des 20. Jahrhunderts sah beispielsweise § 14 PrPVG die Aufgabe der Polizei darin, *„von der Allgemeinheit oder dem einzelnen Gefahren abzuwehren."* Der Gesetzeswortlaut wurde jedoch einvernehmlich von Literatur und Rechtsprechung bis in die 60-er Jahre des 20. Jahrhunderts entgegen dem Wortlaut dahingehend ausgelegt, dass es zentrale Aufgabe der Sicherheitsbehörden sei, die Öffentlichkeit zu schützen und gerade nicht die Rechtsgüter des einzelnen Bürgers[396] – diesem sei lediglich als *„Repräsentant der Allgemeinheit"*[397] Beachtung zu schenken. Selbst zum Ende der Weimarer Republik war gerade auch in verfassungsrechtlicher Sicht keine Bindung des Gesetzgebers an die Grundrechte festzustellen, vielmehr wurden sie lediglich als *„Richtlinien und Programmsätze"* verstanden – ein Anspruch des einzelnen Bürgers gegenüber dem Gesetzgeber war in der Konsequenz undenkbar.[398]

Der Wandel betreffend die Auslegung des Gesetzeswortlauts zugunsten einer kumulativen Berücksichtigung der Individualrechtsgüter ab Mitte der 70-er Jahre des 20. Jahrhunderts wurde in der Literatur als wichtige und bedeutende Entwicklung des Polizei- und Sicherheitsrechts unter rechtsstaatlichen Gesichtspunkten gewürdigt.[399] Seit diesem Zeitpunkt, in dem sich das Recht im Sinne der Rechtsstaatlichkeit zugunsten des Individuums und somit generell zugunsten der bürgerlichen Freiheit fort entwickelt hatte, existiert nun ein zunehmend

---

393 Vgl. *Martens*, DÖV 1982, S. 96.

394 Vgl vertiefend hierzu z.B. *Sellmann*, DVBl. 1963, S. 273 ff.

395 Vgl. *Wahl*, JuS 1984, S. 578 m. w. N.

396 Vgl. *Wahl*, JuS 1984, S. 578; ähnlich *Martens*, DÖV 1976, S. 457 f.

397 Siehe *Dietlein*, DVBl. 1991, S. 685; ähnlich *Martens*, DÖV 1982, S. 96.

398 Siehe *Böckenförde*, Zur Lage der Grundrechtsdogmatik nach 40 Jahren Grundgesetz, S. 12 m. w. N.

399 *Franßen* in: FG 25 Jahre BVerwG, S. 215 f.; *Martens*, DÖV 1982, S. 96.

an Bedeutung gewinnender Mechanismus[400], der in Form von Abwehrrechten die Rechtspositionen Dritter vor staatlichen Beeinträchtigungen schützt.

Darüber hinaus dienen die Grundrechte dem einzelnen Bürger heute nicht nur unmittelbar als Abwehrrecht gegen hoheitliche Eingriffsmaßnahmen. Vielmehr eröffnete das BVerfG im Lüth-Urteil durch die Anerkennung der Grundrechte als objektive, in alle Rechtsbereiche ausstrahlende Werteordnung[401] dem Bürger zusätzliche Möglichkeiten, um einen umfassenden Schutz seiner Rechtsgüter - auch und gerade gegenüber hoheitlichen Eingriffen bzw. „Übergriffen"[402] anderer Privatpersonen - vom Staat einfordern zu können.[403] Die hierdurch festgestellte Doppelfunktion der Grundrechte respektive die verfassungsgerichtliche Anerkennung der einzelnen Grundrechte als Teil eines objektiven Wertesystems bildete den dogmatischen Ansatzpunkt für zahlreiche „Folgeproblematiken", die sich nun stellten, insbesondere führte sie zu bis heute andauernden Diskussionen und Ansätzen zu den Thematiken der grundrechtlichen Schutzpflichten sowie der Ausstrahlung bzw. Drittwirkung der Grundrechte.[404]

Es fand somit einerseits seit der Zeit der WRV eine bedeutungsvolle Modifikation im Verständnis der abwehrrechtlichen Komponente der Grundrechte statt. Für die Entwicklung des verfassungsrechtlichen und - bezogen auf das

---

400 Insoweit hat das BVerwG im Jahre 1989 festgestellt, dass es die (immer bedeutsamer werdende) Aufgabe des Staates sei, Grundrechtskonflikte bei Mehrpersonenverhältnissen zu lösen. Explizit heißt es dort: *„Treffen [...] zwei grundrechtlich geschützte Rechtspositionen aufeinander, so ist es in erster Linie Aufgabe des einfachen Gesetzgebers, eine sachgerechte ausgleichende Lösung zu finden."* Siehe BVerwG, Urt. v. 16.03.1989 - 4 C 36.85 - BVerwGE 81, S. 329 (343).

401 Vgl. BVerfG, Urt. v. 15.01.1958 - 1 BvR 400/51 - BVerfGE 7, S. 198 (205).

402 *Calliess* verwendet den Ausdruck des *„Übergriffs"* als Synonym für die Beeinträchtigungen durch Private und setzt auf diese Weise auch begrifflich eine klare Trennung zwischen hoheitlichen „Eingriffen" und privatrechtlich motivierten „Übergriffen". Vgl. *Calliess*, Rechtstaat und Umweltstaat, S. 447; *ders.*, JZ 2006, S. 321 (326) mit Verweis auf *Isensee* in: Handbuch des Staatsrechts V, § 111, Rn. 38, 98.

403 *Aulehner* sieht gerade auch in der Anerkennung der Doppelfunktion der Grundrechte einen ersten Schritt weg vom ursprünglichen Verständnis des *„Nachtwächterstaats"* hin zu einem moderneren, multipolaren „Rechtsverhältnis" zwischen Staat und Bürger. Siehe *Aulehner*, Grundrechte und Gesetzgebung, S. 351 ff.

404 Vgl. *Böckenförde*, Zur Lage der Grundrechtsdogmatik nach 40 Jahren Grundgesetz, S. 27 ff., 36 ff. Für zahlreiche Ansätze der Literatur zur Dogmatik der grundrechtlichen Schutzpflichten vgl. nur *Aulehner*, Grundrechte und Gesetzgebung, S. 11 ff.; *Poscher*, Grundrechte als Abwehrrechte, S. 229 ff; *Isensee*, Das Grundrecht auf Sicherheit, S. 27 ff., 37 ff.

in der vorliegende Arbeit näher zu untersuchende – verwaltungsrechtliche Mehrpersonenverhältnis war andererseits die „Wiederentdeckung“[405] der grundrechtlichen Schutzpflichten durch das BVerfG von elementarer Bedeutung, so dass die festgestellte Multifunktionalität der Grundrechte heute für die „Emanzipation“ der Mehrpersonenverhältnisse verantwortlich gemacht werden kann. Multipolare Interessenskonflikte zwischen Bürgern bzw. unter Bürgern und staatlichen Stellen zu lösen, gehört daher heute zur alltäglichen Aufgabe von Legislative und Exekutive[406] – eine Feststellung, die zu Zeiten der WRV und der damals vorherrschenden Grundrechtsansichten nicht vorherzusehen war.

2. *Blick in die Zukunft*

Durch die vorherrschende Grundrechtsdogmatik im Sinne von Abwehrrechten und objektiver Wertordnung stehen die staatlichen Organe heute regelmäßig vor der Aufgabe, bei Maßnahmen mit Außenwirkung alle Aspekte der Entscheidung auf ihre Grundrechtssensibilität zu untersuchen und entsprechend auf ihre Grundrechtskonformität zu überprüfen. Spätestens seit der generellen verfassungsrechtlichen Anerkennung eigenständiger, grundrechtlicher Schutzpflichten als subjektive Rechte im Rahmen der „Fluglärm-Entscheidung“ des BVerfG[407] ist daher eine längst noch nicht beendete Fortentwicklung des Schutzgedankens auch nur mittelbar von einer Entscheidung betroffener Bürger zu konstatieren. Auf exekutiver Ebene zeigt sich dieses Phänomen insbesondere an der Rechtsfigur des Dritt- oder Nachbarschutzes, der im Endeffekt die legislative Berücksichtigung der verfassungsgerichtlich anerkannten, grundrechtlichen Schutzpflichten auf einfachgesetzlicher Ebene widerspiegelt[408] und die Entscheidungen der Verwaltungsbehörden in der Zukunft mehrheitlich prägen wird.

Im Rahmen des heute als selbstverständlich angesehenen Drittschutzes sind dabei – wie *Martens*[409] anmerkt – dogmatisch zwei unterschiedliche Ansätze zu unterscheiden: Einerseits sind die (Sicherheits-)Behörden aufgerufen, indirekte Einwirkungen auf die Rechtsgüter Dritter basierend auf dem Erlass von begünstigenden Maßnahmen gegenüber dem jeweiligen Antragsteller

---

405 Siehe *Isensee*, Das Grundrecht auf Sicherheit, S. 27 ff.

406 Vertiefend zur „harmonisierenden“ Tätigkeit von Legislative und Exekutive zwischen grundrechtlichen Schutzpflichten und grundrechtlichen Abwehrrechten der Bürger im multipolaren Verfassungs- und Verwaltungsrechtsverhältnissen vgl. die Ausführungen in Kap. 3. B. III. 1. b).

407 Vgl. BVerfG, Beschl. v. 14.01.1981 – 1 BvR 612/72 – BVerfGE 56, S. 64 (78).

408 So im Ergebnis auch *Stern*, Staatsrecht III/2, S. 639 ff.

409 Vgl. *Martens*, DÖV 1982, S. 96 f.

einzugrenzen. Hier hat die Rechtsprechung zur Stärkung der Rechtsposition des Dritten bereits mehrfach einen Abwehranspruch des Dritten auf Aufhebung der Begünstigung bejaht.[410] Auf der anderen Seite geht es um den Schutz von Individualrechtsgütern vor unmittelbaren Beeinträchtigungen durch andere Bürger. In diesen Situationen hat die Behörde zu prüfen, ob dem betroffenen Dritten ein Anspruch auf staatliches Einschreiten zusteht.[411]

Schon heute zeichnet sich eine stark zunehmende Bedeutung[412] dieser schutzwürdigen Interessen Dritter insbesondere bei Entscheidungsfindungen der Exekutive ab.[413] Dabei bleibt festzuhalten, dass generell die Zeiten, in denen sich die Exekutive auf die *„Verarbeitung [...] rechtsnormativer Vorgaben und anderer Entscheidungsprämissen“*[414] im Zeitpunkt der Entscheidungsfindung beschränken konnte, der Vergangenheit angehören. Heute hat sich die Verwaltung auch mit den mittelbaren Folgen ihres Handelns sowohl für den Maßnahmeadressaten als auch für Dritte respektive die Allgemeinheit auseinander zu setzen.[415] Diese

---

410 Vgl. insbesondere zur Nachbarklage im Baurecht, Immissionsschutzrecht sowie im Atomrecht *Martens,* DÖV 1976, S. 458 m. w. N. sowie grundlegend zur Zulässigkeit einer Nachbarklage BVerwG, Urt. v. 05.10.1965 - IV C 3.65 - BVerwGE 22, S. 129 (131 ff.). *Schmidt-Preuß* unterscheidet insgesamt fünf Grundkonstellationen multipolarer Konfliktlagen: Neben der Drittabwehr und des Drittvornahmebegehrens sei ferner zwischen den Konstellationen der Gestaltungsvornahme, der Gestaltungsabwehr sowie den Konflikten zwischen konkurrierenden kapazitätsbezogenen Zugangsinteressen zu unterscheiden. Vgl. *Schmidt-Preuß*, Kollidierende Privatinteressen im Verwaltungsrecht, S. 9 ff.

411 Einzig die letztere Fallvariante soll im Rahmen dieser Arbeit näher begutachtet und die Bedeutung des Verhältnismäßigkeitsgrundsatzes für die Lösung derartiger Konflikte untersucht werden.

412 Vertiefend zur *„Neuorientierung in multipolarer Perspektive“* vgl. *Schmidt-Preuß*, Kollidierende Privatinteressen im Verwaltungsrecht, S. 17 ff.

413 Zur *„drittschutzfreundlichen Tendenz“* der Rechtsprechung vgl. *König*, Drittschutz, S. 77 m. w. N. Als Paradebeispiel kann hier die aktuelle Diskussion um das Bahnhofsprojekt „Stuttgart 21“ dienen, welches einen generellen Trend hin zum Erfordernis einer gerichtlichen Bestätigung exekutiver Erlaubnisse nicht nur bei Großprojekten belegt. Ähnlich bereits *Ossenbühl,* DVBl. 1978, S. 1 zur gerichtlichen Überprüfung von Kraftwerken.

414 Vgl. *Franzius* in: Hoffmann-Riem/Schmidt-Aßmann/Voßkuhle, Grundlagen des Verwaltungsrechts I, S. 218.

415 Der Vollständigkeit halber sei an dieser Stelle noch auf die insoweit aus der Betriebswirtschaftslehre abgeleiteten Fachtermini hingewiesen: als *input* werden die – zumeist normativen – Vorgaben und Entscheidungsprämissen des Gesetzgebers an die ausführende Verwaltung verstanden, *output* ist die sodann folgende Einzelfallentscheidung

Einbeziehung möglicher Auswirkungen bereits bei der Entscheidungsfindung gerät immer mehr in den Mittelpunkt der Betrachtung, wenn es darum geht, die Wirksamkeit des Verwaltungshandelns im Sinne eines effektiven Grundrechtsschutzes zu optimieren. Es reicht aus Sicht der handelnden Behörde nicht mehr aus, nur den konkreten Sachverhalt unter den Tatbestand der jeweiligen Norm zu subsumieren. Bedeutend ist vielmehr die Frage, welche der zur Entscheidung stehenden Handlungsmöglichkeiten den vorgegebenen Zweck am wirksamsten erfüllt und gleichzeitig die geringsten Beeinträchtigungen von Rechtspositionen Dritter erzeugt.[416]

Diese Entwicklung hin zu einer zunehmenden Berücksichtigung der Drittinteressen bereits im Zeitpunkt der exekutiven Entscheidungsfindung wird in verwaltungsrechtlicher Sicht – insbesondere im Allgemeinen und Besonderen Sicherheitsrecht – weiter voranschreiten[417] und zunehmend an Bedeutung gewinnen. Unterstützt beziehungsweise gefördert wird diese Entwicklung ferner durch den (Bundes- und Landes-)Gesetzgeber. Denn wie noch zu zeigen ist[418], hängt die drittschützende Wirkung einer Norm insbesondere auch vom Willen des Gesetzgebers ab, so dass mit dem Erlass weiterer drittschutzbezweckender Normen auch die Zahl derjenigen Bürger steigen wird, die die exekutive Berücksichtigung ihrer geschützten Rechtsgüter gerichtlich überprüfen lassen. Diese Feststellung darf jedoch nicht als Kritik am Gesetzgeber verstanden werden. Es ist vielmehr als ein Erfolg der Rechtsstaatlichkeit und Demokratie zu werten[419], wenn die schutzwürdigen Belange Dritter heute u.a. bereits im Entstehungsprozess einer Norm umfassend erörtert und berücksichtigt werden. Dies erleichtert in der Konsequenz zudem das Handeln der Verwaltung bei der Anwendung der jeweiligen Norm gegenüber den Bürgern: Hat der Gesetzgeber bereits im Rahmen der Gesetzesbildung eine verfassungsgemäße Abwägung zwi-

---

der Behörde. Als *impact* bezeichnet man die tatsächlichen Folgen und Auswirkungen des exekutiven Handelns auf das Verhalten der jeweiligen Zielgruppe. Siehe *Franzius* in: Hoffmann-Riem/Schmidt-Aßmann/Voßkuhle, Grundlagen des Verwaltungsrechts I, S. 233 f., Rn. 68 ff.

416 Zur Problematik eines ausgewogenen Verwaltungsverfahrens in multipolaren Rechtsverhältnissen, vgl. *Schmidt-Preuß*, Kollidierende Privatinteressen im Verwaltungsrecht, S. 495 ff.

417 Vgl. hierzu vertiefend *Rossen-Stadtfeld* in: Hoffmann-Riem/Schmidt-Aßmann/Voßkuhle, Grundlagen des Verwaltungsrechts II, S. 663 ff., Rn. 56 ff.

418 Vgl. hierzu die Ausführungen in Kap. 3. A. II. 1. b).

419 So im Ergebnis auch *Rossen-Stadtfeld* in: Hoffmann-Riem/Schmidt-Aßmann/Voßkuhle, Grundlagen des Verwaltungsrechts II, S. 699, Rn. 65 ff.

schen den Rechtsgütern der regelmäßig direkt und indirekt durch die jeweilige Norm betroffenen Personenkreise (z.B. Bauherr und Nachbar im Baurecht) vorgenommen, so kann die Behörde im Einzelfall die Wertungen des Gesetzgebers grundsätzlich übernehmen und hat lediglich zu prüfen, ob die Umstände des Einzelfalls eine andere Entscheidung rechtfertigen.[420]

II. Rechtsgüter und Interessen des Drittbetroffenen

Die verfassungsrechtliche Bedeutung des deutschen Verwaltungsrechts lässt sich thematisch auf das Rechtsverhältnis Staat – Bürger und damit letztlich auf die Frage des rechtlichen Status des Bürgers als Individuum gegenüber dem „Machtapparat" Staat beschreiben.[421] Die viel zitierte bürgerliche Freiheit in Form von Abwehr-, Teilhabe- und Einwirkungsrechten des Bürgers gegenüber dem Staat wird zum zentralen Charakteristikum dieses Verhältnisses.[422] Selbstredend gelten diese Aussagen für jeden Bürger im Geltungsbereich des GG und damit auch für Dritte, in deren Rechtskreis durch staatliches Handeln nur auf indirektem Wege eingegriffen wird.[423]

---

420 Die „Kehrseite" dieser an sich zu begrüßenden Entwicklung wird sich naturgemäß erst nach Inkrafttreten der entsprechenden Normen und deren Anwendung durch die Exekutive zeigen, nämlich dann, wenn immer mehr Betroffene die gewährte Rechtsschutzmöglichkeit in Anspruch nehmen und dadurch mit einer deutlichen Mehrbelastung der bereits heute vollbeschäftigten Verwaltungsgerichte zu rechnen ist.

421 Vgl. *Masing* in: Hoffmann-Riem/Schmidt-Aßmann/Voßkuhle, Grundlagen des Verwaltungsrechts I, S. 440, Rn 1 ff.

422 Dabei soll an dieser Stelle darauf hingewiesen werden, dass aus traditioneller Sicht das Verwaltungsrecht sowie die Freiheit des Bürgers insbesondere durch die Abwehr staatlicher Eingriffe charakterisiert wurde. Eine Erweiterung dieser klassischen Sichtweise auf die bürgerliche Freiheit, insbesondere im Hinblick auf Mitwirkungs- und Teilhaberechte des Bürgers war der Fortentwicklung des Verwaltungsrechts geschuldet. Vgl. hierzu vertiefend *Voßkuhle* in: Hoffmann-Riem/Schmidt-Aßmann/Voßkuhle, Grundlagen des Verwaltungsrechts I, S. 7 f. sowie *Masing* in: Hoffmann-Riem/Schmidt-Aßmann/Voßkuhle, Grundlagen des Verwaltungsrechts I, S. 440, Rn. 1 ff.

423 Die nachfolgenden Ausführungen sollen nun einen tieferen Einblick in das Verhältnis StaatDritter geben, insbesondere soll dabei auf die verschiedenen Interessen und Rechtsgüter von Dritten näher eingegangen werden, die durch staatliches Handeln mittelbar beeinträchtigt werden können. Die Ausführungen beschränken sich dabei erneut auf die Schilderung der verfassungsrechtlich geschützten Rechtsgüter. Auf Interessen und Rechtspositionen Dritter unterverfassungsrechtlicher Art wird nicht eingegangen. Dies würde den Rahmen dieser Arbeit unverhältnismäßig erweitern und so gleichzeitig den Blick auf die Verhältnismäßigkeitsprüfung bei Ermessensreduzierungen als den eigentlichen Schwerpunkt der Arbeit erschweren.

1. *Das subjektiv-öffentliche Recht*

Das „*gesetzgeberische Mandat zur normativen Konfliktschlichtung*“[424], wie u.a. *Lerche*[425] es beschreibt, setzt für die legislatorische Berücksichtigung der Interessen und Rechtsgüter Dritter im Rahmen von multipolaren Rechtskonflikten eine schützenswerte Rechtsposition voraus, auf die sich der Dritte als Individuum gegenüber dem Staat berufen kann.

Ein subjektiv-öffentliches Recht des Dritten muss – wie *Preu*[426] hierzu feststellt – dabei stets von zweierlei Blickwinkeln aus bemessen werden: Auf der verfahrensrechtlichen Seite geht es beim öffentlich-rechtlichen Drittschutz insbesondere um die Beteiligung Drittbetroffener am jeweiligen Verwaltungsverfahren.[427] Dabei steht regelmäßig die frühest mögliche und umfassende Sammlung und Bewertung berücksichtigungsfähiger Belange durch die staatliche Stelle im Mittelpunkt. Beim öffentlich-rechtlichen Drittschutz im materiellen Sinne geht es hingegen um die Abwehr unzulässiger Eingriffe in geschützte Rechtspositionen des Dritten, notfalls auch im Rahmen von gerichtlichen Verfahren. Eine materiell-rechtliche Schutzposition eines Drittbetroffenen ist allerdings im Öffentlichen Recht eine Ausnahme, denn im Gegensatz zum Privatrecht[428] steht auf dem Gebiet des Öffentlichen Rechts das Allgemeinwohl und damit das öffentliche Interesse im Mittelpunkt der Betrachtung.[429] Diese gemeinwohlorientierte Grundwertung hat zur Konsequenz, dass als „*Zuordnungsobjekt*

---

424 Verfassungsrechtlich abgeleitet wird diese Aufgabe des Gesetzgebers insbesondere in materiell-rechtlicher Hinsicht aus dem Demokratieprinzip des Art. 20 Abs. 1 GG sowie in funktionell-rechtlicher Hinsicht aus den Kompetenzkatalogen des Art. 72 ff. GG. Vgl. hierzu *Schmidt-Preuß*, Kollidierende Privatinteressen im Verwaltungsrecht, S. 38.

425 Siehe *Lerche* in: Lerche/Schmitt Glaeser/Aßmann, S. 107; ähnlich BVerwG, Urt. v. 16.03.1989 - 4 C 36.85 - BVerwGE 81, S. 329 (343).

426 Vgl. *Preu*, Subjektiv-rechtliche Grundlagen des öffentlich-rechtlichen Drittschutzes, S. 13.

427 Dieser formelle Drittschutzaspekt ist verfassungsrechtlich wiederrum in den grundrechtlichen Schutzpflichten verankert: So erstrecken sich diese Schutzpflichten nicht nur auf die materielle Berücksichtigung von Drittgrundrechten, sondern sichern ebenfalls die formelle Beteiligung in Form von Informationsrechten, dem Recht auf Verfahrensbeteiligung sowie letztlich auch dem Recht auf effektiven Rechtsschutz. Vgl. hierzu *Calliess* in: Handbuch der Grundrechte II, S. 963 (986).

428 Vertiefend zu den Unterschieden bei subjektiven Rechten zwischen dem Privatrecht und dem Öffentlichen Recht vgl. *Mampel*, Nachbarschutz im öffentlichen Baurecht, S. 26.

429 Vgl. *Stober* in: Wolff/Bachhof/Stober/Kluth, Verwaltungsrecht I, S. 294.

der öffentlich-rechtlichen Rechte und Pflichten" – wie es *Mampel*[430] benennt – nur ein „*Träger hoheitlicher Gewalt*" und gerade nicht der einzelne Bürger in Betracht kommt. Eine Privatperson kann daher auf dem Gebiet des Öffentlichen Rechts nur dann einen materiellen Anspruch gegenüber einer staatlichen Institution geltend machen, wenn sie die Verletzung eines eigenen subjektiv-öffentlichen Rechts geltend machen kann.[431]

Eine einheitliche Definition des Fachterminus „subjektiv-öffentliches Recht" existiert – soweit ersichtlich – nicht. Will man diesen Terminus „fassbar" machen, so bietet sich hierfür durchaus der Ansatz von *Maurer*[432] an, wonach ein subjektiv-öffentliches Recht als „*die dem einzelnen kraft öffentlichen Rechts verliehene Rechtsmacht, vom Staat zur Verfolgung eigener Interessen ein bestimmtes Verhalten verlangen zu können*", umschrieben werden kann. Gemeint sind folglich Abwehr-, Leistungs- oder Teilhabeansprüche des Einzelnen gegenüber dem Staat aufgrund verfassungsrechtlicher oder einfachgesetzlicher Legitimation.[433]

Aber wenn nach dem oben Gesagten nicht jeder Verstoß einer Behörde gegen eine Norm des Öffentlichen Rechts unmittelbar einen Anspruch eines Drittbetroffenen auf Einhaltung des Gesetzes begründet, so stellt sich die Frage nach den möglichen Rechtsquellen zur Begründung eines solchen subjektiv-öffentlichen Rechts für den Dritten. In Betracht zu ziehen sind dabei neben den Grundrechten regelmäßig auch einfachgesetzliche Normen.

a) Drittschutz aus Grundrechten und verfassungskonformer Gesetzesauslegung

Subjektiv-öffentliche Rechtspositionen des Drittbetroffenen können sich zum Einen direkt aus den Grundrechten ergeben.[434]

---

430 Siehe *Mampel*, Nachbarschutz im öffentlichen Baurecht, S. 26.

431 Insoweit lässt sich auf den Wortlaut von Art. 19 Abs. 4 GG, § 42 Abs. 2 VwGO sowie § 113 Abs. 1 Satz 1 VwGO verweisen, wobei von dem Rechtsschutzsuchenden jeweils eine *Verletzung „in seinen Rechten*" verlangt wird.

432 Siehe *Maurer*, Allgemeines Verwaltungsrecht, S. 173.

433 *Preu* unterscheidet ferner zwischen einem „*primären subjektiven Recht*" (bei einem ausdrücklichen Schutz von Interessen Dritter durch das Gesetz) sowie einem „*sekundären subjektiven Recht*[s]" (bei der durch das primäre subjektive Recht zugeteilten Rechtsmacht zur Beseitigung respektive „*Unterbindung von Interessenbeeinträchtigungen*"). Siehe *Preu*, subjektivrechtliche Grundlagen des öffentlichrechtlichen Drittschutzes, S. 120.

434 Vgl. *Pietzcker* in: FS f. Bachhof, S. 138 ff.; *Mampel*, Nachbarschutz im öffentlichen Baurecht, S. 33 ff.

In verfassungsrechtlicher Hinsicht ist dabei zwischen den bürgerlichen Grundrechten als Abwehrrechten gegenüber staatlichen Eingriffen einerseits sowie den grundrechtlichen Schutzpflichten als Ausfluss der objektiven Werteordnung der Grundrechte andererseits zu differenzieren.

Während sich der einzelne Bürger bei hoheitlichen Eingriffen in geschützte Rechtsgüter abwehrend unmittelbar auf das konkret betroffene Grundrecht als subjektiv-öffentliches Recht berufen kann, mithin eine einfach-gesetzlich Konkretisierung des grundrechtlichen Abwehrrechts zur Herleitung eines subjektiv-öffentlichen Rechts nicht erforderlich ist, war diese Frage der notwendigen Konkretisierung im Hinblick auf die grundrechtlichen Schutzpflichten lange Zeit umstritten. Eine Entscheidung zugunsten der Bürger als Grundrechtsträger fällte letztlich das BVerfG explizit im „C-Waffen-Beschluß", in dem es feststellte, dass eine Schutzpflichtverletzung durch den Staat eine Grundrechtsverletzung des Bürgers darstelle und aus diesem Grund der Betroffenen unmittelbar aus dem verletzten Grundrecht ein subjektiv-öffentliches Recht auf Schutz geltend machen kann.[435]

Mampel bezeichnet – auf das Gebiet des öffentlichen Baunachbarrechts bezogen – die Grundrechte als Quelle des Drittschutzes als *„optimal"*, da auf diesem Wege ein Grundstückseigentümer einen umfassenden Schutz aus Art. 14 Abs. 1 Satz 1 GG erfahren könnte, gleichzeitig aber ein Nachbar als Drittbetroffener zumindest[436] durch Art. 2 Abs. 1 GG keine unzulässige Beeinträchtigung

435 Vgl. BVerfG, Beschl. v. 29.10.1987 – 2 BvR 624, 1080, 2029/83 – BVerfGE 77, S. 170 (214 f.); ebenso *Calliess* in: Handbuch der Grundrechte II, S. 968 f. m. w. N. Zuvor hatte das BVerfG bereits in diese Richtung tendiert als es im sog. „Fluglärm-Beschluss" anmerkte, dass *„ein grundrechtlicher Anspruch auf Erfüllung der Schutzpflicht nicht auszuschließen ist, wenngleich er […] nicht ohne weiteres angenommen"* werden könne. Siehe BVerfG, Beschl. v. 14.01.1981 – 1 BvR 612/72 – BVerfGE 56, S. 54 (58 ff.); ferner *Böckenförde*, Zur Lage der Grundrechtsdogmatik nach 40 Jahren Grundgesetz, S. 47. Ablehnend hingegen *Isensee*, der einen unmittelbaren Rückgriff auf die Grundrechte nur in den Ausnahmefällen einer staatlichen Garantenstellung zulässt. Generell könne den grundrechtlichen Schutzrechten jedoch kein subjektiv-öffentlicher Charakter entnommen werden, da sie der weiteren Konkretisierung durch den Gesetzgeber bedürfen, der wiederrum das konkrete Verwaltungshandeln im Einzelfall in das Ermessen der Behörde zu stellen hat, um Einzelfallgerechtigkeit gewährleisten zu können. Vgl. *Isensee*, Das Grundrecht auf Sicherheit, S. 42, 49 ff.

436 Natürlich kann der Nachbar sich auch auf den Schutz des Art. 14 Abs. 1 Satz 1 GG berufen, wenn er der Eigentümer des Nachbargrundstücks ist. In allen anderen Fällen (wie z.B. als Mieter oder Pächter) steht dem Nachbar zumindest der Schutz aus Art. 2 Abs. 1 GG zu.

seiner schützenswerten Rechtsgüter befürchten müsste.[437] Hinsichtlich des Grundrechts auf Eigentum aus Art. 14 Abs. 1 Satz 1 GG unterscheidet dabei sowohl die Rechtsprechung[438] als auch die Literatur[439] zwischen unmittelbaren und nur mittelbaren staatlichen Eingriffen: Unmittelbare Eingriffe respektive Eigentumsverletzungen *„in die Substanz des von §§ 903 und 905 Satz 1 BGB umschriebenen [...] Eigentums“*[440] können danach direkt durch eine Geltendmachung des Art. 14 Abs. 1 Satz 1 GG abgewehrt werden. Hier ist mithin eine drittschützende Wirkung des Grundrechts zu bejahen. Bei nur mittelbaren Eigentumsverletzungen, wie sie insbesondere im Baunachbarrecht zu finden sind[441], konnte sich der Nachbar jedoch bereits nach der ursprünglichen Rechtsprechung des BVerwG nur dann auf sein Grundrecht aus Art. 14 Abs. 1 Satz 1 GG berufen, wenn dieser Eingriff *„schwer“* und *„unerträglich“* war.[442] Diese Rechtsprechung ist zwischenzeitlich überholt, geändert hat sich die rechtliche Situation für den nur mittelbar Drittbetroffenen im Baurecht jedoch im Hinblick auf Art. 14 Abs. 1 Satz 1 GG kaum: Denn der Gesetzgeber hat mittlerweile regelmäßig wiederkehrende Situationen, in denen seiner Ansicht nach ein Schutz drittbetroffener Rechtsgüter vor mittelbaren Eingriffen erforderlich ist, an verschiedenen Stellen explizit in den Gesetzeswortlaut aufgenommen. Hiervon zeugen Formulierungen wie *„unter Würdigung nachbarlicher Interessen“* in § 31 Abs. 2 BauGB oder wenn in § 15 Abs. 1 Satz 2 BauNVO von unzumutbaren *„Belästigungen oder Störungen“* die Rede ist. In zahlreichen baurechtlichen

---

437 Vgl. *Mampel,* Nachbarschutz im öffentlichen Baurecht, S. 33.

438 Vgl. z.B. BVerwG, Urt. v. 13.08.1973 - VI C 26.70 - BVerwGE 44, S. 36 (43); Urt. v. 26.03.1976 - 4 C 7.74 - BVerwGE 50, S. 282; Urt. v. 25.08.1971 - IV C 23.69 - NJW 1972, S. 269; Urt. v. 02.11.1973 - IV C 36.72 - DVBl. 1974, S. 239.

439 Vgl. z.B. *Schlichter/Roeser* in: Schlichter/Stich, BauGB, Vorbem. zu §§ 29 bis 38 BauGB, Rn. 18 ff.; *Mampel,* Nachbarschutz im öffentlichen Baurecht, S. 33 f.

440 Siehe *Schlichter/Roeser* in: Schlichter/Stich, BauGB, Vorbem. zu §§ 29 bis 38 BauGB Rn. 18; als Beispiel für einen unmittelbaren Eingriff wird dort die direkte Inanspruchnahme eines Grundstücks genannt.

441 Als Beispiel für einen mittelbaren Eingriff verweisen *Schlichter/Roeser* auf Sachverhalts-konstellationen, in denen auf dem angrenzenden Grundstück Anlagen errichtet werden, welche die baurechtliche Situation der näheren Umgebung nachhaltig verändern und dadurch als Eingriff in das Eigentumsgrundrecht des Nachbarn zu werten sind. Vgl. *Schlichter/Roeser* in: Schlichter/Stich, BauGB, Vorbem. zu §§ 29 bis 38 BauGB, Rn. 19.

442 Vgl. z.B. BVerwG, Urt. v. 05.07.1974 - IV C 50.72 - BVerwGE 45, S. 309 (330); Urt. v. 14.12.1973 - IV C 71.71 - NJW 1974, S. 811 sowie *König,* Drittschutz, S. 78 mit Verweis auf BVerwG, Urt. v. 13.06.1969 - IV C 234.65 - NJW 1969, 1787.

Vorschriften kann daher heute die gesetzgeberische Festsetzung von Inhalts- und Schrankenbestimmungen im Sinne des Art. 14 Abs. 1 Satz 2 GG festgestellt werden, so dass für Abwehransprüche des nur mittelbar betroffenen Nachbarn unmittelbar aus dem Eigentumsgrundrecht kein Raum mehr besteht.[443]

Eine weitere Möglichkeit zur Begründung subjektiv-öffentlicher Rechte stellt die verfassungskonforme Auslegung einfach-gesetzlicher Vorschriften dar. Diesen Weg schlägt insbesondere auch das BVerwG[444] ein, wenn sich weder auf verfassungsrechtlichem Wege noch durch den Wortlaut einfach-gesetzlicher Normen[445] eine geschützte Rechtsposition für Drittbetroffene bietet. Allerdings sind sich Rechtsprechung und Literatur einig, dass diese Handlungsalternative nicht die Regel sondern vielmehr eine Ausnahmekonstellation darstellt, mithin die verfassungsrechtliche Auslegung als subsidiärer Weg insbesondere zu der Anwendung der sogenannten Schutznormtheorie anzusehen ist.[446]

b) Schutznormtheorie

Regelmäßig geht es beim Drittschutz – insbesondere auf dem näher zu untersuchenden Gebiet des öffentlich-rechtlichen Baurechts – um Fallkonstellationen, in denen sich die geschützte Rechtsposition direkt aus einer einfach-gesetzlichen Norm ableiten lässt.[447] Allerdings ist die Ableitung eines subjektiv-öffentlichen

---

443 Vgl. *Schlichter/Roeser* in: Schlichter/Stich, BauGB, Vorbem. zu §§ 29 bis 38 BauGB, Rn. 22. Zur Frage, ob Grundrechte generell zur Begründung einer drittschützenden Position geeignet sind vgl. BVerwG, Urt. v. 29.07.1977 – IV C 51.75 – BVerwGE 54, 211 ff., Beschl. v. 25.06.1975 – VII B 84.74 – NJW 1975, S. 2355 f. sowie *Mampel*, Nachbarschutz im öffentlichen Baurecht, S. 33 f. A. A. unter Bezugnahme auf Art. 2 Abs. 1 GG z.B. *Baumann*, BayVBl. 1982, S. 292 (295); *Sening*, NuR 1989, S. 325 (330) sowie *Bernhardt*, JZ 1963, S. 302 (305). Kritisch hierzu *Schmidt-Preuß*, der argumentiert, *„ein direkter Durchgriff auf Grundrechte zur Begründung subjektiv-öffentlicher Rechte“* würde in den legislativen Spielraum eingreifen, wonach der Gesetzgeber grundsätzlich frei darüber entscheiden könne, ob er eine Kollision privater Rechtsgüter auf objektiv-rechtliche oder subjektiv-rechtliche Art und Weise lösen möchte. Siehe *Schmidt-Preuß*, Kollidierende Privatinteressen im Verwaltungsrecht, S. 37 f. mit Verweis auf weitere kritische Stimmen in der Literatur.

444 Vgl. z.B. BVerwG, Beschl. v. 25.06.1984 – 6 P 2.83 – BVerwGE 69, S. 313 (349).

445 Vgl. hierzu die nachfolgenden Ausführungen in Kap. 3. A. II. 1. b).

446 Vertiefend zur Thematik der verfassungskonformen Auslegung vgl. *Hesse*, Grundzüge des Verfassungsrechts der Bundesrepublik Deutschland, Rn. 79; *Pieroth/Schlink*, Grundrechte, Rn. 101 ff. sowie *Kunig* in: GS f. W. Martens, S. 616 f.

447 Vgl. *Schmidt-Aßmann* in: Maunz-Dürig, GG-Kommentar I, Art. 19 Abs. 4 Rn. 127; ähnlich *Breuer*, DVBl. 1986, S. 854.

Rechts nur in seltenen Fällen direkt aus dem ausdrücklichen Wortlaut einer Norm möglich. Nach *Mampel*[448], der dem Gesetzgeber Versäumnisse bei der Ausgestaltung des Drittschutzes im Öffentlichen Recht attestiert, hat sich die Verwaltungsgerichtsbarkeit in der Pflicht gesehen, allgemein gültige Maßstäbe und Richtlinien für die Gewährung von subjektiv-öffentlichen Rechten zu setzen. Die daraufhin vom BVerwG zu § 42 Abs. 2 VwGO entwickelte[449] und als *„Schutznormtheorie"*[450] bezeichnete Formel soll dazu dienen, etwaige Streitigkeiten über die Frage des drittschützenden Charakters einer Norm bereits auf behördlicher Ebene zu dirigieren und so letztlich generell langwierige Gerichtsverfahren zu vermeiden.

Nach der Schutznormtheorie des BVerwG entfaltet eine einfach-gesetzliche Norm Drittschutz, wenn sie zumindest auch dem Schutz privater Interessen dienen soll[451]. Diese formelhafte Richtlinie[452] des BVerwG macht insbesondere deutlich, dass – und das ist regelmäßig der entscheidende Prüfungspunkt – die Frage zu beantworten ist, ob ein durch Auslegung der Norm festgestellter Drittschutz auch vom Gesetzgeber gewollt ist.[453] Nur wenn diese Frage bejaht werden kann, darf von einer tatsächlich drittschützenden Norm ausgegangen werden. Dabei bleibt aber letztlich die Entscheidung, ob eine einfachgesetzliche Norm Rechtspositionen Dritter schützt, dem Gesetzgeber vorbehalten. Nur wenn im Einzelfall von der Legislative ein Drittschutz auch bezweckt war, steht dem Dritten im Konfliktfall der Rechtsweg offen.

448 Vgl. *Mampel*, Nachbarschutz im öffentlichen Baurecht, S. 28.

449 Vgl. *Stüer*, NuR 1981, S. 150.

450 Vgl. hierzu BVerwG, Urt. v. 28.04.1967 - IV C 10.65 - BVerwGE 27, S. 29 (33); Urt. v. 06.12.1967 - IV C 94.66 - BVerwGE 28, S. 268 (275 f.); Urt. v. 13.06.1969 - IV C 234.65 - BVerwGE 32, S. 173 (175); Urt. v. 20.10.1972 - IV C 107.67 - BVerwGE 41, S. 58 (63); Urt. v. 25.02.1977 - IV C 22.75 - BVerwGE 52, S. 122 (129).

451 Vgl. z.B. BVerwG, Urt. v. 05.10.1965 - IV C 3.65 - BVerwGE 22, S. 129 ff.; Beschl. v. 03.08.1982 - 4 B 145.82 - NVwZ 1983, S. 92; Urt. v. 19.09.1986 - 4 C 8.84 - DÖV 1987, S. 296; Urt. v. 16.09.1993 - 4 C 28.91 - BVerwGE 94, S. 151 ff.

452 Dabei darf nicht übersehen werden, dass die Schutznormtheorie nicht ohne Kritik - insbesondere in rechtssoziologischer, rechtspolitischer und verfassungsrechtlicher Hinsicht - geblieben ist; vgl. *König*, Drittschutz, S. 102 ff.

453 So auch *Battis*, Öffentliches Baurecht und Raumordnungsrecht, S. 246, der davon spricht, dass die konkret in Bezug genommene Norm *„dazu bestimmt"* sein muss, den Dritten respektive *„seine Interessen zu schützen"*. Siehe *Battis*, Öffentliches Baurecht und Raumordnungsrecht, S. 246; ähnlich *Dürr* in: Brügelmann, BauGB II, vor §§ 29 ff. BauGB Rn. 30ff.

2. *Zwischenergebnis*

Die festgestellte Pluralität an Rechtsquellen zur Begründung subjektiv-öffentlicher Rechte für den einzelnen Bürger erleichtert grundsätzlich der Legislative ihre verfassungsrechtliche Aufgabe des Interessenausgleichs: Aufgrund der Tatsache, dass sich ein subjektiv-öffentliches Recht des Dritten sowohl aus der Doppelfunktion der Grundrechte als auch aus einer einfach-gesetzliche Norm respektive deren verfassungsrechtlicher Auslegung ableiten lässt, hat der Gesetzgeber die freie Wahl, ob er den *„Ausgleich"* der widerstreitenden Privatinteressen subjektiv-rechtlich oder objektiv-rechtlich *„ausgestaltet"*[454]. Im Rahmen einer subjektiv-rechtlichen Ausgestaltung gewährt der Gesetzgeber bewusst eine Begünstigung, die der Betroffene (= Dritter) selbständig durchzusetzen vermag. Bei einer lediglich objektiv-rechtlichen Ausgestaltung des Drittschutzes durch den Gesetzgeber steht dem Betroffenen hingegen kein eigener Abwehranspruch zur Durchsetzung[455] seiner geschützten Rechtsgüter zu.[456]

In den Worten des BVerwG[457] bedeutet dies: *„Von den Fällen der Grundrechte und sonstiger verfassungsmäßiger Rechte abgesehen, bestimmt der Gesetzgeber, unter welchen Voraussetzungen dem Bürger ein Recht zusteht und welchen Inhalt es hat."* Allerdings ist der Gesetzgeber bei der Ausgestaltung der Bürgerrechte durch einfach-gesetzliche Regelungen im Rahmen seiner *„Konfliktschlichtungsprärogative"*[458] hinsichtlich Umfang und Tiefe des geschützten Bereichs nicht frei. Es muss vielmehr ein „Mindeststandard" eingehalten werden, der insbesondere durch die Grundrechte vorgegeben wird.[459]

B. Der Verhältnismäßigkeitsgrundsatz im Dreipersonenverhältnis

Anknüpfend an die vorangegangenen Feststellungen zum Mehrpersonenverhältnis im Allgemeinen sowie der Problematik des Drittschutzes, soll nachfolgend eruiert werden, ob und inwiefern sich die Bedeutung des Verhältnis-

---

454 Siehe *Schmidt-Preuß*, Kollidierende Privatinteressen im Verwaltungsrecht, S. 37.

455 Zu den Möglichkeiten des Gesetzgebers bei baurechtlichen Vorschriften, vgl. *Schlichter*, NVwZ 1983, S. 641 f.

456 Vgl. *Schmidt-Preuß*, Kollidierende Privatinteressen im Verwaltungsrecht, S. 38 sowie *Mampel*, Nachbarschutz im öffentlichen Baurecht, S. 28.

457 Vgl. BVerwG, Urt. v. 08.04.1986 – 2 WD 41.85 – BVerwGE 83, S. 182 (195).

458 Siehe *Schmidt-Preuß*, Kollidierende Privatinteressen im Verwaltungsrecht, S. 40.

459 Vgl. *Maurer*, Allgemeines Verwaltungsrecht, S. 179 ff.; *Schmidt-Preuß*, DVBl. 1991, S. 229 ff.; *Breuer* in: FG 25 Jahre BVerwG, S. 94.

mäßigkeitsgrundsatzes bei bestimmten multipolaren Verwaltungsrechtsverhältnissen gegenüber seiner „klassischen“ Kontrollfunktion im Zweipersonenverhältnis unterscheidet.

Zu diesem Zweck wird die Untersuchung der Beziehung zwischen Verhältnismäßigkeit und Ermessensreduzierung anhand eines sicherheitsrechtlichen Dreipersonenverhältnisses in drei Teilbereiche entsprechend den Beteiligten untergliedert: In einem ersten Schritt wird aus Sicht des durch einen Mitbürger in seinen Rechten verletzten Dritten zu prüfen sein, ob und gegebenenfalls wie er mit Hilfe des Verhältnismäßigkeitsgrundsatzes sich gegen eine Störung durch den Maßnahmeadressaten zur Wehr setzen kann (I.). Anschließend wird zu untersuchen sein, ob und inwiefern der Verhältnismäßigkeitsgrundsatz aus Sicht des Störers an Relevanz gewinnt, wenn die Sicherheitsbehörde im Rahmen eines eingeschränkten Ermessenspielraums über ein Einschreiten ihm gegenüber entscheidet (II.). Zuletzt soll die Situation aus Sicht der zuständigen Behörde beurteilt und dabei insbesondere die Frage diskutiert werden, ob respektive inwiefern der Verhältnismäßigkeitsgrundsatz das Verhalten einer Sicherheitsbehörde beim Bestehen einer Ermessensreduzierung auf Null beeinflusst (III.).

I. Der Verhältnismäßigkeitsgrundsatz aus Sicht des Dritten

Für den Dritten wirft der Grundsatz der Verhältnismäßigkeit im Rahmen der Verteidigung seiner Rechtsgüter im Mehrpersonenverhältnis Fragen in privatrechtlicher und öffentlich-rechtlicher Hinsicht auf.

1. Exkurs: Der Grundsatz der Verhältnismäßigkeit im Privatrecht

In den Worten von *Wieacker* handelt es sich bei dem Prinzip der Verhältnismäßigkeit um *„eine allgemeine Maxime, die das gesamte Rechtsgebiet in sehr verschiedenem Verdichtungsgrad durchzieht.“*[460] Bei der sich hieraus für den Drittbetroffenen konsequent stellenden Frage, ob bzw. wie der verfassungsrechtliche Grundsatz der Verhältnismäßigkeit auch in rein privatrechtlichen Konstellationen Anwendung findet, ist zunächst insbesondere zwischen der unmittelbaren und der mittelbaren Wirkung der Grundrechte im Privatrecht zu unterscheiden.[461]

---

460 Siehe *Wieacker* in: FS f. Fischer, S. 867.

461 Vgl. *Canaris,* AcP 184, S. 201 (210 ff.).

a) Unmittelbare und mittelbare Grundrechtswirkung

In privatrechtlichen Rechtsverhältnissen zwischen einer staatlichen Stelle und einem Bürger gilt – wie auch auf öffentlich-rechtlicher Ebene – über Art. 1 Abs. 3 GG die Bindung des Staates an die Grundrechte. Man spricht insoweit von der *„unmittelbaren Drittwirkung der Grundrechte"*[462] im Privatrecht. Aus diesem Grund kann sich der Bürger auch im Privatrecht gegenüber einer Behörde auf den Grundsatz der Verhältnismäßigkeit als Schutzinstrument gegen unzulässige Grundrechtseingriffe berufen. Damit ist gleichzeitig festgestellt, dass auch in Sachverhaltskonstellationen, in denen zwischen den Beteiligten kein öffentlich-rechtliches Subordinationsverhältnis besteht, sondern sich Staat und Bürger auf gleichwertiger Ebene begegnen[463], die bürgerlichen Grundrechte ihre Wirkung nicht verlieren.

Diese unmittelbare Drittwirkung von Grundrechten zwischen Staat und Bürger im Rahmen eines privatrechtlichen Verhältnisses gilt selbstredend nicht für rein privatrechtliche Rechtsverhältnisse zwischen zwei Bürgern. Dies verwundert nicht, ist der Bürger gerade nicht Adressat sondern Begünstigter der in Art. 1 Abs. 3 GG auferlegten Verpflichtung des Staates zur Grundrechtswahrung. In rein privatrechtlichen Streitigkeiten genießt das aus Art. 2 Abs. 1 GG abgeleitete Recht der Privatautonomie regelmäßig Vorrang vor den verfassungsrechtlichen Grundsätzen. Insofern spricht man von der nur *„mittelbaren Drittwirkung"*[464] der Grundrechte im Privatrecht beim Aufeinandertreffen rein privater Interessen. Mit *Medicus* ist daher die Aufgabe der Verfassung – als auch objektive Werteordnung[465] – bei rein bürgerlichen Streitigkeiten darin zu sehen, *„privatrechtsimmanent vor allem durch eine grundrechtskonforme Ausfüllung der zivilrechtlichen Generalklauseln* [zu] *wirken, also insbesondere über die guten Sitten oder über* [den Grundsatz von] *Treu und Glauben."*[466]

Mit anderen Worten: Im Rechtsverkehr unter Privatpersonen gilt weitgehende Vertragsfreiheit. Dieses Recht der Bürger als Ausdruck der allgemeinen Handlungsfreiheit (Art. 2 Abs. 1 GG) gewährt in Form der Privatautonomie den Bürgern eine grundsätzlich liberale Handhabung ihrer privaten Geschäfte. Der

---

462 Vgl. z.B. BVerfG, Urt. v. 15.01.1958 – 1 BvR 400/51 – BVerfGE 7, S. 198 (204); Urt. v. 07.08.1962 – 1 BvL 16/60 – BVerfGE 14, S. 263 (277); Beschl. v. 25.01.1972 – 1 BvL 3/70 – BVerfGE 32, S. 273 (277); Beschl. v. 08.08.1978 – 2 BvL 8/77 – BVerfGE 49, S. 89 (142); Beschl. v. 23.04.1986 – 2 BvR 487/80 – BVerfGE 73, S. 261 (269).

463 Vgl. *Medicus*, AcP 192, S. 35 (43 f.); ferner *Isensee* in: FS f. Großfeld, S. 485 (490).

464 Siehe *Canaris*, AcP 184, S. 201 (210 ff.).

465 Vgl. BVerfG, Urt. v. 15.01.1958 – 1 BvR 400/51 – BVerfGE 7, S. 198 (205 ff.).

466 Siehe *Medicus*, AcP 192, S. 35 (43).

Gesetzgeber gibt für diese Geschäfte lediglich einen weiten Rahmen vor, in dem er einen Mindeststandard an gegenseitigem Vertrauen und Respekt der Parteien untereinander durch allgemeine, aber verbindliche Grundsätze wie „Treu und Glauben" oder „die guten Sitten" vorschreibt. Dass sich diese Prinzipien des bürgerlichen Rechtsverkehrs bei genauerem Hinsehen auch als abstrakt-generelle Ausformungen des verfassungsrechtlichen Grundsatzes der Verhältnismäßigkeit präsentieren, zeigt, dass auch im Privatrecht dem Verhältnismäßigkeitsprinzip durch den Gesetzgeber hinreichende Beachtung geschenkt wird.[467]

b) Verhältnismäßigkeit im Privatrecht

Der Grundsatz der Verhältnismäßigkeit findet somit auch in den Normen des Privatrechts seine Berücksichtigung. Dies ist umso verständlicher als der Gesetzgeber nach Art. 1 Abs. 3 GG an die bürgerlichen Grundrechte gebunden ist und somit auch bei der Schaffung privatrechtlicher Vorschriften einen angemessenen Ausgleich der beteiligten Bürgerinteressen zu realisieren hat.[468] Ob die bürgerlichen Parteien im Einzelfall vom „verhältnismäßigen", aber meist dispositiven Gesetzeswortlaut abweichen, liegt aufgrund deren grundrechtlich gewährter Freiheit (Privatautonomie) aus Art. 2 Abs. 1 GG dann nicht mehr im „Einflussbereich" des Gesetzgebers. Dieser kann vielmehr nur durch eine grundsätzliche „Basis"-Regelung den Parteien einen Maßstab an die Hand geben, inwieweit er – auf einen abstrakten zivilrechtlichen Sachverhalt bezogen – einen angemessenen Ausgleich der widerstreitenden Interessen vornehmen würde. Diese legislatorischen Vorgaben zu verhältnismäßigem, gegenseitigem Handeln können dabei auf zweierlei Arten Niederschlag im Gesetz finden: Eine Möglichkeit, um bereits im Rahmen der Gesetzgebung für eine Verhältnismäßigkeit im Sinne eines einzelfallgerechten Ausgleichs der beteiligen Privatinteressen zu sorgen, besteht in der expliziten Aufnahme des Verhältnismäßigkeitsgrundsatzes in den Wortlaut des Gesetzes. So weist beispielsweise der zivilrechtliche und nicht

---

467 *Isensee* äußert sich durchaus kritisch gegenüber der generellen Inhaltskontrolle von privatrechtlichen Verträgen am Maßstab der Verfassung durch das BVerfG: Es bestehe insofern die Gefahr, dass das *„Vertragsrecht unter der Vormundschaft des BVerfG stehe" bzw. „vom Verfassungsrecht verschlungen würde"* und in der Konsequenz *„Rechtsunsicherheit"* und *„Systembrüche"* zu befürchten seien. Siehe *Isensee* in: FS f. Großfeld, S. 485 ff.; 487 f., 513.

468 Vgl. *Canaris*, JuS 1989, S. 161 ff. (161); *Rüfner* in: FG 25 Jahre BVerfG II, S. 455. *Neuner* unterscheidet insofern strikt zwischen der *„komplementären"* und der *„korrektiven"* Funktion der Grundrechte im Privatrecht. Vgl. *Neuner* in: ders., Grundrechte und Privatrecht, S. 159 ff.

dispositive Tatbestand des Wuchers in § 138 Abs. 2 BGB die Voraussetzung eines *„auffälligen Missverhältnisses"* zwischen Leistung und Gegenleistung auf. Desweiteren regelt im Rahmen des Schadensersatzrechtes der Tatbestand des § 251 Abs. 2 Satz 1 BGB die Möglichkeit des Geldersatzes anstatt der Naturalrestitution, wenn die Wiedererstellung dem Ersatzpflichtigen lediglich *„mit unverhältnismäßigen Aufwendungen"* möglich wäre. Letztlich zeigt auch das besondere Schuldrecht nach der Schuldrechtsmodernisierung seine „verhältnismäßige" Seite, beispielsweise im Rahmen der Nacherfüllung im Kaufrecht. So kann der Verkäufer die vom Kunden verlangte Art der Nacherfüllung nach § 439 Abs. 3 Satz 1 BGB verweigern, wenn diese nur *„mit unverhältnismäßigen Kosten"* zu verwirklichen wäre.[469]

Neben solchen privatrechtlichen Normen, die das Element der Verhältnismäßigkeit explizit in ihrem Wortlaut tragen, existieren ferner gesetzliche Regelungen, in denen der Gesetzgeber bereits durch die von ihm geschaffene Regelung selbst einen gerechten Ausgleich zwischen den jeweiligen Parteien geschaffen hat, so dass eine darüber hinausgehende, kumulative Anwendung des Verhältnismäßigkeitsgrundsatzes insoweit obsolet ist. Angesprochen sind damit insbesondere die unzähligen Normen des dispositiven, aber auch des zwingenden[470] Privatrechts, die durch ihre generelle Regelung bereits auf einen angemessenen Ausgleich zwischen den beteiligten Bürgern (beziehungsweise deren grundrechtlich geschützten Interessen) per se ausgerichtet sind. So lässt sich beispielsweise das generelle Erfordernis einer Fristsetzung vor Eintritt des Verzuges (in Form einer Mahnung) oder vor Eintritt einer Schadensersatzpflicht statt der Leistung nach § 281 BGB im Schuldrecht als von vornherein verhältnismäßige Maßnahme des Gesetzgebers werten. Fragt man nach dem eigentlichen Sinn dieser Hinweispflicht an den Schuldner – die nach altem Schuldrecht so nicht

469 Vertiefend zu den genannten Gesetzesstellen sowie zu entsprechenden Nachweisen aus der Rechtsprechung vgl. Palandt/*Ellenberger*, BGB, § 138 Rn. 66 ff; Palandt/*Grüneberg*, BGB, § 251 Rn. 5 ff. sowie Palandt/*Weidenkaff*, BGB, § 439 Rn. 16a. Eine abschließende Aufzählung sinngleicher Gesetzesstellen ist an dieser Stelle nicht möglich; aus diesem Grund sei lediglich desweiteren auf die praxisrelevanten Tatbestände des Notstands in § 228 Satz 1 BGB sowie § 904 Satz 1 BGB hingewiesen.

470 Zwingend respektive indisponibel sind insbesondere die Vorschriften über Rechtsverhältnisse, welche per se von einem Ungleichgewicht der beteiligten Parteien bestimmt wären, würde der Gesetzgeber nicht gesetzlich eine höhere Schutzbedürftigkeit der schwächeren Partei anerkennen. Dazu sind neben den Vorschriften des Verbraucherschutzes insbesondere auch die Regelungen des Individualarbeitsrechts sowie des Wohnungsmietrechts zu zählen.

existierte –, so lässt sich dieses *„Recht der zweiten Andienung“*[471] des Schuldners insbesondere auch auf einen fairen respektive angemessenen Ausgleich der widerstreitenden Rechte und Interessen von Gläubiger und Schuldner zurückführen: Der Gesetzgeber wertete es als schlicht unverhältnismäßig, den Schuldner ohne weitere „Warnung“ beim Eintritt der tatbestandlichen Voraussetzungen sofort mit den Rechtsfolgen des Verzugs oder der Schadensersatzpflicht zu konfrontieren[472], und zeigte durch sein *„harmonisierendes“*[473] Wirken damit zugleich seinen Willen zum *„Vorrang der Naturalerfüllung vor der Vertragsliquidierung“*[474]. Es sei in solchen Situationen regelmäßig[475] „angemessen“, wenn der Schuldner auf seine vertragliche Leistungsverpflichtung noch einmal hingewiesen wird und so ein *„prozeduraler Ausgleich zwischen dem Leistungsinteresse des Schuldners*

---

471 So insbesondere der Ausdruck für das Recht des Schuldners zur Nacherfüllung bevor der Gläubiger von Vertrag zurücktreten oder Schadensersatz statt der Leistung verlangen kann; vgl. Palandt/*Weidenkaff*, BGB, § 437 Rn. 1 ff.; Staudinger/*Matusche-Beckmann*, BGB, § 439 Rn. 4.

472 Vgl. z.B. *Ernst* in: MüKo II, § 281 Rn. 30 ff.; ferner Staudinger/*Otto/Schwarze*, BGB, § 281 BGB Rn. A 9 mit Verweis auf BGH, Urt. v. 09.01.2008 - VIII ZR 210/06 - NJW 2008, S. 1371; Urt. v. 23.02.2005 - VIII ZR 100/04 - BGHZ 162, S. 219 (227); ähnlich *Stürner*, Der Grundsatz der Verhältnismäßigkeit im Schuldvertragsrecht, S. 442 f.

473 Mit dem Begriff der „Harmonisierung“ bzw. des „gerechten Ausgleichs“ respektive der Schaffung „praktischer Konkordanz“ wird in der Literatur insbesondere die Aufgabe des Gesetzgebers umschrieben, zwischenbürgerliche Grundrechtskonflikte bereits auf abstrakt-genereller Ebene präventiv zu lösen und so bereits vor Einbeziehung der Exekutive einen Ausgleich zwischen den Grundrechten als Abwehrrechte sowie als Basis der Wertordnung und damit auch der grundrechtlichen Schutzpflichten zu schaffen. Vgl. z.B. *Stern*, Staatsrecht III/2, S. 608 ff.; *Calliess* in: Handbuch der Grundrechte II, S. 963 (989 f.); ähnlich *Böckenförde*, Zur Lage der Grundrechtsdogmatik nach 40 Jahren Grundgesetz, S. 52 f. Zur harmonisierenden Aufgabe des Gesetzgebers im Mehrpersonenverhältnis vgl. insbesondere die Ausführungen in Kap. 3. B. III. 1.

474 Siehe Staudinger/*Otto/Schwarze*, BGB, § 281 Rn. A 9; ähnlich *Stürner*, Der Grundsatz der Verhältnismäßigkeit im Schuldvertragsrecht, S. 10 f.

475 Gleichzeitig regelt der Gesetzgeber an diesen Stellen auch diejenigen Fallkonstellationen, in denen das Erfordernis einer „Warnung“ an den Schuldner ausnahmsweise nicht mehr nötig, also unverhältnismäßig wäre und in der Konsequenz der Gläubiger direkt zu seinen Sekundäransprüchen wie Schadensersatz etc. übergehen kann, vgl. z.B. § 281 Abs. 2 BGB oder § 286 Abs. 2 BGB.

und dem Liqidierungsinteresse des Gläubigers erfolgt"[476], bevor im Falle weiterer Inaktivität die Sekundärrechte des Gläubigers Anwendung finden.[477]

c) Die Angemessenheit privatrechtlicher Gestaltungsmacht

Ausgehend von dem Gedanken der „*dienenden Funktion*" des Privatrechts im Hinblick auf die „*Aufrechterhaltung der Freiheit des Einzelnen in der Gesellschaft*", untersuchte *Hanau*[478] – bezogen auf den privatrechtsimmanenten Konflikt zwischen Privatautonomie und Grundrechtsschutz der Bürger – den Verhältnismäßigkeitsgrundsatz als „*Schranke privater Gestaltungsmacht*". Er kommt dabei insbesondere zu dem Ergebnis[479], dass in grundrechtlicher Hinsicht bei privatrechtlichen Konflikten der hier untersuchten Art „Störer-Opfer" grundsätzlich zwei Fallvarianten zu unterscheiden sind: Legitimiert Bürger A einen anderen Bürger B zu einer rechtlich relevanten Handlung ihm gegenüber, so kann er sich nicht auf seine Grundrechte als Abwehrrechte gegenüber Bürger B berufen, wenn dieser die „*privatautonome*" Ermächtigung ordnungsgemäß wahrnimmt – der Verlust der abwehrrechtlichen Grundrechtsfunktion ist gerechtfertigt, da Bürger A ungezwungen und selbstverantwortlich über seine Freiheit disponiert hat.[480] Ist jedoch fraglich, ob Bürger B seine von Bürger A erhaltene Legitimation im Einzelfall überschritten hat, so ist insbesondere im Rahmen einer Abwägung[481] danach zu fragen, welcher konkrete Interessensausgleich

---

476 Siehe Staudinger/*Otto/Schwarze*, BGB, § 281 Rn. A 11; sinngemäß auch *Ernst* in: MüKo II, § 281 Rn. 30 ff.

477 In diesem Zusammenhang wird beispielsweise bei § 281 Abs. 2 Satz 2 BGB wie auch bei § 286 Abs. 2 Nr. 4 BGB die Formulierung der „*Abwägung der beiderseitigen Interessen*" als Voraussetzung für die Unverhältnismäßigkeit einer Fristsetzung respektive Mahnung gegenüber dem Schuldner verwandt und so erneut auf die Frage des gerechten Ausgleichs zwischen den Interessen der Beteiligten im konkreten Einzelfall hingewiesen.

478 Siehe *Hanau*, Der Grundsatz der Verhältnismäßigkeit als Schranke privater Gestaltungsmacht, S. 1 f.

479 Vgl. *Hanau*, Der Grundsatz der Verhältnismäßigkeit als Schranke privater Gestaltungsmacht, S. 139 ff.

480 Zustimmend *Stürner*, Der Grundsatz der Verhältnismäßigkeit im Schuldvertragsrechts, S. 320 f.

481 Auch *Stürner* weist explizit darauf hin, dass im Vertragsrecht der Verhältnismäßigkeitsgrundsatz an sich lediglich in einem Abwägungsvorgang der beteiligten, widerstreitenden Interessen zu sehen ist – das starre öffentlichrechtliche Prüfungsschema mit den Teilgrundsätzen der Geeignetheit, Erforderlichkeit und Angemessenheit ist mangels hoheitlichem Eingriffscharakter

jeweils von den Beteiligten gewollt war und ob sich dieses Ziel noch im Rahmen der Disposition befindet.

Eine völlig andere Wertung – so *Hanau* weiter – ist hingegen zu treffen, wenn Bürger B ohne entsprechende Ermächtigung (*„privatheteronom"*) die geschützten Rechtsgüter des Bürgers A stört bzw. beeinträchtigt. Die einfachgesetzlichen, privatrechtlichen Vorschriften – insbesondere die des BGB – sehen für diesen Fall eine staatliche Sanktionierung (beispielsweise in Form von Schadensersatzansprüchen) vor. Diese hoheitlich vorgesehene Sanktion durch den Gesetzgeber stelle ihrerseits einen staatlichen Eingriff[482] in die Grundrechte des Bürger B dar, so dass insofern die Frage der verfassungsrechtlichen Rechtfertigung und in der Konsequenz damit eine Prüfung des Verhältnismäßigkeitsgrundsatzes unter Berücksichtigung der konkreten Fallumstände veranlasst sei.[483] Auf der anderen Seite stellt die aus dem Fehlverhalten des Bürger B resultierende Schadensersatzpflicht zugleich eine harmonisierende Maßnahmen des Gesetzgebers dar, da er die durch das Fehlverhalten des B ins Ungleichgewicht geratene Waagschale zwischen Bürger A und Bürger B durch die Auferlegung der Ersatzpflicht – notfalls mit Hilfe der Gerichte – wieder in ihre ursprünglich ausgeglichene Ausgangsposition zurückführt.[484]

Bezogen auf Konfliktsituationen zwischen Bürgern kann an dieser Stelle generell festgehalten werden, dass der Grundsatz der Verhältnismäßigkeit auch im Privatrecht hinreichende Berücksichtigung findet. Zwar wird in vielen

---

im zwischenbürgerlichen Bereich nicht anwendbar. In der Konsequenz führe diese Begrenzung des Verhältnismäßigkeitsprinzips auf ein Abwägungsgebot im Falle einer Interessenskollision auch im Privatrecht – entsprechend der Prinzipientheorie von *Alexy* – zu der Existenz eines Optimierungsgebotes im Hinblick auf die Verwirklichung der konfligierenden Rechtsgüter. Vgl. *Stürner*, Der Grundsatz der Verhältnismäßigkeit im Schuldvertragsrecht, S. 319 ff, 326, 333, 347 ff., 446.

482 Nach *Hanau* ist damit streng zu differenzieren zwischen der grundsätzlichen Feststellung eines Eingriffs in geschützte Rechtsgüter an sich sowie deren verfassungsrechtlicher Rechtfertigung. Vgl. hierzu sowie vertiefend zu den Schranken privatautonomer sowie privatheteronomer Gestaltungsmacht *Hanau*, Der Grundsatz der Verhältnismäßigkeit als Schranke privater Gestaltungsmacht, S. 41 ff., 68 ff., 78 ff., 139 f.

483 Vgl. *Hanau*, Der Grundsatz der Verhältnismäßigkeit als Schranke privater Gestaltungsmacht, S. 78 ff., 139 ff.

484 *Stürner* spricht insofern von der *„Ausgleichsfunktion"* des Verhältnismäßigkeitsgrundsatzes als *„Grenze dessen, was als Abweichung vom Gleichgewicht noch erlaubt ist"* und meint damit – speziell auf das Schuldrecht bezogen – insbesondere die Einhaltung des Äquivalenzprinzips zwischen Leistung und Gegenleistung sowie die Beachtung des Grundsatzes von Treu und Glauben. Siehe *Stürner*, Der Grundsatz der Verhältnismäßigkeit im Schuldvertragsrecht, S. 43 ff., 437 f., 444 f.

Konstellationen des Alltags durch den Vorrang der grundrechtlich durch Art. 2 Abs. 1 GG gewährten Privatautonomie sowie der damit einher gehenden Subsidiarität des dispositiven Rechts gegenüber dem tatsächlichen Parteiwillen eine Verschiebung des legislatorisch vorgegebenen Handlungsmaßstabs erreicht werden[485], dennoch lässt sich die generelle Aufgabe des Grundsatzes der Verhältnismäßigkeit auch im Privatrecht mit dem vernünftigen[486] Ausgleich zwischen konkurrierenden Verfassungspositionen[487] prägnant zusammenfassen.[488]

Explizit bezogen auf die eingangs des Kapitels geschilderte Konfliktsituation zwischen Störer und Beeinträchtigtem bedeutet dies aus zivilrechtlicher Sicht für den Betroffenen respektive dessen Rechtsgüter folgende Handlungsmöglichkeit: Der in seinen schützenswerten Rechtsgütern beeinträchtigte Bürger kann von einem privaten Störer grundsätzlich zumindest[489] aus § 1004 Abs. 1

485 Das BVerfG sieht sich insbesondere dann zu Eingriffen in die Privatautonomie gezwungen, wenn ein starkes Stärkemissverhältnis zwischen den Vertragsparteien besteht und dieses Ungleichgewicht mit den Grundsätzen der Vertragsfreiheit nicht mehr zu vereinbaren ist. Vgl. vertiefend hierzu die sog. Handelsvertreter-Entscheidung, BVerfG, Beschl. v. 07.02.1990 - 1 BvR 26/84 - BVerfGE 81, S. 242 ff.

486 *Stürner* zählt den Ausdruck der „*Vernünftigkeit*" ebenso wie beispielsweise die Begrifflichkeit der „*Zumutbarkeit*" aufgrund ihrer immanenten, „*wertenden Gegenüberstellung verschiedener Interessen*" zu den Ausprägungen des Verhältnismäßigkeitsgrundsatzes. Siehe *Stürner*, der Grundsatz der Verhältnismäßigkeit im Schuldvertragsrecht, S. 336 ff, 443 f.

487 So im Ergebnis *Canaris*, AcP 184, S. 201 (214 f.); *Medicus*, AcP 192, S. 35 (59 f.). *Stürner* argumentiert ähnlich, bezieht sich jedoch speziell auf das Schuldvertragsrecht und stellt insofern den Verhältnismäßigkeitsgrundsatz als „*Instrument prozeduraler Gerechtigkeit*" heraus, wodurch in der Konsequenz ein „*Komplementärprinzip zum Äquivalenzgrundsatzes*" anzunehmen sei. Siehe *Stürner*, Der Grundsatz der Verhältnismäßigkeit im Schuldvertragsrecht, S. 330 ff., 442 ff.

488 So letztlich auch *Isensee*, der abstrakter formuliert und im Hinblick auf die Vertragskontrolle durch das BVerfG das Ziel der „Herstellung von „*Billigkeit im Einzelfall*" auch aus verfassungsrechtlicher Hinsicht betont. Siehe *Isensee* in: FS f. Großfeld, S. 485 (487 f.).

489 Es wird hier auf eine umfassende Prüfung aller in Betracht zu ziehenden Anspruchsgrundlagen wie beispielsweise aus dem Besitzschutz (§ 868 BGB) oder dem Eigentumsschutz (§ 906 BGB, § 985 BGB) sowie aus unerlaubter Handlung (§ 823 BGB) verzichtet. Vielmehr soll anhand des Unterlassungsanspruchs aus § 1004 BGB gezeigt werden, dass auch hier den Umständen des Einzelfalles und damit schließlich dem Grundsatz der Verhältnismäßigkeit zur Konfliktlösung entscheidende Bedeutung zukommt. Vgl. zu § 823 Abs. 2 BGB z.B. BGH, Urt. v. 26.02.1993 - V ZR 74/92 - BGHZ 122, S. 1 ff.

BGB die zukünftige Unterlassung der Störung sowie die Beseitigung der Folgen der bereits eingetretenen Störung verlangen. Eine Prüfung des Verhältnismäßigkeitsgrundsatzes ist hier (noch) nicht von Bedeutung; vielmehr weist § 1004 Abs. 2 BGB dem Störer im Einzelfall insoweit die Erhebung einer (rechtsvernichtenden) Einwendung zu: Existiert aufgrund der individuellen Umstände aus gesetzlichen oder rechtsgeschäftlichen Gründen für den betroffenen Bürger eine Pflicht zur Duldung der Störung, so besteht der Beseitigungs- respektive Unterlassungsanspruch aus § 1004 Abs. 1 BGB nicht. Neben einer Vielzahl möglicher Gründe[490] für eine Duldungspflicht im Einzelfall kann hier insbesondere auch die Unverhältnismäßigkeit zum Entfallen des Anspruchs[491] aufgrund der individuellen Umstände führen – dies insbesondere dann, wenn eine Abwägung der konfligierenden Interessen und Rechtsgüter im Einzelfall die Privilegierung des „Störers" verlangt.

d) Schlussfolgerung

Der Gesetzgeber ist auch im Zivilrecht seiner aus Art. 1 Abs. 3 GG resultierenden Pflicht zur Wahrung der bürgerlichen Grundrechte nachgekommen. So verkörpern zahlreiche Normen des Privatrechts – ungeachtet ihres meist dispositiven Charakters – per se einen angemessenen Ausgleich widerstreitender Privatinteressen und somit eine normative Verhältnismäßigkeit. In Fällen, in denen der Gesetzgeber einen solchen Ausgleich der beteiligten Privatinteressen nicht abstrakt zu formulieren in der Lage gewesen ist, sicherte er seinen Willen der ausgleichenden Gerechtigkeit durch die ausdrückliche Aufnahme des Verhältnismäßigkeitsgedankens in den Gesetzeswortlaut ab, um dadurch eine Berücksichtigung der Umstände des Einzelfalls gewährleisten zu können. Im Ergebnis kann die im Rahmen dieses Exkurses aufgeworfene Frage nach den privatrechtlichen Möglichkeiten des Dritten gegen den Störer vorzugehen, wie folgt zusammengefasst werden:

Dem Dritten stehen gegen den Störer verschiedene Mittel zur Abwehr einer Beeinträchtigung zur Verfügung – unabhängig von etwaigen öffentlich-rechtlichen Handlungsalternativen. Eines ausdrücklichen Rückgriffs auf den

---

490 Zu den verschiedenen Gründen für eine Duldungspflicht vgl. Palandt/*Bassenge*, BGB, § 1004 Rn. 34 ff.

491 Gemeint ist der originäre Anspruch auf Beseitigung einer Störung, der sich in diesem Fall in einen Schadensersatz- oder Ausgleichsanspruch wandeln kann, wenn *„der Beseitigungsaufwand unverhältnismäßig und nach den Interessen der Beteiligten und allen sonstigen Umständen unbillig hoch wäre"*. Siehe Palandt/*Bassenge*, BGB, § 1004 Rn. 47, 49 mit Verweis auf BGH, NZM 2010, S. 174.

Grundsatz der Verhältnismäßigkeit zugunsten des Dritten bedarf es daher im Einzelfall nicht. Dies bedeutet gleichzeitig jedoch nicht, dass dieses Prinzip der Einzelfallgerechtigkeit im Privatrecht für den Dritten vollkommen ohne Bedeutung bleibt. Vielmehr stellen die Normen des Zivilrechts in ihrer gesetzlichen (aber regelmäßig dispositiven) Ausformung bereits einen solchen verhältnismäßigen Ausgleich der widerstreitenden Privatinteressen dar.[492]

Wie sich daher abschließend feststellen lässt, greift der Grundsatz der Verhältnismäßigkeit zumindest mittelbar auch in rein bürgerlichen Streitigkeiten, indem er dazu beiträgt, auch hier die Parteieninteressen zu einem

492 Auch zugunsten des Störers kann im Einzelfall der Verhältnismäßigkeitsgrundsatz wirken. Dies ist auch konsequent, wenn man bedenkt, dass Aufgabe des Verhältnismäßigkeitsprinzips insbesondere die Wahrung der Einzelfallgerechtigkeit ist. Wenn somit der Gesetzgeber im Rahmen seiner Pflicht aus Art. 1 Abs. 3 GG dem Dritten bei Störungen durch einen Mitbürger generell zum Schutz seiner Rechte einen Anspruch aus § 1004 Abs. 1 BGB zuerkennt, so muss auf der anderen Seite sichergestellt werden können, dass dieser Anspruch durch den Dritten nicht auf missbräuchliche Art und Weise eingesetzt wird. Denn gemäß Art. 1 Abs. 3 GG ist der Gesetzgeber verpflichtet, der Doppelfunktion der Grundrechte – Abwehrrechte und objektive Wertordnung – gerecht zu werden, indem er nicht nur auf die Erfüllung der grundrechtlichen Schutzpflichten gegenüber dem „Opfer“ erfüllt, sondern ebenso effektiv die im Einzelfall bestehende Freiheitssphäre des Störers gewährt. Vgl. hierzu vertiefend z.B. *Isensee* in: FS f. Großfeld, S. 485 (493 ff., 496, 497 f.). Da auf der Tatbestandsseite des § 1004 Abs. 1 BGB der unbestimmte Rechtsbegriff der „Beeinträchtigung“ aufgrund seiner Auslegungsbedürftigkeit im Einzelfall die Gefahr des Missbrauchs in sich trägt, ist es erforderlich, dem Störer für diesen Fall ein Abwehrinstrument an die Hand zu geben. Durch die Berücksichtigung der Umstände des Einzelfalles wird insoweit gewährleistet, dass ein Unterlassungs- und Beseitigungsanspruch des Dritten nur dann zur Anwendung gelangen kann, wenn tatsächlich eine nicht zu duldende Beeinträchtigung durch den Störer vorliegt. Eine etwaige Unverhältnismäßigkeit in diesem Sinne bedeutet letztlich jedoch keinen vollkommenen Rechtsverlust des Dritten gegenüber dem Störer, vielmehr hat Letzterer insbesondere auf finanzielle Art und Weise einen angemessenen Ausgleich beziehungsweise eine angemessene Entschädigung an den Dritten zu leisten. Vgl. hierzu *Palandt/ Bassenge*, BGB, § 1004 Rn. 47, 49. Ähnlich *Stürner*, der verallgemeinernd die gesellschaftliche – nicht nur auf Deutschland alleine begrenzte – Maxime des „Streben[s] nach der Mitte“ gerade auch im Privatrecht feststellt, nicht unerheblich beeinflusst durch die Anwendung des Verhältnismäßigkeitsgrundsatzes. Dass durch dieses Ziel einer „Mittellösung“ hierdurch mangels fester Entscheidungsgrundsätze und der zunehmenden Bedeutung der Berücksichtigung aller konkreten Einzelfallumstände insbesondere auch eine gewisse Rechtsunsicherheit eintritt, wird anscheinend akzeptiert. Siehe *Stürner*, Der Grundsatz der Verhältnismäßigkeit im Schuldvertragsrecht, S. 448 f.

einzelfallgerechten Ausgleich – ohne Einschreiten einer Behörde[493] und nur durch einen auf Einzelgerechtigkeit abzielenden Gesetzeswortlaut – zu bringen.

Dieser zivilrechtliche Ausgleich widerstreitender Privatinteressen ist nicht selten auch die einzig effektive Möglichkeit der Konfliktlösung. Denn – so stellt *Huber*[494] fest – fehle es gerade bei polygonalen oder *„mehrdimensionalen Freiheitsprobleme*[n]" zwischen Privatpersonen nicht selten an einer *„kollisionslösenden, den objektiv-rechtlichen Schutzauftrag für die Grundrechte wahrnehmenden Tätigkeit des Gesetzgebers"*. Ist in derartigen Fällen mangelnder spezialgesetzlicher Rechtsgrundlagen ein Rückgriff der Verwaltung auf sicherheitsrechtliche Generalbefugnisse nicht möglich, so bleibt es in diesen Fällen alleine der Zivilgerichtsbarkeit vorbehalten, die widerstreitenden Grundrechte der Beteiligten *„zu einem verhältnismäßigen Ausgleich zu bringen."*[495]

2. *Verfassungsrechtliche Schutzfunktion des Verhältnismäßigkeitsprinzips für Dritte im Öffentlichen Recht?*

Wendet man sich dem sicherheitsrechtlichen Schutzaspekt des Verhältnismäßigkeitsgrundsatzes für den beeinträchtigten Dritten zu, so sind die folgenden Fragestellungen näher zu untersuchen: Einerseits ist zu klären, ob der Dritte den Verhältnismäßigkeitsgrundsatz als Abwehrinstrument gegenüber einer – trotz erheblichen Störung – untätigen Behörde einzusetzen vermag. Andererseits wird zu eruieren sein, ob der Dritte nicht unmittelbar aus der verfassungsrechtlichen

---

493 *Decker* stellt in diesem Zusammenhang fest, dass grundsätzlich die Wege des zivilrechtlichen und öffentlichen Rechtsschutzes gleichberechtigt nebeneinander stehen, in Einzelfällen jedoch die Möglichkeit des zivilrechtlichen Vorgehens des Dritten gegenüber dem Störer durchaus im Rahmen der behördlichen Ermessensausübung von Bedeutung sein kann. Vgl. *Decker* in: Simon/Busse, BayBO I, Art. 76 Rn. 489, 502 mit Nachweisen aus der Rechtsprechung; ferner *Numberger*, BayVBl. 2008, S. 741 (744).

494 Siehe *Huber*, Konkurrenzschutz im Verwaltungsrecht, S. 288 f. mit Bezug auf das in der Literatur stark kritisierte Urteil des VGH Kassel zur Genehmigungsfähigkeit gentechnischer Anlagen (VGH Kassel, Beschl. v. 06.11.1989 – 8 TH 685/89 – NVwZ 1990, S. 276 ff.).

495 Siehe BVerfG, Urt. v. 15.01.1958 – 1 BvR 400/51 – BVerfGE 7, S. 198 (206 f.); Beschl. v. 25.01.1984 – 1 BvR 272/81 – BVerfGE 66, S. 116. Kritisch hierzu *Stürner*, der generell die Bereitschaft zur Kompromisslösung anerkennt, aber auch die hierdurch eintretende, allgemeine Rechtsunsicherheit gerade durch dieses *„Streben nach Einzelfallgerechtigkeit"* feststellt. Siehe *Stürner*, Der Grundsatz der Verhältnismäßigkeit im Schuldvertragsrecht, S. 448 f.

Maxime der Verhältnismäßigkeit einen Anspruch gegen die Behörde auf aktives Einschreiten gegenüber dem Störer geltend machen kann.

a) *Der Verhältnismäßigkeitsgrundsatz als Abwehrmittel gegenüber einer untätigen Behörde (Eingriff in Form der Unterlassung?)*

Die Tatsache, dass es der Grundsatz der Verhältnismäßigkeit (i. w. S.) als Ausformung des Rechtsstaatsprinzips zur Aufgabe hat, hoheitliche Eingriffe in die Rechtsgüter des Bürgers auf das „zumutbare Maß" zu begrenzen, wurde bereits thematisiert. In einer Mehrpersonenkonstellation geht der Eingriff in die Rechtsgüter des Dritten jedoch nicht unmittelbar von einer staatlichen Stelle sondern von einer anderen Privatperson aus. Dennoch ist hier danach zu fragen, ob eine gegenüber diesem „Übergriff"[496] untätige respektive nicht zum aktiven Einschreiten bereite Behörde gerade durch ihr Unterlassen nicht zumindest mittelbar selbst in die Rechtsgüter des Dritten eingreift und insoweit der Verhältnismäßigkeitsgrundsatz auf Seiten des Dritten als Abwehrinstrument gegenüber der Behörde zum Tragen kommen kann.

Auf den Punkt gebracht stellt sich die Frage, ob ein Unterlassen der Behörde im Einzelfall einen hoheitlichen Eingriff in die Rechte des Dritten bedeuten kann. Bei der Beantwortung dieser Frage ist zwei Aspekten besondere Aufmerksamkeit zu schenken: Fraglich ist zunächst, ob ein exekutives Unterlassen denknotwendigerweise eine Rechtsverletzung des Bürgers nur in solchen Fällen bedeuten kann, in denen für die staatliche Stelle eine Verpflichtung zum aktiven Handeln besteht. Es ist mithin zu untersuchen, ob und unter welchen Voraussetzungen staatliche Handlungsverpflichtungen gegenüber dem einzelnen Bürger bestehen können. Ist eine derartige staatliche Handlungspflicht im Einzelfall festgestellt, stellt sich anschließend die Frage, ob diese Verpflichtung auch dem einzelnen Bürger ein subjektives Recht gewährt oder ob es sich dabei lediglich um eine objektive Wertung handelt.

aa) Grundrechtliche Schutzpflichten des Staates

Wie bereits festgestellt, besteht in dogmatischer Hinsicht eine Doppelfunktion der Grundrechte.[497] So verpflichtet das Grundgesetz alle staatliche Gewalt durch Art. 1 Abs. 1 Satz 2 GG i. V. m. Art. 1 Abs. 3 GG dem Grunde nach zur Achtung

---

496 Zur Begrifflichkeit des „Übergriffs" als Beeinträchtigung unter Privaten in Abgrenzung zu hoheitlichen „Eingriffen" vgl. *Calliess*, Rechtstaat und Umweltstaat, S. 447.

497 Vgl. hierzu die Ausführungen unter Kap. 3. A. I. 1.

und zum Schutz aller Grundrechte.[498] Inhaltlich konkretisiert durch das jeweilige Grundrecht besteht somit für alle staatlichen Organe die Pflicht zum Schutz der bürgerlichen Grundrechte – gerade auch vor Übergriffen Dritter. Es wird insoweit von den *„grundgesetzlichen Schutzpflichten“*[499] des Staates gesprochen, die zugleich eine logische Konsequenz des staatlichen Gewaltmonopols darstellen: Indem der Staat dem Bürger in Gefahrsituationen grundsätzlich die Möglichkeit der Selbstjustiz untersagt, ist er umgekehrt geradezu verpflichtet, für wesentliche Grundwerte und Rechtsgüter der Rechtsordnung respektive der Bürger einen effektiven Schutz zu gewährleisten.[500]

Nach diesen allgemeinen Feststellungen scheint es durchaus vertretbar, dass im Einzelfall eine Verletzung der grundrechtlichen Schutzpflichten einen Anspruch des schutzsuchenden Bürger gegen den Staat auf aktives Handeln rechtfertigen kann. Allerdings gilt es zu beachten, an wen sich die grundgesetzlichen Schutzpflichten im Regelfall richten: Adressat dieser Handlungsverpflichtung zum Wohle der Bürger ist insbesondere der Gesetzgeber, der diese Zielvorgaben der Verfassung auf abstrakt-genereller Ebene durchzusetzen hat.[501] Zahlreiche Stimmen in der Literatur[502] haben sich der Thematik der grundrechtlichen Schutzpflichten respektive der Grundrechtsdogmatik in Mehrpersonenverhältnissen gewidmet. Bei allen Differenzen der unterschiedlichen Untersuchungsgegenstände besteht weit überwiegend Einigkeit insoweit, dass insbesondere auch die grundrechtlichen Schutzpflichten der einfachgesetzlichen Konkretisierung bedürfen, um ihre volle, verfassungsrechtlich vorgesehene Wirkung entfalten zu können.[503] Genereller Adressat des grundrechtlichen

---

498 Vgl. *Stern*, Staatsrecht III/1, S. 931 ff. (938 ff.) m. w. N.

499 Vgl. grundlegend hierzu *Stern*, Staatsrecht III/1, S. 931 ff.

500 Vgl. *Klein*, JuS 2006, S. 960; *Lee* in: FS f. Starck, S. 300 ff. Vertiefend zum Gewaltmonopol des Staates generell sowie den sich daraus ergebenden Schutzpflichten des Staates, vgl. *Calliess*, Rechtsstaat und Umweltstaat, S. 92 ff.

501 Vgl. z.B. *Canaris*, JuS 1989, S. 161 ff. (163); *Calliess* in: Handbuch der Grundrechte, S. 963 (967); *Böckenförde*, Zur Lage der Grundrechtsdogmatik nach 40 Jahren Grundgesetz, S. 52 ff.

502 Vgl. z.B. *Poscher*, Grundrechte als Abwehrrechte, S. 380 ff.; *Gellermann*, Grundrechte in einfachgesetzlichem Gewande, S. 36 ff.; *Aulehner*, Grundrechte und Gesetzgebung, S. 11 ff.; *Jestaedt*, Grundrechtsentfaltung durch Gesetz, S. 108 ff.; *Calliess*, Rechtstaat und Umweltstaat, S. 437 ff.; *Isensee*, Das Grundrecht auf Sicherheit, S. 27 ff., 34 ff.; *Klein*, NJW 1989, S. 1633 ff.; *Lee* in: FS f. Starck, S. 297 ff.

503 So auch *Böckenförde*, der in diesem Zusammenhang von den Schutzpflichten als *„Prinzipiennorm mit Verwirklichungstendenz“* spricht, welche *„nach oben hin offen, aber aus sich selbst ohne Maß“* seien. Siehe *Böckenförde*, Zur Lage der

Schutzauftrags ist unmittelbar damit jedoch nicht die ausführende Verwaltung, ist diese doch gerade aufgrund des Grundsatzes des Gesetzesvorbehalts davon abhängig, dass die Legislative ihren Aufgaben ordnungsgemäß nachkommt.[504]

bb) Das Untermaßverbot als Maßstab eines verfassungswidrigen Schutzdefizits

Als gerichtlicher Kontrollmaßstab für die Einhaltung der grundgesetzlichen Schutzpflichten – insbesondere durch den Gesetzgeber – findet die bereits angesprochene[505] und bis heute in ihrem Inhalt respektive ihrer eigenständigen Bedeutung immer noch umstrittene[506] Rechtsfigur des Untermaßverbotes Anwendung, welche *„die justiziable Mindestgrenze bei der Wahrnehmung von Schutzpflichten"*[507] markiert. Dabei handelt es sich um ein ursprünglich von *Jarass*[508] und *Canaris*[509] beschriebenes, in der Rechtsprechung des BVerfG[510] weiter fortentwickeltes Schutzinstrument des Bürgers insbesondere zur Verpflichtung des untätigen Gesetzgebers, seiner verfassungsrechtlichen Aufgabe im Hinblick auf einen Mindeststandard an Schutz bedeutender bürgerlicher Grundrechte nachzukommen. Verfassungsrechtlich gesehen handelt es sich somit beim Untermaßverbot um ein bedeutendes Kontrollelement im Hinblick auf die Einhaltung staatlicher Schutzmechanismen zur Realisierung der aus Art. 1 Abs. 1 Satz 2 GG i. V. m. Art. 1 Abs. 3 GG entstammenden Pflicht zum Schutz der bürgerlichen Grundrechte.[511] Das Untermaßverbot ist dabei nicht mit dem Übermaßverbot im Sinne des heutigen Verhältnismäßigkeitsgrundsatzes

---

Grundrechtsdogmatik nach 40 Jahren Grundgesetz, S. 40. Vgl. ferner *Isensee*, Das Grundrecht auf Sicherheit, S. 48 f.; *Gellermann*, Grundrechte in einfachgesetzlichem Gewande, S. 48 f.; *Aulehner*, Grundrechte und Gesetzgebung, S. 284 ff.; *Jestaedt*, Grundrechtsentfaltung im Gesetz, S. 29 ff.; *Calliess*, JZ 2006, S. 321 ff. (323 f.)

504 So im Ergebnis auch *Stern*, Staatrecht III/2, S. 635.

505 Vgl. Kap. 1. B. II. 2.

506 Vgl. hierzu vertiefend *Störring*, Das Untermaßverbot in der Diskussion, S. 21 ff.

507 Siehe *Störring*, Das Untermaßverbot in der Diskussion, S. 41.

508 Vgl. *Jarass*, AöR 110, S. 363 (382 ff.).

509 Vgl. *Canaris*, AcP 184, S. 201 (225, 228).

510 Vgl. z.B. BVerfG, Urt. v. 26.07.2005 – 1 BvR 782/94, 957/96 – BVerfGE 114, S. 1 ff.; Urt. v. 26.07.2005 – 1 BvR 80/95 – BVerfGE 114, S. 73 ff.

511 Vgl. z.B. BVerfG, Urt. v. 28.05.1993 – 2 BvF 2/90 und 4,5/92 – BVerfGE 88, S. 203 (254); *Canaris*, AcP 184, S. 201 (225 ff.); *Isensee* in: Handbuch des Staatsrechts V, § 111 Rn. 165 f.; *Calliess*, Rechtstaat und Umweltstaat, S. 322 ff., 451 ff; *Kirchhof* in: Handbuch des Staatsrechts V, (3. Aufl.), § 99 Rn. 58.

identisch[512], vielmehr tritt es an *„die Seite des Übermaßverbotes“*[513] respektive stellt dessen rechtsstaatliche „Kehrseite“ im Sinne des Verhältnismäßigkeitsgedankens auf Grundrechtsebene dar[514]: Während das Übermaßverbot nur bei Eingriffen des Staates in die Rechtsgüter des Bürgers Anwendung findet, bildet das Untermaßverbot das Kontrollinstrument bei einer staatlichen Unterschreitung gewisser grundrechtlicher Schutzpflichten.[515] Oder kurz gefasst: Mit dem Untermaßverbot will der schutzbedürftige Bürger den Staat *„herbeirufen“*, mit dem Übermaßverbot jedoch *„auf Distanz halten“*[516].

Nach der Rechtsprechung des BVerfG[517] sind die grundrechtlichen Schutzpflichten nicht nur aus dem objektiven Gehalt der Grundrechte zu entnehmen, sondern gewähren darüber hinaus dem Bürger auch ein subjektiv einklagbares Recht auf Einhaltung gegenüber den staatlichen Stellen. Die verfassungsgerichtliche Praxis zeigt insoweit, dass eine Verletzung des verfassungsrechtlichen Schutzgebotes unter Berufung auf das Untermaßverbot regelmäßig nur gegenüber legislativen Akten des Staates vorgebracht werden kann. Denn das GG wendet sich im Rahmen seiner Schutzpflichten insbesondere an den Gesetzgeber mit der Verpflichtung, durch abstrakt-generelle Gesetze und

---

512 Der Inhalt sowie der Umfang der eigenständigen Bedeutung des Untermaßverbotes ist noch heute in der Literatur weitgehend umstritten. Vgl. hierzu die Diskussion von *Dietlein*, ZG 1995, S. 131 ff. und *Hain*, ZG 1996, S. 75 ff. Zum aktuellen Stand der Debatte, *Störring*, Das Untermaßverbot in der Diskussion, S. 21 ff.

513 Vgl. BVerfG, Urt. v. 28.05.1993 – 2 BvF 2/90, 4,5/92 – BVerfGE 88, S. 203 (205); ferner *Kirchhof* in: Handbuch des Staatsrechts V, (3. Aufl.), § 99 Rn. 58; *Hoffmann-Riem*, DVBl. 1994, S. 1381 (1384 f.).

514 Vgl. *Calliess*, JZ 2006, S. 328 ff.; *ders.*, Rechtsstaat und Umweltstaat, S. 451 ff.; *Lee* in: FS f. Starck, S. 299.

515 So im Ergebnis auch *Pieroth/Schlink*, Grundrechte, Rn. 308 ff. Verkürzt dargestellt geht es bei den grundrechtlichen Schutzpflichten abstrakt um die Frage, ob der Staat handeln muss, beim Untermaßverbot demgegenüber um die Art und Weise der staatlichen Handlung. Vgl. hierzu *Calliess*, Rechtstaat und Umweltstaat, S. 456.

516 Siehe *Störring*, Das Untermaßverbot in der Diskussion, S. 39. Welche Möglichkeiten dem Gesetzgeber zustehen, wenn einerseits die Pflicht zur Beachtung des Untermaßverbotes im Hinblick auf die legislative Erfüllung grundrechtliche Schutzpflichten besteht und andererseits kumulativ die Einhaltung des Übermaßverbotes in Bezug auf Grundrechte als Abwehrrechte des Bürgers in einem verfassungsrechtlichen Mehrpersonenverhältnis geboten ist, wird an späterer Stelle noch ausführlich darzustellen sein. Vgl. hierzu die Ausführungen in Kap. 3. B. III. 1.

517 Vgl. BVerfG, Urt. v. 26.07.2005 – 1 BvR 782/94, 957/96 – BVerfGE 114, S. 1 ff.; Urt. v. 26.07.2005 – 1 BvR 80/95 – BVerfGE 114, S. 73 ff.; Urt. v. 13.02.2007 – 1 BvR 421/05 – BVerfGE 117, S. 202 ff.

Verordnungen den drohenden Beeinträchtigungen und Störungen von bürgerlichen Grundrechten entgegenzuwirken.[518]

Für die Verwaltungsbehörden – und damit zurückkommend auf die Problematik des verwaltungsrechtlichen Mehrpersonenverhältnisses – lässt sich die Bedeutung der grundrechtlichen Schutzpflichten demnach wie folgt beschreiben: Sofern im verwaltungsrechtlichen Einzelfall durch einen Übergriff im hier verstandenen Sinne ein Grundrechtsträger durch einen Mitbürger in seinen Grundrechten beeinträchtigt wird, für die dem Staat eine grundgesetzliche Schutzfunktion zukommt, kann die Behörde verpflichtet sein, aktiv einzuschreiten und der bestehenden Gefahr entgegenzutreten. Entscheidend hierfür sind insbesondere die Umstände des Einzelfalls, mithin die Bedeutung des Grundrechts, die Schwere der Störung sowie deren Dauer.[519] Mit welcher Maßnahme die Behörde ihrer Handlungsverpflichtung nachkommt, bleibt dabei grundsätzlich in ihrer freien Entscheidungs- respektive Beurteilungsgewalt.[520] In der Konsequenz handelt es sich bei der verwaltungsgerichtlichen Überprüfung der exekutiven Realisierung behördlicher Schutzfunktionen regelmäßig nicht um eine Frage des Untermaßverbotes an sich, sondern vielmehr um eine Kontrolle exekutiver Ermessensausübung auf einfachgesetzlicher Ebene.[521] Unter welchen Voraussetzungen solche behördlichen Ermessensspielräume beschränkt sein können, wird daher nachfolgend näher zu untersuchen sein.

cc) Fazit

Aus verfassungsrechtlicher Sicht kann ein ungerechtfertigtes Unterlassen des Gesetzgebers hinsichtlich der Erfüllung grundrechtlicher Schutzpflichten einen Anspruch des schutzbedürftigen Bürgers auf legislatives Handeln begründen. Mit der verfassungsgerichtlichen Anerkennung eines subjektiven Rechts der

---

518 So auch *Rupprecht* in: FS f. Samper, S. 56.

519 Vgl. *Rupprecht* in: FS f. Samper, S. 56.

520 Denn wie an späterer Stelle noch vertieft aufzuzeigen sein wird, kann auch der Gesetzgeber seinen grundrechtlichen Schutzpflichten gegenüber den Grundrechtsträgern nur insofern gerecht werden, als er auf abstrakt-generelle Art und Weise „harmonisierende" Normen erlässt, die insbesondere durch die Auslegungsbedürftigkeit unbestimmter Rechtsbegriffe sowie dem der Exekutive bewusst eingeräumten Ermessensspielräumen charakterisiert sind. Vgl. hierzu die Ausführungen in Kap. 3. B. III. 1.

521 Vgl. hierzu auch *Di Fabio*, VerwArch 86, S. 214 ff. (231) sowie *Störring*, der in der Diskussion um das Untermaßverbot auf exekutiver Ebene keine *„neue dogmatische Figur"* sondern lediglich eine neue *„Terminologie"* für altbekannte Problematiken der Ermessensausübung sieht. Vgl. *Störring*, Das Untermaßverbot in der Diskussion, S. 49.

Bürger auf Einhaltung eines Mindeststandards an staatlichem Grundrechtschutz können die grundrechtlichen Schutzpflichten in Einzelfällen zur Anrufung der Verfassungsgerichte der Länder beziehungsweise des Bundes führen. Das Untermaßverbot als rechtstaatliches Regularium defizitärer Gesetze stellt insoweit sicher, dass der Gesetzgeber einen Mindeststandard an Schutz durch den Erlass einfachgesetzlicher Regelungen schafft und auch aufrechterhält.[522] Direkt bezogen ist diese Verpflichtung gemäß Art. 1 Abs. 3 GG grundsätzlich auf alle drei Staatsgewalten. In der Praxis jedoch erlangt das Untermaßverbot generelle Bedeutung nur auf verfassungsrechtlicher Ebene bei der Frage, ob der Gesetzgeber im Einzelfall seiner Schutzpflicht entsprechend nachgekommen ist.[523] Im Rahmen der verwaltungsgerichtlichen Kontrolle exekutiver Einzelakte geht es grundsätzlich bei der Problematik grundrechtlicher Schutzpflichten weniger um die Relevanz des Untermaßverbotes sondern vielmehr um die Überprüfung von behördlichen Ermessensakten und im Hinblick auf § 114 Satz 1 VwGO damit um die gerichtliche Kontrolle von Ermessensentscheidungen.[524]

b) Anspruch des Dritten auf aktives Einschreiten der Behörde

Es stellt sich die Frage, ob ein in seinen Rechtsgütern beeinträchtigter Bürger aus dem Kriterium der Verhältnismäßigkeit auf anspruchsbegründende Art und Weise ein direktes Einschreiten der Behörde gegenüber dem Störer verlangen kann. In diesem Zusammenhang gelangt der Rechtsbegriff der Ermessensreduzierung auf Null[525] und seine Relation zum Grundsatz der Verhältnismäßigkeit in den Mittelpunkt der Betrachtung. Es geht dabei insbesondere um die Problematik, ob legislativ eingeräumte Ermessensspielräume der

---

522 Die Erfüllung der grundrechtlichen Schutzpflichten erschöpft sich aus Sicht des Gesetzgebers somit nicht in dem einmaligen Erlass abstrakt-genereller Normen. Vielmehr gehört es weiterhin zu seinem umfassenden Schutzauftrag, die geltenden Gesetze regelmäßig auf ihre Aktualität und Zweckdienlichkeit zu kontrollieren und so den insbesondere auch den wandelnden gesellschaftlichen Erfordernissen stetig anzupassen. Vgl. *Isensee*, Das Grundrecht aus Sicherheit, S. 40.

523 So im Ergebnis *Pieroth/Schlink*, Grundrechte, Rn. 308.

524 Vgl. *Lohmann*, S. 115 f. m. w. N. Ob und gegebenenfalls unter welchen Voraussetzungen dem Bürger bei solchen Ermessensentscheidungen der Behörde im Mehrpersonenverhältnis ein Anspruch auf aktives Einschreiten gegenüber einem störenden Mitbürger zustehen kann, ist daher nachfolgend zu untersuchen.

525 Als Synonyme werden insbesondere die Begriffe der „*Ermessensschrumpfung*" sowie der „*Ermessensreduktion*" verwandt; vgl. *Kopp/Ramsauer*, VwVfG, § 40 Rn. 47a; *Ruffert* in: Knack/Henneke, VwVfG, § 40 Rn. 46; *Beaucamp*, JA 2006, S. 74 (76).

Behörde aufgrund der individuellen Umstände[526] (respektive der Anwendung des Verhältnismäßigkeitsgrundsatzes) derart beschränkt werden können, dass letztlich nur noch ein aktives Einschreiten der Behörde (gegebenenfalls sogar nur eine konkrete Maßnahmenart) einzig als im Einzelfall ermessensfehlerfreie Entscheidung angesehen werden kann.

aa) Anspruch auf ermessensfehlerfreie Entscheidung

In der gelebten Verwaltungswirklichkeit stellt eine Reduzierung des behördlichen Ermessensspielraums den Ausnahmefall dar. Grundsätzlich steht jedem Bürger – und somit im Mehrpersonenverhältnis auch dem in seinen Rechten verletzten Dritten – ein Anspruch auf ermessensfehlerfreie Entscheidung der Behörde nur[527] bei der Anwendung solcher Normen zu, die zumindest auch subjektiven Interessen zu dienen bestimmt sind.[528] Der Bürger kann daher regelmäßig selbst bei der Verletzung in drittschützenden Vorschriften lediglich von der Behörde im Rahmen ihres eingeräumten Ermessensspielraums die Einhaltung der gesetzlichen Grenzen aus § 40 VwVfG verlangen. Ein einklagbarer Anspruch auf eine bestimmte Verhaltensweise der Behörde lässt sich daraus gerade nicht ableiten.[529] Ausgehend von diesem Grundverständnis der rechtlichen Beziehung zwischen Behörde und Bürger kann es in bestimmten Situationen dennoch zu einer *„Verengung eines durch den Gesetzgeber gewährten Ermessensspielraumes der Verwaltung“*[530] kommen, wenn es die besonderen Umstände des Einzelfalles erforderlich machen. Wie das BVerfG im „Schleyer-Beschluss“ gerade im Hinblick auf die Auswirkungen grundrechtlicher Schutzpflichten auf die Ermessensausübung der staatlichen Entscheidungsträger bestätigt, kann die staatliche Schutzverpflichtung aus Art. 1 Abs. 1 Satz 2 GG i. V. m. Art. 1 Abs. 3 GG generell durchaus zu einer Reduzierung des Ermessensspielraumes führen,

---

526 *Hain/Schlette/Schmitz* stellen hierzu fest, dass sich bei einer Ermessensreduzierung auf Null gerade nicht der abstrakt-generell gewährte Spielraum reduziert, sondern vielmehr eine Reduktion *„aufgrund der besonderen Umstände eines bestimmten Einzelfalles und für diesen Einzelfall“* eintritt. Vgl. *Hain/Schlette/Schmitz*, AöR 122, S. 32 (40) m. w. N. aus der Literatur.

527 Vgl. *Di Fabio*, VerwArch, 86, S. 214 (233).

528 So auch *Laub*, die Ermessensreduzierung in der verwaltungsgerichtlichen Rechtsprechung, S. 22 f.

529 Vgl. zu den Grenzen des Anspruchs auf ermessensfehlerfreie Entscheidung z.B. BayVGH, Beschl. v. 06.12.2011 – 8 ZB 11.1676 – BayVBl. 2012, S. 309 f.

530 Siehe *Hain/Schlette/Schmitz*, AöR 122, S. 32 (39).

wobei jedoch strikt zwischen den Konsequenzen für das Entschließungsermessen und dem Auswahlermessen zu differenzieren ist.[531]

bb) Ermessensreduzierung (auf Null)

Eine „einfache" Ermessensreduzierung – gerade auch aufgrund der Geltendmachung grundrechtlicher Schutzpflichten gegenüber dem Staat[532] – führt regelmäßig (nur) zu einer Beschränkung des behördlichen Entschließungsermessens, kann im Einzelfall aber auch zusätzlich auf das Auswahlermessen der Behörde einwirken.[533] Das Resultat einer solchen (einfachen) Ermessensreduzierung ist in der Konsequenz regelmäßig nicht die Verpflichtung der Behörde zu einer bestimmten – gegebenenfalls vom Bürger explizit geforderten – Handlung; vielmehr führt die bloße Reduzierung des Handlungsspielraums regelmäßig nur zu einer Verpflichtung der Behörde zum Einschreiten im Sinne einer Reduzierung des Entschließungsermessens, wobei ihr die Wahl des Mittels weiterhin frei bleibt.[534]

Ähnlich restriktiv zu bewerten ist die Situation bei einer Ermessensreduzierung auf Null[535]. Bei dieser *„Zuspitzung"*[536] einer exekutiven Ermessensreduzierung verbleibt der Behörde regelmäßig im Rahmen des Entschließungsermessens

531 Vgl. z.B. BVerfG, Urt. v. 16.10.1977 – 1 BvQ 5/77 – BVerfGE 46, S. 160 (164 f.); BVerwG, Urt. v. 18.08.1960 – I C 42.59 – BVerwGE 11, S. 95 (96 f.).

532 Vgl. *Isensee*, Das Grundrecht auf Sicherheit, S. 53 ff. m. w. N. *Calliess* spricht insoweit von einer *„Freiheitsverträglichkeitsprüfung"*, die von staatlicher Seite bei der Frage des Einflusses grundrechtlicher Schutzpflichten auf die staatlichen Ermessensausübung durchzuführen sei. Siehe *Calliess*, DVBl. 2003, S. 1096 (1104).

533 Vgl. *Voßkuhle*, JuS 2008, S. 117 (118); *Schoch*, JURA 2004, S. 462 (468); *Di Fabio*, VerwArch 86, S. 214 ff.; *Hain/Schlette/Schmitz*, AöR 122, S. 32 (39 ff.).

534 So im Ergebnis auch *Di Fabio*, der aus Sicht der verwaltungsgerichtlichen Kontrolle behördlicher Ermessensentscheidungen feststellt, dass beim Vorliegen einer Ermessensreduzierung *„die Rechtsprechung [...] auch bei einer Bejahung der behördlichen Pflicht zum Einschreiten auf Handlungsalternativen Obacht zu geben"* hat. Siehe *Di Fabio*, VerwArch, 86, S. 214 (232); ähnlich *Hain/Schlette/Schmitz*, AöR 122, S. 32 (42).

535 Vertiefend zur Ermessensreduzierung auf Null vgl. *Wilke* in: FS f. Scupin, S. 831 ff.; *Kopp/Ramsauer*, VwVfG, § 40 Rn. 47a; *Di Fabio*, VerwArch 86, S. 214 ff.; *Sachs* in: Stelkens/Bonk/Sachs, VwVfG, § 40 Rn. 56 f. Aus der Rechtsprechung vgl. z.B. BVerwG, Urt. v. 14.04.1984 – 6 C 107.82 – BVerwGE 69, S. 90 (94); Urt. v. 15.07.1987 – 4 C 56.83 – BVerwGE 78, S. 40 (46); Urt. v. 29.07.1993 – 1 C 25.93 – BVerwGE 94, S. 35 (46 f.); Urt. v. 20.10.2004 – 1 C 15.03 – BVerwGE 122, S. 103 (108).

536 Vgl. *Hain/Schlette/Schmitz*, AöR 122, S. 32 (40).

nur eine einzige als rechtmäßig zu wertende Entscheidung,[537] nämlich zur Aufrechterhaltung respektive Wiederherstellung der öffentlichen Sicherheit und Ordnung einzugreifen.[538]

In den extremsten Fällen[539] einer Ermessensreduzierung existiert damit für die Behörde der gesetzlich eingeräumte Entschließungsspielraum faktisch nicht mehr. Vielmehr ist sie in diesen Ausnahmekonstellationen dazu verpflichtet einzuschreiten. Die Umstände des Einzelfalls können es in besonderen Fällen zudem erfordern, dass die Behörde die einzig als rechtmäßig anzusehende Maßnahme auch zwingend durchführen muss.[540] Hierzu stellt *Laub*[541] fest, dass es sich bei solchen Extremsituationen von Ermessensreduzierungen auf Null um lediglich mit gebundenen Verwaltungsentscheidungen vergleichbare aber nicht identische Fallkonstellationen handelt, so dass eine strikte und klare Trennung der Begrifflichkeiten unbedingt erforderlich sei. Es komme mithin entscheidend

---

537 So stellte das BVerwG fest, dass in Extremfällen der auf einer Ermessensreduzierung auf Null basierende Anspruch eines Bürgers *„im praktischen Ergebnis einem strikten Rechtsanspruch auf ein bestimmtes Verwaltungshandeln"* gleichkomme, generell jedoch im Rahmen einer solchen Schrumpfung des Ermessensspielraums *„nur eine einzige ermessensfehlerfreie Entschließung, nämlich die zum Einschreiten, denkbar ist und höchstens für das Wie des Einschreitens noch ein ausnutzbarer Ermessenspielraum der Behörde offenbleibt"*. Siehe BVerwG, Urt. vom 17.08.1960 – VI C 42.59 – BVerwGE 11, S. 95 (97); ähnlich Gern, DVBl. 1987, S. 1194 ff.

538 Seinen Ursprung findet dieses Rechtsinstitut in der Rechtsprechung des RG zur Amtshaftung zu Beginn des 20. Jahrhundert, vgl. z.B. RG, Urt. v. 22.05.1928 – III-346/27 – RGZ 121, S. 225 (232 f.); Urt. v. 26.02.1935 – III-174/34 – RGZ 147, S. 144 (146 f.).

539 So beispielsweise auch das in der Literatur häufig zitierte Schleyer-Urteil des BVerfG. Vgl. BVerfG, Urt. v. 16.10.1977 – 1 BvQ 5/77 – BVerfGE 46, S. 160 (164 f.). *Isensee* stellt insoweit zutreffend fest, dass gerade im Hinblick auf die Realisierung grundrechtlicher Schutzpflichten der Ermessensspielraum der Exekutive durchaus beeinflusst respektive gesteuert wird, wobei das Maß der Reduzierung insbesondere von der Höhe der Gefährdungsstufe sowie der Bedeutung des Grundrechts abhänge. Vgl. *Isensee*, Das Grundrecht auf Sicherheit, S. 53 ff.

540 Vgl. *Ruffert* in: Knack/Henneke, VwVfG, § 40 Rn. 46; *Beaucamp*, JA 2006, S. 74 (76). Da es sich bei Ermessensvorschriften regelmäßig um sog. Kopplungsvorschriften, d.h., um Vorschriften mit legislativer Einräumung von Entschließungs- und Auswahlermessen kumulativ, handelt, gehen *Hain/Schlette/Schmitz* letztlich davon aus, dass bei einer umfassenden Ermessensreduzierung auf Null regelmäßig der *„Wegfall des Auswahlermessens"* entscheidend sei. Siehe *Hain/Schlette/Schmitz*, AöR 122, S. 32 (42).

541 Vgl. *Laub*, Die Ermessensreduzierung in der verwaltungsgerichtlichen Recht sprechung, S. 25 f.

darauf an, dass es aufgrund der konkreten Umstände des Einzelfalls der handelnden Stelle obliege, eine bestimmte Handlung vorzunehmen oder gerade eine Handlung gegenüber dem Bürger generell zu unterlassen.[542] Wie das BVerfG in seinem Urteil zur Schleyer-Entführung[543] ausführt, kann selbst eine solche schwerwiegende Gefährdung des Lebens eines Bürgers jedoch regelmäßig nicht zu einer vollständigen Ermessensreduzierung der staatlichen Sicherheitsbehörden führen, da dies wiederrum die notwendige Berücksichtigung der Umstände des Einzelfalles nicht ermöglichen würde. Auch dieser Feststellung des BVerfG lässt sich entnehmen, dass sich selbst eine Ermessensreduzierung auf Null regelmäßig nur auf das Entschließungsermessen der Behörde auswirken kann. Selbst wenn die Behörde im Einzelfall zum Einschreiten verpflichtet werden kann, so bleibt es weiterhin regelmäßig im Ermessen der Behörde, welche Maßnahme sie im konkreten Fall aufgrund der individuellen Umstände ergreift.[544]

In der oberverwaltungsgerichtlichen Rechtsprechung zur Gefahrenabwehr[545] hat sich – entsprechend der Vorgaben des BVerwG[546] – die Formel etabliert, wonach im Einzelfall eine Ermessensreduzierung auf Null regelmäßig eintreten kann, wenn „*eine schwere Gefährdung für wichtige Rechtsgüter*" eines Bürgers besteht.[547] Dabei ist der Begriff des „wichtigen Rechtsguts" zwingend restrik-

---

542 Vgl. *Hain/Schlette/Schmitz*, AöR 122, S. 32 (41).

543 Vgl. BVerfG, Urt. v. 16.10.1977 – 1 BvQ 5/77 – BVerfGE 46, S. 160 (165).

544 So auch das BVerfG, das selbst bei einer akuten Gefährdung des Lebens eines Bürgers durch Terroristen keine Verpflichtung der Sicherheitsbehörden zur Durchführung einer bestimmten Maßnahme feststellt, sondern der Sicherheitsbehörde einen Beurteilungsspielraum insoweit zusprach, der die Berücksichtigung der besonderen Umstände des Einzelfalls erlaubt. Vgl. BVerfG, Urt. v. 16.10.1977 – 1 BvQ 5/77 – BVerfGE 46, S. 160 (165). Ähnlich *Voßkuhle*, JuS 2008, S. 117 (118); *Schoch*, JURA 2004, S. 462 (468); *Di Fabio*, VerwArch 86, S. 214 ff.; *Hain/Schlette/Schmitz*, AöR 122, S. 32 (39 ff.); *Sarnighausen*, UPR 1998, S. 329 (330).

545 Vgl. z.B. BayVGH, Urt. v. 21.12.1990 – 4 B 87.3825 – BayVBl. 1991, S. 759; VGH Mannheim, Beschl. v. 05.03.1996 – 1 S 470/96 – VR 1996, 320.

546 Vgl. z.B. BVerwG, Urt. v. 18.08.1960 – I C 42.59 – BVerwGE 11, S. 95 (97); Urt. v. 15.07.1987 – 4 C 56.83 – BVerwGE 78, S. 40 (46); Urt. v. 29.07.1993 – 1 C 25.93 – BVerwGE 94, S. 35 (46 f.); Urt. v. 22.12.1993 – 11 C 46.92 – BVerwGE 95, S. 15 (19 f.); Urt. v. 20.10.2004 – 1 C 15.03 – BVerwGE 122, S. 103 (108). Auch die Literatur hat diese Formel übernommen, vgl. z.B. *Heckmann* in: Becker/Heckmann/Kempen/Manssen, S. 283 f., Rn. 144; *Beaucamp*, JA 2006, S. 74 (76); zu allgemein dagegen *Huber*, Konkurrenzschutz im Verwaltungsrecht, S. 149.

547 Vgl. *Hain/Schlette/Schmitz*, AöR 122, S. 32 (42 f.); *Di Fabio*, VerwArch 86, S. 214 (221); *Beaucamp*, JA 2006, S. 74 (76). Diese Fallgruppe ist nur schwer von der Ermessensreduzierung auf Null aufgrund der Verletzung bürgerlicher Grundrechte

tiv zu handhaben, da andernfalls jede akute Interessensbeeinträchtigung im Rahmen einer drittschützenden Norm zu einer Einschränkung der behördlichen Gestaltungsspielräume führen könnte. Zwar dient gerade auch eine Ermessensreduktion ihrem Zweck nach der Schaffung von Einzelfallgerechtigkeit, dennoch muss eine solche Schrumpfung respektive Aufhebung exekutiver Spielräume auf absolute Härtefälle beschränkt bleiben.[548] Als „wichtige Rechtsgüter" in diesem Sinne sind insbesondere die verfassungsrechtlich geschützten Rechtspositionen des Bürgers anzusehen. Dieser Rückschluss lässt sich vor allem aus Art. 20 Abs. 3 und Art. 1 Abs. 3 GG ziehen, wonach sämtliche staatliche Gewalt den Vorrang der Verfassung sowie insbesondere die Grundrechte zu beachten hat.[549] *Di Fabio* stellt hierzu insbesondere die Pflicht des Staates bei besonders hoch einzuschätzenden Grundrechten (insbesondere der Menschenwürde, dem Recht auf Leben sowie der körperlichen Unversehrtheit) fest, *„sich [...] nicht nur verletzender Eingriffe zu enthalten, sondern sich auch bei Schädigungen und Gefährdungen durch private Dritte schützend vor die bedrohten Rechtsgüter zu stellen."*[550]

Die Frage einer Ermessensreduzierung auf Null ist folglich durch eine Subsumtion der tatsächlichen Schilderungen des beeinträchtigten Bürgers unter die vom BVerfG aufgestellte Formel der „schweren Gefährdung eines wichtigen Rechtsguts" zu beantworten. Nur wenn die Behörde im Rahmen dieser konkreten Gewichtung des geschilderten Sachverhalts des rechtschutzbegehrenden Bürgers zu dem Ergebnis gelangt, dass ein Störer in erheblichem Umfang in ein oder mehrere wichtige Rechtsgüter des Dritten belastend einwirkt, wird die Behörde von einer Ermessensreduzierung auf Null im festgestellten Sinne ausgehen und ist in der Konsequenz nicht nur zum Einschreiten gegenüber dem Störer berechtigt, sondern vielmehr dazu verpflichtet. Allerdings beschränkt sich diese Reduzierung exekutiver Beurteilungsspielräume regelmäßig auf das

---

respektive drittschutzvermittelnden Verfassungsgrundsätzen zu trennen. Vgl. vertiefend *Laub*, Die Ermessensreduzierung auf Null in der verwaltungsgerichtlichen Rechtsprechung, S. 30 ff.

548 So im Ergebnis wohl auch *Malluche*, Opportunitätsprinzip, S. 118 sowie Schnapp, DVBl. 1969, S. 596 (597).

549 Vgl. *Hain/Schlette/Schmitz*, AöR 122, S. 32 (44); *Di Fabio*, VerwArch 86, S. 214 (221).

550 Siehe *Di Fabio*, VerwArch 86, S. 214 (221); ähnlich auch das BVerfG, das hinsichtlich des Grundrechts auf Schutz des menschlichen Lebens eine umfassende Schutzpflicht des Staates feststellt, insbesondere auch vor *„rechtswidrigen Eingriffen von Seiten anderer"*. Siehe BVerfG, Urt. v. 16.10.1977 – 1 BvQ 5/77 – BVerfGE 46, S. 160 (164) mit Verweis auf BVerfG, Urt. v. 25.02.1975 – 1 BvF 1/74 u.a. – BVerfGE 39, S. 1 (42).

Entschließungsermessen; die Wahl der konkreten Maßnahme bleibt weiterhin im Ermessen der Behörde.

Diese bewusst hoch eingestufte Hürde der Rechtsprechung hinsichtlich der Voraussetzungen einer Ermessensreduzierung auf Null zeigt gleichzeitig ihre besondere Ausnahmeerscheinung. Sie ist desweiteren in ihren Anforderungen nicht vergleichbar mit den tatbestandlich ungleich milderen Voraussetzungen einer Klagebefugnis vor den Gerichten der Verwaltungsgerichtsbarkeit: Während eine Ermessensreduzierung auf Null eine deutliche Verschärfung respektive Zuspitzung der Rechtsgutsverletzung erfordert, ist es im Rahmen einer verwaltungsgerichtlichen Klage hinsichtlich der rechtstaatlichen Anforderungen an eine zulässige Klage – und damit in Bezug auf die Klagebefugnis des rechtschutzbegehrenden Bürgers – ausreichend, wenn gemäß § 42 Abs. 2 VwGO eine mögliche Verletzung[551] des Bürgers in einer ihn schützenden Rechtsposition vorliegt. Diese bewusst gering gehaltene Anforderung an eine Klagebefugnis spiegelt den Willen des Gesetzgebers wider, wonach nur solche Klagebegehren „aussortiert" werden sollen, in denen ein Klagebedürfnis aus offensichtlichen Gründen[552] nicht besteht. Die weitaus größte Zahl der rechtschutzsuchenden Bürger kann diese geringe Zulässigkeitshürde durch einen schlüssigen Vortrag einer möglichen Rechtsgutbeeinträchtigung passieren und bekommt so den durch Art. 19 Abs. 4 GG zugesicherten Rechtsschutz.

Qualitativ höhere Anforderungen werden im Gegensatz hierzu für die Annahme einer Ermessensreduzierung auf Null und damit an das auf hoheitliches Einschreiten ausgerichtete Schutzbegehren des Bürgers gestellt. Die Darlegung einer möglichen Rechtsgutsverletzung reicht hier bei Weitem nicht aus. Vielmehr muss der Bürger glaubhaft eine vorliegende, erhebliche Verletzung in einem wichtigen Rechtsgut geltend machen, was eine dreifache Verschärfung des Vortrags gegenüber den Anforderungen an eine Klagebefugnis impliziert: Zum Einen muss die Gefährdung eines Rechtsguts nicht nur abstrakt möglich erscheinen, sondern vielmehr schlüssig vom Bürger vorgetragen werden. Zum anderen darf es sich nicht „nur" um eine mögliche Rechtsgefährdung

---

551 Vertiefend zur sog. „*Möglichkeitstheorie*" vgl. *Kopp/Schenke*, VwGO, § 42 Rn. 66, 70 ff.; *Happ* in: Eyermann, VwGO, § 42 Rn. 93 mit Verweis auf BVerwG, Urt. v. 22.02.1994 – 1 C 24.92 – BVerwGE 95, S. 133 ff.; ferner *Redeker/Oertzen*, VwGO, § 42 Rn. 48 sowie *Schmidt*, Verwaltungsprozessrecht, S. 53, Rn. 137.

552 Vgl. *Kopp/Schenke*, VwGO, § 42 Rn. 59; *Redeker/Oertzen*, VwGO, § 42 Rn. 48 sowie *Schmidt*, Verwaltungsprozessrecht, S. 53, Rn. 137 mit Verweis auf BVerwG, Urt. v. 20.04.1994 – 11 C 17.93 – BVerwGE 95, S. 333 (334 ff.); Urt. v. 06.04.2000 – 3 C 6.99 – DVBl. 2000, S. 1614 sowie BVerfG, Beschl. v. 10.05.2001 – 1 BvR 481, 518/01 – NVwZ 2001, S. 1148 (1149 f.).

handeln, diese Gefährdung muss vielmehr tatsächlich vorliegen, ein weit überdurchschnittliches Ausmaß angenommen haben und damit auf qualifizierte Art und Weise eine besondere Schwere für den Bürger bedeuten. Letztlich genügt für eine Ermessensreduzierung auf Null nicht die erhebliche Gefährdung irgendeiner geschützten Rechtsposition des Bürgers: Nach der Rechtsprechung des BVerfG muss es sich bei der konkret gefährdeten Rechtsposition um ein verfassungsrechtlich besonders anerkanntes, „wichtiges" Rechtsgut handeln. Damit wird der Rahmen für die bei der Behörde rechtschutzbegehrenden Bürger weiter verdichtet; die Anzahl der „wichtigen" Rechtsgüter im Sinne des BVerfG wird letztlich durch das GG respektive die Grundrechten vorgegeben. In der sicherheitsrechtlichen Verwaltungspraxis kommt dabei insbesondere den Grundrechten auf Schutz des Lebens sowie der körperlichen Unversehrtheit als auch der Eigentumsfreiheit besondere Relevanz zu.

Diese hohen Hürden einer Ermessensreduzierung sind aus rechtspolitischem Blickwinkel sehr gut nachvollziehbar: Wenn man sich den Sinn und Zweck von Ermessensvorschriften vor Augen führt, rechtfertigt die staatliche Gewaltenteilung einen deutlich strengeren Maßstab bei der Annahme einer Ermessensreduzierung auf Null im Vergleich zu den rechtstaatlichen Anforderungen an eine Befugnis zur Inanspruchnahme des Verwaltungsgerichtsbarkeit: Der Sinn von verwaltungsrechtlichen Ermessensvorschriften liegt insbesondere in ihrem *„delegatorischen Charakter"*[553] zur behördlichen Bewältigung einer (ansonsten nicht fassbaren) Fülle von unterschiedlichen Sachverhalten – mithin soll der Behörde vom Gesetzgeber regelmäßig nur ein rechtlicher Rahmen vorgegeben werden, in dessen Grenzen die Behörde im Sinne einer größtmöglichen Einzelfallgerechtigkeit eigenverantwortlich entscheiden und handeln kann. Gleichzeitig gewährleistet diese Einräumung exekutiver Beurteilungs- und Entscheidungsspielräume dem Bürger im Fall von Beeinträchtigungen drittschützender Vorschriften einen Anspruch gegenüber der Behörde auf ermessensfehlerfreie Entscheidung. Der Bürger steht somit bei Beeinträchtigungen in keinem Fall schutzlos vor dem Staatsapparat

553 Dabei sind selbstredend die verfassungsrechtlichen Grenzen insoweit zu beachten, damit der Gesetzgeber der Exekutive nicht völlig freie Hand bei der Erfüllung ihrer Maßnahmen überlässt. Vielmehr ist der Gesetzgeber durch die Verfassung verpflichtet, das Wesentliche (insbesondere die tatbestandlichen Voraussetzungen einer Norm) selbst zu regeln und insbesondere nur auf der Rechtsfolgenseite der Behörde einen gewissen Handlungsspielraum zu gewähren. Davon zu unterscheiden sind demgegenüber die Fälle, in denen der Gesetzgeber durch die Verwendung unbestimmter Rechtsbegriffe der Exekutive bereits auf der Tatbestandsseite einen begrenzten Spielraum überlässt, vgl. *Hain/Schlette/Schmitz*, AöR 122, S. 32 (37).

und seinen Behörden. Denn grundsätzlich gewährleistet eine ordnungsgemäße Ermessensausübung dem Bürger den ihm jeweils zustehenden Schutz seiner Rechtsposition – dennoch bleibt die Behörde frei in ihrer Entscheidung, ob und wie sie im konkreten Einzelfall aufgrund ihrer eigenen Einschätzung der Sach- und Rechtslage handeln möchte. Wenn somit der Bürger gegenüber der Behörde in jedem Fall eine ermessensfehlerfreie Überprüfung seines Interesses einfordern und damit bereits auf effektive Art und Weise im Regelfall dem Begehren des Bürgers auf angemessene und rechtstaatliche Art und Weise begegnet werden kann, so lässt es sich auch rechtfertigen, dass die Voraussetzungen für eine weit darüber hinaus gehende Ermessensreduzierung auf Null deutlich höher gefasst sind, um der Behörde die Ausübung ihrer legislativ eingeräumten Spielräume weiterhin im Sinne der öffentlichen Sicherheit und Ordnung zu ermöglichen.

Im Gegensatz dazu ist der Zugang zu den Verwaltungsgerichten durch den Gesetzgeber bewusst bürgerfreundlich ausgestaltet: Entsprechend dem verfassungsrechtlichem Anliegen eines effektiven Rechtschutzes muss dem Bürger – um den Anforderungen des Art. 19 Abs. 4 GG gerecht werden zu können – auch bei Verstößen von untergeordneter Bedeutung beziehungsweise lediglich der Möglichkeit einer solchen Rechtsverletzung die nachträgliche gerichtliche Kontrolle der staatlichen Handlung gestattet sein. Wäre dies nicht der Fall und würde man an eine Klagebefugnis deutlich höhere Voraussetzungen knüpfen, wäre der Bürger insbesondere bei belastungsschwachen, rechtswidrigen Eingriffen des Staates faktisch rechtsschutzlos gestellt.

Desweiteren zeigt sich die besondere Stellung der Ermessensreduzierung auf Null im Rahmen der verwaltungsgerichtlichen Entscheidungsbefugnis. Will der beeinträchtigte Bürger im Einzelfall die Behörde im Rahmen einer Verpflichtungsklage nach § 42 Abs. 1 Alt. 2 VwGO zum Einschreiten zwingen, so ist dieser Antrag nur beim Vorliegen einer Ermessensreduzierung auf Null umfassend erfolgreich. Sind deren hohen Voraussetzungen im Einzelfall erfüllt, so ist die Behörde durch das Verwaltungsgericht in Form des Vornahmeurteils nach § 113 Abs. 5 Satz 1 VwGO verbindlich zum Einschreiten zu verpflichten. Erfüllt der zugrunde liegende Sachverhalt jedoch keine umfassende Schrumpfung des behördlichen Ermessensspielraums, so hat sich das Gericht gemäß § 113 Abs. 5 Satz 2 VwGO auf die Verpflichtung der Behörde zu beschränken, *„den Kläger unter Beachtung der Rechtsauffassung des Gerichts zu bescheiden.“*[554]

Im Ergebnis lässt sich festhalten, dass die von Seiten der Rechtsprechung geforderten hohen Anforderungen an eine Ermessensreduzierung auf Null

554 Vertiefend zur Abgrenzung von Verbescheidungsurteil und Vornahmeurteil sowie zum Begriff der Spruchreife vgl. *Kopp/Schenke*, VwGO, § 113 Rn. 178 ff.

keine unzulässige Begrenzung des Bürgers in dem Schutz seiner Rechte bedeutet, vielmehr die Behörde bewusst nur in absoluten Härtefällen ausnahmsweise zum Einschreiten verpflichtet werden soll. Denn letztlich steht der Bürger ohne Ermessensreduzierung auf Null nicht schutzlos da: Er hat generell das Recht auf ermessensfehlerfreie Entscheidung durch die Behörde, wodurch in aller Regel eine rechtstaatliche Auseinandersetzung mit dem bürgerlichen Begehren gewährleistet ist. Gleichzeitig bedeutet eine Ermessensreduzierung auf Null nicht automatisch eine Verpflichtung der Behörde zur Vornahme einer bestimmten Maßnahme. Die Handlungsverpflichtung bezieht sich in aller Regel lediglich auf das behördliche Entschließungsermessen, die Wahl des konkret anzuwendenden Mittels bleibt regelmäßig selbst bei schweren Gefährdungen des Lebens[555] Sache der Behörde.

cc) Ermessensreduzierung auf Null und Verhältnismäßigkeit

Aus Sicht des in seinen Rechten verletzten Dritten kann festgehalten werden, dass es im Rahmen eines Dreipersonenverhältnisses für seinen Anspruch auf aktives Einschreiten der Behörde gegenüber dem Störer entscheidend auf eine Reduzierung des Ermessensspielraums auf Null ankommt. Eine unmittelbare Relevanz des Verhältnismäßigkeitsgrundsatzes in seinem klassischen Verständnis als Abwehrmechanismus gegenüber staatlichen Eingriffen ist für den Dritten damit – in Form eines auch anspruchsbegründenden Elements – zu verneinen. Die eingangs gestellte Frage, ob sich aus dem klassischen Verhältnismäßigkeitsgrundsatz mit seinen Teilgrundsätzen der Geeignetheit, Erforderlichkeit und Angemessenheit unmittelbar ein Anspruch des Dritten auf aktives Einschreiten gegenüber der Behörde ableiten lässt, muss letztlich verneint werden: Beim Grundsatz der Verhältnismäßigkeit im klassischen Verständnis handelt es sich um einen reinen Schutzmechanismus zu Gunsten der Rechtsgüter des Bürgers, der sich inhaltlich darauf beschränkt, insbesondere Ermessenshandlungen des Staates gegenüber dem Bürger auf das einzelfallgerechte Maß zu beschränken. Als unmittelbare Anspruchsgrundlage des Dritten auf aktives behördliches Einschreiten gegenüber einem privaten Störer kann er somit bereits aus teleologischen Gründen nicht dienen. Eine solche Ausweitung seines Anwendungsbereichs zu Gunsten des Drittbetroffenen würde im Ergebnis zu einer unberechtigten Schlechterstellung der Behörden und somit zu einer unerwünschten Einschränkung von legislativ bewusst eingeräumten Handlungs- und Beurteilungsspielräumen führen. Sie ist aber auch nicht erforderlich, da sich der Dritte bei groben Eingriffen in besonders wichtige Rechtsgüter im Einzelfall gegenüber der staatlichen Stelle auf eine

555 Vgl. z.B. BVerfG, Urt. v. 16.10.1977 – 1 BvQ 5/77 – BVerfGE 46, S. 160 (164 f.).

Ermessensreduzierung auf Null berufen kann. Die Rechtsstaatlichkeit bleibt also auch ohne den Rückgriff auf den Verhältnismäßigkeitsgrundsatz in seiner ursprünglichen Bedeutung gewahrt. Eine Anwendung des Verhältnismäßigkeitsgrundsatzes als „anspruchsbegründendes" Mittel auf aktives Einschreiten der Behörde ist daher weder angezeigt noch rechtstaatlich begründbar.

dd) Zusammenfassung

Aus Sicht des Dritten kann in öffentlich-rechtlicher Sicht festgehalten werden, dass zu seinen Gunsten zwar qualifizierte Schutzmöglichkeiten vor Rechtsgutbeeinträchtigungen durch Mitbürger (= Störer) bestehen, diese jedoch auf absolute Härtefälle reduziert sind und daher nur unter bestimmten strengen Voraussetzungen eine Behörde zum Eingreifen gegenüber dem Störer verpflichtet werden kann. Denn letztlich hängt es vom Vorliegen einer Ermessensreduzierung auf Null ab, ob die Behörde im Einzelfall zugunsten des Dritten einschreiten muss. Nach den übereinstimmenden Ansichten von Rechtsprechung und Literatur liegt eine solche Reduzierung des behördlichen Entschließungsermessens regelmäßig nur dann vor, wenn ohne Einschreiten der Behörde eine erhebliche Beeinträchtigung des Dritten in einem wichtigen Rechtsgut ernsthaft zu befürchten ist. Dies lässt sich aus Sicht der Behörde im Rahmen einer einfachen Sachverhaltssubsumtion in der Regel mit geringen Mitteln in zeitlich begrenztem Rahmen und eindeutig beantworten.

3. *Resümee*

Im Ergebnis lässt sich die Beziehung zwischen dem in seinen Rechten beeinträchtigten Dritten und dem Verhältnismäßigkeitsgrundsatz in multipolaren Rechtsverhältnissen wie folgt zusammenfassen: In zivilrechtlicher Hinsicht bieten die Vorschriften des BGB dem Dritten ausreichend Schutz vor Beeinträchtigungen und Störungen durch Mitbürger. Diese Feststellung beruht insbesondere auf der Tatsache, dass der Gesetzgeber im Rahmen des Zivilrechts seiner verfassungsrechtlichen Aufgabe zum Schutz der Grundrechte aus Art. 1 Abs. 3 GG durch die Schaffung in sich verhältnismäßiger und damit die beteiligten Parteiinteressen ausgleichender Vorschriften nachgekommen ist. Dieser normierte Interessensausgleich gewährleistet in der Mehrzahl der Sachverhalte per se einen verhältnismäßigen Ausgleich der beteiligten Rechtsgüter. Sollte im Wege der Privatautonomie von dieser neutralen Gesetzgebung bewusst abgewichen werden, stellt der Gesetzgeber dennoch ein Mindestmaß an Ausgleich durch die nicht dispositiven Generalklauseln von den „guten Sitten" oder „Treu und Glauben" bereit.

Auf öffentlich-rechtlichem Gebiet kann der Dritte lediglich im Wege einer Ermessensreduzierung auf Null die zuständige Verwaltungsbehörde zum

Eingreifen gegenüber einem Störer verpflichten. Ein solcher Ausnahmefall setzt jedoch die schwere Gefährdung eines wichtigen Rechtsguts voraus, deren Vorliegen im Rahmen einer behördlichen Subsumtion des jeweiligen Sachverhalts unter die von der Rechtsprechung hervorgebrachten Tatbestandsvoraussetzungen festzustellen ist. Schließlich konnte im Rahmen der Ausführungen gezeigt werden, dass dem Grundsatz der Verhältnismäßigkeit (i. w. S.) aus Sicht des Dritten im Mehrpersonenverhältnis im Ergebnis keine anspruchsbegründende Relevanz gegenüber der Behörde zukommt. Eine Erweiterung dieses klassischen Abwehrmechanismus über die Kontrolle staatlicher Machtausübung hinaus zu einer anspruchsbegründenden Position des Bürgers auf Handlungsverpflichtung der Behörde ist weder aus Rechtsschutzgründen veranlasst, noch aus teleologischen Gesichtspunkten sinnvoll.

II. Die Bedeutung des Verhältnismäßigkeitsgrundsatzes aus Sicht des Störers

Für den Störer und dessen Beziehung zur Sicherheitsbehörde kommt der Berücksichtigung von Drittinteressen im Hinblick auf den Verhältnismäßigkeitsgrundsatz gegenüber dem klassischen verwaltungsrechtlichen Zweipersonenverhältnis „Staat-Störer" grundsätzlich keine besondere Bedeutung zu.

In verfassungsrechtlicher Hinsicht offenbart sich ihm gegenüber der multipolare Interessenskonflikt mit dem Drittbetroffenen und der Behörde wie folgt: Sein Übergriff auf die Rechtsgüter des Mitbürgers löst als Reaktion die Geltendmachung grundrechtlicher Schutzpflichten des „Opfers" gegenüber dem Staat aus. Will die staatliche Stelle dieser verfassungsrechtlichen Verpflichtung auf Schutz der bürgerlichen Grundrechte vor Beeinträchtigungen durch Mitbürger auf rechtstaatliche und effektive Art und Weise nachkommen, so wird die Behörde regelmäßig über eine belastende Maßnahme gegenüber dem Störer als Quelle des Interessenskonflikt nachdenken müssen.[556] Aufgrund des Vorbehalts des Gesetzes reicht für einen solchen hoheitlichen Eingriff in die Rechte des Störers jedoch nicht der Rückgriff auf die Grundrechte respektive der

---

556 Vgl. *Calliess*, Rechtstaat und Umweltstaat, S. 321; *Poscher*, Grundrechte als Abwehrrechte, S. 289 ff., 290 mit Beispielen aus der Rechtsprechung; abstrakter aber sinngemäß formuliert auch *Böckenförde*, Zur Lage der Grundrechtsdogmatik nach 40 Jahren Grundgesetz, S. 9, 52 ff..; Ähnlich *Isensee*, der die Problematik insbesondere unter dem Blickwinkel des Verwaltungsaktes mit Doppelwirkung behandelt. Vgl. *Isensee*, Das Grundrecht auf Sicherheit, S. 34 ff., 38. Allgemein zur Grundrechtskollision vgl. *Stern*, Staatsrecht III/2, § 82, S. 602 ff.

aus ihrer objektiven Wertordnung entspringenden Schutzpflichten.[557] Vielmehr muss der Exekutive eine einfach-gesetzliche Norm als Rechtsgrundlage dienen, die den Eingriff grundsätzlich gestattet.

Allerdings ist mit dieser hoheitlichen Maßnahme regelmäßig eine Beeinträchtigung der ebenfalls grundrechtlich geschützten Freiheit des Störers verbunden. In verfassungsrechtlicher Hinsicht muss dieser Eingriff der Behörde somit verfassungsrechtlich gerechtfertigt sein. Unabhängig von der Frage, ob das konkret einzuschränkende Grundrecht des Störers über einen einfachen oder qualifizierten Gesetzesvorbehalt verfügt respektive nur ein Eingriff im Rahmen von verfassungsunmittelbarer Schranken in Betracht zu ziehen ist, sind hoheitliche Eingriffe in bürgerliche Rechtspositionen zur Erfüllung grundrechtlicher Schutzpflichten gegenüber dem „Opfer“ aus rechtstaatlichen Gründen naturgemäß nicht grenzenlos. Verfassungsrechtlicher Kontrollmaßstab des behördlichen Handelns aus dem Blickwinkel des Störers als Maßnahmeadressaten ist insoweit das Übermaßverbot mit seinen Teilgrundsätzen der Geeignetheit, Erforderlichkeit und Angemessenheit des Eingriffs.[558]

Zurück auf verwaltungsrechtlicher und damit auf einfach-gesetzlicher Ebene ist damit keine signifikante Veränderung der Beziehung des Störers zum Verhältnismäßigkeitsgrundsatz im verwaltungsrechtlichen Mehrpersonenverhältnis zu konstatieren. Die auf einem Ermessensspielraum der Behörde beruhende hoheitliche Maßnahme mit Eingriffswirkung in die grundrechtlich geschützte Freiheit des Störers ruft somit dessen Grundrechte in ihrer klassischen Funktion als Abwehrrechte auf den Plan und mit ihnen als Kontrollinstrument den Verhältnismäßigkeitsgrundsatz (i. w. S.) – eine Rechtskonstellation, die sich von ihrem Äquivalent im bereits beschriebenen verwaltungsrechtlichen Zweipersonenverhältnis nicht signifikant unterscheidet.

Welche Auswirkungen diese Kollisionslage zwischen dem grundrechtlichen Abwehrrecht des Störers (sichergestellt durch das Übermaßverbot) einerseits und der durch den drittbetroffenen Grundrechtsträger gegenüber den staatlichen Stellen als Reaktion auf den Übergriff geltend gemachten, grundrechtlichen Schutzpflichten (sichergestellt durch das Untermaßverbot) andererseits im Einzelfall für die zur Entscheidung berufene Behörde hat, wird im Nachfolgenden näher zu überprüfen sein.

557 Vgl. *Bethge*, VVDStRL 57, S. 7 ff. (51); *Isensee*, Das Grundrecht auf Sicherheit, S. 42 f.

558 Vgl. hierzu die Ausführungen in Kap. 2. A. I. 3.

III. Verhältnismäßigkeit und Ermessensreduzierung auf Null im Dreipersonenverhältnis aus Sicht der Behörde

Aus dem Blickwinkel der zur Ausgleich kollidierender Privatinteressen „*in den Grenzen des normativen Konfliktschlichtungsprogramms*“[559] aufgerufenen Behörde muss im Rahmen des Mehrpersonenverhältnisses wie folgt im Hinblick auf die Bedeutung des Grundsatzes der Verhältnismäßigkeit unterschieden werden: Zunächst sind die Auswirkungen einer bestehenden Ermessensreduzierung auf Null gegenüber dem Dritten zu bewerten und näher zu untersuchen. Dabei ist insbesondere die Frage zu beantworten, ob und gegebenenfalls wie sich die Prüfung der Ermessensreduktion auf Null auf die im Rahmen des behördlichen Auswahlermessens zu treffende Verhältnismäßigkeitsprüfung einer gegenüber dem Störer zu erlassenden Eingriffsmaßnahme auswirkt. Anschließend ist zu thematisieren, ob sich auch die Behörde auf den Einwand der Unverhältnismäßigkeit gegenüber bürgerlichen Handlungsbegehren berufen kann oder ob ihr insoweit diese Möglichkeit aus rechtstaatlichen Gründen untersagt ist.

Zuvor soll jedoch anhand eines Exkurses ins Verfassungsrecht gezeigt werden, welche grundrechtsdogmatischen und grundrechtssystematischen Herausforderungen eine „Staatsstufe“ höher auf Ebene des Gesetzgebers zu bewältigen sind, um verfassungsrechtliche Mehrpersonenkonflikte unter Beachtung von grundrechtlichen Schutzpflichten einerseits sowie Grundrechten in ihrer klassischen Ausformung als Abwehrrechte andererseits zu lösen, um hierdurch wiederrum der Behörde eine abstrakt-generelle, aber „*harmonische*“[560] Handlungsgrundlage für ihre Entscheidung im konkreten verwaltungsrechtlichen Einzelfall vorgeben zu können.

---

559 *Schmidt-Preuß* spricht insofern vom Staat als „*materielles Pflichtsubjekt*“ sowie dessen „*Prärogative zur Streitschlichtung*“. Siehe *Schmidt-Preuß*, Kollidierende Privatinteressen im Verwaltungsrecht, S. 496.

560 *Stern* verwendet den Begriff der „*Harmonie*“ als vorgegebenes Ziel der gesetzgeberischen Tätigkeit zur Lösung von verfassungsrechtlichen multipolaren Interessenskonflikten. Der Begriff ist letztlich wohl als Synonym der praktischen Konkordanz zu verstehen, stellt er doch ebenfalls auf das legislative Ziel ab, die konfligierenden Grundrechtspositionen bestmöglich zur Entfaltung bringen zu können anstatt ein Grundrecht über das Andere „obsiegen“ zu lassen. Vgl. *Stern*, Staatsrecht III/2, S. 619, 635. Ähnlich *Böckenförde*, Zur Lage der Grundrechtsdogmatik nach 40 Jahren Grundgesetz, S. 52 f.

1. *Exkurs: Verfassungsrechtliche Mehrpersonenverhältnisse und die Rolle des Gesetzgebers zwischen Übermaß- und Untermaßverbot*

Die Doppelfunktion der Grundrechte zeigt sich besonders prägnant in multipolaren Verfassungsrechtsverhältnissen – mithin in Mehrpersonenkonstellationen, in denen die Abwehrfunktion der Grundrechte unmittelbar mit der Geltendmachung grundrechtlicher Schutzpflichten kollidiert.

Im hier näher zu untersuchenden Dreipersonenverhältnis Störer-Behörde-Drittbetroffener steht die Behörde verbildlicht gesprochen zwischen den grundrechtlichen „Fronten" – ist es doch aus verfassungsrechtlicher Sicht sowohl ihre Aufgabe, den aus den Grundrechten respektive deren objektiver Wertordnung abgeleiteten Schutzpflichten des Drittbetroffenen mit dem grundrechtlich gewährleisteten Freiheitsanspruch des Störers im konkreten Einzelfall in Einklang zu bringen. Dabei kann die Behörde jedoch regelmäßig auf die „Vorarbeit" der Legislative zurückgreifen und sich im konkreten Einzelfall generell auf die ermessensfehlerfreie Anwendung einfachgesetzlicher Normen beschränken, welche der Gesetzgeber als abstrakt-generelle Lösung für entsprechende Kollisionslagen gleichwertiger Verfassungsgüter als wirksam angesehen hat.

Die eigentliche Lösung grundrechtlicher Kollisionen im beschriebenen Sinne – grundrechtliche Freiheit versus grundrechtliche Schutzpflichten – obliegt somit aus verfassungsrechtlicher Sicht dem Gesetzgeber, der die Vorgaben des Grundgesetzes koordiniert und diese konkretisiert in eine abstrakt-generelle Norm zu fassen hat, welche wiederrum der Behörde dann im konkreten Einzelfall die Entscheidungsfindung erleichtert.[561]

Der nachfolgende Einblick in dieses Aufgabenfeld der Legislative soll daher die Richtlinien aufzeigen, die dem Gesetzgeber helfen und leiten, die verfassungsrechtlich aus der Doppelfunktion der Grundrechte resultierenden Konflikte auf abstrakt-generelle Weise zu lösen.

a) Die grundrechtsdogmatische Ausgangslage

Gemäß dem Wortlaut von Art. 1 Abs. 1 Satz 2 GG i. V. m. Art. 1 Abs. 3 GG ist alle staatliche Gewalt verpflichtet, die Menschenwürde respektive deren inhaltlichen Kern als Ausdruck aller Grundrechte zu schützen und zu achten. Die hieraus unter anderem abgeleiteten grundrechtlichen Schutzpflichten sowie die Abwehrfunktion der Grundrechte sollten demnach möglichst gleichberechtigt ihre Wirkung entfalten. Aus grundrechtsdogmatischer und -systematischer

561 Vgl. z.B. *Isensee*, Das Grundrecht auf Sicherheit, S. 42 ff.; ähnlich *Bethge*, VVDStRL 57, S. 7 (50).

Hinsicht sind jedoch bis heute nicht unerhebliche Unterschiede zwischen diesen beiden Wirkkreisen erkennbar:

Die klassische Abwehrfunktion der Grundrechte ist hinlänglich bekannt und dogmatisch und systematisch weitgehend durchdrungen.[562] Demnach bezieht sich die Abwehrfunktion des Bürgers auf die Begrenzung hoheitlicher Eingriffe in den Schutzbereich der einzelnen Grundrechte, jedoch gerade nicht auf den Bereich zwischen Privatpersonen. Das Verhältnis zwischen Privaten ist hinlänglich durch die Normen des Zivilrechts erfasst – die Grundrechte entfalten hier lediglich durch die Generalklauseln eine mittelbare Drittwirkung.[563] Ferner hat sich für die Frage der Verfassungsmäßigkeit eines hoheitlichen Eingriffs in Freiheitsgrundrechte durch die Rechtsprechung des BVerfG ein festes, standardisiertes Prüfungsschema entwickelt, das letztlich insbesondere danach fragt, ob ein zuvor festgestellter Eingriff in den Schutzbereich des Freiheitsgrundrechts verfassungsmäßig gerechtfertigt werden kann. Als Schranken-Schranke dient dabei insbesondere der Grundsatz der Verhältnismäßigkeit mit seinen Teilgrundsätzen der Geeignetheit, Erforderlichkeit und Angemessenheit.

Diese festgestellte, dogmatische und prüfungssystematische „Routine" im Umgang mit der Abwehrfunktion der Grundrechte existiert im Umgang mit den grundrechtlichen Schutzpflichten noch immer nicht. Diese Tatsache ist insbesondere dem Umstand geschuldet, dass die Schutzfunktion der Grundrechte lange Zeit durch das starke Interesse in Praxis und Lehre an der klassischen Abwehrfunktion verdrängt wurde und somit aus dem rechtstaatlichen Bewusstsein verschwand. Dies verdeutlicht auch *Isensee*, wenn er bezugnehmend auf das Schwangerschaftsabbruch-Urteil des BVerfG[564] aus dem Jahre 1975 von der *„Wiederentdeckung"*[565] der grundrechtlichen Schutzpflichten spricht. In der Folge haben sich zahlreiche Stimmen in der Literatur der Thematik der grundrechtlichen Schutzpflichten gewidmet, sei es beispielsweise in grundrechtsdogmatischer Hinsicht in Bezug auf ihr Verhältnis zu den Abwehrrechten, die Grenzen ihrer Inanspruchnahme oder die Anforderungen an ihre Verwirklichung durch den Staat. Bei aller Verschiedenheit der untersuchten Themen rund um die

---

562 Vgl. z.B. nur *Böckenförde*, Zur Lage der Grundrechtsdogmatik nach 40 Jahren Grundgesetz, S. 15 ff.; *Alexy*, Theorie der Grundrechte, S. 171 ff., 174 ff.; *Poscher*, Grundrechte als Abwehrrechte, S. 72 ff., 107 ff., 153 ff.

563 Vgl. *Aulehner*, Grundrechte und Gesetzgebung, S. 78 ff. Vertiefend zur Problematik der Drittwirkung der Grundrechte vgl. z.B. *Canaris*, AcP 184, S. 201 (210 ff.); *Medicus*, AcP 192, S. 35 (43 f.).

564 Vgl. BVerfG, Urt. v. 25.02.1975 – 1 BvF 1,2,3,4,5,6/74 – BVerfGE 39, S. 1 (36 ff., 42).

565 Siehe *Isensee*, Das Grundrecht auf Sicherheit, S. 27.

Grundrechtsdogmatik und ihren Folgeproblemen, die Mehrzahl der Autoren gelangt in Übereinstimmung mit der Rechtsprechung des BVerfG[566] zu der Überzeugung, dass die Grundrechte selbst im Hinblick auf den Inhalt und Umfang der gewährten Schutzpflichten zu unsubstantiiert und damit nicht unmittelbar anwendungskompatibel für die staatlichen Organe sind.[567] Übereinstimmend wird daher insoweit festgestellt, dass insbesondere die grundrechtlichen Schutzpflichten der einfach gesetzlichen Konkretisierung durch die Legislative bedürfen, um ihre Wirkung effektiv entfalten zu können.[568] Die Rechtsfigur des Untermaßverbots als Ausprägung des Verhältnismäßigkeitsgrundsatzes soll insoweit als Kontrollinstrument staatlicher Schutzmaßnahmen einen Mindeststandard an Schutz gewährleisten, eine Theorie, die in Rechtsprechung und Literatur weit überwiegende Zustimmung fand.[569]

b) Konkretisierung und Harmonisierung

Diese Konkretisierungsbedürftigkeit der grundrechtlichen Schutzpflichten durch das einfache Gesetz birgt jedoch stets die Gefahr „kolateraler" Beschränkungen der ebenfalls grundrechtlich gewährten Freiheitssphäre anderer Bürger. Mit dieser Feststellung war eine neue Form der Grundrechtskollision „geboren", in der sich Freiheitsgrundrechte und grundrechtliche Schutzpflichten gegenseitig begrenzen respektive miteinander kollidieren.[570] Die Aufgabe des Gesetzgebers besteht in der Konsequenz bis heute insbesondere darin, die Gefahr derartiger Kollisionen bereits auf abstrakt-genereller Ebene durch

566 Nach der Rechtsprechung des BVerfG obliegt die Konkretisierung der grundrechtlichen Schutzpflichten durch den Gesetzgeber jedoch allgemeinen Anforderungen: So muss die Schutzmaßnahme *„zweckdienlich"* und *„geboten"* sein, um einen *„wirksamen"* Schutz zu gewährleisten. Vgl. etwa BVerfG, Urt. v. 16.10.1977 - 1 BvQ 5/77 - BVerfGE 46, S. 160 (164). Vgl. auch *Stern*, Staatsrecht III/1, S. 737 f. sowie *Calliess*, Rechtstaat und Umweltstaat, S. 458 f.

567 *Gellermann* spricht insofern von den fehlenden *„klaren und eingefahrenen, dogmatischen Strukturen für den Gesetzgeber zur Orientierung"*. Siehe *Gellermann*, Grundrechte in einfachgesetzlichem Gewande, S. 6 f.

568 Vgl. z.B. *Calliess*, Rechtsstaat und Umweltstaat, S. 321 ff.; *Böckenförde*, Zur Lage der Grundrechtsdogmatik nach 40 Jahren Grundgesetz, S. 40; *Stern*, Staatsrecht III/1, S. 37 f.; *Gellermann*, Grundrechte in einfachgesetzlichem Gewande, S. 6 f., 230 ff.

569 Vgl. vertiefend hierzu die Ausführungen bei *Borowski*, Grundrechte als Prinzipien, S. 116 ff., 119 f.

570 Vgl. *Böckenförde*, Zur Lage der Grundrechtsdogmatik nach 40 Jahren Grundgesetz, S. 30 ff, 36.

Schaffung einfach-gesetzlicher, „*harmonischer*“[571] Normen präventiv zu entschärfen respektive möglichst umfassend zu unterbinden, um die Effektivität des Verwaltungshandelns bei der Gesetzesanwendung im Einzelfall weiterhin gewährleisten zu können.[572] Auf welche Art und Weise dieses Ziel der „praktischen Konkordanz“ zwischen den Grundrechten durch den Gesetzgeber zu erreichen ist, ist bis heute in der Literatur umstritten und daher stark diskutiert.[573]

Gellermann[574] widmet sich insbesondere der Problematik der legislativen Ausgestaltung der grundrechtlichen Wirkungen. Er unterscheidet drei Formen der Ausgestaltung – normative Konstituierung, Konturierung sowie normative Konkretisierung. Unabhängig von dieser Differenzierung sieht *Gellermann* den Gesetzgeber bei der einfachgesetzlichen Ausgestaltung der Grundrechte an den Grundsatz der Verhältnismäßigkeit – als Grenze der bürgerlichen Freiheitssphäre – gebunden. Mit anderen Worten: Unabhängig von der jeweiligen Form der Grundrechtsausgestaltung in normativer Form, muss die erlassene, schutzpflichtkonkretisierende Norm das Ergebnis eines legislativen Abwägungsvorgangs darstellen, durch den eine Harmonisierung aller Wirkbereiche der beteiligten Grundrechtspositionen auf rechtstaatliche Art und Weise sichergestellt wird.

Zu einem ähnlichen Ergebnis kommt auch *Böckenförde*, der explizit die Problematik der generellen „*Asymmetrie*“ der Grundrechte als

---

571 Die Begrifflichkeit der „Harmonisierung“, welche in engem Zusammenhang mit dem weitgehend inhalts- und bedeutungsgleichen Terminus der „praktischen Konkordanz“ zu sehen ist, wird insoweit in der Literatur mehrheitlich verwandt, um den ausgleichenden Charakter legislativer Grundrechtskonkretisierungen und der damit regelmäßig einhergehenden präventiven Lösung potentieller Grundrechtskollisionen zu beschreiben. Vgl. z.B. Stern, Staatsrecht III/2, S. 608 ff.; *Calliess* in: Handbuch der Grundrechte II, S. 963 (989 f.); ähnlich *Böckenförde*, Zur Lage der Grundrechtsdogmatik nach 40 Jahren Grundgesetz, S. 52 f.

572 Regelmäßig wird es sich dabei um einfach-gesetzliche Normen des Strafrechts, des Privatrechts sowie des Polizei- und Sicherheitsrechts handeln. Vgl. *Isensee* in: Handbuch des Staatsrechts V, § 111 Rn. 153; § 115 Rn. 146.

573 Die nachfolgend beschriebenen Ansätze erheben nicht den Anspruch auf Vollständigkeit – vielmehr soll beispielhaft an ihnen gezeigt werden, dass selbst bei allen Divergenzen der verschiedenen Untersuchungsansätze das Ergebnis regelmäßig in der Zielvorgabe der Harmonisierung der gegenläufigen Grundrechtspositionen respektive der Schaffung von Verhältnismäßigkeit – letztlich in Form der praktischen Konkordanz – gesehen wird. Vgl. zur Thematik der Grundrechtskollision ferner *Stern*, Staatsrecht III/2, § 82, S. 602 ff, 609; *Isensee* in: Handbuch des Staatsrechts V, § 115 Rn. 146 f.

574 *Gellermann*, Grundrechte in einfachgesetzlichem Gewande, S. 57 ff., 90 ff.

objektive Grundsatznormen anspricht, die *„verschieden, inhaltlich nicht notwendig parallel (und damit miteinander vereinbar)* [sind], *sondern für verschiedene Grundrechtsträger wirken, sich dabei überkreuzen respektive miteinander kollidieren“*[575]. Auch *Böckenförde* sieht lediglich durch einen umfassenden legislativen Abwägungsvorgang die realistische Möglichkeit der Gefahrminimalisierung zur Vermeidung einer Rechtslage, in der sich bereits auf legislativer Ebene ein Grundrecht im Kollisionsfall gegenüber dem „Kontrahenten“ durchsetzt. Entscheidender Maßstab der Abwägung sei letztlich auch nach Ansicht von *Böckenförde* der (inhaltlich zwar modifizierte) Verhältnismäßigkeitsgedanke, der zu einem maßvollen Verhältnis der widerstreitenden Rechtspositionen führen kann.[576]

Calliess untersucht in umweltrechtlicher Hinsicht ebenfalls die Problematik der konfligierenden Grundrechte und bietet eine logische und zweckgerichtete Lösungsvariante durch gleichzeitige Anwendung des Über- und Untermaßverbotes an, welche im Wesentlichen durchaus auch auf das hier zu untersuchende allgemeine Sicherheitsrecht anwendbar ist. Das Ziel der gesetzgeberischen Tätigkeit bei Grundrechtskonflikten sieht *Calliess* in der Herbeiführung einer verhältnismäßigen, harmonisierten Normfindung, charakterisiert durch die Herbeiführung praktischer Konkordanz. *Calliess* verbildlicht dabei die legislative Aufgabe der Konfliktschlichtung mit dem Begriff des *„Korridors“*, der sich – vereinfacht dargestellt – wie folgt beschreiben lässt: Will der Gesetzgeber seinen grundrechtlichen Schutzpflichten wirksam nachkommen, handelt er im Rahmen verfassungsrechtlich zwangsläufig[577] eingeräumter Beurteilungsspielräume. Bei der legislativen Umsetzung einer grundrechtlichen Schutzpflicht sind ihm daher zweierlei Grenzen gesetzt, in deren Spielräumen sich die zu erlassende Norm befinden muss: Auf der einen Seite darf mit der Norm ein gewisser Mindeststandard an Schutz für den Bürger nicht unterschritten werden. Die Grenze dieses

---

575 Siehe *Böckenförde*, Zur Lage der Grundrechtsdogmatik nach 40 Jahren Grundgesetz, S. 52 ff. (53).

576 *Böckenförde* stimmt insoweit mit *Alexy* überein und verlangt vom Gesetzgeber durch die Anwendung des Verhältnismäßigkeitsprinzips eine *„bedingte Vorrangrelation bezogen auf den konkreten Fall“*. Siehe *Böckenförde*, Zur Lage der Grundrechtsdogmatik nach 40 Jahren Grundgesetz, S. 52.

577 Diese Beurteilungsspielräume resultieren aus der Tatsache, dass die Grundrechte respektive die aus ihr abgeleiteten Schutzpflichten verfassungsrechtlich nicht näher konkretisiert sind. In der Konsequenz kann nicht nur das eine Mittel zur Erfüllung einer Schutzpflicht existieren – tatsächlich wird es regelmäßig eine Vielzahl möglicher Mittel geben, durch die der Gesetzgeber seine Schutzpflicht erfüllen kann. Vgl. hierzu auch *Calliess*, Rechtstaat und Umweltstaat, S. 321 ff.

Minimalstandards bildet das Untermaßverbot[578] als Ausformung des verfassungsrechtlichen Verhältnismäßigkeitsgedankens. Auf der anderen Seite muss der Gesetzgeber zudem gewährleisten, dass die Norm zugleich die Freiheitssphäre der Bürger respektiert, mithin nicht einen verfassungswidrigen Eingriff in die Freiheitsgrundrechte darstellt. Dieser Eingriffscharakter der zu erlassenden Norm impliziert damit gleichzeitig eine Handlungsobergrenze des Staates – das Übermaßverbot bzw. der Grundsatz der Verhältnismäßigkeit (i. w. S.) mit seinen Teilgrundsätzen der Geeignetheit, Erforderlichkeit und Angemessenheit.[579]

Dies vorausgeschickt lässt sich mit dem *Calliess'sche* Bild des legislativen „Handlungskorridors" überzeugend argumentieren: Bei der Normfindung und der damit einhergehenden Erfüllung grundrechtlicher Schutzpflichten steht dem Gesetzgeber zwar von Seiten der Verfassung ein grundsätzlich weiter Entscheidungsspielraum zu. Dieser wird jedoch in zweierlei Hinsicht begrenzt: Das Untermaßverbot stellt sicher, dass ein gewisser Mindeststandard an Grundrechtsschutz nicht unterschritten wird, das Übermaßverbot hingegen gewährleistet, dass die grundrechtlich geschützte Freiheit der Bürger nicht über das rechte Maß hinaus beschränkt wird. Verbildlicht gesprochen befindet sich der verfassungsgemäße Entscheidungsbereich des Gesetzgebers in der Mitte zwischen Mindeststandard und Maximalgrenze respektive zwischen Unter- und Übermaßverbot. Dieser „Korridor" des Gesetzgebers endet schließlich in einer umfassenden Prüfung des Verhältnismäßigkeitsprinzips mit seinen Ausformungen des Über- und Untermaßverbots: Während *Calliess* bei der Prüfung der Geeignetheit

578 Die Rechtsprechung des BVerfG war und ist teilweise bis heute im Hinblick auf die Überprüfung legislativer Tätigkeit im Sinne der grundrechtlichen Schutzpflichten uneinheitlich. So wird in einigen Entscheidungen als Grenze das Untermaßverbot herangezogen, in anderen Fällen wiederum lediglich eine Evidenz- bzw. Vertretbarkeitskontrolle vorgenommen und danach gefragt, ob das Gesetzgeber die ihm auferlegte verfassungsrechtliche Aufgabe des Grundrechtsschutzes offensichtlich nicht erfüllt hat. Vgl. hierzu vertiefend *Calliess* in: FS f. Starck, S. 201 (204 ff.) mit Nachweisen aus der Rechtsprechung des BVerfG; *ders.* in: Handbuch der Grundrechte II, S. 963 (967)

579 Die von *Calliess* im Anschluss an diese Gesamtabwägung durchgeführte Alternativenprüfung trägt den Besonderheiten im Umweltrecht respektive dessen *„Vorsorgegedanken"* Rechnung und kann daher im Hinblick auf das allgemeine Sicherheitsrecht außer Betracht gelassen werden – insbesondere wenn man deren Nähe zur Erforderlichkeitsprüfung des Verhältnismäßigkeitsprinzips beachtet. Vgl. vertiefend *Calliess*, Rechtstaat und Umweltstaat, S. 592 ff.; *ders.* in: Handbuch der Grundrechte II, S. 963 (988).

und Erforderlichkeit des Gesetzes strikt zwischen Über- und Untermaßverbot[580] trennt, fügt er anschließend die Prüfung auf Stufe der Angemessenheit zusammen und vereinigt sie in einer umfassenden Gesamtabwägung unter Berücksichtigung aller Umstände zur Herbeiführung der angestrebten praktischen Konkordanz bzw. zur Harmonisierung der jeweiligen Grundrechtswirkbereiche.[581]

Zusammengefasst lässt sich – auch durch die vorgenannten Literaturstimmen verdeutlicht – feststellen, dass in der Literatur zwar (noch) kein einheitlicher Weg der Konkretisierung grundrechtlicher Schutzpflichten auf einfach-gesetzlicher Ebene existiert, diese Differenzen jedoch für sich betrachtet zum gegenwärtigen Zeitpunkt keine schwerwiegenden Folgen haben, solange im Hinblick auf das Ziel der Harmonisierung der konfligierenden Grundrechtsbereiche Einigkeit besteht: Der Gesetzgeber hat die durch die Doppelfunktion der Grundrechte bestehende Gefahr von Grundrechtskollisionen durch die Schaffung in sich harmonischer, ausgeglichener und rechtstaatlich-verhältnismäßiger Normen zu unterbinden.[582] Dabei hat die Legislative zugleich sicherzustellen, dass die Verwaltungsbehörden als „Konfliktschlichter" im konkreten Einzelfall auf Basis dieser einfach-gesetzlichen Regelungen eine ermessensfehlerfreie und hierdurch rechtstaatlich vertretbare und billige Entscheidung – regelmäßig in Form eines Verwaltungsaktes mit Doppelwirkung[583] – treffen können.[584]

---

580 Die Prüfung des Untermaßverbotes anhand der Prüfungspunkte der Geeignetheit, Erforderlichkeit und Angemessenheit – abgeleitet aus der Prüfung des Übermaßverbotes – geht ursprünglich auf einen Ansatz von *Hermes* zurück, der keine Notwendigkeit eines individuellen Prüfungsschemas begründet sah. Vgl. *Hermes*, Grundrecht auf Schutz, S. 253 f., zitiert nach: *Calliess*, Rechtstaat und Umweltstaat, S. 459 m. w. N. Vertiefend zu der inhaltlichen Prüfung des Untermaßverbotes vgl. z.B. *Borowski*, Grundrechte als Prinzipien, S. 119 ff. Kritisch dagegen *Schuppert*, Funktionell-rechtliche Grenzen der Verfassungsinterpretation, S. 39 ff.; *Preu*, JZ 1991, S. 265 (268).

581 Vgl. *Calliess*, Rechtstaat und Umweltstaat, S. 621 ff. (623); *ders.*, JZ 2006, S. 321 (329); *ders.* in: Handbuch der Grundrechte II, S. 963 (989 f.).

582 Vgl. *Stern*, Staatsrecht III/2, § 82, S. 610 ff.; *Aulehner*, Grundrechte und Gesetzgebung, S. 423 f.; *Gellermann*, Grundrechte in einfachgesetzlichem Gewande, S. 453 f.; *Böckenförde*, Zur Lage der Grundrechtsdogmatik nach 40 Jahren Grundgesetz, S. 53.

583 Regelmäßig wird eine solche Verwaltungsentscheidung in Gestalt eines Verwaltungsaktes mit Doppelwirkung ergehen. Maßgebendes Kennzeichen dieser exekutiven Maßnahmenart ist gerade ihre „Janusköpfigkeit", d.h. die getroffene Regelung mit Außenwirkung impliziert eine Begünstigung für einen Beteiligten, wodurch gleichzeitig eine belastende Wirkung für den anderen Beteiligten eintritt. Vgl. *Stern*, Staatsrecht III/2, S. 639 ff. m. w. N.

584 Dieses „Harmoniebedürfnis" der Verfassungsgüter belegt zugleich die grundsätzliche Stimmigkeit der *Alexy'schen* Prinzipientheorie der Grundrechte: Der legislative

Kurz gesagt ist für die Legislative damit nicht der Weg das Ziel (denn über dessen konkreten Inhalt herrscht weitgehend Uneinigkeit), sondern das herbeizuführende Ergebnis respektive der maßgebende Charakter eines Normproduktes ist das Ziel: die Schaffung einer grundrechtskonkretisierenden und zugleich grundrechtsharmonisierenden Norm.

c) Zwischenergebnis

Der Gesetzgeber ist Adressat der grundrechtlichen Doppelfunktion: Einerseits hat er dafür zu sorgen, dass die grundgesetzlich dem Grunde nach aus Art. 1 Abs. 1 Satz 2 GG i. V. m. Art. 1 Abs. 3 GG interpretierten Schutzpflichten des Staates die für ihre Umsetzung erforderlichen, einfach-gesetzliche Konkretisierung erfahren. Andererseits ist die Legislative dabei auch an die grundgesetzlich gewährte bürgerliche Freiheit gebunden und darf insofern keine maßlosen Einschränkungen schaffen. Aufgrund der festgestellten, verfassungsrechtlichen Unbestimmtheit der grundrechtlichen Schutzpflichten in Inhalt und Umfang, steht dem Gesetzgeber im Rahmen seiner „Konkretisierungsaufgabe" grundsätzlich ein weiter Beurteilungsspielraum zu. Entsprechend vielschichtig sind die in der Literatur hierzu entwickelten Theorien und Ansätze ordnungsgemäßen Legislativhandelns. Weder in der Rechtsprechung noch in der Literatur hat sich einer der hervorgebrachten Denkansätze durchsetzen können: Selbst das BVerfG ist in seiner Rechtsprechungspraxis nicht stringent und wechselt in seiner Rechtsprechung unter Hervorhebung der gesetzgeberischen Beurteilungsspielräume zwischen Evidenz- bzw. Vertretbarkeitskontrolle und

---

Vorgang der Harmonisierung anhand dem Rechtsinstitut der Abwägung führt in der Konsequenz zu einer Kompromisslösung zwischen den Wirkungsbereichen der konfligierenden Grundrechten, wobei nicht ein Grundrecht den unbedingten Vorrang erhält, sondern beide Grundrechte zur gleichzeitigen, bestmöglichen respektive maßvollen Entfaltung gelangen. *Alexy* beschreibt diesen Charakter der Grundrechte als *„Prinzipien mit Optimierungstendenz"* und meint im Ergebnis dasselbe. Im Gegensatz zu „starren" Regeln zielen die Grundrechte gerade nicht auf eine maximale Durchsetzung des jeweiligen Grundrechts, sondern bezwecken lediglich eine „verhältnismäßige" Entfaltung nach den jeweiligen Umständen. Vertiefend hierzu sowie zum Zusammenspiel von Verhältnismäßigkeit und Prinzipientheorie vgl. *Alexy*, Theorie der Grundrechte, S. 100 ff.; ähnlich *Böckenförde*, Zur Lage der Grundrechtsdogmatik nach 40 Jahren Grundgesetz, S. 52 f.; *Aulehner*, Grundrechte und Gesetzgebung, S. 354 f.

dem Untermaßverbot, wenn es prüft, ob die Legislative ihrer Pflicht zur Erfüllung der grundrechtlichen Schutzpflichten nachgekommen ist.[585]

Eine Entscheidung für eine bestimmte Harmonisierungs- und Kontrollmethode des Gesetzgebers wäre zwar aus Gründen der Rechtssicherheit und der Vereinheitlichung wünschenswert, aber ist – das hat der Exkurs gezeigt – auch nicht unbedingt erforderlich, solange nur über den Weg zum Ziel, nicht jedoch über das Ziel selbst Unstimmigkeit herrscht. So kann es weiterhin im Ermessen des Gesetzgebers[586] bleiben, auf welchem Wege er das anberaumte Ziel der abstrakt-generellen Harmonisierung gegenläufiger Grundrechtsbereiche realisiert. Denn nicht der Weg zum Ziel ist entscheidend, sondern alleine das Ziel des harmonischen Ausgleichs durch die Legislative.

Auf den Punkt gebracht: Auf welchem Wege der Gesetzgeber die Umsetzung und Konkretisierung der grundrechtlichen Schutzpflichten vornimmt, steht alleine in seinem Ermessen. Einzig von Relevanz ist der Umstand, dass als Ergebnis des legislativen Handelns eine in sich ausgeglichene, harmonische Gesetzesregelung steht, die sowohl der Freiheitssphäre der Bürger gerecht wird als auch das verfassungsrechtlich geforderte Mindestmaß an Schutz entfaltet.

2. Auswirkungen einer Ermessensreduzierung auf Null

Die Ausführungen im Rahmen des Exkurses über das verfassungsrechtliche Mehrpersonenverhältnis in grundrechtsdogmatischer- und systematischer Hinsicht aus dem legislativen Blickwinkel haben gezeigt, dass die im verwaltungsrechtlichen Einzelfall zur Entscheidung berufenen Behörde verfassungsrechtliche Interessenskonflikte unter Bürgern insbesondere durch Anwendung einer in sich ausgeglichenen und harmonischen Norm zu lösen hat. Zur Sicherstellung gewisser exekutiver Handlungsfreiräume und zur Ermöglichung der Berücksichtigung konkreter Fallumstände im verwaltungsrechtlichen Einzelfall bedient sich der Gesetzgeber dabei insbesondere zweier Rechtsfiguren:

---

585 Vgl. *Calliess* in: Handbuch der Grundrechte II, S. 963 (967) mit Nachweisen aus der Rechtsprechung.

586 *Stern* stellt hierzu fest, dass die Aufgabe der Harmonisierung von Grundrechtskollisionen grundsätzlich auf vier Staatsstufen (Verfassungsebene, Gesetzesebene, durch Verwaltungsentscheidung, durch die Gerichte) möglich ist. Er fügt jedoch zurecht an, dass eine individuelle Konfliktlösung durch exekutive Einzelfallmaßnahme regelmäßig mit einem Eingriff in bürgerliche Rechte einhergeht und aus diesem Grund nach dem Vorbehalt des Gesetzes einer Rechtsgrundlage bedarf, weshalb zwecknotwendig insbesondere dem Gesetzgeber die Pflicht zur Harmonisierung obliegen müsse. Vgl. *Stern*, Staatsrecht III/2, 634 ff.

des unbestimmten Rechtsbegriffs sowie der Einräumung von exekutiven Ermessensspielräumen.[587] Beide Rechtsinstrumente gewährleisten im bürgernahen Verwaltungsrecht die aus rechtstaatlichem Blickwinkel stets erforderliche Berücksichtigung der konkreten Fallumstände durch die Behörde.

Widmet man sich nach den verfassungsrechtlichen Ausführungen mit Blick auf die Tätigkeit des Gesetzgebers wieder der Ebene des einfach-gesetzlichen Verwaltungsrechts zu, stellt sich aus Sicht der Behörde im Mehrpersonenverhältnis die Frage, welche Auswirkungen generell die harmonisierende Vorarbeit des Gesetzgeber auf ihre Entscheidung im verwaltungsrechtlichen Einzelfall nimmt. Ist diese Fragestellung generell beantwortet, hat sich – entsprechend der selbst gestellten Problematik der Ermessensreduzierung – daran die Erörterung anzuschließen, welche anderweitigen Konsequenzen für die behördliche Entscheidung in der Sache eine auf einfach-gesetzlichen Drittschutzvorschriften (als Beispiel eines „Normprodukts“ legislativer Konkretisierung von grundrechtlichen Schutzpflichten) basierende Schrumpfung des behördlichen Entschließungsermessens auf die Anwendung des bei ihren Ermessenshandlungen regelmäßig zu berücksichtigenden Verhältnismäßigkeitsgrundsatzes (i. w. S.) hat.

a) *Der verwaltungsrechtliche Regelfall einer sicherheitsrechtlichen Ermessensentscheidung*

Im Durchschnitts- respektive Regelfall einer behördlichen Ermessenshandlung im Rahmen eines sicherheitsrechtlichen Dreipersonenverhältnisses, in welcher sich die aus dem Blickwinkel der Behörde gegenüberstehenden, widerstreitenden Rechtsgüter der Beteiligten gleichwertig auf selber Höhe „duellieren“ – in Anknüpfung an *Schlink*[588] könnte man auch von einem „*symmetrischen*“ Grundrechtskonflikt unter Bürgern sprechen –, kann sich die Behörde damit begnügen, die legislativ vorgegebene, harmonische Konkretisierung der Grundrechte auf einfach-gesetzliche Verwaltungsebene einzelfallgerecht umzusetzen.

Voraussetzung hierfür ist jedoch, dass der Gesetzgeber, wie im Sicherheitsrecht grundsätzlich der Fall, seiner Aufgabe der Erfüllung grundrechtlicher Schutzpflichten nachgekommen ist – beispielsweise durch die generelle, normative Konstituierung eines formellen Genehmigungsverfahrens, wodurch insbesondere von staatlicher Seite sichergestellt werden kann, dass auch die verfassungsrechtlichen Interessen

587 Vgl. *Calliess* in: Handbuch der Grundrechte II, S. 963 (986).

588 Siehe *Schlink*, Die Abwägung im Verfassungsrecht, S. 188 f.

und Schutzgüter potentieller Drittbetroffener Berücksichtigung finden.[589] Sind diese Voraussetzungen gegeben – mithin wurde ein Genehmigungsverfahren durchgeführt, in dessen Rahmen es nun zu dem konkret durch die Behörde zu entscheidenden Interessenskonflikt kommt – so liegt exakt die vom Gesetzgeber vorgesehene Sachverhaltskonstellation vor, für welche er selbst durch den Erlass einfach-gesetzlicher Vorschriften auf abstrakt-genereller Ebene einen rechtstaatlichen Ausgleich im Sinne einer praktischen Konkordanz respektive im Sinne einer abstrakten Harmonisierung hergestellt hat. Die Behörde muss also gegenüber dem Drittbetroffenen keine grundrechtliche Schutzpflicht in dem verfassungsrechtlichen Sinne noch erfüllen. Vielmehr reicht es aus, wenn sie die Harmonisierung des Gesetzgebers durch ermessensfehlerfreie Anwendung der normativen Vorgabe umsetzt, um dadurch Einzelfallgerechtigkeit herzustellen. Diese Möglichkeit der Behörde gewährleistet ebenfalls der Gesetzgeber, in dem er durch die Verwendung unbestimmter Rechtsbegriffe sowie der Einräumung von Ermessensspielräumen für die Behörde Interpretations- und Beurteilungsspielräume schafft. Durch diesen legislativen Verzicht auf den Erlass gebundener Vorschriften im Sicherheitsrecht generell und der dadurch positiven Entscheidung des Gesetzgebers für behördliche Ermessensspielräume wird gleichzeitig und zwangsläufig die kumulative Anwendung des Verhältnismäßigkeitsgrundsatzes in seiner klassischen Ausgestaltung der Prüfung anhand seiner Bestandteile (legitimer Zweck, Geeignetheit, Erforderlichkeit, Angemessenheit) sichergestellt, wodurch im Ergebnis in mehrfacher Hinsicht aus dem Blickwinkel des Gesetzgebers die Rechtstaatlichkeit der konkret im Einzelfall zu erlassenden Behördenmaßnahme gewährleistet werden kann.

Die Tätigkeit der Behörde beschränkt sich somit in der hier vorgegebenen Regelfallvariante des sicherheitsrechtlichen Mehrpersonenverhältnisses auf die ordnungsgemäße Ermessensausübung unter Berücksichtigung der individuellen Fallumstände sowie die Prüfung des Verhältnismäßigkeitsgrundsatzes in seiner klassischen Form.

In einem bereits legislativ harmonisierten, multipolaren Interessenskonflikt, in dem sich die Beteiligten im Sinne einer „verfassungsrechtlichen Waffengleichheit" in Bezug auf die Schutzbedürftigkeit ihrer Interessen begegnen, hat die Konkretisierung und Harmonisierung des Gesetzgebers keinen Einfluss auf die behördliche Prüfung generell sowie insbesondere auch nicht auf deren Anwendung des Verhältnismäßigkeitsgrundsatzes als maßgeblicher Schranke ihrer Ermessensausübung.

589 So im Ergebnis auch *Isensee*, Das Grundrecht auf Sicherheit, S. 38.

b) Die Ausnahmekonstellation einer Ermessensreduzierung auf Null

Ob man aus Sicht der Behörde zum selben Ergebnis gelangt, wenn die Ausgangssituation, insbesondere auch das verfassungsrechtliche Wertigkeitsverhältnis der beteiligten Rechtsgüter in Bezug auf ihre Schutzbedürftigkeit völlig unterschiedlich respektive asymmetrisch ist, dies soll nachfolgend eruiert werden.

Als Ausgangsituation bietet sich erneut eine sicherheitsrechtliche Sachverhaltskonstellation an, die regelmäßig auftritt und daher von praktischer Bedeutung ist. Diesbezüglich soll davon ausgegangen werden, dass im konkreten sicherheitsrechtlichen Dreipersonenverhältnis der Gesetzgeber wiederum durch die normative Vorgabe eines Genehmigungsverfahrens seine grundrechtliche Schutzpflicht in Bezug auf die Interessen und Rechtsgüter potentieller Drittbetroffener grundsätzlich erfüllt hat. Dieses Genehmigungsverfahren wurde jedoch bewusst aus von dem Gefahrverursacher/Störer zu verantwortenden Gründen jedoch nicht durchgeführt. Es besteht somit nun die Situation einer sicherheitsrechtlichen Grundrechtskollision zwischen den Rechten des Störers sowie des durch ihn erheblich in einem besonders bedeutenden Rechtsgut beeinträchtigten Drittbetroffenen, für die die Behörde nun wiederrum anhand einer legislativ-abstrakt bereits harmonisierten Vorschrift eine Entscheidung in der Sache zu fällen hat.

Knüpft man insoweit an die obigen[590] Ausführungen zur Ermessensreduzierung auf Null aus Sicht des Dritten an, so ist aus dem Blickwinkel der beteiligten Behörde zu prüfen, welchen Einfluss diese – auf der Erfüllung von grundrechtlichen Schutzpflichten beruhende – im konkreten Fall bestehende Handlungsverpflichtung auf die weiteren Entscheidungen nimmt. Wie bereits zur Ermessensreduzierung auf Null festgestellt, betrifft eine solche Reduzierung des behördlichen Beurteilungsspielraums – gerade auch im Falle der staatlichen Erfüllung von grundrechtlichen Schutzpflichten[591] – grundsätzlich nur das Entschließungsermessen, d.h., regelmäßig bedeutet eine erhebliche Gefährdung eines wichtigen verfassungsrechtlich geschützten Rechtsguts des Dritten lediglich die Verpflichtung für die Behörde, zum Schutz des Dritten einzugreifen.[592] Nicht vom Umfang der Ermessenreduzierung umfasst ist grundsätzlich die Frage

590 Vgl. Kap. 3. B. I. 2. b).

591 Vgl. *Isensee*, Das Grundrecht auf Sicherheit, S. 53 ff.

592 Vertiefend zur Ermessensreduzierung auf Null vgl. *Gern*, DVBl. 1987, S. 1194 ff.; *Decker* in: Simon/Busse, BayBO I, Art. 76 Rn. 225. Ähnlich *Isensee*, das Grundrecht auf Sicherheit, S. 51 f. mit Verweis auf BVerwG, Urt. v. 18.08.1960 – I C 42.59 – BVerwGE 11, S. 95 (96 f.).

des staatlichen Auswahlermessens. Auf welche Art und Weise die Behörde ihrer Handlungs- respektive Schutzverpflichtung nachkommt, bleibt generell weiterhin alleine im Beurteilungsspielraum der Behörde, wie das BVerfG zur Verpflichtung des Staates zum Schutz des Lebens aus Art. 2 Abs. 2 Satz 1 GG i. V. m. Art. 1 Abs. 1 Satz 2 GG unterstreicht:[593]

> *„Wie die staatlichen Organe ihre Verpflichtung zu einem effektiven Schutz des Lebens erfüllen, ist von ihnen grundsätzlich in eigener Verantwortung zu entscheiden. Sie befinden darüber, welche Schutzmaßnahmen zweckdienlich und geboten sind, um einen wirksamen Lebensschutz zu gewährleisten.“*

Daran anknüpfend stellt sich die Frage, ob die behördliche Feststellung einer „schweren Gefährdung eines Bürgers in einem wichtigen Rechtsgut“ zumindest teilweise auch eine richtungsweisende Bedeutung in Bezug auf die gegenüber dem Störer zu erlassende Maßnahme impliziert und somit über den eingriffsrelevanten Grundsatz der Verhältnismäßigkeit mittelbar das Auswahlermessen der Behörde beeinflusst. Aus diesem Grund ist im Folgenden somit der Einfluss einer konkret festgestellten und auf der exekutiven Erfüllung grundrechtlicher Schutzpflichten basierenden Ermessensreduzierung auf Null auf das behördliche Auswahlermessen zu untersuchen. Dabei wird explizit dessen Bedeutung für die Prüfung der einzelnen Teilgrundsätze des Verhältnismäßigkeitsgrundsatzes (i. w. S.) untersucht:

- Verfolgung eines legitimen Ziels,
- Geeignetheit der Maßnahme zur Erreichung des legitimen Ziels,
- Erforderlichkeit der Maßnahme zur Erreichung des legitimen Ziels sowie
- Angemessenheit der Maßnahme zur Erreichung des legitimen Ziels.

Hervorzuheben ist an dieser Stelle jedoch noch einmal die völlig unterschiedliche Ausgangsituation zum zuvor behandelten, sicherheitsrechtlichen Regelfall: Dort standen sich die widerstreitenden Rechtsgüter – aus dem Blickwinkel der zur Entscheidung berufenen Behörde – gleichwertig und damit gleich schützenswert gegenüber.

Im der nun vorliegenden Fallvariante wurde jedoch bereits durch die Feststellung einer Ermessensreduzierung auf Null zugunsten des Drittbetroffenen konkludent ein starkes Ungleichgewicht der widerstreitenden Rechtsgüter konstatiert: Insbesondere auch aufgrund der Tatsache, dass der Störer den legislativ vorgesehenen Weg des Genehmigungsverfahrens bewusst nicht gegangen ist und dadurch für den konkreten Einzelfall auch keine ausreichende Erfüllung

593 Siehe BVerfG, Urt. v. 16.10.1977 – 1 BvQ 5/77 – BVerfGE 46, S. 160 (164).

der grundrechtlichen Schutzpflichten durch den Gesetzgeber gegenüber dem Drittbetroffenen vorliegt, ist erstens eine geringere Schutzbedürftigkeit der Rechtsgüter des Störers festzustellen sowie zweitens die Behörde nun verpflichtet, die auf dem Fehlverhalten des Störers basierende Nichterfüllung der grundrechtlichen Schutzpflichten gegenüber dem Drittbetroffenen von staatlicher Seiten aus „nachzuholen".

Mit anderen Worten: Während im sicherheitsrechtlichen Regelfall die gedachte Waagschale zwischen Störer und Drittem vor Anwendung des Verhältnismäßigkeitsgrundsatzes durch die Behörde im Rahmen ihrer Ermessensausübung im Gleichgewicht steht, neigt sie sich in der Fallvariante einer Ermessensreduzierung auf Null bereits stark zugunsten des Drittbetroffenen. Dieses Ungleichgewicht weiter bestärkend ist kumulativ der Umstand zu berücksichtigen, dass die Behörde durch ihre Entscheidung in der Sache zusätzlich die unverschuldete „Versäumnis" im Hinblick auf die staatliche Erfüllung der grundrechtlichen Schutzpflichten gegenüber dem Drittbetroffenen zu kompensieren hat.

Dieses starke Ungleichgewicht zwischen den konfligierenden Rechtsgütern muss in der Konsequenz auch Auswirkungen auf die behördliche Prüfung des Verhältnismäßigkeitsgrundsatzes haben.

aa) Einfluss auf die Frage des legitimen Ziels der Maßnahme

Wie bereits zu den einzelnen Prüfungspunkten des Grundsatzes der Verhältnismäßigkeit (i. w. S.) geklärt wurde, erfordert dieser erste Prüfungsschritt generell die Feststellung, dass die Behörde mit der geplanten Eingriffsmaßnahme einen von der Rechtsordnung geschützten Zweck verfolgt. In der vorliegenden Fallkonstellation einer Ermessensreduzierung auf Null hat die Behörde diese Prüfung jedoch konkludent bereits an anderer Stelle vorgenommen, so dass es im Rahmen des Auswahlermessens einer expliziten Prüfung dieser Legitimation nicht mehr bedarf. Indem die Behörde bereits im Rahmen der Feststellung einer Ermessensreduzierung auf Null im Verhältnis zu dem rechtsschutzbegehrenden Dritten eine „erhebliche Gefährdung eines wichtigen Rechtsguts" im konkreten Einzelfall bereits bejahte, hat sie gleichzeitig bereits in verfassungsrechtlicher Hinsicht die Legitimität ihres Handlungszwecks zumindest aus den grundrechtlichen Schutzpflichten aus Art. 1 Abs. 1 Satz 2 GG i. V. m. Art. 1 Abs. 3 GG respektive dem konkret betroffenen Grundrecht abgeleitet.[594] Denn letztlich handelt

---

594 Die Begründung der Legitimität des Handlungszwecks in verfassungsrechtlicher Hinsicht über die grundrechtlichen Schutzpflichten macht das Erfordernis einer einfach-gesetzlichen Rechtsgrundlage für die konkrete Eingriffsmaßnahme jedoch nicht obsolet. Es ist an dieser Stelle der Prüfung daher strikt zu trennen: Die Behörde

die Behörde in Folge einer Ermessensreduzierung auf Null insbesondere zum Schutz des konkret gefährdeten Rechtsguts von hervorgehobener Bedeutung. Da die Individualrechtsgüter des Dritten als fester Bestandteil der öffentlichen Sicherheit unter dem Schutz der Rechtsordnung stehen[595], impliziert die behördliche Feststellung einer Ermessensreduzierung auf Null die Feststellung einer legitimen Zweckverfolgung durch die zu ergreifende Maßnahme. Nachdem eine explizite Feststellung der Zwecklegitimität folglich an dieser Stelle der Prüfung obsolet ist, kann sich die Behörde in der Konsequenz unmittelbar der Geeignetheitsfrage zuwenden.

bb) Geeignetheit der Maßnahme

Im Rahmen des Auswahlermessens bzw. im Rahmen der Prüfung des dieses auf das rechte Maß beschränkenden Verhältnismäßigkeitsgrundsatzes (i. w. S.) muss die Behörde sodann prüfen, ob die von ihr vorgesehene, belastende Maßnahme gegenüber dem Störer auch zur Erreichung des legitimen Ziels geeignet ist. Unter Berücksichtigung des der Exekutive hierbei legislativ eingeräumten Beurteilungsspielraums, dient dieser Prüfungspunkt generell nur dem Ausschluss offensichtlich ungeeigneter Maßnahmen, stellt mithin nur einen groben Filter für das Spektrum möglicher Eingriffsmaßnahmen dar.[596]

Diese Reduzierung auf eine bloße „Filterfunktion" kann jedoch beim Vorliegen einer Ermessenreduzierung auf Null keine entsprechende Geltung besitzen: Durch die vorangegangene Feststellung einer schweren Gefährdung eines wichtigen Rechtsguts des Dritten muss bereits an dieser Stelle der behördlichen Verhältnismäßigkeitsprüfung ein restriktiverer und damit deutlich höherer Maßstab an die behördliche Geeignetheitsprüfung angelegt werden als in gewöhnlichen Sachverhaltskonstellationen. Während es bei diesen

---

darf zwar zur Erfüllung ihrer grundrechtlich vorgegebenen Schutzpflichten handeln (legitimer Zweck), gleichzeitig muss für die konkrete Eingriffsmaßnahme eine einfach-gesetzliche Vorschrift als Rechtsgrundlage dienen, da – wie bereits gesehen – die grundrechtlichen Schutzpflichten selbst nicht zuletzt auch aufgrund ihrer inhaltlichen Unbestimmtheit den Anforderungen des Grundsatzes des Gesetzesvorbehalts nicht entsprechen. Vgl. hierzu *Isensee*, Das Grundrecht auf Sicherheit, S. 42; ähnlich *Bethge* in: VVDStRL 57, S. 7 (51).

595 So auch *Pausch*, der den Schutz eines Bürgers vor Beeinträchtigungen Dritter um eine *„vorgegebene, also absolute Gemeinwohlerwägung"* ansieht, die im öffentlichen Interesse liegt. Vgl. *Pausch*, Die Rechtmäßigkeit der vorhandenen gesetzlichen Regelungen des Todesschusses in den Polizeigesetzen des Bundes und der Länder, S. 62.

596 Vgl. die Ausführungen in Kap. 1. C. II.

sicherheitsrechtlichen „Durchschnittsfällen“ aus Sicht der Rechtsprechung aus Rechtmäßigkeitsgesichtspunkten völlig ausreicht, dass aus der entscheidenden „ex ante et ex situatione“-Sicht der Behörde die veranschlagte Maßnahme zur Erreichung des legitimen Zwecks zumindest als nicht offensichtlich ungeeignet erscheint, muss bei einer Ausnahmekonstellation, wie sie einer Ermessensreduzierung auf Null zu Grunde liegt, die Behörde von der Eignung der Maßnahme positiv überzeugt sein. Ernstzunehmende Zweifel an der Zweckerreichbarkeit dürfen somit im Zeitpunkt der Entscheidung nicht bestehen. Denn eine erhebliche Gefährdung eines Bürgers in einem wichtigen Rechtsgut ermöglicht regelmäßig keine zweite Handlungschance der Behörde im Sinne einer Ersatzmaßnahme, ohne dass sich die Gefährdung erheblich erhöht respektive sich bereits in Form einer erheblichen Beeinträchtigung oder Störung realisiert hat. Mithin ist es auch aus verfassungsrechtlichen Effektivitätsgesichtspunkten im Hinblick auf die einzelfallbezogenen Erfüllung der bestehenden, grundrechtlichen Schutzpflicht zwingend erforderlich, dass die Behörde nicht nur von einer nicht auszuschließenden Geeignetheit der Maßnahme zur Störungsbeseitigung ausgeht, sondern im Wege einer restriktiveren Interpretation des „Geeignetheitsbegriffs“ nur solche Maßnahmen in den engeren Kreis der weiteren Auswahl gelangen, bei denen die Erreichung des legitimen Zwecks des Grundrechtsschutzes mit großer Wahrscheinlichkeit eintreten wird.[597] In solchen Ausnahmefällen einer stark erhöhten Schutzbedürftigkeit eines Bürgers und der hieraus resultierenden Ermessensreduzierung auf Null ist damit der Beurteilungsspielraum der Exekutive hinsichtlich der Eignung der Maßnahme zur Zweckerreichung respektive Schutzpflichterfüllung denknotwendig enger bzw. restriktiver zu fassen als in gewöhnlichen Ermessensentscheidungen. Denn nur auf diese Weise kann auf effektive Weise im weiteren Verlauf der behördlichen Verhältnismäßigkeitsprüfung die jeweilige Eingriffsmaßnahme ermittelt werden, durch welche – unter Berücksichtigung der jeweiligen Fallumstände – die Beseitigung der Störung einzelfallgerecht und endgültig erreicht und damit der staatlichen Schutzpflicht auch individuell nachgekommen werden kann.

cc) Erforderlichkeit der Maßnahme

Die Frage der Erforderlichkeit eines Mittels impliziert in der Regel die Ermittlung des mildesten, gleicheffektiven Mittels, das zur Erreichung des

597 Ähnlich *Pausch*, Die Rechtmäßigkeit der vorhandenen gesetzlichen Regelungen des Todesschusses in den Polizeigesetzen des Bundes und der Länder, S. 64.

legitimen Zwecks eingesetzt werden kann.[598] Der Frage nach dem „rechten Maß" kommt mithin die wichtige Aufgabe der Ermittlung der besonderen Fallumstände zu. Denn nur anhand der individuellen Sachverhaltskonstellation kann auch das konkrete Eingriffsmittel gefunden werden, welches für den konkreten Maßnahmeadressaten den geringsten Eingriff respektive die geringste Belastung bedeutet – bei gleichzeitiger Erfüllung des im Einzelfall gebotenen Mindestmaßes an Schutz für die beeinträchtigten Drittrechtsgüter. Dabei „tastet" sich die Behörde regelmäßig in kleinen Schritten von den denkbaren „leichten" zu den „schwerwiegenden" Eingriffen vor und muss anhand der individuellen Fallumstände entscheiden, auf welcher Belastungsstufe sich das im konkreten Fall erforderliche Eingriffsmittel befindet.[599]

Ist die Behörde jedoch aufgrund einer auf Grundrechtsschutz basierenden Ermessensreduzierung auf Null zum Handeln verpflichtet, wird – ähnlich den vorangegangenen Prüfungspunkten – die Notwendigkeit einer prüfungstechnischen Modifikation virulent: Dies hängt erneut eng mit der bereits im Rahmen der Reduzierung des Entschließungsermessens festgestellten Schutzpflicht im Hinblick auf die tatbestandlich vorliegende „schwere Gefährdung eines wichtigen Drittrechtsguts" zusammen. Denn aufgrund dieser Ausnahmekonstellation steht für die zum Schutz verpflichtete Behörde regelmäßig[600] bereits zu Beginn ihrer Auswahlermessensentscheidung fest, dass sie in verfassungsrechtlicher respektive grundrechtlicher Sicht zum Schutz des Dritten maximal ebenso stark in die Rechtsgüter des Störers eingreifen darf, als dieser die Rechtsgüter des schutzbegehrenden Dritten im Rahmen seines Übergriffs gefährdet.[601]

---

598 Vgl. hierzu die Ausführungen in Kap. 1. C. III. 2.

599 So im Ergebnis auch BVerwG, Urt. v. 13.11.1979 – 1 C 12.75 – BVerwGE 59, S. 104 (109); Urt. v. 17.01.1980 – 7 C 42.78 – BVerwGE 59, S. 319 (323); Urt. v. 20.02.1990 – 1 C 42.83 – BVerwGE 84, S. 375 (381).

600 Natürlich darf an dieser Stelle nicht übersehen werden, dass in der Verwaltungspraxis durchaus vereinzelt Sachverhalte existieren können, in denen eine solche schwere Gefährdung eines wichtigen Rechtsguts ausnahmsweise auch durch einfache und kaum belastende Maßnahmen des Staates wieder behoben werden kann. Die Rarität solcher Fälle erlaubt es, diese vereinzelten Konstellationen in der hier zu untersuchenden „Durchschnittsfallvariante" der Ermessensreduzierung auf Null zu vernachlässigen.

601 Vgl. z.B. BVerwG, Urt. v. 13.11.1979 – 1 C 12.75 – BVerwGE 59, S. 104 (109); Urt. v. 17.01.1980 – 7 C 42.78 – BVerwGE 59, S. 319 (323 f.); Urt. v. 20.02.1990 – 1 C 42.83 – BVerwGE 84, S. 375 (381); Urt. v. 27.08.1996 – 1 C 8.94 – BVerwGE 102, S. 12 (19 ff.); Urt. v. 09.11.1994 – 1 D 57.93 – BVerwGE 103, S. 184 (189).

Die Behörde ist an dieser Stelle ihrer Prüfung aus Effektivitätsgesichtspunkten mithin nicht gehalten, stufenweise – praktisch von Belastungsstufe Null an – auf zurückhaltende Art und Weise das konkret erforderliche Mittel zu finden. Sie ist vielmehr berechtigt und verfassungsrechtlich mithin verpflichtet, bereits auf „fortgeschrittener" Belastungsstufe ihre Prüfung zu beginnen – gerade in dem Bewusstsein, welche erhebliche Rechtsgutbeeinträchtigung und damit erhebliche Störung der öffentlichen Sicherheit und Ordnung regelmäßig zu diesem Zeitpunkt bereits durch den Störer eingetreten ist.[602] Dieses Vorgehen der Behörde ist – im Zusammenspiel mit der modifizierten Geeignetheitsprüfung – aus dem Leitgedanken der effektiven Gefahrenabwehr sowie der Erfüllung ihrer Schutzaufgabe auch in rechtsstaatlicher Hinsicht durchaus wünschenswert: Ist die Behörde mit einer solchen Ausnahmekonstellation konfrontiert, geht es in der Praxis regelmäßig um die effektive und effiziente Beseitigung einer eingetretenen, erheblichen Störung eines wichtigen Rechtsguts. Die Behörde wird dabei regelmäßig im Hinblick auch auf ihre Verpflichtung zu effektivem Schutz nicht die Möglichkeit haben, anhand einer aufwändigen Ermittlung aller Umstände des Einzelfalls reagieren zu können; vielmehr wird sie unvorbereitet mit einem Härtefall konfrontiert und muss dennoch zum Schutz des gefährdeten oder bereits beeinträchtigten Rechtsguts effektiv und zielorientiert handeln. Würde die Behörde in einer solchen Gefahrensituation mit einer stufenweise „Standardprüfung" aller möglichen und denkbaren, milden Eingriffsmittel beginnen und diese vor einer Entscheidung zunächst gegenseitig untereinander gewichten müssen, wird regelmäßig die Gefahr eingetreten respektive könnte die Rechtsverletzung erheblich fortgeschritten und somit irreversibel sein. Um diesen „worst case" der unterlassenen Schutzpflichterfüllung zu verhindern, kann es daher zur effektiven Gefahrenabwehr im Rahmen einer Ermessensreduzierung gerade auch im Hinblick auf die verfassungsrechtliche Schutzpflicht des Staates aus Art. 1 Abs. 1 Satz 2 GG i. V. m. Art. 1 Abs. 3 GG notwendig sein, der Behörde bei der Ermittlung des erforderlichen Mittels im Zweifelsfall einen erweiterten Beurteilungsspielraum einzuräumen, der es ihr ermöglicht, ihrer Schutzverpflichtung nachzukommen und die bestehende Gefahr respektive Störung im Einzelfall zielsicher und endgültig zu beenden.[603] Verspricht daher ein geeignetes und weniger belasten-

602 Vgl. BVerwG, Urt. v. 20.02.1990 – 1 C 42.83 – BVerwGE 84, S. 375 (381); Urt. v. 27.08.1996 – 1 C 8.94 – BVerwGE 102, S. 12 (19 ff.); Urt. v. 09.11.1994 – 1 D 57.93 – BVerwGE 103, S. 184 (189).

603 Vgl. zum Verhältnis zwischen der Bedeutung des gefährdeten Rechtsguts sowie der Schwere des hoheitlichen Eingriffs BVerwG, Urt. v. 13.11.1979 – 1 C 12.75 – BVerwGE 59, S. 104 (109); Urt. v. 17.01.1980 – 7 C 42.78 – BVerwGE 59, S. 319

des Eingriffsmittel im Einzelfall ausnahmsweise eine geringere Sicherheit des Erfolgseintritts bzw. würde ein geringfügig schwerwiegenderes Eingriffsmittel im Einzelfall die behördlichen Erfolgschancen der Gefahrenabwehr ausnahmsweise erheblich erhöhen, so muss es der Behörde im Hinblick auf ihre sicherheitsrechtliche Verantwortung sowie ihrer grundrechtlichen Schutzpflicht erlaubt sein, in solchen „Zweifelsfällen" das erfolgversprechendere, aber geringfügig schwerere Mittel einzusetzen. Die Notwendigkeit dieses „besonders" umfangreichen Beurteilungsspielraums der Behörde ist letztlich alleine den Erfordernissen im Umgang mit der speziellen Sachlage einer Ermessensreduzierung auf Null geschuldet. Nur in diesen besonderen Situationen ist es gerechtfertigt, aufgrund der Effektivität der Gefahrabwehr sowie der besonderen Intensität der Gefährdungslage – in Verbindung mit einem Verstoß des Störers gegen die Rechtsordnung – der Behörde eine großzügigere Interpretation des Erforderlichkeitsbegriffs zu gestatten, der die Berücksichtigung der individuellen Fallumstände erlaubt, aber dennoch dem staatlichen Schutzauftrag die nötige Freiheit einräumt, um das primäre Ziel der Grundrechtsschutzes möglichst effektiv realisieren zu können.

Mit dieser Feststellung zeigt sich erneut der aufgrund des aufgezeigten, starken Ungleichgewichts der konfligierenden Rechtsgüter konsequente, faktische Einfluss einer letztlich auf staatliche Schutzpflichten zurückzuführenden Ermessensreduzierung auf Null im Hinblick auf die behördliche Verhältnismäßigkeitsprüfung: Neben dem hieraus resultierenden, bereits konstatierten Modifikationsbedarf der Geeignetheitsprüfung, wird dieser Einfluss der tatbestandlichen Ausnahmekonstellation auch im Hinblick auf die Frage der Erforderlichkeit der Eingriffsmaßnahme virulent, indem sie im Rahmen des behördlichen Auswahlverfahrens respektive dessen inzidenter Prüfung des Verhältnismäßigkeitsgrundsatzes einen im Zweifelsfall aus Effektivitätsgründen großzügigeren Umgang mit der Frage der Erforderlichkeit der konkreten Eingriffsmaßnahme zum Zwecke der Schutzpflichterfüllung erlaubt.

dd) Angemessenheit der Maßnahme

Die Prüfung der Zweck-Mittel-Relation schließt generell die Ermessenskontrolle der behördlichen Eingriffsmaßnahme anhand des Verhältnismäßigkeitsgrundsatzes (i. w. S.) ab. Inhaltlich geht es dabei um die klassische Gewichtung und Abwägung der konkret widerstreitenden Rechtsgüter unter maßgeblicher

---

(323); Urt. v. 20.02.1990 – 1 C 42.83 – BVerwGE 84, S. 375 (381); Urt. v. 27.08.1996 – 1 C 8.94 – BVerwGE 102, S. 12 (19); Urt. v. 09.11.1994 – 1 D 57.93 – BVerwGE 103, S. 184 (189).

Berücksichtigung der individuellen Umstände.[604] Doch zeigt eine Untersuchung der Angemessenheitsprüfung bei Bestehen einer Ermessensreduzierung auf Null, dass auch bei diesem Teilgrundsatz der Verhältnismäßigkeit im hier behandelten Dreipersonenverhältnis – insbesondere aufgrund der stark veränderten Ausgangsposition im Hinblick auf das beschriebene Missverhältnis zwischen den konfligierenden Rechtsgütern – nicht unerhebliche Modifikationen in prüfungstechnischer Hinsicht auftreten.

Es lässt sich zunächst eine Abweichung in zeitlicher Hinsicht feststellen. Während bei einer gewöhnlichen Ermessensentscheidung die Behörde im Rahmen einer Überprüfung der Zweck-Mittel-Relation die widerstreitenden Rechtsgüter gleichzeitig auf beiden Seiten gewichtet und in die Abwägung einstellt[605], erfolgt dieser Prüfungsschritt bei einer Reduzierung des Entschließungsermessens auf Null in zeitlich getrennten Prüfungsphasen. Die Interessen und Belange des in seinen Rechten erheblich beeinträchtigten Dritten werden durch die Behörde im Rahmen der Feststellung einer Ermessensreduzierung auf Null bereits objektiv gewichtet.[606] Denn nur wenn im konkreten Einzelfall, aufgrund der Subsumtion unter die von der Rechtsprechung von BVerfG und BVerwG tatbestandlich hohen Anforderungen, eine „schwere Gefährdung eines wichtigen Rechtsguts" auf Seite des Dritten festgestellt werden kann, ist die Behörde überhaupt zum Einschreiten verpflichtet. Die Subsumtion der Behörde impliziert daher denknotwendig eine objektive Gewichtung der konkret betroffenen Rechtsgüter des Dritten, so dass dieser – eigentlich im Rahmen des behördlichen Auswahlermessens respektive dessen Angemessenheitsprüfung vorzunehmende – Prüfungspunkt zwangsläufig bereits vorweggenommen wird.

Neben dieser zeitlichen Modifikation der Interessensgewichtung offenbart sich jedoch noch eine weitere Besonderheit bei der Angemessenheitsprüfung im Rahmen einer Ermessensreduzierung auf Null der hier untersuchten Fallvariante des Dreipersonenverhältnisses: Eine Abwägung im klassischen Sinne zwischen den konfligierenden Interessen des Dritten und des Störers findet nicht statt. Vielmehr stellt das Ergebnis der Angemessenheitsprüfung regelmäßig das Resultat einer

---

604 Vgl. hierzu die Ausführungen in Kap. 1. C. IV.

605 Vgl. z.B. BVerwG, Urt. v. 07.05.1957 – III C 378.56 – BVerwGE 5, S. 50 (51); Urt. v. 20.10.1972 – IV C 14.71 – BVerwGE 41, S. 67 (68); Urt. v. 12.12.1985 – 1 WB 8.85 – BVerwGE 83, S. 90 (101); Urt. v. 29.11.1990 – 3 C 77.87 – BVerwGE 87, S. 154 (166 f.); Urt. v. 06.04.1995 – 2 WDB 6.94 – BVerwGE 103, S. 222 (225).

606 Vgl. *Kopp/Ramsauer*, VwVfG, § 40 Rn. 30 ff.; *Maurer*, Allgemeines Verwaltungsrecht, S. 151; *Schmidt*, Allgemeines Verwaltungsrecht; S. 124 f.; *Sachs* in: Stelkens/Bonk/Sachs, VwVfG, § 40 Rn. 55 ff.

– bereits im Rahmen der behördlichen Feststellung der Ermessensreduzierung auf Null vorgenommenen – Gewichtung der Drittbelange mit richtungsweisender Funktion für die Feststellung der Angemessenheit des Mittels dar. Da eine Ermessensreduzierung auf Null aufgrund der hohen Anforderungen nur bei einer akuten Gefährdungslage für ein wichtiges Rechtsgut vorliegen kann[607], impliziert diese Feststellung auch im Hinblick auf den verfassungsrechtlich vorgegebenen Schutzauftrag der Behörde faktisch die regelmäßige Angemessenheit einer als im Einzelfall als erforderlich anzusehenden Eingriffsmaßnahme. Denn würde man – wie eingangs der Verhältnismäßigkeitsprüfung an sich bereits beschrieben – die beteiligten Interessen von Störer und Drittem verbildlicht gesprochen in die Waagschale werfen, so würde dies aufgrund des staatlichen Schutzauftrags aus Art. 1 Abs. 1 Satz 2 GG i. V. m. Art. 1 Abs. 3 GG, aufgrund des Rechtsverstoßes des Störers sowie aufgrund der Bedeutung der erheblich gefährdeten Drittrechtsgüter eine deutliche Privilegierung zugunsten der Drittinteressen zur Folge haben. Eine Sachverhaltskonstellation, in der vor Eingreifen der Behörde sowohl auf Seiten des Störers als auch auf Seiten des durch den Übergriff betroffenen Dritten eine gegenseitige, schwere Gefährdung eines wichtigen Rechtsguts vorliegt, ist rein theoretischer Natur und in der Praxis kaum denkbar. Aber selbst wenn diese außergewöhnliche Sachverhaltskonstellation einmal vorliegen sollte, bedeutet dies nicht automatisch die Unangemessenheit des behördlichen Eingriffsmittels respektive der behördlichen Schutzmaßnahme – vielmehr hat die Behörde ihre ursprüngliche Einschätzung der Sach- und Rechtslage hinsichtlich des Vorliegens einer Ermessensreduzierung auf Null (zugunsten des Dritten) mangels besonderer Schutzbedürftigkeit des Dritten zu revidieren und ihre Entscheidung in der Sache durch ordnungsgemäße Ausübung ihres Entschließungs- und Auswahlermessens erneut zu treffen.

Für den „Regelfall" einer auf dem staatlichen Schutzauftrag basierenden, tatsächlich bestehenden Ermessensreduzierung auf Null zugunsten des Schutzbegehrenden bedeuten die vorangegangenen, abstrakten Ausführungen verbildlicht dargestellt Folgendes: Stellt man sich die im Rahmen der Angemessenheitsprüfung durch die Behörde zu erfolgende „Abwägung" zwischen den Rechtsgütern des Dritten und des Störes als eine ursprünglich im Gleichgewicht stehende Waage vor, so gelangt diese Waage durch die vorgezogene Gewichtung der Drittbelange im Rahmen der Feststellung der

607 Vgl. z.B. BVerwG, Urt. v. 18.08.1960 – I C 42.59 – BVerwGE 11, S. 95 (97); Urt. v. 15.07.1987 – 4 C 56.83 – BVerwGE 78, S. 40 (46); Urt. v. 29.07.1993 – 1 C 25.93 – BVerwGE 94, S. 35 (46 f.); Urt. v. 22.12.1993 – 11 C 46.92 – BVerwGE 95, S. 15 (19 f.); Urt. v. 20.10.2004 – 1 C 15.03 – BVerwGE 122, S. 103 (108).

Ermessensreduzierung auf Null derart schwer ins Ungleichgewicht, dass ein Ausgleich durch die später im Rahmen der Angemessenheitsprüfung zu berücksichtigenden Belange des Störes bereits zu diesem vorgezogenen Zeitpunkt faktisch nicht mehr möglich sein wird. Der Angemessenheitsprüfung in diesen Sachverhaltskonstellationen kommt demnach nur noch die Aufgabe zu, offensichtlich unangemessene Maßnahmen auszuschließen sowie theoretisch – wie gesehen – in absoluten Ausnahmefällen eine Revidierung der ursprünglichen Feststellung einer Ermessensreduzierung auf Null vorzunehmen. Der eigentliche Schwerpunkt der Verhältnismäßigkeitsprüfung verlagert sich jedoch von der Angemessenheitsprüfung in bipolaren Rechtsverhältnissen[608] auf die vorgezogene Feststellung der „schweren Gefährdung eines wichtigen Rechtsguts" und damit bereits auf die Frage des generellen Bestehens einer Ermessensreduzierung auf Null bei Mehrpersonenverhältnissen im hier untersuchten Sinne.

Terminologisch bietet es sich in diesen Fällen einer Ermessensreduzierung auf Null konsequenterweise an, im Rahmen des Auswahlermessens respektive der dabei vorzunehmenden Angemessenheitsprüfung nicht mehr von einer „Abwägung" zwischen den widerstreitenden Interessen im herkömmlichen Sinne zu sprechen, denn eine solche findet – wie gesehen – faktisch nicht mehr statt. Stattdessen handelt es sich bei der zeitlich und prüfungssystematisch getrennten, weil nacheinander erfolgenden Gewichtung der Belange des Dritten und des Störers sowie der richtungsweisenden Feststellung der Ermessensreduzierung auf Null für das Auswahlermessen um eine Art „Aufwiegen" der Drittbelange durch die nachträgliche Gewichtung der Störerbelange. Denn regelmäßig wird das Ergebnis der Angemessenheitsprüfung richtungsweisend bereits durch die vorangegangene, objektive Gewichtung der Drittbelange beeinflusst, so dass sich letztlich deren Prüfungsinhalt im hier untersuchten Mehrpersonenverhältnis auf die Aussortierung offensichtlich unangemessener Eingriffsmaßnahmen beschränkt.

Kurz gesagt lautet das Motto folglich: Aufwiegen statt Abwägen.

Im Ergebnis kommt der prüfungstechnisch zwangsläufig frühen Gewichtung der Drittbelange im Rahmen der Feststellung der Ermessensreduzierung auf Null eine richtungsweisende respektive vorabfeststellende Bedeutung für das Auswahlermessen der Behörde zu: Die im Rahmen der Angemessenheitsprüfung

608 Vgl. BVerwG, Urt. v. 29.03.2007 – 5 C 33.05 – BVerwGE 128, S. 271 (277); Urt. v. 23.10.2007 – 1 C 10.07 – BVerwGE 129, S. 367 (373 ff.); Urt. v. 13.03.2008 – 7 C 44.07 – BVerwGE 131, S. 11 (19); Urt. v. 26.08.2009 – 3 C 19.08 – BVerwGE 134, S. 345 (354 f.).

zu gewichtenden Belange des Störers können im Einzelfall nur noch in Nuancen die konkrete Maßnahmenintensität tendieren, an der Angemessenheit des Eingriffs per se können sie in der Regel jedoch nichts mehr ändern.

ee) Verfassungsrechtliche Aspekte des festgestellten Modifkationbedarfs

Die Verfassungskonformität des festgestellten prüfungstechnischen Modifikationsbedarfs im Hinblick auf die Teilgrundsätze der Verhältnismäßigkeit lässt sich insbesondere mit einem Blick auf den grundrechtlichen Schutzauftrag der Behörde gegenüber dem Drittbetroffenen verdeutlichen, wobei insbesondere zu berücksichtigen ist, dass in dem hier untersuchten Dreipersonenverhältnis die einfachgesetzliche Konkretisierung der grundrechtlichen Schutzpflicht durch den Gesetzgeber[609] aufgrund des Rechtsverstoßes des Störers nicht gegriffen hat und diese verfassungsrechtlich aus Art. 1 Abs. 1 Satz 2 GG i. V. m. Art. 1 Abs. 3 GG ableitbare Aufgabe nun kumulativ zur generellen, sicherheitsrechtlichen Gefahrenabwehr durch die Behörde zu erfüllen ist.

Während der Gesetzgeber die aus der Doppelfunktion der Grundrechte resultierenden Grundrechtskonflikte auf abstrakt-genereller Ebene durch Erlass harmonisierender respektive praktische Konkordanz herstellender, einfachgesetzlicher Normen löst, kann sich die nachfolgende Exekutivebene generell auf die konkret-individuelle Anwendung der gefassten Normen auf Einzelfälle beschränken. Die ihr legislativ zur Lösung eines in verfassungsrechtlicher Hinsicht auf eine Grundrechtskollision zurückzuführenden Individualkonflikts vorgegebenen Normprodukte implizieren daher die ausreichende Berücksichtigung sowohl der verfassungsrechtlich auferlegten Schutzpflichten als auch der grundrechtlichen Freiheitssphäre potentieller Maßnahmeadressaten.

Im Umkehrschluss bedeutet dies: Der Erfüllung der grundrechtlichen Schutzpflichten an sich ist der Gesetzgeber regelmäßig bereits durch die jeweilige Normgebung respektive Normaktualisierung in ausreichendem Maße nachgekommen. Die Behörde hat daher nunmehr für die einzelfallgerechte Umsetzung respektive Anwendung der aus sich heraus „harmonischen" Norm zu sorgen. Eine Prüfung des Untermaßverbots als Mindeststandard des grundrechtlichen Schutzniveaus ist daher aus ihrer Sicht nicht mehr veranlasst – diese wurde im Regelfall bereits durch den Erlass abstrakt-genereller Normen durch den Gesetzgeber erreicht. Es ist vielmehr eine Frage der ordnungsgemäßen

---

609 Beispielsweise in Form der generellen, sicherheitsrechtlichen Verpflichtung zur Durchführung eines Genehmigungsverfahrens. Vgl. *Isensee*, Das Grundrecht auf Sicherheit, S. 38.

behördlichen Ermessensausübung, ob letztlich auf exekutiver Ebene eine einzelfallgerechte und damit rechtstaatliche Lösung des Interessenskonflikts getroffen wurde.

Wenn sich somit die Behörde bereits im verwaltungsrechtlichen „Durch schnittsfall" einer bürgerlichen Interessenskollision auf die ermessensfehlerfreie und daher zwangsläufig verhältnismäßige Anwendung einer dem staatlichen Schutzauftrag aus Art. 1 Abs. 1 Satz 2 GG i. V. m. Art. 1 Abs. 3 GG genügenden Norm begnügen kann, so muss dies erst Recht für eine Fallkonstellation gelten, in der die Erheblichkeit der Drittgefährdung respektive die besondere Bedeutung der verletzten Drittrechtsgüter eine Reduzierung des legislativ eingeräumten Ermessensspielraums rechtfertigt. Eine derartige, besondere Sachverhaltskonstellation, in welcher der staatlichen Schutzauftrag aus Art. 1 Abs. 1 Satz 2 GG in Bezug auf den Schutzbegehrenden stark in den Vordergrund tritt, mithin die normativ hergestellte Harmonie zwischen Schutzpflichten und Freiheitssphäre aufgrund der individuellen Fallumstände ins Ungleichgewicht gerät, rechtfertigt nach dem oben Gesagten die festgestellte restriktivere Handhabung der Verhältnismäßigkeitsprüfung im Hinblick auf die Frage der Geeignetheit sowie die im Zweifelsfall zum Wohle des schutzsuchenden Bürgers konstatierte großzügigere Handhabung der Erforderlichkeitsprüfung.

Mit anderen Worten: Der Gesetzgeber erfüllt regelmäßig bereits durch den Erlass harmonisierender einfachgesetzlicher Normen die verfassungsrechtlich aus Art. 1 Abs. 1 Satz 2 GG i. V. m. Art. 1 Abs. 3 GG sowie dem jeweiligen Grundrecht abgeleitete staatliche Schutzpflicht. Die Exekutive muss sich im verwaltungsrechtlichen Durchschnittsfall daher nicht mehr mit der Problematik des Untermaßverbotes auseinandersetzen, sofern sie im Rahmen ordnungsgemäßer Ermessensausübung eine einzelfallgerechte Eingriffsmaßnahme erlässt. Die damit einhergehende Belastung des Maßnahmeadressaten (=Störer) muss sich dabei an dem Grundsatz der Verhältnismäßigkeit (i. w. S.) und damit insbesondere an den Umständen des Einzelfalles messen lassen. Bedingen jedoch besondere Fallumstände im Einzelfall, explizit eine durch den Störer kausal herbeigeführte, besonders intensive Gefährdungslage, von Seiten des Betroffenen gegenüber der Behörde eine Ermessensreduzierung auf Null, so verliert gleichzeitig der Störer selbstverschuldet an Schutzbedürftigkeit. Die normativ vorgesehene „Harmonie" zwischen den Rechten des Störers und den Rechten des Dritten bedarf daher in diesen Ausnahmekonstellationen der einzelfallgerechten Korrektur durch die Behörde: Konkret spiegelt sich diese Korrektur der Waagschale in der exekutiven Verhältnismäßigkeitsprüfung der Eingriffsmaßnahme wider: Nachdem bereits die Handlungsverpflichtung der Behörde und damit impliziert der im Einzelfall bestehende Vorrang der Drittrechtsgüter gegenüber den Störerinteressen festgestellt wurde, reduziert sich die Verhältnismäßigkeitsprüfung im Ergebnis auf die Suche nach der zweckdienlichsten, effektiven Schutzmaßnahme zur Beseitigung der vom Störer zu verantwortenden Gefährdung. Eine Abwägung zwischen „gleichberechtigten" Schutzgütern, wie im verwaltungsrechtlichen Durchschnittsfall ist in der Konsequenz auch in verfassungsrechtlicher Sicht nicht mehr erforderlich, da eine Gleichberechtigung zwischen der grundrechtlichen Freiheitssphäre des Störers und dem Anspruch des Drittbetroffenen auf Schutz seiner Grundrechte nicht mehr existiert.

Kurz gefasst: In der hier untersuchten Fallkonstellation einer sicherheitsrechtlichen Ermessensreduzierung auf Null im Mehrpersonenverhältnis impliziert diese störerverursachte Ermessensreduzierung den Vorrang der Rechtsgüter des Drittbetroffenen gegenüber der grundrechtlichen Freiheitssphäre des Störers. Aufgabe der Behörde ist demnach lediglich die Ermittlung der geeigneten und erforderlichen Schutzmaßnahme. Die Angemessenheitsprüfung des Eingriffs verliert zwangsläufig ihre herkömmlich aus bipolaren Verwaltungsrechtsverhältnissen bekannte Bedeutung und beschränkt sich regelmäßig auf eine Art „Evidenzkontrolle".

ff) Zwischenergebnis

Sind im Rahmen eines sicherheitsrechtlichen Dreipersonenverhältnisses die Voraussetzungen einer Ermessensreduzierung auf Null gegeben, so hat die hiermit einhergehende behördliche Feststellung eines bestehenden Ungleichgewichts zwischen den konfligierenden Rechtsgütern richtungsweisende Bedeutung für das behördliche Auswahlermessen. Zwar erstreckt sich im Rahmen einer Ermessensreduzierung auf Null die damit festgestellte Handlungsverpflichtung der Behörde grundsätzlich nur auf das Entschließungsermessen.[610] Dennoch erlangen mit der Feststellung einer „schweren Gefährdung eines wichtigen Rechtsguts" bereits weitgehende Bestandteile des Auswahlermessens – präziser: die Teilgrundsätze des dabei stets zu beachtenden Verhältnismäßigkeitsgrundsatzes – eine regelmäßig vorentscheidende Bedeutung, womit veränderte Maßstäbe innerhalb der eigentlichen Verhältnismäßigkeitsprüfung gelten.

---

610 Vgl. *Kopp/Ramsauer*, VwVfG, § 40 Rn. 47a; *Di Fabio*, VerwArch 86, S. 214 ff.; *Sachs* in: Stelkens/Bonk/Sachs, VwVfG, § 40 Rn. 56 f. Aus der Rechtsprechung vgl. BVerwG, Urt. v. 14.04.1984 – 6 C 107.82 – BVerwGE 69, S. 90 (94); Urt. v. 15.07.1987 – 4 C 56.83 – BVerwGE 78, S. 40 (46); Urt. v. 29.07.1993 – 1 C 25.93 – BVerwGE 94, S. 35 (46 f.) sowie Urt. v. 20.10.2004 – 1 C 15.03 – BVerwGE 122, S. 103 (108).

So impliziert die Feststellung einer Ermessensreduzierung auf Null regelmäßig en passant die Legitimität der exekutiven Eingriffsmaßnahme gegen dem Störer. Darüber hinaus rechtfertigen die Schwere der Rechtsgutsgefährdung respektive die hohe Bedeutung des gefährdeten oder verletzten Drittrechtsguts deutlich höhere Anforderungen an die behördliche Geeignetheitsprüfung: Der eingeräumte Beurteilungsspielraum der Behörde verdichtet sich auf solche Maßnahmen, die eine effektive und endgültige Beseitigung der bestehenden Gefährdung oder Störung zumindest mit hinreichender Wahrscheinlichkeit versprechen. Zugleich offenbart die faktische Aufhebung des behördlichen Entschließungsermessens auch im Hinblick auf die Erforderlichkeitsprüfung einen gewissen Modifikationsbedarf. Das regelmäßig bereits fortgeschrittene Gefahr- respektive Störungsniveau ermächtigt die Behörden „im Zweifelsfall" ausnahmsweise zu schwerwiegenderen Maßnahmen gegenüber dem Störer, falls dadurch die Beeinträchtigung des Dritten effektiver, effizienter bzw. umfassender behoben werden kann als mit einem objektiv geringfügig milderen Mittel.

Schließlich ist eine erhebliche Auswirkung der Ermessensreduzierung auf Null auf die Frage der Angemessenheit des Eingriffsmittels gegenüber dem Störer zu konstatieren. Die Modifikation zeigt sich zunächst in inhaltlicher Form, in dem die aus dem Zweipersonenverhältnis bekannte, klassische Abwägung der widerstreitenden Interessen unter maßgeblicher Berücksichtigung der Umstände des Einzelfalles nicht mehr stattfindet. Vielmehr ist diese Gewichtung im hier untersuchten Dreipersonenverhältnis in zwei separate Prüfungsschritte aufgeteilt: Während die objektive Gewichtung der Drittbelange zeitlich vorgezogen wird in den Prüfungsrahmen der behördlichen Feststellung einer Ermessensreduzierung auf Null, wird die Gewichtung der Störerbelange weiterhin im Rahmen des Auswahlermessens bzw. deren Angemessenheitsprüfung vorgenommen. Hierdurch verlagert sich die Waagschale – bildlich gesprochen – regelmäßig bereits derart zu Gunsten des Dritten, dass die erst nachfolgend im Rahmen der Angemessenheitsprüfung vorzunehmende Gewichtung der Störerbelange kaum noch Einfluss auf die Verhältnismäßigkeit der behördlichen Entscheidung nehmen kann. Terminologisch ist insoweit der klassische Begriff der „Abwägung" an sich unpassend, da der beschriebene Vorgang eher einer Art nachträglichen „Aufwiegens" der Drittinteressen durch die Störerbelange gleicht. In der Konsequenz verschiebt sich bei einer Verhältnismäßigkeitsprüfung im Dreipersonenverhältnis im hier untersuchten Sinne – im Vergleich zum klassischen Zweipersonenverhältnis – der Schwerpunkt der Prüfung von der Frage der Angemessenheit auf die vorangehende Feststellung der Ermessensreduzierung auf Null. Deren richtungsweisende Funktion hat zudem zur Folge, dass die Angemessenheitsprüfung ihre klassische

Bedeutung fast vollständig verliert und lediglich dem Ausschluss offensichtlich unangemessener Eingriffsmaßnahmen zu Gunsten des Störers dient.

Das nachfolgende Anschauungsbeispiel soll an diese Stelle der Untersuchung die ermittelten – jedoch sehr abstrakt gehaltenen – Ergebnisse anhand eines konkreten Sachverhalts verdeutlichen.

gg) Anschauungsbeispiel: der finale Rettungsschuss

Der rechtlichen Problematik des finalen Rettungsschusses – auch unter der Bezeichnung „polizeilicher Todesschuss" bekannt – liegt letztlich stets eine besondere Sachverhaltskonstellation zu Grunde, die aufgrund ihres Ausnahmecharakters sowie der Schwere der Rechtsgutsgefährdung bzw. Rechtsgutsbeeinträchtigung die lebensgefährliche Verletzung eines Bürgers respektive dessen Tötung durch die Sicherheitsbehörden gestattet. Als Beispielsfall soll nachfolgender Sachverhalt dienen:

> *Dem geisteskranken S gelingt die bewaffnete Flucht aus der geschlossenen Anstalt der städtischen Psychiatrie. Auf seiner Flucht erschießt er völlig willkürlich mehrere Personen, die zufällig seinen Weg kreuzen. Als er erkennt, dass er von Sicherheitskräften umzingelt ist und er nach mehreren gezielten Schüssen auf die Beamten keinen Ausweg mehr sieht, nimmt er den siebenjährigen D als Geisel, hält ihm die geladene Waffe an den Kopf und droht mit dessen sofortiger Erschießung.*

In rechtlicher Hinsicht – insbesondere auf die Beurteilung der Ermessens spielräume – offenbart dieser Sachverhalt für die zuständige Sicherheitsbehörde die nachfolgenden Prüfungsschritte:

Es liegt ohne Zweifel zumindest ein Fall einer Reduzierung des behördlichen Entschließungsermessens vor: Der siebenjährige D wird durch einen geisteskranken Menschen akut mit dem Tode bedroht, wobei die Begleitumstände (insbesondere die willkürliche Tötung mehrerer Personen mit der Schusswaffe) ergeben, dass der Täter tatsächlich zur Tat entschlossen ist. Ob kumulativ auch die Voraussetzungen für eine Reduzierung des Auswahlermessens auf Null vorliegen, ist ohne Prüfung des Verhältnismäßigkeitsgrundsatzes (i. w. S.) im Rahmen des – hierfür zunächst als bestehend unterstellten – Auswahlermessens nicht ohne weiteres möglich: Denn für diesen Ausnahmefall müsste den Sicherheitskräften faktisch nur eine einzige Handlungsmöglichkeit bleiben, um die für die beteiligten Personen lebensbedrohliche Situation zu beenden. Diese Feststellung scheint im vorliegenden Fall zweifelhaft zu sein, insbesondere unter Beachtung der Rechtsprechung des BVerfG, das bei einer akuten Gefährdung des Lebens in vergleichbaren Sachverhalten gerade zugunsten der Effektivität des staatlichen Schutzauftrags nach Art. 2 Abs. 2 Satz 1 GG i. V. m. Art. 1 Abs. 1 Satz 2 GG der zuständigen Sicherheitsbehörde ein Wahlrecht hinsichtlich des individuell gebotenen Mittels unter maßgeblicher Berücksichtigung der Umstände des Einzelfalls zugesteht. Explizit heißt es hierzu in der Entscheidung vom 16.10.1977[611]:

> *„Die Eigenart des Schutzes gegen lebensbedrohende […] Erpressungen ist dadurch gekennzeichnet, dass die gebotenen Maßnahmen der Vielfalt singulärer Lagen angepaßt sein müssen. Sie können weder generell im voraus normiert noch aus einem Individualgrundrecht als Norm hergeleitet werden."*

Im Rahmen der Ermittlung der zu ergreifenden Maßnahme gegenüber dem Störer (hier: S) muss die Sicherheitsbehörde insbesondere auch den Grundsatz der Verhältnismäßigkeit beachten, mithin ein legitimes Ziel durch eine hierzu geeignete, erforderliche und angemessene Maßnahme verfolgen. Diese Prüfung wird jedoch maßgeblich durch die Feststellung einer akuten Gefährdung des D und der hierdurch bedingten Reduzierung des behördlichen Entschließungsermessens auf Null vorbestimmt: Durch die Erkenntnis einer tatsächlichen, schweren Gefährdung in einem wichtigen Rechtsgut als Ausganspunkt einer Ermessensreduzierung (auf Null) der Behörde gegenüber dem Kind D steht gleichzeitig der legitime Zweck der zu erlassenden Eingriffsmaßnahme der Sicherheitskräfte gegenüber dem Amokläufer S fest. Ferner macht es die Lebensgefahr des D notwendig, dass die Polizisten sich für ein Maßnahmemittel gegenüber S entscheiden, welches zumindest mit hinreichender Wahrscheinlichkeit geeignet ist, die akute Gefährdung des Kindes sofort und endgültig zu beseitigen. Insbesondere dürfen – anders als bei „gewöhnlichen" Ermessensentscheidungen – keine ernstzunehmenden Zweifel an der Erreichbarkeit dieses Ziels bestehen. Sieht man beispielsweise bei Geiselnahmen generell die Möglichkeit der psychologischen Verhandlungsstrategie als durchaus geeignetes Mittel zur Beendigung der Geiselnahme an[612], so ist der Erfolg einer solchen Maßnahme im vorliegenden Fall aufgrund der konkreten Gefährdungslage sowie der hierdurch bedingten, restriktiveren Interpretation des Eignungsbegriffs nicht hinreichend gesichert: Der psychisch kranke S ist zu klarem, rationalem Denken offensichtlich nicht in der Lage; mithin würden die Psychologen der Sicherheitsbehörden nicht mit der geforderten, hinreichenden Wahrscheinlichkeit durch überzeugende Vernunftsargumentationen

---

611 Siehe BVerfG, Urt. v. 16.10.1977 – 1 BvQ 5/77 – BVerfGE 46, S. 160 (165); ferner *Leibholz/Rinck*, GG I, Art. 2 Rn. 503.

612 So auch *Witzstrock*, Der polizeiliche Todesschuß, S. 47; ferner *Pausch*, Die Rechtmäßigkeit der vorhandenen gesetzlichen Regelungen des Todesschusses in den Polizeigesetzen des Bundes und der Länder, S. 66 f.

zu S vordringen können. Ferner ist nicht abschätzbar, wie S auf solche Kommunikationsversuche der Behörden reagieren würde. Gemessen an den aufgezeigten, restriktiveren Anforderungen[613] an die Geeignetheit eines Maßnahmenmittels im Falle einer Ermessensreduktion (auf Null) ist daher aufgrund der besonderen Umstände des vorliegenden Einzelfalls der „Lösungsweg" über psychologische Verhandlungen mit dem Geiselnehmer als ungeeignet zu verwerfen.

Bei der anschließenden Prüfung der Erforderlichkeit der Eingriffsmaßnahme haben die Sicherheitskräfte zu berücksichtigen, dass auf Seiten des D eine erhebliche und akute Gefährdung eines der höchsten Rechtsgüter der Verfassung besteht, dem Leben respektive der körperlichen Unversehrtheit an sich. Im Gegensatz zu „durchschnittlichen" Ermessensentscheidungen haben die Sicherheitskräfte im vorliegenden Fall keine Möglichkeit, sich „stufenweise" dem mildesten, gleicheffektiven Mittel anzunähern. Vielmehr muss aufgrund der Begleitumstände im geschilderten Fall davon ausgegangen werden, dass die Behörde nur eine einzige Chance hat, um die Geiselnahme ohne Schaden für das Kind zu beenden. Es ist daher ein Maßnahmenmittel anzuwenden, dass effektiv und so sicher wie möglich eine Beendigung der Gefahrsituation ohne Schädigung des D verspricht. Dabei ist der maximale Eingriffs- respektive Belastungsrahmen der Behörde gegenüber S durch dessen Gefährdung des D zu sehen. Dementsprechend dürfen die Sicherheitskräfte im vorliegenden Fall – zum Wohle des D einen ebenso erheblichen Eingriff[614] in die Rechtsgüter des S vornehmen, um die Geiselnahme zu beenden. Davon umfasst ist aufgrund der konkreten Umstände auch der Schusswaffengebrauch gegenüber S. Gemessen an den hohen Anforderungen an die geiselnahmebeendende Wirkung der Maßnahme scheiden im Rahmen des Schusswaffengebrauchs jedoch alle diejenigen Maßnahmen aus, die zwar eine Verletzung des S in seiner körperlichen Unversehrtheit bedeuten, gleichzeitig aber nicht mit größtmöglicher Gewähr bzw. ohne Zweifel sicherstellen können, dass die Geisel unverletzt bleibt. Vielmehr gewähren diese nichttödlichen Schussverletzungen gerade dem Täter noch einmal die Möglichkeit zur „Reaktion" und damit die Möglichkeit zur erheblichen Verletzung seiner Geisel respektive der umstehenden Personen und Sicherheitskräfte. Zudem besteht der Schutzauftrag des Staates aus Art. 2 Abs. 2 Satz 1 GG i. V. m. Art. 1 Abs. 1 Satz 2

---

613 Vgl. hierzu die Ausführungen in Kap. 3. B. III. 2. b). bb).

614 So im Ergebnis auch BVerwG, Urt. v. 20.02.1990 – 1 C 42.83 – BVerwGE 84, S. 375 (381); Urt. v. 27.08.1996 – 1 C 8.94 – BVerwGE 102, S. 12 (19) sowie Urt. v. 09.11.1994 – 1 D 57.93 – BVerwGE 103, S. 184 (189).

GG[615] sowohl gegenüber D, als auch gegenüber S und nicht zuletzt auch gegenüber den unmittelbar beteiligten Sicherheitskräften[616], die insbesondere im Falle einer Reaktionsmöglichkeit des S auf die polizeiliche Maßnahme akut gefährdet wären. Letztlich müssen die Sicherheitskräfte im vorliegenden Fall „auf Nummer Sicher“ gehen und den finalen Rettungsschuss anwenden. Verfassungsrechtlich ist diese zumindest akut lebensbedrohliche Maßnahme als zulässige[617] – und im vorliegenden Anschauungsbeispiel aufgrund der geschilderten Umstände als erforderliche – „ultima ratio“ anzusehen[618].

Im Rahmen der behördlichen Angemessenheitsprüfung sind abschließend die Belange des S in die Verhältnismäßigkeitsprüfung zu integrieren. Dabei ist festzustellen, dass die Belange der Geisel bereits bei der Prüfung der Ermessensreduzierung (auf Null) objektiv gewichtet wurden und dem dabei ermittelten, besonders hohen Gewicht des Lebens richtungsweisende Bedeutung für die Angemessenheitsprüfung zukommt. Selbst in der vorliegenden Sachverhaltskonstellation, in der es letztlich sowohl um das Leben des Störers als auch um das Leben der Geisel geht, muss die Sicherheitsbehörde unter Berücksichtigung der konkreten Fallumstände eine Entscheidung zugunsten eines der Rechtsgüter fällen. Im Ergebnis bleibt der Behörde keine andere

---

615 Vertiefend zur Schutzpflicht des Staates aus Art. 2 Abs. 2 Satz 1 GG i. V. m. Art. 1 Abs. 1 Satz 2 GG vgl. *Wittstrock*, Der polizeiliche Todesschuß, S. 41 ff. sowie *Pausch*, Die Rechtmäßigkeit der vorhandenen gesetzlichen Regelungen des Todeschusses in den Polizeigesetzen des Bundes und der Länder, S. 71 f.

616 Zum Anspruch des Polizeibeamten auf Schutz seiner Grundrechte bei Einsätzen vgl. *Rupprecht* in: FS f. Samper, S. 51 ff.

617 *Lorenz* stellt insofern fest, dass – entgegen vereinzelter Ansichten in der Literatur – Art. 102 GG gerade nicht auf den präventiven, finalen Rettungsschuss Anwendung findet, sondern sich diese Vorschrift lediglich auf die Todesstrafe *„als staatliche Sanktion nach Verwirklichung einer Straftat“* beschränkt. Siehe *Lorenz* in: Bonner Kommentar zum Grundgesetz I, Art. 2 Abs. 2 Satz 1 Rn. 491; ebenso *Starck* in: Mangoldt/Klein/Starck, GG I, Art. 1 Rn. 78.

618 Einzelne Stimmen in der Literatur, die eine kompromisslose Beachtung der in Art. 19 Abs. 1 Satz 2 GG festgelegten Wesensgehaltstheorie fordern, lehnen diesen größtmöglichen Eingriff in die Rechtssphäre eines Bürgers strikt ab. Vgl. *Pausch*, Die Rechtmäßigkeit der vorhandenen gesetzlichen Regelungen des Todesschusses in den Polizeigesetzen des Bundes und der Länder, S. 54 f. m. w. N. Demgegenüber verfolgt die herrschende Meinung in der Literatur sowie insbesondere die ständige Rechtsprechung der obersten Bundesgerichte die Theorie vom relativen Wesensgehalt, wonach in Ausnahmefällen ein Eingriff sogar die vollständige Aufhebung des Grundrechts aufgrund der Umstände des Einzelfalls bedeuten kann. Vgl. z.B. BGH, Beschl. v. 17.10.1955 – VRG 4/55 – DÖV 1955, S. 729 ff.

Wahl: Um ihrem Schutzauftrag hinsichtlich des Lebens der im vorliegenden Fall schützenswerteren Geisel sowie um ihrer sicherheitsrechtlichen Aufgabe zur Wiederherstellung der öffentlichen Sicherheit und Ordnung möglichst effektiv nachkommen zu können, müssen die Sicherheitskräfte den S durch einen gezielten Schuss ausschalten. Dabei besteht natürlich eine erhöhte Gefahr der Tötung des S, so dass es sich bei der Frage der Angemessenheit des Mittels in dieser Ausnahmekonstellation letztlich um die Entscheidung zwischen zwei Leben geht. Allerdings zeigt bereits der Gesetzesvorbehalt in Art. 2 Abs. 2 Satz 3 GG, dass auch das Leben des Einzelnen nicht unbeschränkt staatlichen Schutz genießt.[619]

Entsprechend der abstrakten Untersuchungsergebnisse bedeutet dies auf das vorliegende Fallbeispiel übertragen: Durch das tatsächliche Vorliegen einer durch S verursachten, schweren Gefährdung eines wichtigen Rechtsguts" auf Seiten des D in Form einer akuten Lebensgefährdung – verbunden mit der grundrechtlichen Schutzpflicht des Staates aus Art. 1 Abs. 1 Satz 2 GG i. V. m. Art. 2 Abs. 2 Satz 1 GG, befindet sich die grundsätzlich zu Beginn der Angemessenheitsprüfung noch neutral stehende Waage zwischen den konfligierenden Belangen, aufgrund der vorliegenden Fallumstände bereits stark im Ungleichgewicht. Denn die staatliche Verpflichtung zum Schutz des Lebens der Bürger vor rechtwidrigen Angriffen – so das BVerfG – sei umfassend und im Hinblick auf den „*Höchstwert*"[620] des Lebens besonders ernst zu nehmen. Selbst wenn man nun auch auf Seiten des Störers dessen Rechtsgüter (Leben und körperliche Unversehrtheit) „in die Waagschale werfen" würde, könnten diese Belange im vorliegenden Fall keinen Ausgleich mehr herstellen – mithin könnte durch das Aufwiegen der Interessen des D mit den Interessen des S keine Wiederherstellung der neutralen Ausgangsstellung der Waagschalen erreicht werden. Dies ist insbesondere auch der Tatsache geschuldet, dass im Rahmen der Angemessenheitsprüfung generell nicht nur das jeweilige objektive Gewicht der beteiligten Interessen sondern entscheidend auch die besonderen Umstände des Einzelfalles zu berücksichtigen sind – letztere sind jedoch

619 Vgl. *Borowski*, Grundrechte als Prinzipien, S. 284 f. mit Verweis auf BVerfG, Urt. v. 28.05.1993 – 2 BvF 2,4,5/90 – BVerfGE 88, S. 203 (252 ff.). Vertiefend zu den Grenzen des Art. 2 Abs. 2 Satz 3 GG sowie dessen Konkretisierung in Form der entsprechenden Vorschriften der Polizeigesetze einzelner Bundesländer vgl. *Pausch*, Die Rechtmäßigkeit der vorhandenen gesetzlichen Regelungen des Todesschusses in den Polizeigesetzen des Bundes und der Länder, S. 89 ff.

620 Siehe hierzu *Leibholz/Rinck*, GG I, Art. 2 Rn. 470 mit Verweis auf BVerfG, Urt. v. 16.10.1977 – 1 BvQ 5/77 – BVerfGE 46, S. 160 (164).

aus Sicht des D zu seinen Gunsten bereits in die behördlichen Feststellung der Ermessensreduzierung auf Null mit eingeflossen. Im vorliegenden Fallbeispiel der Geiselnahme sind insbesondere die folgenden Umstände zugunsten des D zu beachten:

- D hat sich stets gesetzeskonform und daher innerhalb der Rechtsordnung verhalten.
- S hat sich gegen die Rechtsordnung gestellt, in dem er D als Geisel nahm.[621]
- S hat unmittelbar vor der Geiselnahme bereits mehrere Personen wahllos getötet und ist immer noch im Besitz einer geladenen Waffe.
- Mit der Geiselnahme des D hat sich S selbst der Gefahr der eigenen Verletzung oder Tötung ausgesetzt.
- Ohne finalen Rettungsschuss bestünde die realistische Gefahr einer Reaktion des S durch den Gebrauch seiner Schusswaffe auch gegenüber den Sicherheitskräften.

Unter Berücksichtigung dieser Individualumstände[622] würde die gedachte Waage zwischen den Belangen des D und des S nur noch weiter ins Ungleichgewicht geraten bzw. sich noch weiter (als ohnehin durch die Feststellung der Ermessensreduzierung auf Null bereits impliziert) zu Gunsten des D neigen. Mit anderen Worten: Die behördliche Feststellung einer Ermessensreduzierung auf Null impliziert auch im vorliegenden Fall den unbedingten Vorrang der Drittrechtsgüter – selbst ohne die Rechtsgüter des Störers hierfür umfassend

---

621 *Pausch* stellt hierzu fest, dass mit der Geiselnahme gleichzeitig eine schwere Verletzung der Menschenwürde der Geisel einhergeht, da der Täter diesen Menschen regelmäßig nur noch „*zum Objekt seines Handelns*" macht und die Geisel dadurch jegliche Selbstbestimmung über ihr Leben verliert. Siehe *Pausch*, die Rechtmäßigkeit der vorhandenen gesetzlichen Regelungen des Todesschusses in den Polizeigesetzen des Bundes und der Länder, S. 51. Gleichfalls wird aus staatlicher Sicht beim Rettungsschuss nicht die Subjektstellung des Täters in Frage gestellt. Vielmehr ist aus rechtstaatlicher Sicht bei einer Gegenüberstellung des Leben des Täters sowie des Opfers stets dem Rechtsgut des Angegriffenen der Vorzug zu geben – insbesondere unter Berücksichtigung der Tatsache, dass der Täter das Geschehen beherrscht, vgl. *Starck* in: Mangoldt/Klein/Starck, GG I, Art. 1 Rn. 78 mit Verweis auf BVerfG, Urt. v. 15.02.2006 – 1 BvR 357/05 – BVerfGE 115, S. 118 (161).

622 So im Ergebnis auch *Lorenz*, der letztlich auch aufgrund der Berücksichtigung der individuellen Umstände sowie der Verantwortlichkeit des Täters für den finalen Rettungsschuss aus teleologischen Gründen keinen Verstoß gegen die Menschenwürde sieht. Vgl. *Lorenz* in: Bonner Kommentar zum Grundgesetz I, Art. 2 Abs. 2 Satz 1 Rn. 491.

berücksichtigt zu haben. Eine Fallkonstellation, in der gleichzeitig auf beiden Seiten – Störer und Drittbetroffenem – eine schwere Beeinträchtigung in einem besonders wichtigem Rechtsgut vorliegt – und damit keine vorabfeststellende Wirkung der Ermessensreduzierung auf Null gegenüber dem Drittbetroffenen bestehen kann – ist rein theoretischer Natur und daher nicht praxisrelevant.

Kurz gesagt: Ist in einem sicherheitsrechtlichen Dreipersonenverhältnis der hier untersuchten Art „Störer-Behörde-Opfer" eine Ermessensreduzierung auf Null ordnungsgemäß festgestellt, so kann in aller Regel auch die Berücksichtigung der Störerinteressen im Rahmen einer Angemessenheitsprüfung bzw. einer Abwägung nicht mehr zur Unverhältnismäßigkeit der erforderlichen Eingriffsmaßnahme führen. Die Angemessenheitsprüfung verliert daher in dieser Fallkonstellation ihre klassische Bedeutung und reduziert sich auf eine Art Evidenz- oder Willkürkontrolle.

Als Konsequenz lässt sich daher im vorliegenden Fallbeispiel des finalen Rettungsschusses feststellen, dass das schwere objektive Gewicht des beeinträchtigten Rechtsguts des D im Rahmen der Angemessenheitsprüfung selbst durch die berücksichtigungsfähigen Belange des S nicht mehr ausgeglichen respektive aufgewogen werden kann und in der Folge die Feststellung der Erforderlichkeit des Rettungsschusses gleichzeitig dessen Angemessenheit impliziert – mithin aufgrund der besonderen Umstände die Angemessenheit des finalen Rettungsschusses ausnahmsweise[623] positiv festzustellen ist. Aus sicherheitsrechtlichen Effektivitätsgesichtspunkten erweist sich in der geschilderten Fallkonstellation der finale Rettungsschuss letztlich als einzig effektives Maßnahmemittel der Behörde sowohl zur Erfüllung ihres verfassungsrechtlichen Schutzauftrags gegenüber D als auch zur effektiven Wiederherstellung der öffentlichen Sicherheit und Ordnung, so dass abschließend neben der Reduzierung des behördlichen Entschließungsermessens letztlich auch das Vorliegen einer Reduzierung des behördlichen Auswahlermessens auf Null festzustellen ist.

---

623 Vgl. *Di Fabio* in: Maunz/Dürig, GG-Kommentar I, Art. 2 Abs. 2 Rn. 37; *Lorenz* in: Bonner Kommentar zum Grundgesetz I, Art. 2 Abs. 2 Satz 1 Rn. 491. Ebenso *Witzstrock*, die eine pauschale Anwendbarkeit des finalen Todesschusses ausschließt und letztlich diesen nur aufgrund der Umstände des Einzelfalles unter Berücksichtigung des Verhältnismäßigkeitsgrundsatzes als Handlungsmöglichkeit anerkennt. Vgl. *Witzstrock*, Der polizeiliche Todesschuss, S. 54 f. Ähnlich *Pausch*, der die Schutzbedürftigkeit des Täters insbesondere auch aus Gründen des Selbstverschuldens als geringer einstuft. Vgl. *Pausch*, die Rechtmäßigkeit der vorhandenen gesetzlichen Regelungen des Todesschusses in den Polizeigesetzen des Bundes und der Länder, S. 51.

3. *Unverhältnismäßigkeit als exekutiver Einwand*

Abschließend soll aus Sicht der Behörde die Frage beantwortet werden, ob selbst die Exekutive aus dem Verhältnismäßigkeitsgrundsatz respektive dem rechtstaatlichen Verhältnismäßigkeitsgedanken im Einzelfall eine Stärkung ihrer Rechtsposition erfahren kann. Auf den ersten Blick mag diese Frage realitätsfern erscheinen: Schließlich wurde im Rahmen dieser Arbeit bereits festgestellt, dass es sich beim Grundsatz der Verhältnismäßigkeit insbesondere um ein Abwehrinstrument des Bürgers gegenüber Eingriffen des Staates handelt. Die – unter Umständen provozierend anmutende – Fragestellung, ob nicht auch dem Staat, konkret der jeweils zuständigen Sicherheitsbehörde, aufgrund besonderer Umstände im Einzelfall der Einwand der Unverhältnismäßigkeit zustehen kann, zeigt sich bei genauerem Blick jedoch als durchaus aktuelle und in der gelebten Verwaltungswirklichkeit wiederkehrende Problematik.

Virulent wird diese Problematik beispielsweise dann, wenn die zur Handlung aufgerufene Behörde situationsbedingt der verpflichtenden Aufforderung zum Einschreiten im Einzelfall nicht nachkommen kann, insbesondere um aus berechtigtem Anlass entweder wichtige Rechtsgüter (wie Leben und körperliche Unversehrtheit) ihrer Sicherheitskräfte[624] oder der Allgemeinheit schützen zu können.[625] Diskutiert[626] wird diese Frage daher insbesondere unter der Problematik der „*Unmöglichkeit*" oder „*Unzumutbarkeit*"[627] staatlichen Eingreifens im Einzelfall.

---

624 Zum Schutzauftrag des Staates aus Art. 33 Abs. 5 GG gegenüber seinen Beamten generell sowie seiner Polizisten im Einsatz speziell, vgl. *Rupprecht* in: FS f. Samper, S. 51 ff.

625 *Di Fabio* diskutiert diese Frage anschaulich am Grundrecht der allgemeinen Versammlungsfreiheit und problematisiert, ob eine zuständige Behörde aufgrund akuten Mangels an Hilfskräften respektive einer drohenden erheblichen Gefährdung der eigenen Sicherheitsbeamten im Falle der Durchführung einer Versammlung ausnahmsweise das bedeutende Grundrecht auf Demonstration aus Zumutbarkeitsgesichtspunkten im Einzelfall beschränkt und damit die geplante Versammlung untersagt werden kann. Vgl. *Di Fabio*, VerwArch 86, S. 214 ff. (230 f.). Ähnlich *Rupprecht*, der über das Grundrecht der Beamten auf Schutz von Leib und Leben hinaus geht, indem er die Vielseitigkeit des staatlichen Schutzauftrags für seine Beamten auf eine Vielzahl von Grundrechten untersucht, und dessen gefundene Ergebnisse mit dem Ansatz von Di Fabio durchaus übereinstimmen. Vgl. *Rupprecht* in: FS f. Samper, S. 51 ff.

626 Vgl. *Hoffmann-Riem*, DVBl. 1994, S. 1381 (1384 ff.); *Di Fabio*, VerwArch 86, S. 214 (230 f.).

627 Siehe *Di Fabio*, VerwArch 86, S. 214 (230 ff.).

Gerade im Hinblick auf die veränderten Anforderungen und Strukturen des Verwaltungsrechts – losgelöst von der traditionellen Vorstellung des Zweiper sonenverhältnis Staat-Bürger[628] hin zu komplexen Interessenskonflikten in Mehrpersonenverhältnissen – muss heute mehr denn je die Frage gestellt werden, ob nicht in besonders gelagerten Einzelfällen die Behörde selbst auf den rechtsstaatlichen Verhältnismäßigkeitsgedanken zurückgreifen können muss.[629] Denn diese Entwicklungen des Verwaltungsrechts – einhergehend mit der Modifizierung bürgerlicher Rechte respektive der Erweiterung staatlicher Schutzpflichten – stellen die Verwaltungsbehörden in der Praxis heute vor immer größere Probleme: Insbesondere dürfen sich die Entscheidungen der Exekutive heute nicht mehr allein auf ihrer Rechtmäßigkeit „ausruhen", sondern es ist regelmäßig darüber hinaus danach zu fragen, ob die behördliche Maßnahme geeignet ist, die individuell auftretende Interessenskollision auf rechtsstaatliche Weise und damit insbesondere einzelfallgerecht auszubalancieren.[630]

Besonders offensichtlich ist die beschriebene zwiespältige Position der Sicherheitsbehörden – begrenzt in ihrem Ermessensspielräumen durch das Untermaßverbot sowie das Übermaßverbot – in ihrem Bestreben zur Herstellung einer „*Gesamtverhältnismäßigkeit*"[631] bei multipolaren Interessenskonflikten: Eingeschränkt in einem legislativ vorgegebenen Ermessensspielraum soll die Behörde ihren grundgesetzlichen Schutzpflichten gegenüber dem Bürger nachkommen, gleichzeitig darf sie jedoch nur im Rahmen des Verhältnismäßigen gegenüber anderen Beteiligten belastend tätig werden. Der im Einzelfall bestehende Beurteilungsspielraum der Behörde ist mithin immer häufiger geprägt von einer „Kompromisslösung" unter Einhaltung des Untermaß- aber auch des Übermaßverbotes. Dabei stellt sich die Frage, ob im Einzelfall einer Ermessensreduzierung (gegebenenfalls auf Null) aufgrund der objektiven oder

628 Vgl. *Grimm*, Die Zukunft der Verfassung, S. 165 f. sowie die Ausführungen in Kap. 3. A. I. 1.

629 *Ossenbühl* spricht insoweit von der Erforderlichkeit der „*Neubestimmung der Funktion, Orientierung und Struktur des Verwaltungsrechts*" und sieht insbesondere im Hinblick auf die „*Zunahme der Gestaltungsfunktionen des Staates*" ein grundlegendes Bedürfnis des Staates nach „*situationsgerechter Flexibilität*". Siehe *Ossenbühl*, DVBl. 1994, S. 1381.

630 *Hoffmann-Riem* spricht insoweit von der „*Problemlösungsfähigkeit*" der Exekutiventscheidungen und bringt damit einen qualitativen Aspekt in die Rechtmäßigkeitsprüfung der behördlichen Einzelmaßnahme ein. Vgl. *Hoffmann-Riem*, DVBl. 1994, S. 1381 (1382); *ders.* in: Hoffmann-Riem/Schmidt-Aßmann, Innovation, S. 27.

631 Siehe *Hoffmann-Riem*, DVBl. 1994, S. 1381 (1384).

subjektiven Umstände des Einzelfalles, die Behörde ihrer Handlungsverpflichtung im Sinne des bürgerlichen Begehrens ausnahmsweise nicht nachkommen muss.[632]

Versteht man den rechtsstaatlichen Verhältnismäßigkeitsgedanken nicht nur als bürgerfreundliches Rechtsinstitut, sondern parteienübergreifend als Mittel zur Gewährleistung von Einzelfallgerechtigkeit, so muss in der Konsequenz dieser Gedanke der Billigkeit auch dann eingreifen, wenn es der Behörde aufgrund der individuellen Umstände unmöglich oder unzumutbar ist, die von Bürgerseite begehrte Handlung vorzunehmen. Dies wird regelmäßig dann der Falls ein, wenn die Sicherheitsbehörde unverschuldet an ihre Kapazitätsgrenzen stößt oder sie für den Fall der Durchführung der von Bürgerseite begehrten Handlung erhebliche Gefahren für Leib und Leben der tätig werdenden Beamten befürchtet, die in keinem Verhältnis zum Interesse des bürgerlichen Begehrens stehen. Denn die Verpflichtung des Staates als Dienstherr auch zum Schutz der Grundrechte seiner Beamten ist nach der Rechtsprechung des BVerfG[633] Bestandteil der allgemeinen Fürsorgepflicht aus Art. 33 Abs. 5 GG und zudem durch einfachgesetzliche Vorschriften des Beamtenrechts ausgestaltet.[634] Selbst wenn diese Problematik vermeintlich zum Randbereich der Sicherheitsrechts zu zählen ist, so ändert diese Feststellung jedoch nichts an der rechtlichen Bewertung ihrer grundsätzlichen Zulässigkeit: Es ist aus rechtsstaatlicher Sicht kein relevanter Grund ersichtlich, der der handelnden Behörde in Ausnahmesituationen den Einwand der Unverhältnismäßigkeit respektive der Unzumutbarkeit verbieten würde. Auch die Exekutivorgane des Staates sind zur Einhaltung und Sicherstellung der Grundrechte ihrer Bediensteten verpflichtet, mithin ist das Leben eines Beamten nicht weniger Wert als das Leben des handlungsbegehrenden Bürgers.[635] Ferner sind die verfassungsrechtlichen Schutzpflichten des Staates keinesfalls unbedingt und endlos, mithin sind auch sie nur im Rahmen des Verhältnismäßigen respektive der individuellen Gerechtigkeit auszuüben. Das Rechtstaatsgebot aus Art. 20 Abs. 3 GG darf daher nicht nur zugunsten des Bürgers ausgelegt werden, sondern vielmehr zugunsten eines einzelfallgerechten und handlungsfähigen Staates.

Kommt demnach eine Behörde – gerade auch in einer kurzfristigen und daher umso überraschenderen Situation einer Ermessensreduzierung (auf Null) – an ihre Grenzen, und kann sie nicht gewährleisten, dass sie ihrer Verpflichtung

632 Vgl. Di Fabio, VerwArch 86, S. 214 ff. (230 f.).

633 Vgl. z.B. BVerfG, Beschl. v. 15.12.1976 – 2 BvR 841/73 – BVerfGE 43, 154 (166).

634 Vgl. *Rupprecht* in: FS f. Samper, S. 57.

635 Vgl. *Rupprecht* in: FS f. Samper, S. 59 f.

zum Schutze der Rechtsgüter ihrer Beamten oder wichtiger Rechtsgüter der Allgemeinheit bei der veranlassten Maßnahmedurchführung nachkommen kann, ist es durchaus mit dem Rechtsstaatgebot vereinbar, wenn die Behörde ausnahmsweise selbst auf den Einwand der Unverhältnismäßigkeit zurückgreifen kann und in der Konsequenz beispielsweise eine unangekündigte Spontandemonstration aus sicherheitsrechtlichen Gründen untersagt respektive aufgelöst werden darf, wenn die Sicherheitskräfte infolge besonderer Umstände im Einzelfall nicht den ordnungsgemäßen und für alle Beteiligten sicheren Verlauf der Versammlung gewährleisten können.

C. Ergebnis

Im verwaltungsrechtlichen Mehrpersonenverhältnis – konkret im hierfür beispielhaft untersuchten Dreiecksverhältnis Störer-Behörde-Dritter – kommt dem verfassungsrechtlichen Verhältnismäßigkeitsgedanken aus Art. 20 Abs. 3 GG grundsätzlich dieselbe Kontrollfunktion behördlicher Ermessensausübung zu, wie sie im bipolaren Verhältnis Behörde-Maßnahmeadressat bereits im Rahmen des 2. Kapitels festgestellt wurde. Allerdings zeigten sich im Hinblick auf die Anwendung des Verhältnismäßigkeitsgrundsatz durch die Behörde – genauer: dessen inhaltlichen Prüfungsumfangs – signifikante Modifikationen, die insbesondere aufgrund der kumulativ zur Gefahrenabwehr hinzutretenden Erfüllung grundrechtlicher Schutzpflichten erforderlich und rechtsstaatlich konsequent sind:

Aus Sicht des Dritten kommt dem Grundsatz der Verhältnismäßigkeit (i. w. S.) im Verhältnis zur Sicherheitsbehörde grundsätzlich keine besondere Relevanz zu: Es ist vielmehr eine Frage des Vorliegens einer Ermessensreduzierung auf Null, ob die Drittbelange die Behörde zum Einschreiten gegenüber dem Störer verpflichten können. Aber auch ohne Einschaltung der Sicherheitsbehörden und somit in zivilrechtlicher Hinsicht gewährleistet der Verhältnismäßigkeitsgedanke dem Dritten einen effektiven Rechtsschutz vor Beeinträchtigungen störender Mitbürger, da der Gesetzgeber seiner aus Art. 1 Abs. 1 Satz 2 GG i. V. m. Art. 1 Abs. 3 GG abgeleiteten Aufgabe des Grundrechtsschutzes durch die Schaffung verhältnismäßiger Normen auf effektive Weise nachgekommen ist und der Dritte diese Rechtspositionen notfalls vor den Zivilgerichten effektiv durchzusetzen vermag.

Für den Störer erschöpft sich auch im Mehrpersonenverhältnis die Bedeutung des Verhältnismäßigkeitsgrundsatzes als verfassungsrechtliche „Schranken-Schranke" hoheitlicher Eingriffe in seine Grundrechte. Modifikationen bzw. prüfungstechnische Abweichungen der Verhältnismäßigkeitsprüfung von der Anwendung im klassischen, bipolaren Verwaltungsrechtsverhältnis sind daher nicht veranlasst.

Aus Sicht der Behörde bedeutet die erforderliche Berücksichtigung von Drittbelangen in Mehrpersonenverhältnissen die markanteste Veränderung im Umgang mit dem Verhältnismäßigkeitsgrundsatz unter allen Beteiligten. Dies gilt insbesondere im Hinblick auf die hier untersuchten Fälle einer vom Störer zu verantwortenden Ermessensreduzierung auf Null – mithin für diejenigen Sachverhaltskonstellationen, in denen der Dritte aufgrund der Erheblichkeit seiner Gefährdung sowie der besonderen Bedeutung des beeinträchtigten Rechtsguts kumulativ verbunden mit dem behördlichen Auftrag nach Erfüllung grundrechtlicher Schutzpflichten generell ein Einschreiten der Behörde gegenüber dem Störer verlangen kann. In diesen Fällen der absoluten Reduzierung des behördlichen Entschließungsermessens zeigten sich im Rahmen des behördlichen Auswahlermessens die nachfolgenden, signifikanten Modifikationen im Hinblick auf den dabei stets zu berücksichtigenden Verhältnismäßigkeitsgrundsatz (i. w. S.):

- Eine explizite Prüfung des mit der konkreten Eingriffsmaßnahme verfolgten Zwecks ist im Rahmen des Auswahlermessens nicht mehr erforderlich, hat die Behörde doch mit der vorangegangenen Feststellung einer akuten Gefährdung des Dritten in einem wichtigen Rechtsgut das legitime Ziel der Eingriffsmaßnahme gegenüber dem Störer bereits verbindlich vorgegeben.
- Im Rahmen der Geeignetheitsprüfung ist aufgrund der besonderen Umstände einer Ermessenreduzierung – namentlich aufgrund der akuten Gefährdung des wichtigen Drittbelangs durch den Störer – eine restriktivere Handhabung des im Zweipersonenverhältnis insoweit bestehenden weiten Beurteilungsspielraums der Behörde nötig: Im Sinne einer effektiven und effizienten, sicherheitsrechtlichen Gefahrenabwehr sowie der erforderlichen Erfüllung der grundrechtlichen Schutzpflichten darf die Behörde nur solche Eingriffsmaßnahmen als geeignet im Sinne des Verhältnismäßigkeitsgrundsatzes ansehen, die mit hinreichender Wahrscheinlichkeit die Zweckerreichung sicherstellen werden. Die im Zweipersonenverhältnis hierfür geltende Grenze der „offensichtlichen Ungeeignetheit“ kann mithin aufgrund der qualifizierten Gefährdungslage besonders wichtiger Drittrechtsgüter sowie der im Einzelfall kumulativ erforderlichen Nacherfüllung grundrechtlicher Schutzpflichten durch die Behörde bei einer Ermessensreduzierung (auf Null) nicht aufrecht erhalten werden.
- Für die behördliche Erforderlichkeitsprüfung müssen in der Konsequenz aufgrund des aufgezeigten, starken Missverhältnisses zwischen Störer- und Drittbelangen ähnliche Grundsätze gelten: Die akute Gefährdung eines Bürgers in einem wichtigen Rechtsgut lässt der Behörde regelmäßig nicht die Möglichkeit, sich schrittweise dem mildesten, gleich effektiven

Maßnahmenmittel gegenüber dem Störer anzunähern. Vielmehr wird die Behörde regelmäßig nur eine Handlungsmöglichkeit haben, die – so sicher wie möglich – das angestrebte Ziel erreichen muss um weiteren Schaden für den Dritten abzuwenden. Da auf Seiten des Dritten regelmäßig eine erhebliche Rechtsgutbeeinträchtigung vorliegen wird, darf die Behörde aus grundrechtlicher Sicht regelmäßig dieses Maß der Beeinträchtigung auch als ihr maximal zulässiges Belastungsmaß gegenüber dem Störer ansehen – dies insbesondere auch unter Berücksichtigung der Tatsache, dass die Behörde nicht nur eine für die Allgemeinheit bestehende Gefahr für die öffentliche Sicherheit und Ordnung zu beseitigen hat, sondern kumulativ auch noch die dem Staat durch Art. 1 Abs. 1 Satz 2 GG i. V. m. Art. 1 Abs. 3 GG auferlegten grundrechtlichen Schutzpflichten im Einzelfall störerbedingt (z.B. durch Nichtdurchführung eines legislativ hierzu vorgesehenen Genehmigungsverfahrens) noch nicht erfüllt hat. Dies bedeutet gleichzeitig für die Behörde eine Erleichterung der Maßnahmeermittlung, darf sie doch aus diesen Gründen – einhergehend mit der selbstverschuldeten, geringeren Schutzbedürftigkeit des Störers im Einzelfall – ihr Maß an die Erforderlichkeit des Mittel im Zweifelsfall höher ansetzen, als es bei einer „gewöhnlichen" Sachverhaltskonstellation respektive Ermessensentscheidung der Fall ist.

- Letztlich findet im Rahmen der behördlichen Angemessenheitsprüfung keine Gewichtung und Abwägung der widerstreitenden Interessen im klassischen Sinne eines gleichzeitigen Einstellens und gegenseitigen Gewichtens der betroffenen Belange[636] statt. Vielmehr ist dieser Prüfungsschritt bei den untersuchten Dreipersonenrechtsverhältnissen in zwei zeitlich und sachlich getrennte Phasen aufgeteilt: Im Rahmen der behördlichen Prüfung einer Ermessensreduzierung (auf Null) gewichtet die Behörde die Belange des Dritten in objektiver Hinsicht und spricht diesen ein erhebliches Maß zu. Im Rahmen des Auswahlermessens – konkret bei der Frage der Angemessenheit der Maßnahme gegenüber dem Störer – findet demnach lediglich die objektive Gewichtung der Belange des Störers statt, welchen jedoch regelmäßig nicht dieselbe Bedeutung wie den Drittbelangen zukommen wird. Es findet mithin im Rahmen der Angemessenheitsprüfung keine Abwägung im herkömmlichen Verständnis statt, sondern lediglich ein teilweises „Aufwiegen" der „übermächtigen" Drittbelange mit den Interessen des Störers. Allerdings konnte ebenfalls anhand des Fallbeispiels des finalen Rettungsschusses gezeigt werden, dass selbst im Falle der Gegenüberstellung von gleichwertigen

636 Vgl. *Leisner*, Der Abwägungsstaat, S. 236.

Belangen auf Dritt- und Störer-Seite letztlich aufgrund der besonderen Umstände einer Ermessensreduzierung auf Null – sowie der hierbei aus rechtsstaatlicher Sicht regelmäßig deutlich schutzwürdigeren Drittinteressen – die Angemessenheit einer Eingriffsmaßnahme konkludent in aller Regel bereits durch die Feststellung ihrer Erforderlichkeit bejaht wird.

Darüber hinaus wurde aus Sicht der Behörde die Möglichkeit festgestellt, sich in besonderen Härtefällen selbst auf das rechtstaatliche Gebot der Verhältnismäßigkeit berufen zu können und so einer bestehenden Handlungsverpflichtung im Einzelfall gegebenenfalls nicht Folge leisten zu müssen. Versteht man den rechtsstaatlichen Verhältnismäßigkeitsgedanken nicht nur als reines Abwehrinstrument des Bürgers gegenüber staatlichen Eingriffen, sondern als generelle Maxime eines allseitig einzelfallgerechten Rechtsstaats, so rechtfertigt dies in besonderen Konstellationen – sozusagen als „ultimo ratio“ – das Recht der Behörde, sich aus den aufgezeigten, restriktiv zu handhabenden Gründen auf den Einwand der Unverhältnismäßigkeit einer grundsätzlich bestehenden Handlungsverpflichtung berufen zu können.

Kapitel 4: Das Verhältnismäßigkeitsprinzip im Baurecht

Bevor im fünften und abschließenden Kapitel eine Überprüfung der vorangegangenen, abstrakten Feststellungen zur Bedeutung des Verhältnismäßigkeitsgrundsatzes im Mehrpersonenverhältnis in konkreter Hinsicht insbesondere anhand der Vorschrift des Baubeseitigung des Art. 76 Satz 1 BayBO erfolgen kann, soll zunächst ein Blick auf die Besonderheiten der Rechtsmaterie des öffentlichen Baurechts sowie deren Beziehung zum Verhältnismäßigkeitsgedanken geworfen werden.

A. Das besondere Konfliktpotential im öffentlichen Baurecht

In kaum einem anderen Teilgebiet des Öffentlichen Rechts sind Streitigkeiten und Interessenkonflikte von Privatpersonen aufgrund einer behördlichen Einzelentscheidung evidenter als im öffentlichen Baurecht, geht es hier doch regelmäßig auf beiden Seiten um den Schutz bedeutender Grundrechte: des Eigentums (Art. 14 Abs. 1 GG) sowie der Gesundheit respektive der körperlichen Unversehrtheit (Art. 2 Abs. 2 Satz 1 GG). Das Konfliktpotential zeigt sich dabei in besonderem Ausmaß – sei es die Betroffenheit der Bewohner eines beplanten Wohngebietes bei der gemeindlichen Entscheidung über die Änderung des entsprechenden Bebauungsplans oder etwa die individuelle Betroffenheit eines Grundstückeigentümers, wenn der Nachbar einen Umbau respektive Neubau auf dem Nachbargrundstück anstrebt.[637] Es geht bei baurechtlichen Behördenentscheidungen regelmäßig um Eingriffe in die engsten Bereiche der bürgerlichen Privatsphäre, was die Sensibilität der behördlichen Entscheidung sowohl auf Seiten des Antragstellers als auch auf Seiten des Drittbetroffenen noch einmal hervorhebt. Um die konfligierenden Interessen und Belange auf rechtstaatliche Art und Weise miteinander in Einklang bringen zu können, bedarf es daher eines Rechtsinstruments, welches die hohen Anforderungen des Rechtsstaatsprinzips sowie des Grundrechtsschutzes gewährleisten kann.[638]

637 Vertiefend hierzu *Kopp/Schenke*, VwGO, § 42 Rn. 96 ff.

638 *Mampel* stellt hierzu kritisch fest, dass der Gesetzgeber bis heute im öffentlichen Baunachbarrecht sehr zurückhaltend agiert und es so der Rechtsprechung obliegt, die hierdurch entstandenen und entstehenden *„normativen Defizite"* Schritt für Schritt abzubauen. Vgl. *Mampel*, Nachbarschutz im öffentlichen Baurecht, S. 1.

Eine solche Häufung an baurechtlichen Konfliktsituationen zwischen den beteiligten Privatpersonen setzt zudem auch auf Seiten des Dritten geschützte Rechtspositionen voraus: Gemeint ist damit das Rechtsinstitut des Drittschutzes, mithin die besondere Berücksichtigung und Beachtung von Rechtspositionen Dritter bei behördlichen Entscheidungen zur Verhinderung unzulässiger Einwirkungen, worin wiederum eine baurechtliche Besonderheit zu sehen ist. In kaum einem anderen Teilbereich des Verwaltungsrechts kommt dem Schutz drittbetroffener Rechtsgüter eine ähnliche Bedeutung zu als in den Vorschriften des öffentlichen Baurechts.[639]

I. Drittschutz im Baurecht

Im öffentlichen Baurecht dienen die baurechtlichen Vorschriften in der Regel alleine dem Wohl der Allgemeinheit. Das bedeutet im Umkehrschluss, dass auch in diesem Teilgebiet des öffentlichen Rechts grundsätzlich ein drittschützender Charakter einer einfach-gesetzlichen Vorschrift[640] die Ausnahme darstellt. Das

639 Dabei darf nicht übersehen werden, dass der Drittschutz respektive Nachbarschutz im Baurecht auch im Privatrecht nach den Vorschriften des Bürgerlichen Gesetzbuches gewährleistet ist. Im Rahmen dieser Arbeit beziehen sich die nachfolgenden Ausführungen zum Drittschutz – entsprechend der Aufgabensetzung – nur auf den Nachbarschutz in öffentlich-rechtlicher Hinsicht. Vertiefend zur Problematik des privaten Nachbarrechts sowie zu dessen Verhältnis zum öffentlich-rechtlichen Pendant vgl. *Mampel*, Nachbarschutz im öffentlichen Baurecht, S. 5 ff., 19 ff. Wie dieser Drittschutz im Baurecht im Einzelnen ausgestaltet ist, soll nun im folgenden Abschnitt untersucht werden, bevor anschließend die besondere Beziehung zwischen den baurechtlichen Vorschriften und dem verfassungsrechtlichen Verhältnismäßigkeitsgebot näher zu thematisieren sein wird.

640 Aufgrund der Grundstücksbezogenheit des Baurechts wird der Drittschutz hier grundsätzlich über den unbestimmten und leider ohne nähere Umschreibung durch den Gesetzgeber verwandten Rechtsbegriff des „Nachbarn" erfasst. In der Konsequenz muss für jeden Einzelfall konkret bestimmt werden, wer zum geschützten Personenkreis zählt. Dies wird stets der unmittelbare Anlieger sein, bei größeren Bauvorhaben wie beispielweise Einkaufszentren wird der Kreis der „Nachbarn" deutlich ausgeweitet werden müssen. Ferner zählen zu den „Nachbarn" aufgrund der Grundstücksbezogenheit des Baurechts grundsätzlich nur die zivilrechtlichen Eigentümer sowie dinglich berechtigte Personen wie beispielsweise Wohnungseigentümer oder Erbbauberechtigte. Vertiefend zum geschützten Personenkreis vgl. *König*, Drittschutz, S. 80 ff.; *Stollmann*, Öffentliches Baurecht, S. 338 Rn. 18 ff.; *Kopp/Schenke*, VwGO, § 42 Rn. 97 sowie *Schlichter/Roeser* in: Schlichter/Stich, BauGB, Vorbem. zu §§ 29 bis 38 Rn. 14 mit Nachweisen aus der Rechtsprechung.

BVerwG hat im Rahmen seiner Rechtsprechung immer wieder[641] auf dieses Regel-Ausnahme-Verhältnis hingewiesen. So heißt es beispielsweise in einem Urteil aus dem Jahre 1986[642]: *„Drittschutz vermitteln nur solche Vorschriften des öffentlichen Baurechts, die – ggf. auch nur partiell wie z.B. § 34 I BBauGB – auch der Rücksichtnahme auf individuelle Interessen oder deren Ausgleich untereinander dienen. Nicht jede Norm des materiellen öffentlichen Baurechts hat eine solche Zielrichtung. Vielmehr gibt es zahlreiche Normen des materiellen öffentlichen (Landes- und) Bundesbaurechts, die ausschließlich der Durchsetzung von Interessen der Allgemeinheit und gerade nicht dem Schutz individueller Interessen dienen.“*[643]

Das Gericht macht zudem eine weitere Einschränkung hinsichtlich der Intensivität der individuellen Betroffenheit, wenn es um die Frage des Drittschutzes geht. So sei *„Drittschutz nicht in jedem Fall ohne Rücksicht auf den Grad der Beeinträchtigung zu gewährleisten.“* Es sei vielmehr eine Frage der Auslegung der konkreten drittschützenden Norm, ob eine bestimmte *„Schwelle der Beeinträchtigungen“* überschritten sein muss.[644] Zusammengefasst gilt daher auch[645] im Baurecht die Regel: Es ist eine Frage der Gesetzesauslegung sowie der individuellen Umstände, ob eine baurechtliche Norm im konkreten Einzelfall dem Betroffenen Drittschutz vermittelt.

1. Gesetzesauslegung und das Gebot der Rücksichtnahme

Selten sind die Fälle, in denen sich die drittschützende Wirkung einer Norm direkt im Wege der grammatikalischen Auslegung ergibt, beispielsweise indem konkret ein Abwehrrecht des jeweiligen Nachbarn im Gesetzeswortlaut aufgeführt wird.[646]

---

641 Vgl. z.B. BVerwG, Beschl. v. 16.08.1983 – 4 B 94.83 – NVwZ 1984, S. 38.

642 Vgl. BVerwG, Urt. v. 19.09.1986 – 4 C 8/84 – NVwZ 1987, S. 409 f.

643 Diese Rechtsprechung bedeutete zugleich eine Abkehr von früheren Entscheidungen, in denen das BVerwG noch die Ansicht vertrat, dass eine Norm nur dann drittschützender Art sei, wenn sie vollumfänglich dem Schutz Einzelner dient sowie den abgrenzbaren Kreis der Betroffenen konkret bestimmt. Vgl. BVerwG, Urt. v. 28.04.1967 – IV C 10.65 – BVerwGE 27, S. 29 (33);Urt. v. 13.06.1969 – IV C 234.65 – BVerwGE 32, S. 173 (177).

644 Vgl. BVerwG, Urt. v. 19.09.1986 – 4 C 8/84 – NVwZ 1987, S. 409. Im Rahmen seiner Rechtsprechung hat das Gericht eine solche Schwelle der Beeinträchtigung festgestellt bei § 34 BauGB, § 35 Abs. 2 BauGB sowie § 15 Abs. 1 BauNVO. Vgl. BVerwG, Urt. v. 25.02.1977 – IV C 22.75 – BVerwGE 52, S. 122 (130); Urt. v. 05.08.1983 – 4 C 96.79 – BVerwGE 67, S. 334 (336).

645 Vgl. hierzu die allgemeinen Ausführungen zum Drittschutz in Kap. 3. A. II. 1.

646 Vgl. BVerwG, Urt. v. 19.09.1986 – 4 C 4.84 – NVwZ 1987, S. 409.

Auch kann in (ebenfalls seltenen) Fällen die historische Auslegung einer Norm ergeben, dass die Vorschrift nach dem Willen des historischen Gesetzgebers zumindest auch dem Schutz individueller Interessen zu dienen bestimmt ist. In der baurechtlichen Praxis regelmäßig zur Ermittlung eines drittschützenden Charakters ist letztlich – wie auf dem gesamten Gebiet des Öffentlichen Rechts – der Weg über die teleologische Auslegung der Norm zu beschreiten. Dabei ist insbesondere danach zu fragen, welcher Sinn und Zweck mit einer konkreten Vorschrift verfolgt werden soll. Gelangt man im Wege der Auslegung – gegebenenfalls mit Hilfe der entsprechenden Unterlagen des Gesetzgebungsverfahrens – zu dem Ergebnis, die konkrete Vorschrift bezwecke zumindest auch den Schutz des Einzelnen und nicht nur den Schutz von Belangen der Allgemeinheit, so steht dem jeweiligen Dritten regelmäßig die Möglichkeit des Rechtsschutzes und damit die Geltendmachung eigener Rechte insbesondere vor Gericht offen.[647] Die Prüfung erfolgt damit grundsätzlich anhand der Schutznormtheorie, welche im öffentlichen Baurecht wiederrum spezifiziert wird durch das grundsätzlich objektiv-rechtlich[648] zu verstehende und daher nur ausnahmsweise subjektiv-rechtliche Wirkung ausstrahlende Gebot der Rücksichtnahme. Dieses Rechtsinstrument entstammt nicht dem Gesetzgeber sondern wurde durch das BVerwG im Rahmen seiner Rechtsprechung zum Baunachbarrecht geschaffen[649] und ist aufgrund seiner mittlerweile erlangten allgemeinen Bedeutung nicht nur aus dem öffentlichen Baurecht nicht mehr wegzudenken.[650]

Eine drittschützende Funktion im Sinne des von *Jäde* als *„zentrale Rechtsfigur des bauplanungsrechtlichen Nachbarschutzes“*[651] bezeichneten Gebotes der Rücksichtnahme ist einer einfach-gesetzlichen Norm zu attestieren, wenn und soweit in qualifizierter und zugleich individualisierter Weise[652] auf die schutzwürdigen Interessen eines erkennbar abgegrenzten Kreises Dritter Rücksicht zu

647 So auch *Schlichter/Roeser* in: Schlicher/Stich, BauGB, Vorbem. zu §§ 29-38 Rn. 13.

648 Vgl. *Schlichter* in: FS f. Hoppe, S. 1035 ff.

649 Vgl. *Kopp/Schenke*, VwGO § 42 Rn. 98.

650 Vgl. *Ihlefeld*, Das Gebot der Rücksichtnahme in der Diskussion um das subjektiv-öffentliche Recht des Nachbarn, S. 78; *Taegen* in: Schlichter/Stich, BauGB, § 35 Rn. 140.

651 Siehe *Jäde* in: Jäde/Dirnberger/Weiß, BauGB/BauNVO, § 29 BauGB, Rn. 75; *Jäde*, JuS 1999, S. 961; a. A. BVerwG, Urt. v. 16.05.1991 – 4 C 17.90 – BVerwGE 88, S. 191 (194 f.) sowie daran anknüpfend *Schlichter/Roeser* in: Schlichter/Stich, BauGB, Vorbem. zu §§ 29 bis 38 Rn. 31.

652 Zur Frage der Vereinbarkeit des Gebotes der Rücksichtnahme mit der Schutznormtheorie vgl. *Ihlefeld*, Das Gebot der Rücksichtnahme in der Diskussion um das subjektiv-öffentliche Recht des Nachbarn, S. 80 ff.

nehmen ist.[653] Oder in den Worten des BVerwG ausgedrückt: Eine einfachgesetzliche Norm vermittelt über das Gebot der Rücksichtnahme einen Drittschutz, wenn *„die tatsächlichen Umstände handgreiflich ergeben, auf wen Rücksicht zu nehmen ist und – zweitens – eine besondere Schutzbedürftigkeit des Betroffenen anzuerkennen ist; die Schutzwürdigkeit, die Intensität der Beeinträchtigung, die Interessen des Bauherrn und das, was für beide Seiten billigerweise zumutbar oder unzumutbar ist, ist dann gegenseitig abzuwägen.“*[654]

2. Praxisrelevante Beispiele aus der Rechtsprechung

In Folge dieser Rechtsprechung wurde insbesondere den folgenden praxisrelevanten baurechtlichen Vorschriften[655] durch das BVerwG eine drittschützende Wirkung im Sinne des baurechtlichen *„Gebotes der Rücksichtnahme“*[656] attestiert:[657]

---

653 Vgl. z.B. BVerwG, Urt. v. 28.04.1967 – IV C 10.65 – BVerwGE 27, S. 29 (33); Urt. v. 25.02.1977 – IV C 22.75 – BVerwGE 52, S. 122 ff.; Urt. v. 19.09.1986 – 4 C 8.84 – NVwZ 1987, S. 409 f.; ähnlich VGH Hessen, Beschl. v. 01.03.2012 – 3 A 1330/11.Z – DVBl. 2012, S. 714 ff. sowie *Mampel*, Nachbarschutz im öffentlichen Baurecht, S. 27 m. w. N.

654 Vgl. BVerwG, Urt. v. 25.02.1977 – IV C 22.75 – BVerwGE 52, S. 122 (130).

655 In Rechtsprechung und Literatur ist es durchaus umstritten, ob es sich bei §§ 31, 34 und 35 BauGB um an sich drittschützende Vorschriften handelt oder ob sie lediglich Ausprägungen des Rücksichtnahmegebots darstellen. Vgl. hierzu vertiefend *Schlichter/Roesner* in: Schlichter/Stich, BauGB, Vorbem. zu §§ 29 bis 38 Rn. 32.

656 Vgl. BVerwG, Beschl. v. 20.09.1984 – 4 B 181.84 – NVwZ 1985, S. 37. Das Gericht weist an dieser Stelle darauf hin, dass es ein *„das gesamte Baurecht umfassendes – außergesetzliches – Rücksichtnahmegebot“* nicht gebe und es sich auch nicht aus der Verfassung ableiten ließe. Drittschutz könne nur anhand der bereits genannten Formel aus einfach-gesetzlichen Normen vermittelt werden, nicht jedoch alleine über ein abstraktes Rücksichtnahmegebot. Vgl. BVerwG, Urt. v. 19.09.1986 – 4 C 4.84 – NVwZ 1987, S. 409 (410); übereinstimmend *Löhr* in: Battis/Krautzberger/Löhr, BauGB, § 31 Rn. 76 sowie *Taegen* in: Schlichter/Stich, BauGB, § 35 Rn. 141.

657 Nicht unerwähnt bleiben soll an dieser Stelle, dass das BVerwG im Baurecht für bestimmte – in der Praxis jedoch seltene – Sachverhaltskonstellationen ausnahmsweise auch einen Drittschutz direkt aus Art. 14 Abs. 1 Satz 1 GG herleitet. Vgl. z.B. BVerwG, Urt. v. 11.11.1970 – IV C 102.67 – BVerwGE 36, S. 248 (249 f.); Urt. v. 14.12.1973 – IV C 71.71 – BVerwGE 44, S. 244 (246 f.); Urt. v. 05.07.1974 – IV C 50.72 – BVerwGE 45, S. 309 (329 f.); Urt. v. 26.03.1976 – 4 C 7.74 – BVerwGE 50, S. 282 (286 ff.); BVerwG, Urt. v. 21.06.1974 – IV C 14.74 – DVBl. 1974, S. 777 ff. Kritisch hierzu *Mampel*, Nachbarschutz im öffentlichen Baurecht, S. 40 ff. m. w. N.

a) § 31 Abs. 2 BauGB

Die Vorschrift des § 31 Abs. 2 BauGB regelt die Möglichkeit der zuständigen Baubehörde, einen Bauherrn respektive dessen Bauvorhaben von den Festsetzungen eines vorhandenen Bebauungsplans unter bestimmten Voraussetzungen zu befreien. Explizit heißt es dort:

> *„Von den Abweichungen des Bebauungsplans kann befreit werden, wenn die Grundzüge der Planung nicht berührt werden und […] wenn die Abweichungen auch unter Würdigung der nachbarlichen Interessen mit den öffentlichen Belangen vereinbar ist.“*[658]

Hier sieht der Gesetzgeber eine umfassende behördliche Auseinandersetzung mit schützenswerten Rechtspositionen Dritter als besonders wichtig an[659], was er durch die ausdrückliche Aufnahme dieser Belange in den Wortlaut der Vorschrift hervorhebt.[660] Das BVerwG hat hierzu festgestellt, dass es *„§ 31 II BBauGB insoweit für drittschützend hält, als diese Vorschrift das Ermessen der Baugenehmigungsbehörde dahin bindet, dass die Abweichung auch unter Würdigung nachbarlicher Interessen mit den öffentlichen Belangen vereinbar sein muss.“*[661] Es sei daher durch Auslegung der Norm anhand des Rücksichtnahmegebotes[662] ein Drittschutz auch in den Fällen zu bejahen, in denen die konkrete Festsetzung im Bebauungsplan, von der befreit werden soll, *„nicht dem Schutz des Nachbarn zu dienen bestimmt ist.“*[663]

---

658 Unterstreichung durch den Verfasser.

659 So kann sich der Nachbar im Einzelfall grundsätzlich auch bei einer fehlerhaften Befreiung von einer nicht nachbarschützenden Festsetzung auf die ausreichende Berücksichtigung seiner Belange durch die zuständige Behörde berufen, vgl. z.B. OVG Sachsen-Anhalt, Beschl. v. 12.12.2011 – 2 M 162/11 – BauR 2012, S. 756 ff.

660 Vgl. *Söfker* in: Ernst/Zinkahn/Bielenberg, BauGB II, § 31 Rn. 59 f.; BVerwG, Urt. v. 19.09.1986 – 4 C 8.84 – BauR 1987, S. 70 ff. Zur Abwägung der widerstreitenden Interessen vgl. z.B. VGH Mannheim, Urt. v. 25.05.1992 – 5 S 2775/91 – UPR 1993, S. 106 ff. sowie OVG Lüneburg, Urt. v. 10.03.1986 – 6 A 133/84 – BauR 1987, S. 74 ff.; desweiteren *Jäde* in: Jäde/Dirnberger/Weiß, BauGB/BauNVO, § 29 BauGB Rn. 58 ff., 87.

661 Unter Abkehr zur bisherigen Rechtsprechung z.B. BVerwG, Urt. v. 19.09.1986 – 4 C 8.84 – NVwZ 1987, S. 409 f.; BVerwG, Beschl. v. 20.09.1984 – 4 B 181/84 – NVwZ 1985, 37.

662 Vgl. *Löhr* in: Battis/Krautzberger/Löhr, BauGB, § 31 Rn. 78.

663 Dabei sei insbesondere zu berücksichtigen, dass durch die Befreiung von einer konkreten Festsetzung des Bebauungsplans im jeweiligen Einzelfall *„eine konkrete andere bebauungsrechtliche Ordnung gesetzt und damit ein anderer Interessensausgleich vorgenommen wird“*. Siehe BVerwG, Urt. v. 19.09.1986 – 4 C 8.84 – NVwZ 1987, S. 409 f. Ähnlich *Ziegler* in: Brügelmann, BauGB VI, § 15 BauNVO Rn. 19 ff.

Ob tatsächlich im konkreten Einzelfall eine Rechtsverletzung Dritter bejaht werden kann, hängt wiederrum im Wesentlichen von den individuellen Umständen sowie der Würdigung der widerstreitenden Interessen des Bauherrn und des Drittbetroffenen ab. Im Ergebnis dürfen die Rechtsgüter des Drittbetroffenen nicht unwesentlich betroffen sein – mithin die durch eine Befreiung resultierenden Nachteile des Drittbetroffenen unverhältnismäßig respektive unzumutbar sein.[664]

b) § 34 Abs. 1, Abs. 2 BauGB, § 35 Abs. 1, Abs. 2 BauGB

Mit seiner Entscheidung vom 25.02.1977[665] hat das BVerwG zwar ursprünglich nur für die Norm des § 35 Abs. 2 BauGB eine drittschützende Funktion über das Gebot der Rücksichtnahme anerkannt, allerdings diese rechtliche Bewertung in der Folge auch auf die ohnehin bis 1969[666] bereits als drittschützend geltende[667] Vorschrift des § 34 Abs. 1 BauGB übertragen.[668]

Im Rahmen der Beurteilung der bauplanungsrechtlichen Zulässigkeit eines Vorhabens im beplanten Innenbereich nach § 34 Abs. 1 Satz 1 BauGB interpretiert das Gericht seitdem in ständiger Rechtsprechung[669] den Begriff des „Einfügens in die nähere Umgebung" in § 34 Abs. 1 Satz 1 BauGB als Ausprägung des Rücksichtnahmegebots[670] und öffnet hierdurch drittbetroffenen Nachbarn

---

664 So auch *Ferner* in: Ferner/Kröninger/Aschke, BauGB, § 31 Rn. 13; *Löhr* in: Battis/Krautzberger/Löhr, BauGB, § 31 Rn. 41 ff.

665 Vgl. BVerwG, Urt. v. 25.02.1977 - IV C 22.75 - DVBl. 1977, S. 722 ff. mit Anmerkungen von *Schrödter*, S. 726 ff. sowie *Müller*, DVBl. 1978, 80 f.

666 Vgl. BVerwG, Urt. v. 13.06.1969 - IV C 234.65 - BVerwGE 32, S. 173 ff.

667 Vgl. *Löhr* in: Battis/Krautzberger/Löhr, BauGB, § 31 Rn. 78; *Schlichter*, NVwZ 1983, S. 641; *Mampel*, BauR 1994, S. 299 ff.

668 Vgl. BVerwG, Beschl. v. 13.02.1981 - 4 B 14.81 - NJW 1981, S. 1973. Dies war insoweit konsequent, da sich im Rahmen des Gebotes der Rücksichtnahme bei § 35 Abs. 2 BauGB die Frage nach dem erkennbaren Kreis der Drittschutzbedürftigen ebenso stellt wie bei § 34 Abs. 1 BauGB, wenn es darum geht, ob einer Festsetzung eines Bebauungsplans drittschützende Wirkung zukommt; vgl. *Löhr* in: Battis/Krautzberger/Löhr, BauGB, § 31 Rn. 78.

669 Vgl. z.B. BVerwG, Beschl. v. 13.02.1981 - 4 B 14.81 - NJW 1981, S. 1973; BVerwG, Beschl. v. 13.11.1997 - 4 B 195.97 - NVwZ-RR 1998, S. 540; BVerwG, Urt. v. 11.01.1999 - 4 B 128.98 - DÖV 1999, S. 558; BVerwG, Beschl. v. 18.12.2007 - 4 B 55.07 - BauR 2008, S. 793.

670 *Spannowsky* spricht insofern von dem Rücksichtnahmegbot als *„Korrektiv"* für das Erfordernis des Einfügens und sieht in ihm ein Mittel der *„Feinkorrektur"*. Siehe

verbildlicht die Schranken zum Rechtsschutz.[671] Die damit einhergehende deutliche Verbesserung der Rechtslage für Drittbetroffene rechtfertigt das Gericht mit dem Argument, ein neues Bauvorhaben füge sich nur dann bauplanungsrechtlich in die nähere Umgebung ein, wenn es auf die bereits vorhandene Bebauung Rücksicht nimmt.[672] Mit Urteil vom 16.09.1993[673] hat das BVerwG erstmals auch der Vorschrift des § 34 Abs. 2 BauGB eine nachbarschützende Wirkung im Sinne des Rücksichtnahmegebots hinsichtlich der Art der baulichen Nutzung zugesprochen.[674] Zur Begründung bezieht sich das Gericht auf den Sinn und Zweck der Regelung, der insbesondere in der *„Gleichstellung von beplantem und nichtbeplantem Innenbereich"* und somit von *„bebauungsplanmäßig festgestellten und nur faktischen Baugebieten"* hinsichtlich des Nachbarschutzes liege[675] und unter-

---

Spannowsky in: Spannowsky/Uechtritz, BauGB, § 34 Rn. 42; ähnlich *Stollmann*, Öffentliches Baurecht, S. 220 Rn. 37.

671 Zu den Grenzen des Rücksichtnahmegebots bei einem Verstoß gegen Abstandsflächen vgl. BayVGH, Beschl. v. 14.01.2009 – 1 ZB 08.97 – n. v. Zur Zumutbarkeit von Kinderlärm vgl. OVG Thüringen, Beschl. v. 13.04.2011 – 1 EO 560/10 – BauR 2012, S. 635 f. Zum Verhältnis des Rücksichtnahmegebots bei Verletzung des nachbarschaftlichen Austauschverhältnisses vgl. OVG Nordrhein-Westfalen, Urt. v. 19.04.2012 – 10 A 1035/10 – BauR 2012, S. 1221 f.

672 Vgl. *Dürr* in: Brügelmann, BauGB III, § 34 Rn. 150; *Söfker* in Ernst/Zinkahn/Bielenberg, BauGB II, § 34 Rn. 30 ff.; *Battis*, Öffentliches Baurecht und Raumordnungsrecht, S. 149 mit Verweis auf BVerwG, Urt. v. 18.02.1983 – 4 C 18.81 – BVerwGE 67, S. 23 (30). Vor dieser Rechtsprechung war der Rechtsschutz des Nachbarn gegenüber rechtswidrigen Bauvorhaben im Innenbereich praktisch nicht vorhanden. Ein Rechtsschutz aus Art. 14 GG kam nur ausnahmsweise in Betracht, wenn das Vorhaben eine schwere und unzumutbare Beeinträchtigung (vgl. z.B. BVerwG, Urt. v. 25.02.1977 – IV C 22.75 – DÖV 1977, S. 752; BVerwG, Urt. v. 10.12.1982 – 4 C 28.81 – BauR 1983, S. 140) für den Nachbarn bedeutete, was faktisch nur bei Enteignungen der Fall war. Da die mit dem Gebot der Rücksichtnahme eingeführte Schwelle der zumutbaren Beeinträchtigungen deutlich unter den Voraussetzungen einer Enteignung liegt, bedeutete die Rechtsprechungsänderung des BVerwG eine deutliche Stärkung des Nachbarn in baurechtlicher Hinsicht; vgl. *Dürr* in: Brügelmann III, BauGB, § 34 Rn. 153.

673 Vgl. BVerwG, Urt. v. 16.09.1993 – 4 C 28.91 – BVerwGE 94, S. 151 ff.

674 Vgl. hierzu OVG Nordrhein-Westfalen, Urt. v. 09.03.2012 – 2 A 1626/10 – BauR 2012, S. 1223.

675 Siehe *Dürr* in: Brügelmann, BauGB III, § 34 Rn. 157; ähnlich *Söfker* in: Ernst/Zinkahn/Bielenberg, BauGB II, § 34 Rn. 143 sowie *Ferner* in: Ferner/Kröninger/Aschke, BauGB, § 34 Rn. 37. Die Gleichstelllung sei insbesondere im Hinblick auf §§ 2 ff. BauNVO zu befürworten, da diesen Vorschriften über die Art der baulichen Nutzung stets nachbarschützende Funktion zukommt und es keinen Unterschied machen darf,

stellt damit dem Gesetzgeber, bei der Neufassung der Vorschrift im Jahre 1987 insoweit bereits eine Gleichstellung des Nachbarschutzes bezweckt zu haben.[676]

Im Gegensatz zu § 34 BauGB muss im Rahmen des § 35 BauGB hinsichtlich der Frage des Nachbar- respektive Drittschutzes zwischen privilegierten und sonstigen Vorhaben differenziert werden:

aa) privilegierte Vorhaben, § 35 Abs. 1 BauGB

Aufgrund der Tatsache, dass nach § 35 Abs. 2 BauGB der Außenbereich *„größtmöglich geschont“*[677] und daher im Sinne des Landschafts- und Umweltschutzes[678] grundsätzlich baufrei zu halten ist, spielt die Problematik des Drittschutzes dort grundsätzlich eine deutlich geringere Rolle als im (un)beplanten Innenbereich nach § 34 BauGB. Dennoch soll nach Ansicht des BVerwG insbesondere den im Außenbereich privilegierten Vorhaben im Sinne des § 35 Abs. 1 BauGB eine – gegenüber sonstigen Vorhaben – höhere Schutzbedürftigkeit zukommen. So erkennt das Gericht in ständiger Rechtsprechung[679] bei privilegierten Vorhaben nach § 35 Abs. 1 BauGB einen nachbarrechtlichen Abwehranspruch an, wenn und soweit ein anderes – privilegiertes oder sonstiges – Vorhaben die Privilegierung beeinträchtigen würde.[680] Dieser Abwehranspruch wird sowohl von der Rechtsprechung als auch von der Literatur als Ausprägung des Gebotes der Rücksichtnahme verstanden[681] und soll gewährleisten, dass die vom

---

ob diese Normen direkt über § 30 Abs. 1 BauGB oder über § 34 Abs. 2 BauGB zur Anwendung kommen. Vgl. zum Nachbarschutz bei gebietswidriger Nutzung im faktischen Baugebiet BVerwG, Beschl. v. 22.12.2011 – 4 B 32.11 – BauR 2012, S. 634.

676 Vgl. *Söfker* in: Ernst/Zinkahn/Bielenberg, BauGB II, § 34 Rn. 143; ähnlich *Ziegler* in: Brügelmann, BauGB VI, § 1 BauNVO, Rn. 405. Zu den Grenzen des Nachbarschutzes in faktischen Baugebieten insbesondere im Hinblick auf den Gebietserhaltungsanspruch vgl. z.B. BayVGH, Beschl. v. 20.09.2011 – 2 ZB 11.577 – BayVBl. 2012, S. 212 f.

677 Siehe *Ferner* in: Ferner/Kröninger/Aschke, BauGB, § 35 Rn. 54 mit Bezugnahme auf BVerwG, Urt. v. 03.11.1972 – IV C 9.70 –BVerwGE 41, S. 138 ff.

678 Vgl. *Bönker* in: Hoppe/Bönker/Grotefels, Öffentliches Baurecht, § 18 Rn. 59.

679 Vgl. z.B. BVerwG, Urt. v. 22.01.1971 – VII C 48.69 – DVBl. 1971, S. 263; BVerwG, Urt. v. 16.04.1971 – IV C 66.67 – BauR 1971, S. 100; BVerwG, Beschl. v. 25.04.1985 – 4 B 48.85 – UPR 1985, S. 340; BVerwG, Beschl. v. 10.11.1998 – 4 BN 44.98 – NVwZ-RR 1999, S. 423.

680 So auch *Söfker* in: Ernst/Zinkahn/Bielenberg, BauGB II, § 35 Rn. 185 m.w.N.

681 Vgl. z.B. OVG Münster, Urt. v. 21.10.1987 – 11 A 1090/84 – NVwZ 1988, S. 377; BayVGH, Urt. v. 31.10.1989 – 20 B 85 A. 2535 – NVwZ-RR 1990, S. 529; *Dürr* in: Brügelmann, BauGB III, § 35 Rn. 185 ff.

Gesetzgeber bezweckte Begünstigung bestimmter Vorhaben nicht faktisch durch nachfolgende Bauvorhaben wieder in Frage gestellt werden kann.[682] Ferner ist nach Ansicht des BVerwG[683] in dem öffentlichen Belang aus § 35 Abs. 3 Satz 1 Nr. 3 BauGB[684] eine Ausprägung des Rücksichtnahmegebotes zu sehen, wodurch auch insoweit gegenüber einem privilegierten Vorhaben nach § 35 Abs. 1 BauGB ein Drittschutz vermittelt werde. Zudem sei das Gebot der Rücksichtnahme als ungeschriebener öffentlicher Belang im Sinne des § 35 Abs. 3 BauGB stets zu beachten.[685] *Söfker*[686] stellt daraus folgend zusammenfassend fest: *„Bei einem Außenbereichsvorhaben ist das Rücksichtnahmegebot im Hinblick auf schädliche Umwelteinwirkungen als öffentlicher Belang nach § 35 Abs. 3 S. 1 Nr. 3 und für von dieser Vorschrift erfasste Auswirkungen als weitere*[r], *in dem nicht abschließenden Katalog des § 35 Abs. 3 nicht aufgeführter öffentlicher Belang zu beachten"*. Dies hat für baurechtlich relevante Vorhaben im Außenbereich zur Konsequenz, dass nicht nur störende oder belästigende Bauvorhaben gegen das Gebot der Rücksichtnahme verstoßen können, sondern gerade auch solche baulichen Anlagen, die sich selbst solchen schädlichen Umwelteinwirkungen im Sinne des § 35 Abs. 3 Satz 1 Nr. 3 BauGB aussetzen.[687]

bb) sonstige Vorhaben, § 35 Abs. 2 BauGB

Das BVerwG hat bereits früh[688] darauf hingewiesen, dass sonstigen Bauvorhaben im Sinne des § 35 Abs. 2 BauGB selbst kein Drittschutz zukomme, da nach dem ausdrücklichen Wortlaut nur auf die Beeinträchtigung öffentlicher Belange

682 Vgl. *Taegen* in: Schlichter/Stich, BauGB, § 35 Rn. 140 sowie *König*, Drittschutz, S. 64. Kritisch hingegen *Mampel*, Nachbarschutz im öffentlichen Baurecht, S. 217, Rn. 1050.

683 Vgl. z.B. BVerwG, Urt. v. 21.10.1968 - IV C 13.68 - DVBl. 1969, S. 263 ff.; BVerwG, Urt. v. 16.04.1971 - IV C 66.67 - DVBl. 1971, S. 746; BVerwG, Urt. v. 10.12.1982 - 4 C 28.81 - BayVBl. 1983, S. 277; BVerwG, Beschl. v. 28.07.1999 - 4 B 38.99 - NVwZ 2000, S. 552.

684 § 35 Abs. 3 Satz 1 Nr. 3 BauGB unterstellt eine unzulässige Beeinträchtigung öffentlicher Belange durch sonstige Vorhaben gemäß § 35 Abs. 2 BauGB, wenn *„das Vorhaben schädliche Umwelteinwirkungen hervorrufen kann oder ihnen ausgesetzt wird"*.

685 Vgl. *Bönker* in: Hoppe/Bönker/Grotefels, § 18 Rn. 59.

686 Siehe *Söfker* in: Ernst/Zinkahn/Bielenberg, BauGB II, § 35 Rn. 185.

687 Vgl. *Söfker* in: Ernst/Zinkahn/Bielenberg, BauGB II, § 35 Rn. 185.

688 Vgl. z.B. BVerwG, Urt. v. 06.12.1967 - IV C 94.66 - BVerwGE 28, S. 268 ff.

Bezug genommen wird.[689] Gelockert wurde diese Rechtsprechung später[690], als das Gericht eine drittschützende Wirkung zugunsten sonstiger Vorhaben im Sinne von § 35 Abs. 2 BauGB aus dem Gebot der Rücksichtnahme als ungeschriebenen öffentlichen Belang gemäß § 35 Abs. 3 BauGB[691] ableitete, zugleich aber diesen Drittschutz auf die Fälle begrenzte, in denen nach der Wertung des Gesetzgebers die im Einzelfall durch das störende Bauvorhaben konkret verletzte Vorschrift auch dem Schutz der Rechtsgüter des Dritten respektive des Nachbarn zu dienen bestimmt ist.[692] Ob tatsächlich eine Verletzung des Rücksichtnahmegebots im konkreten Einzelfall vorliegt, ist anschließend wiederrum anhand einer Abwägung zwischen den individuellen Belangen des Bauherrn und den konkret betroffenen Rechtsgütern der Umgebung respektive deren Bewohner zu beantworten.[693]

cc) § 15 Abs. 1 BauNVO

Auch die Vorschrift des § 15 Abs. 1 BauNVO ist als Ausprägung des Rücksichtnahmegebots anzusehen[694] und kann daher nach der Rechtsprechung des BVerwG[695] im Einzelfall auch Drittschutz hinsichtlich der Art der baulichen Nutzung gewähren.[696] Dabei muss zwischen dem Nachbarschutz auf Bewahrung der Gebietsart aus § 15 Abs. 1 Satz 1 BauNVO und dem im Einzelfall drittschutzvermittelnden Gebot der Rücksichtnahme bei Unzumutbarkeit von Störungen respektive Beeinträchtigungen im Sinne des § 15 Abs. 1 Satz 2 BauNVO unterschieden werden.

---

689 Vgl. *Dürr* in: Brügelmann, BauGB III, § 35 Rn. 189.

690 Vgl. BVerwG, Urt. v. 25.02.1977 – IV C 22.75 – BVerwGE 52, S. 122 ff.

691 Vgl. *Dürr* in: Brügelmann, BauGB III, § 35 Rn. 189 ff. sowie *Ziegler* in: Brügelmann, BauGB V, § 15 BauNVO Rn. 15 ff.

692 Vgl. *Söfker* in: Ernst/Zinkahn/Bielenberg, BauGB II, § 35 Rn. 186 f. mit Beispielen aus der Rechtsprechung; *Taegen* in: Schlichter/Stich, BauGB, § 35 Rn. 141; *Schlichter*, DVBl. 1984, S. 875.

693 Vgl. *Dürr* in: Brügelmann, BauGB III, § 35 Rn. 190 ff. mit Nachweisen aus der Rechtsprechung.

694 Vgl. z.B. VGH Hessen, Urt. v. 25.11.1999 – 4 UE 2222/92 – n. v.; ferner *Ziegler* in: Brügelmann, BauGB VI, § 15 BauNVO Rn. 173.

695 Vgl. z.B. BVerwG, Urt. v. 05.08.1983 – 4 C 96.79 – BVerwGE 67, S. 334; BVerwG, Urt. v. 07.02.1986 – 4 C 49.82 – BauR 1986, S. 414; BVerwG, Urt. v. 06.10.1989 – 4 C 14.87 – BVerwGE 82, S. 343 ff.; Urt. v. 26.09.1991 – 4 C 5.87 – BVerwGE 89, S. 69 ff.; Urt. v. 16.09.1993 – 4 C 28.91 – BVerwGE 94, S. 151.

696 Vgl. *Söfker* in: Ernst/Zinkahn/Bielenberg, BauGB VI, § 15 BauNVO Rn. 36; *Roeser* in: König/Roeser/Stock, BauNVO, § 15 Rn. 1.

(1) § 15 Abs. 1 Satz 1 BauNVO

Adressat des § 15 Abs. 1 BauNVO ist die jeweils zuständige Bauaufsichtsbehörde. Gemäß § 15 Abs. 1 Satz 1 BauNVO ist sie aufgefordert, ein grundsätzlich mit den bauplanungsrechtlichen Vorschriften vereinbares Vorhaben ausnahmsweise doch als unzulässig zu bewerten, wenn sich durch die Realisierung des Vorhabens ein Widerspruch zur bisherigen Eigenart[697] des Baugebietes ergeben würde. Aufgrund der in rechtlicher Hinsicht insoweit unstreitigen Tatsache, dass der Art der Bebauung in einem bestimmten Baugebiet drittschützende Wirkung zukommt[698], kann über den Bezug auf die §§ 2 bis 14 BauNVO in Verbindung mit dem Gebot der Rücksichtnahme jeder Bewohner eines Baugebiets die Erhaltung des Gebietscharakters gegenüber dem „bedrohenden" Bauvorhaben geltend machen.[699]

Die Übertragung der Grundsätze des Gebotes der Rücksichtnahme auch auf die Fälle des § 15 Abs. 1 Satz 1 BauNVO durch das BVerwG[700] führt nun in der Praxis dazu, dass im Rahmen der Entscheidungsfindung durch die Bauaufsichtsbehörde *„die Schutzwürdigkeit des Betroffenen, die Intensität der Beeinträchtigung, die Interessen des Bauherrn und das, was beiden Seiten billigerweise zumutbar oder unzumutbar ist, dann gegenseitig abzuwägen sind."*[701]

(2) § 15 Abs. 1 Satz 2 BauNVO

Auch die Vorschrift des § 15 Abs. 1 Satz 2 BauNVO findet insbesondere in baurechtlichen Ausnahmesituationen Anwendung, wenn ein planungsrechtlich genehmigungsfähiges Vorhaben im Einzelfall dennoch als „rücksichtslos" im Sinne der Vorschrift anzusehen ist. Explizit sieht diese – ebenfalls als Ausprägung des

---

697 Vertiefend zum Begriff der „Eigenart" vgl. *Ziegler* in: Brügelmann, BauGB VI, § 15 BauNVO Rn. 29; *Söfker* in: Ernst/Zinkahn/Bielenberg, BauGB VI, § 15 BauNVO Rn. 10 ff.

698 Vgl. z.B. *Mampel*, Nachbarschutz im öffentlichen Baurecht, S. 217, Rn. 1073 f.; *König*, Drittschutz, S. 54.

699 Vgl. hierzu z.B. BVerwG, Urt. v. 16.09.1993 – 4 C 28.91 – BVerwGE 94, S. 151; Urt. v. 23.08.1996 – 4 C 13.94 – BVerwGE 101, S. 364; Beschl. v. 02.02.2000 – 4 B 87.99 – NVwZ 2000, S. 679; BVerwG, Beschl. v. 13.05.2002 – 4 B 86.01 – NVwZ 2002, S. 1384; aus der Literatur vgl. z.B. *Fickert/Fieseler*, BauNVO, § 15 Rn 6 ff. sowie *Söfker* in: Ernst/Zinkahn/Bielenberg, BauGB VI, § 15 BauNVO Rn. 37.

700 Vgl. z.B. BVerwG, Urt. v. 05.08.1983 – 4 C 96.79 – BVerwGE 67, S. 334.

701 Siehe *Fickert/Fieseler*, BauNVO, § 15 Rn. 7.1 mit Verweis auf BVerwG, Urt. v. 25.02.1977 – IV C 22.75 – BVerwGE 52, S. 122.

Rücksichtnahmegebots anzusehende[702] – Norm des Bauplanungsrechts vor, dass grundsätzlich genehmigungsfähige bauliche Anlagen im Einzelfall auch unzulässig sein können, *„wenn von ihnen Belästigungen oder Störungen*[703] *ausgehen können, die nach der Eigenart des Baugebiets im Baugebiet selbst oder in dessen Umgebung unzumutbar sind, oder wenn sie solchen Belästigungen oder Störungen ausgesetzt werden."*

Als *„planungsrechtliches Korrektur- und Steuerungselement"*[704] gewährt § 15 Abs. 1 Satz 2 BauNVO nach seinem Wortlaut somit genau genommen Schutz in zweierlei Hinsicht: Nach der ersten Alternative der Vorschrift werden bauliche Anlagen (und deren Bewohner) hinsichtlich der Art der Bebauung vor „benachbarten" Bauvorhaben in der Umgebung geschützt, die in unzumutbarem Maße belästigend oder störend wirken.

Beispiel:
Würde ein geplanter und generell nach §§ 29, 35 BauGB zulässiger Schweinemastbetrieb im konkreten Einzelfall aufgrund der individuellen Umstände zu einer erhöhten Immissionsbelastung im angrenzenden Wohngebiet führen, so sind dem an sich zulässigen Betrieb von der zuständigen Baubehörde verschärfte Auflagen insofern aufzuerlegen, damit im bestmöglichen Sinne auf die Rechtsgüter der Bewohner des angrenzenden Wohngebietes (insbesondere deren Gesundheit aus Art. 2 Abs. 2 Satz 1 GG) Rücksicht genommen wird. Sollten die angeordneten Auflagen hierzu nicht ausreichen, so wäre im Extremfall als ultimo ratio dem Schweinemastbetrieb die Baugenehmigung aufgrund des Rücksichtnahmegebots aus § 15 Abs. 1 Satz 2 Alt. 1 BauNVO (gegebenenfalls auch rückwirkend) zu versagen.

Zudem erfahren nach der zweiten Alternative des § 15 Abs. 1 Satz 2 BauNVO gerade solche störenden und belästigenden Betriebe selbst einen Schutz vor geplanten Bauvorhaben in ihrem Einwirkungsfeld, wodurch verhindert werden soll, dass den – meist im Außenbereich gelegenen aber regelmäßig nach § 35 Abs. 1 BauGB privilegierten – Störanlagen weitere Auflagen oder Restriktionen aufgrund unzumutbarer Beeinträchtigungen gegenüber den zeitlich nachfolgenden Bauvorhaben auferlegt werden müssen.

---

702 Vgl. *Tophoven* in: Spannowsky/Uechtritz, BauGB, § 30 Rn. 57 mit Verweis auf BVerwG, Urt. v. 25.02.1977 – IV C 22.75 – NJW 1978, S. 62 (64) sowie BVerwG, Urt. v. 05.08.1983 – 4 C 96.79 – NJW 1984, S. 138 (139).

703 *Ziegler* weist insofern darauf hin, dass aufgrund der Identität der Begriffe *„erhebliche Nachteile"* respektive *„erhebliche Belästigungen"* aus § 3 Abs. 1 BImSchG mit dem Begriff der „Unzumutbarkeit" aus dem Bauplanungsrecht, die jeweilige Rechtsprechung zu § 15 Abs. 1 Satz 2 BauNVO auch auf insoweit auf die Vorschrift des § 3 Abs. 1 BImSchG übertragen werden kann. Siehe *Ziegler* in: Brügelmann, BauGB VI, § 15 BauNVO Rn. 76 ff.; a. A. wohl *Fickert/Fieseler*, BauNVO, § 15 Rn. 12 ff.

704 Siehe *Roeser* in: König/Roeser/Stock, BauNVO, § 15 Rn. 5.

Beispiel:
Beantragt ein Bauherr für ein Wohnhaus am Rande eines zum Innenbereich gehörenden Wohngebietes eine Baugenehmigung und würde dieses an sich nach §§ 29, 34 BauGB genehmigungsfähige Bauvorhaben unter dem Einfluss bisher zumutbarer jedoch jetzt aufgrund der geringeren Distanz zum Störbetrieb erstmals unzumutbarer Immissionen eines zulässig im Außenbereich errichteten Schweinemastbetriebes ausgesetzt werden, so hat die zuständige Baubehörde aufgrund des Gebots der Rücksichtnahme aus § 15 Abs. 1 Satz 2 Alt. 2 BauNVO das Wohnhaus aufgrund der besonderen Umstände des Einzelfalles als ausnahmsweise bauplanungsrechtlich unzulässig zu erklären und somit die Baugenehmigung zu versagen.

Mit den Worten von *Roeser* auf den Punkt gebracht verfolgt § 15 Abs. 1 Satz 2 BauNVO damit den Zweck, „*jedes einzelne Vorhaben (...) so anzusiedeln, dass es die benachbarte Bebauung nicht unzumutbar beeinträchtigt.*“[705] Der Begriff der Unzumutbarkeit ist dabei aufgrund seiner Unbestimmtheit besonders geeignet, als Maßstab für das Rücksichtnahmegebot[706] zu dienen. Denn gerade aufgrund seiner inhaltlichen Weite ist dieser Rechtsbegriff nicht mit pauschalen Antworten zu handhaben. Er zwingt vielmehr – wie vom Gesetzgeber angestrebt – zur Auseinandersetzung mit den Umständen des Einzelfalls.[707] Dabei sind nicht nur Aspekte wie Intensität, Dauer und Tageszeit der Beeinträchtigungen und Störungen zu berücksichtigen sondern gerade auch die individuellen örtlichen Gegebenheiten.[708]

3. *Zwischenergebnis*

Es handelt sich beim öffentlichen Baurecht aufgrund der Vielzahl an potentiellen Konfliktsituationen sowie aufgrund der hohen Bedeutung der

---

705 Siehe *Roeser* in: König/Roeser/Stock, BauNVO, § 15 Rn. 28.

706 Vgl. *Jäde* in: Jäde/Dirnberger/Weiß, BauGB/BauNVO, § 15 BauNVO Rn. 1; *Roeser* in: König/Roeser/Stock, BauNVO, § 15 Rn. 28.

707 Vgl. z.B. OVG Nordrhein-Westfalen, Urt. v. 01.06.2011 – 2 A 1058/09 – BauR 2012, S. 476 ff. sowie VGH Baden Württemberg, Urt. v. 18.01.2012 –8 S 600/09 – BauR 2012, S. 484 ff.

708 *Fickert/Fieseler* stellen insoweit fest, dass bei der Entscheidung keine persönliche Besonderheiten im Einzelfall zu berücksichtigen sind und daher kein subjektiver Maßstab zugrunde gelegt werden darf (wie. z.B. eine besonders intensive Lärmempfindlichkeit). Vielmehr ist insoweit auf einen durchschnittlichen Menschen abzustellen und damit der Sachverhalt an einem objektiven Maßstab zu messen, was im Einzelfall durchaus bei besonders sensiblen Personen zu erheblichen Einschränkungen führen kann. Vgl. *Fickert/Fieseler*, BauNVO, § 15 Rn. 131 f. mit Verweis auf OVG Preußen, Urt. v. 22.03.1917 – III B 59/16 – PrOVGE 72, S. 380 ff. (382).

beteiligten Rechtsgüter um einen sehr sensiblen Rechtsbereich. Aus diesem Grund hat die Problematik des Drittschutzes respektive des Nachbarschutzes im Baurecht bis zum heutigen Tage eine bedeutende Rolle eingenommen. Das BVerwG orientiert seine Rechtsprechung zum Drittschutz im Baurecht insbesondere am Rechtsbegriff des Rücksichtnahmegebots, welches in mehreren Vorschriften eine einfach-gesetzliche Ausprägung erfahren hat. Danach kommt einer einfach-gesetzlichen Norm als Ausprägung des Rücksichtnahmegebots im Einzelfall eine drittschützende Wirkung zu, wenn sie nicht nur der Allgemeinheit, sondern zumindest auch dem Schutz eines abgrenzbaren Kreises Dritter zu dienen bestimmt ist. Zur Lösung der durch den Drittschutz begründeten Interessenkollisionen zwischen Bauherr, Behörde und Drittbetroffenem bedarf es folglich eines besonderen Mittels, welches geeignet ist, eine gesetzeskonforme Berücksichtigung aller beteiligten Interessen und Belange sicherzustellen und damit zu einer einzelfallgerechten Lösung beizutragen. Dieses Mittel, das diesen hohen Anforderungen gerecht wird und auf welches sowohl die Legislative bei der Gesetzesbildung[709] als auch die Exekutive bei der Gesetzesanwendung im konkreten Einzelfall regelmäßig zurückgreift, stellt das Mittel der Abwägung dar.[710]

II. Die Abwägung

Bei dem Rechtsinstitut der Abwägung handelt es sich sowohl um einen (gerichtlichen) Kontrollmaßstab für exekutive Maßnahmen als auch um eine gesetzgeberische Handlungsanweisung an die Verwaltung.[711] Als Ausformung des Verhältnismäßigkeitsgedankens und damit letztlich als Akt der Rechtsstaatlichkeit gewährleistet das Abwägungsverfahren eine einzelfallgerechte und mit den Grundsätzen der Gleichbehandlung und Billigkeit vereinbare Entscheidungsfindung unter maßgeblicher Berücksichtigung der Umstände des Einzelfalls.[712]

709 Vertiefend zur Abwägungsentscheidung bei der Gesetzgebung, vgl. *Hofmann*, Abwägung im Recht, S. 385 ff.

710 Kritisch zur zunehmenden Bedeutung der Abwägung als „*Staatsverfahren schlechthin*", vgl. *Leisner*, Der Abwägungsstaat, S. 243.

711 Vgl. *Hofmann*, Abwägung im Recht, S. 164 ff.

712 Vgl. *Hofmann*, Abwägung im Recht, S. 168 sowie vertiefend zu den vier Phasen des planungsrechtlichen Abwägungsverfahrens – Ermittlung und Einstellung der Belange, Gewichtung der Belange, abschließende Planungsentscheidung – vgl. S. 107 ff.

1. Der Begriff der Abwägung

Der Begriff der Abwägung findet seine verfassungsrechtlichen Wurzeln im Rechtsstaatsgebot[713] sowie seinen einfachgesetzlichen Ursprung im Bauplanungsrecht. Er dient dort seit jeher als Rechtsinstrument zur Bewältigung von Interessenskonflikten[714] und erleichtert damit erheblich den Prozess der behördlichen Entscheidungsfindung. Aufgrund seiner Flexibilität sowie seiner allgemein gültigen und nicht fachspezifischen Prüfungssystematik hat das BVerwG[715] die Anwendung der Abwägungsmethode auch über das Baurecht hinaus bei Planungsentscheidungen als allgemein anwendbaren Kontrollmaßstab angesehen.[716] Inhaltlich handelt es sich bei der Abwägung um ein mehrschichtiges Entscheidungsverfahren, welches sich *„die rechtsgeprägte Bewältigung konfligierender Interessen durch Organe des Staates"*[717] zum Ziel setzt.

Eine ordnungsgemäße Abwägungsentscheidung erleichtert damit der zur Handlung aufgerufenen staatlichen Stelle die Entscheidungsfindung bei Konflikten privater mit öffentlichen Interessen anhand eines mehrstufigen Verfahrens der Bewertung und Gewichtung der in Widerstreit stehenden Belange. Das BVerwG stellt hierzu explizit fest, dass dieser Abwägungsvorgang insbesondere auch das Recht des einzelnen Bürgers auf umfassende Berücksichtigung seiner Belange im Einzelfall widerspiegelt – explizit spricht das Gericht sogar von einem Anspruch des Bürgers dahingehend, dass seine Interessen im Einzelfall von der Behörde *„abgearbeitet"*[718] werden müssen. Es geht dabei im Ergebnis um die exekutive Herstellung von Einzelfallgerechtigkeit. Das Gebot der Abwägung zielt – vergleichbar mit dem Grundsatz der Verhältnismäßigkeit i. w. S. – darauf ab, Konflikte zwischen Rechtsgütern verschiedener Beteiligter durch Bewertung und Gewichtung in einen für den konkreten Einzelfall gerechten Ausgleich zu

713 Vgl. *Koch/Hendler*, § 17 Rn. 1.

714 Vgl. *Hofmann*, Abwägung im Recht, S. 175 f.

715 Vgl. z.B. BVerwG, Urt. v. 14.02.1975 – IV C 21.74 – BVerwGE 48, S. 56 (63); Urt. v. 23.01.1981 – 4 C 4.78 – BVerwGE 61, S. 295 (301); Urt. v. 28.06.2000 – 11 C 13.99 – BVerwGE 111, S. 276 (280).

716 Rückendeckung erhielt das BVerwG dabei auch vom BVerfG, welches ebenfalls die besondere Geeignetheit des Abwägungsgebotes zur Lösung von Rechtsgutskollisionen anerkannte und infolgedessen dem Instrument der Abwägung eine rechtsgebietsübergreifende Bedeutung zusprach. Vgl. z.B. BVerfG, Beschl. v. 30.11.1988 – 1 BvR 1301/84 – BVerfGE 79, S. 174 (198 f.); Beschl. v. 06.06.1989 – 1 BvR 921/85 – BVerfGE 80, S. 137 (162 f.).

717 Siehe *Hofmann*, Abwägung im Recht, S. 107.

718 Vgl. BVerwG, Urt. v. 24.09.1998 – 4 CN 2/98 – NJW 1999, S. 592.

bringen. Es geht dabei ausdrücklich nicht um die Herstellung allgemein gültiger Wert- oder Rangverhältnisse[719] sondern vielmehr um die Lösung eines individuellen Interessenkonflikts.

2. Das Abwägungsverfahren

Das Verfahren eines behördlichen, bauplanungsrechtlichen Abwägungsvorgangs lässt sich mit den Worten von *Leisner*[720] zusammengefasst mit folgender „Arbeitsanweisung" umschreiben: *„Das Gewicht eines jeden einzelnen Rechtsbefehles gilt es zu ermitteln, andere sodann in seinem Lichte zu sehen, sie einzuschränken, auszuweiten, inhaltlich zu verändern."*

Vor der eigentlichen Gewichtung der verschiedenen Belange müssen jedoch in einem ersten Schritt zunächst einmal alle für die Entscheidungsfindung relevanten Belange ermittelt werden. Dabei sind nicht nur die Interessen und Rechtsgüter der unmittelbar Beteiligen, also des Staats als Repräsentant der öffentlichen Interessen sowie der jeweiligen privaten Maßnahmeadressaten gemeint, sondern gerade auch die geschützten Belange Drittbetroffener. Diese Sammlung evidenter Rechtspositionen stellt das Fundament des eigentlichen Abwägungsprozesses dar: Denn nur im Falle einer umfassenden Ermittlung sämtlicher für die konkrete Ermessensentscheidung relevanter Interessenspositionen kann ein fehlerfreies Abwägungsergebnis gefasst werden. Fehler respektive Unzulänglichkeiten, die bereits im Rahmen dieses „vorbereitenden" Verfahrensschritts der Ermittlung gemacht werden, können in einem späteren Verfahrensabschnitt grundsätzlich nicht oder nur schwer behoben werden[721] und führen regelmäßig zu einem fehlerhaften Abwägungsergebnis und damit zu einer rechtswidrigen und somit gerichtlich angreifbaren Verwaltungsentscheidung.

Im Rahmen des eigentlichen Abwägungsprozesses ist anschließend jeder als berücksichtigungsfähig eingestufte Belang objektiv zu bewerten und ihm so ein individuelles Gewicht zuzuteilen. Auch in diesem Verfahrensabschnitt führen

---

719 Die Herstellung eines allgemein gültigen Rang- bzw. Werteverhältnisses zwischen grundrechtlich geschützten Rechtspositionen war bereits in der Rechtsprechung des BVerfG im Rahmen der Prüfung des Proportionalitätsgrundsatzes weitgehend erfolglos, so dass auch für das Gebot der Abwägung daraus das generelle Nichtbestehen einer solchen Rangordnung innerhalb des Grundgesetzes festgestellt werden kann. Vgl. hierzu die Ausführungen in Kap. 2. B. IV. 2.

720 Siehe *Leisner*, Der Abwägungsstaat, S. 11 f.

721 Beispielsweise kann im Bauplanungsrecht gemäß den §§ 214 ff. BauGB ein solcher Fehler durch Wiederholung des gesamten Verfahrens ab dem Zeitpunkt des Fehlereintritts nachträglich geheilt werden.

Fehler – insbesondere wenn die wahre Bedeutung eines beteiligten Rechtsgutes verkannt wird[722] – generell zur Rechtswidrigkeit der Abwägung und damit zur Rechtswidrigkeit der behördlichen Ermessensentscheidung. Gleichzeitig gewährleistet diese objektive Bewertung, dass abschließend in der dritten und letzten Phase des Abwägungsverfahrens anhand einer gegenseitigen Gewichtung aller Belange eine für den Einzelfall möglichst gerechte und vertretbare Konfliktlösung gefunden werden kann. Setzt man mit *Hoffmann*[723] theoretisch voraus, dass es für jeden Belang nur ein richtiges objektives Gewicht gibt, würde man letztlich zu dem Ergebnis gelangen, dass jede Abwägung respektive jede mit einer Abwägung einhergehende Selektion von Belangen jeweils nur ein richtiges Ergebnis für den Einzelfall kennt.

3. Abwägung und Verhältnismäßigkeit

Wie bereits die Ausführungen zur Rechtsprechung des BVerfG bei Grundrechtskonflikten gezeigt haben[724], sind der Begriff der Abwägung und der Grundsatz der Verhältnismäßigkeit eng miteinander verknüpft, ohne identisch zu sein. Beim Grundsatz der Verhältnismäßigkeit geht es um eine strikte Prüfung der Geeignetheit, Erforderlichkeit und Angemessenheit des eingesetzten Mittels zur Verfolgung eines legitimen Zwecks.[725] Im Rahmen einer Abwägung steht hingegen die Bewertung und anschließende Gewichtung von widerstreitenden Interessen respektive Rechtsgütern im Mittelpunkt[726], wie es beispielsweise das

722 Vgl. *Hofmann*, Abwägung im Recht, S. 176.

723 Vgl. *Hofmann*, Abwägung im Recht, S. 177.

724 Vgl. Kap. 2. B. IV. 2.

725 *Schneider* weist insofern daraufhin, dass auch die Beantwortung der Fragen nach der Geeignetheit, Erforderlichkeit und Proportionalität des eingesetzten Mittels letztlich Wertungen darstellen und daher der charakteristische Unterschied zum Abwägungsvorgang mit der Bewertung und Gewichtung der widerstreitenden Rechtsgüter nicht signifikant ist, wie oftmals behauptet wird. Vgl. *Schneider*, Die Rechtsprechung des Bundesverfassungsgerichts bei Grundrechtskonflikten, S. 209.

726 A.A. *Schlink*, der zwar in verfassungsrechtlicher Hinsicht ebenfalls die generelle Nähe von Abwägung und Verhältnismäßigkeitsgrundsatz feststellt, den Inhalt der Abwägung jedoch losgelöst von dem in Rechtsprechung und Schrifttum mehrheitlich vertretenen *„Gewichten und Vergleichen von öffentlichen und privaten Werten, Gütern und Interessen“* sieht. Vielmehr interpretiert *Schlink* das Abwägungsinstitut als *„Argumentationslastregel“* in Form einer Art „Vorbehalt“ der Grundrechte, welchem insbesondere bei staatlichen Eingriffen in die bürgerliche Freiheit Rechnung zu tragen ist. In der Konsequenz prüft *Schlink* auch bei den von ihm insoweit inhaltlich differenziert interpretierten Abwägungsvorgängen die eigentlich dem

Recht der Bauleitplanung in § 1 Abs. 7 BauGB vorschreibt. Vereinfacht ausgedrückt besteht daher die Aufgabe der Abwägung darin, *„den Ausgleich zwischen den betroffenen privaten und öffentlichen Belange (...) so vorzunehmen, dass er zur objektiven Gewichtigkeit einzelner Belange nicht außer Verhältnis steht.“*[727]

Auf dieser Grundlage lässt sich die Beziehung zwischen dem Rechtsinstitut der Abwägung und dem Grundsatz der Verhältnismäßigkeit (i. w. S.) wie folgt beschreiben: Die Abwägung ist ein Instrumentarium, welches sich beispielsweise auch im Teilgrundsatz der Proportionalität und somit in einem Teilgrundsatz des Verhältnismäßigkeitsprinzips (i. w. S.) wiederfinden kann.[728] Übereinstimmend stellt *Hofmann* darüber hinaus fest, *„der Verhältnismäßigkeitsgrundsatz“* habe bei komplexen Verwaltungsentscheidungen *„mit dem Abwägungsverbot eine spezifische Form angenommen“*.[729] Oder wie es das BVerfG[730] in einem Urteil zum Abwägungsgebot des damaligen § 1 Abs. 7 BBauG (später § 1 Abs. 6 BauGB[731]) ausdrückt:

> *„Das in § 1 Abs. 7 BBauG / § 1 Abs. 6 BauGB festgelegte Abwägungsgebot erlaubt einen besonders flexiblen und dem Einzelfall gerecht werdenden Interessenausgleich unter maßgeblicher Berücksichtigung des Grundsatzes der Verhältnismäßigkeit.“*

Mit anderen Worten: Sowohl der Grundsatz der Verhältnismäßigkeit (i. w. S.) als auch das Rechtsinstitut der Abwägung stellen rechtsstaatliche Mechanismen zur Lösung von Interessenskonflikten mit dem Ziel der Herstellung von Einzelfallgerechtigkeit dar. Während der Verhältnismäßigkeitsgrundsatz (i. w. S.) mit seinen Teilgrundsätzen der Geeignetheit, Erforderlichkeit und Angemessenheit insbesondere als bürgerlicher Abwehrmechanismus auf Interessenskollisionen öffentlich-rechtlicher Art im Zweipersonenverhältnis Staat-Bürger Anwendung

---

Verhältnismäßigkeitsgrundsatz immanenten Fragen des legitimen Zwecks, der Geeignetheit sowie der Notwendigkeit und schließt den Abwägungsvorgang mit der – grundsätzlich aus der Wesensgehaltstheorie entspringenden – Frage nach der Wahrung einer Mindestposition des Bürgers an. Siehe hierzu sowie vertiefend zu der Unterscheidung von asymmetrischen und symmetrischen Konflikten zwischen Staat und Bürger bzw. unter Bürgern, *Schlink*, Die Abwägung im Verfassungsrecht, S. 15, 192 ff., 214 ff.

727 Siehe *Hofmann*, Abwägung im Recht, S. 263.

728 Ähnlich *Jakobs*, Der Grundsatz der Verhältnismäßigkeit S. 107 f.

729 Siehe *Hofmann*, Abwägung im Recht, S. 269.

730 Vgl. BVerfG, Beschl. v. 30.11.1988 – 1 BvR 1301/84 – BVerfGE 79, S. 174 (198).

731 Seit der Reform durch das EAG Bau (2004) ist das Abwägungsgebot normiert in § 1 Abs. 7 BauGB. Vgl. hierzu die normhistorische Übersicht bei *Giercke* in: Brügelmann, BauGB I, § 1 Rn 1506 ff.

findet, ist gerade der Vorteil eines behördlichen Abwägungsverfahrens darin zu sehen, widerstreitende Interessen in komplexen Verwaltungsentscheidungen – wie insbesondere bei multipolaren Rechtsverhältnissen – im Einzelfall unter Berücksichtigung der individuellen Umstände miteinander in Einklang bringen zu können.

4. *Zwischenergebnis*

Es handelt sich sowohl bei der Abwägung als auch beim Verhältnismäßigkeitsgrundsatz im weiteren Sinne um Kontrollmechanismen der Rechtsordnung, die das Ziel verfolgen, die bürgerlichen Grundrechte zu schützen und begrenzende Einwirkungen durch *„bedeutungsschwache Rechtsgüter“*[732] zu verhindern um letztlich Einzelfallgerechtigkeit herzustellen. Diese Parallelität der Zweckverfolgung bringt *Schneider*[733] zu der Aussage, *„die Güterabwägung“* sei daher *„als Bestandteil der Verhältnismäßigkeit im weiteren Sinne zu verstehen“*.[734]

Bezieht man diese Aussage auf die Prüfung der Proportionalität einer staatlichen Maßnahme gegenüber dem Bürger, so kann die Ansicht *Schneiders* Zustimmung finden. Denn letztlich findet sich eine Art der Abwägung auch im Rahmen der Frage der Angemessenheit wieder, wie beispielsweise der Blick auf die Rechtsprechung des BVerfG zu Grundrechtskonflikten zeigt.[735] Daher lässt sich in Anlehnung an *Leisner*[736] generell feststellen: Die Verhältnismäßigkeit an sich ist ein verfassungsrechtlicher Staatsgrundsatz, die Abwägung ein möglicher Weg seiner alltäglichen Umsetzung.

732 Vgl. *Jakobs*, Der Grundsatz der Verhältnismäßigkeit, S. 108.

733 Siehe *Schneider*, Die Güterabwägung des Bundesverfassungsgerichts bei Grundrechtskonflikten, S. 207.

734 Es sei daher nur eine *„Stilfrage“*, ob man im Rahmen der Angemessenheitsprüfung eines Mittels die Prüfung in eine zweiphasige Kontrolle mit abstrakter und konkreter Gewichtung der betroffenen Rechtsgüter unterteilt, oder ob man die Frage der Proportionalität im Wege einer *„Gesamtabwägung“* zu lösen versucht. Siehe *Schneider*, Die Abwägung des Bundesverfassungsgerichts bei Grundrechtskonflikten, S. 209 mit Verweis auf BVerfG, Beschl. v. 16.03.1971 – 1 BvR 665/66 – BVerfGE 30, S. 292 (325 ff.) sowie BVerfG, Beschl. v. 10.05. 1972 – 1 BvR 293/65 – BVerfGE 33, S. 171 (187 ff.).

735 Vgl. Kap. 2. B. IV. 2.

736 Vgl. *Leisner*, Der Abwägungsstaat, S. 236.

B. Abwägung im öffentlichen Baurecht

Mehrere Teilgebiete des öffentlichen Baurechts – insbesondere die Vorschriften zur Bauleitplanung sowie über die Genehmigungsfähigkeit baulicher Anlagen – bestehen aus einer Vielzahl von Gewichtungen, Abwägungen und Interessenausgleichen. Ausgehend von einer gemeindlichen Bauleitplanung mit einer ausführlichen Gewichtung der bürgerlichen Einwendungen (§ 1 Abs. 7 BauGB), über den Erlass eines Bebauungsplans als verhältnismäßige Gemeindesatzung, bis hin zur behördlichen Einzelfallentscheidung über eingereichte Bauanträge nimmt der Gedanke des gerechten Ausgleichs in vielen Fragen des formellen und materiellen Baurechts eine gewichtige Rolle ein. Daher soll im folgenden Abschnitt ein näherer Blick auf die einzelnen baurechtlichen Besonderheiten und ihre Beziehung zum verfassungsrechtlichen Verhältnismäßigkeitsprinzip in Form der Abwägung[737] geworfen werden.

I. Bauleitplanung und Abwägung

Wie bereits festgestellt, entstammt das Instrumentarium der Abwägung, wie auch der Grundsatz der Verhältnismäßigkeit (i. w. S.), dem Rechtsstaatgebot aus Art. 20 Abs. 3 GG. Seine Aufgabe besteht insbesondere in der Schaffung von Einzelfallgerechtigkeit bei komplexen Interessenskonflikten in multipolaren Rechtsverhältnissen und ergänzt damit in gewisser Hinsicht den Verhältnismäßigkeitsgrundsatz (i. w. S.). Im Baurecht kommt dem Abwägungsverfahren dabei eine bedeutende Rolle zu, denn es gibt im gesamten Öffentlichen Recht – soweit ersichtlich – nur wenige Fälle[738], in denen ein rechtliches Kriterium wie der dem Abwägungsgebot zugrundeliegende Verhältnismäßigkeitsgedanke sowohl für die formelle Rechtmäßigkeit als auch für die materielle Rechtmäßigkeit hoheitlicher Maßnahmen von vergleichbarer Bedeutung ist.

737 So letztlich auch *Leisner*, wenn er das Abwägungsverfahren als notwendigen Weg zur Schaffung von Verhältnismäßigkeit beschreibt. Vgl. *Leisner*, Der Abwägungsstaat, S. 236.

738 Ähnliche Bedeutung ist dem Verhältnismäßigkeitsgrundsatz beispielsweise im Genehmigungsverfahren des Immissionsschutzrechts nach §§ 4, 6 BImSchG zuzusprechen. Insbesondere das dem baurechtlichen Genehmigungsverfahren teilweise nachempfundene immissionsschutzrechtliche Prozedere nach § 10 BImSchG offenbart einen Schutz von drittbetroffenen Rechtsgütern, welche in Form von erhobenen Einwendungen nach § 10 Abs. 6 BImSchG in die Entscheidungsfindung und damit in die Abwägungsentscheidung der Behörde zwingend mit einzubeziehen sind.

1. § 2 Abs. 3 BauGB

Bezogen auf die Vorschriften der Bauleitplanung[739] im BauGB zeigt sich dies bereits bei der Frage der formellen Rechtmäßigkeit:[740]
So heißt es in § 2 Abs. 3 BauGB:

> *„Bei der Aufstellung der Bauleitpläne sind die Belange, die für die Abwägung von Bedeutung sind (Abwägungsmaterial), zu ermitteln und zu bewerten."*

Diese Verfahrensvorschrift[741] verpflichtet den jeweiligen Satzungsgeber in formeller Hinsicht, eine Gewichtung der widerstreitenden Interessen der Allgemeinheit sowie des Einzelnen im Rahmen der Aufstellung eines Bebauungsplans vorzunehmen.[742] Der Begriff der Abwägung respektive der Gewichtung verschiedener Belange beim Erlass einer hoheitlichen Maßnahme spiegelt dabei – wie bereits festgestellt wurde[743] – letztlich die Anwendung des Verhältnismäßigkeitsgedankens und somit das legislativ intendierte Ziel des gerechten Interessensausgleichs wider. Das Gesetz verlangt somit bei § 2 Abs. 3 BauGB eine Berücksichtigung des Verhältnismäßigkeitsprinzips bei der Entscheidung über die Art und Weise des Erlasses eines Bebauungsplanes und somit ausdrücklich eine Berücksichtigung auch der Rechtsgüter hiervon betroffener Bürger. Die Vorschrift des § 2 Abs. 3 BauGB stellt zwar „nur" eine verfahrensrechtliche Norm dar, doch letztlich bezweckt sie durch ihre Verpflichtung zur Bewertung und Gewichtung der betroffenen Interessen insbesondere auch einen effektiven Schutz der grundrechtlich geschützten bürgerlichen Freiheit.[744]

---

739 Im Folgenden wird der Begriff der Bauleitplanung nur im Hinblick auf Bebauungspläne verwandt. Explizit nicht Bezug genommen wird im weiteren Verlauf der Arbeit auf die Bedeutung des Verhältnismäßigkeitsgrundsatzes auf Flächennutzungspläne.

740 Unumstritten ist diese Feststellung jedoch nicht. Noch heute wird insbesondere in der Literatur teilweise noch in Frage gestellt, ob es sich bei der Vorschrift des § 2 Abs. 3 BauGB um einen Prüfungspunkt der formellen oder der materiellen Rechtmäßigkeit handelt.

741 So zumindest die heute ganz überwiegend vertretene Auffassung, vgl. z.B. *Söfker* in: Ernst/Zinkahn/Bielenberg, BauGB I, § 2 Rn. 140; *Jäde* in: Jäde/Dirnberger/Weiß, BauGB/BauNVO, § 2 BauGB, Rn. 17 ff.

742 Beispielhaft für einen beachtlichen Abwägungsmangel bei der Bauleitplanung, vgl. VGH Baden-Württemberg, Urt. v. 29.03.2012 – 8 S 1300/09 – DVBl. 2012, S. 1042 ff.

743 Vgl. Kap. 4. A. II. 3.

744 So im Ergebnis auch OVG Rheinland-Pfalz, Urt. v. 15.11.2011 – 8 C 10906/11 – DVBl. 2012, S. 376 ff.

2. *§ 1 Abs. 7 BauGB*

In die gleiche Richtung zielt die Vorschrift des § 1 Abs. 7 BauGB. Dieses materielle Äquivalent[745] zur Verfahrensvorschrift des § 2 Abs. 3 BauGB eröffnet die Rechtmäßigkeitsprüfung eines Bebauungsplans auch in materieller Hinsicht für die Anwendung des Verhältnismäßigkeitsgedankens, in dem es bestimmt:

> *„Bei der Aufstellung der Bauleitpläne sind die öffentlichen und privaten Belange gegeneinander und untereinander gerecht abzuwägen."*

Nach herrschender Auffassung[746] handelt es sich bei § 1 Abs. 7 BauGB um eine Vorschrift des materiellen Rechts. Somit wird auch im Hinblick auf die materielle Rechtmäßigkeit eines Bebauungsplans vom Gesetz neben der Ermittlung und Bewertung insbesondere eine Abwägung der zu berücksichtigenden öffentlichen und privaten[747] Belange gefordert. In materieller Hinsicht ist somit ebenfalls gewährleistet, dass die Rechtsgüter der von der Bauleitplanung betroffenen Bürger mit in die Entscheidungsfindung der Behörde einfließen und damit wiederrum der bürgerlichen Freiheit eine entscheidende Bedeutung von Gesetzes wegen zugewiesen wird.[748]

3. *§ 1 Abs. 6 BauGB*

Neben den bereits genannten Normen finden sich im BauGB weitere Beispiele dafür, dass die Materie des Baurechts an sich eine Anhäufung verschiedenster Abwägungen und Gewichtungen enthält. Hierzu zählen sicherlich auch

---

745 So die heute überwiegend vertretene Auffassung, vgl. z.B. *Dirnberger* in: Jäde/Dirnberger/Weiß, BauGB/BauNVO, § 1 BauGB Rn. 70; ebenso *Söfker* in: Ernst/Zinkahn/Bielenberg, BauGB I, § 1 Rn. 179 ff.

746 Vergleichbar zur Situation des § 1 Abs. 7 BauGB, ist auch bei § 2 Abs. 3 BauGB die Einordnung der Norm als bloße Verfahrensvorschrift oder als materielle Rechtmäßigkeitsvoraussetzung nicht unumstritten. Die hier als „herrschend" bezeichnete Auffassung bezieht sich insbesondere auch auf die insoweit ergangene Rechtsprechung des BVerwG. Vgl. z.B. BVerwG, Urt. v. 12.12.1969 – IV C 105.66 – BVerwGE 34, S. 301; Urt. v. 05.07.1974 – IV C 50.72 – BVerwGE 45, S. 309; Urt. v. 25.02.1988 – 4 C 32.86 u.a. – BauR 1989, S. 53.

747 Zur Berücksichtigung nachbarlicher Belange im Rahmen der Abwägung nach § 1 Abs. 7 BauGB vgl. z.B. OVG Sachsen-Anhalt, Beschl. v. 12.12.2011 – 2 M 162/11 – BauR 2012, S. 756 f.

748 Zum Spannungsverhältnis zwischen *„plebiszitärer"* Bürgerbeteiligung im Baurecht und dem Abwägungsgebot nach § 1 Abs. 7 BauGB, vgl. *Kühling/Wintermeier*, DVBl. 2012, S. 317 ff.

diejenigen Normen, in denen erst auf den zweiten Blick erkennbar wird, dass hier der Gesetzgeber schon eine Vorauswahl relevanter Belange vorgenommen hat und der Exekutive somit bei der Anwendung baurechtlicher Normen nur einen begrenzten Handlungsspielraum gewährt. Besonders gut erkennbar ist dies – neben der Aufzählung privilegierter und teilprivilegierten Vorhaben im Außenbereich nach § 35 Abs. 1 und Abs. 4 BauGB[749] – im Rahmen der Bauleitplanung bei der Vorschrift des § 1 Abs. 6 BauGB. Dort hat der Gesetzgeber eine – nicht abschließende – Vorauswahl getroffen, welchen öffentlichen Belangen nach seiner Ansicht im Bauplanungsrecht eine besondere Bedeutung zukommt und daher – soweit im Einzelfall berührt – in die gemeindliche Planabwägungsentscheidung zwingend einzubeziehen sind.[750] Auf den ersten Blick handelt es sich dabei um eine „einfache" enumerative Aufzählung von öffentlichen Belangen. Auf den zweiten Blick erkennt man jedoch das Ergebnis einer legislativen Verhältnismäßigkeitsprüfung: Der Gesetzgeber hat vor dem Erlass des § 1 Abs. 6 BauGB selbst bereits eine umfassende Bewertung und Gewichtung von Planungsbelangen durchgeführt und damit letztlich durch die Aufnahme einzelner Belange in den Gesetzeswortlaut einen verhältnismäßigen Eingriff in die verfassungsrechtlich vorgegebene Planungshoheit der Gemeinden vorgenommen. Auf diesem Wege war es ihm möglich, aus der Fülle öffentlicher Belange, die im Rahmen einer Bauleitplanung grundsätzlich von Bedeutung sein können, diejenigen herauszufiltern, welche aufgrund ihrer besonderen Bedeutung als *„Leitlinien der Planung"*[751] beziehungsweise aufgrund ihrer *„steuernde[n] Wirkung"*[752] regelmäßig in die gemeindliche Entscheidungsfindung einzubeziehen sind und damit eine gemeindeübergreifende Vereinheitlichung der kommunalen Bauleitplanung sicherstellen können.[753] Da es sich dabei jedoch in rechtlicher Hinsicht um das Hoheitsgebiet der Gemeinden (Art. 28 Abs. 2 GG) handelt, muss dieser verfassungsrechtlich auf der Gesetzgebungskompetenz aus

---

749 Vgl. hierzu die Ausführungen in Kap. 4. B. II. 2.

750 Vgl. *Taegen* in: Schlichter/Stich, BauGB, § 1 Rn. 50 f.; *Söfker* in: Ernst/Zinkahn/Bielenberg, BauGB I, § 1 Rn. 108 f.

751 Siehe *Ferner* in: Ferner/Kröninger/Aschke, BauGB, § 1 Rn 37 ff.

752 Siehe *Dirnberger* in: Jäde/Dirnberger/Weiß, BauGB/BauNVO, § 1 BauGB, Rn. 70.

753 *Söfker* spricht insoweit zutreffend von der *„Orientierungsfunktion"* des § 1 Abs. 6 BauGB für die Gemeinden. Siehe *Söfker* in: Ernst/Zinkahn/Bielenberg, BauGB I, § 1 Rn. 108; a. A. und somit gegen die höchstrichterliche Rechtsprechung und in der Konsequenz für die Annahme *„gemeindlicher Beurteilungsspielräume"* im Rahmen des § 1 Abs. 6, Abs. 7 BauGB, vgl. *Dirnberger* in: Jäde/Dirnberger/Weiß, BauGB/BauNVO, § 1 BauGB Rn. 69.

Art. 74 Abs. 1 Nr. 18 GG beruhende Eingriff in die gemeindliche Planungshoheit ebenfalls dem Verhältnismäßigkeitsgrundsatz entsprechen.

Im Ergebnis kann daher insofern festgestellt werden: Der von der Legislative vorgegebene Beurteilungsspielraum der Gemeinden im Rahmen des § 1 Abs. 6 BauGB ist selbst das Ergebnis einer legislativen Abwägung verschiedenster Planungsbelange mit der verfassungsrechtlichen Planungshoheit der Gemeinden. Aber nicht nur die Vorschriften der Bauleitplanung offenbaren zahlreiche Beispiele für die Anwendung des verfassungsrechtlichen Verhältnismäßigkeitsprinzips. Auch das baurechtliche Genehmigungsverfahren weist eine Affinität zu Gewichtungen respektive Abwägungsentscheidungen auf.

II. Baugenehmigungsverfahren und Abwägung

Der Gedanke des einzelfallgerechten Interessensausgleichs spielt auch bei der Beurteilung der Genehmigungsfähigkeit einer baulichen Anlage eine große Rolle. Denn obwohl es sich bei der Genehmigungsvorschrift des Art. 68 Abs. 1 Satz 1 BayBO um eine gebundene Vorschrift handelt[754], der Behörde mithin grundsätzlich kein Entscheidungsermessen im Hinblick auf die Genehmigungserteilung zusteht, kann eine Verhältnismäßigkeitsprüfung in Form eines Abwägungsvorgangs dennoch im konkreten Einzelfall bei genereller Genehmigungsfähigkeit der baulichen Anlage ausnahmsweise eine negierende Entscheidung über die Erteilung der beantragten Baugenehmigung rechtfertigen.

1. Das Gebot der Rücksichtnahme

Eine Form des Verhältnismäßigkeitsgedankens versteckt sich hinter dem im Baurecht allgegenwärtigen Gebot der Rücksichtnahme, das einfach-gesetzlich unter anderem seine Ausprägung in § 15 Abs. 1 Satz 2 BauNVO gefunden hat. Wie bereits festgestellt[755], kann die Anwendung dieses Prinzips der Interessengewichtung dazu führen, dass aufgrund der besonderen Umstände des Einzelfalls ausnahmsweise ein grundsätzlich genehmigungsfähiges Vorhaben bauplanungsrechtlich unzulässig ist, wenn die mit dem Vorhaben zusammenhängenden Störungen und Beeinträchtigungen für Drittbetroffene ausnahmsweise unzumutbar sind.

---

754 Vgl. *Lechner* in: Simon/Busse, BayBO I, Art. 68 Rn. 22.

755 Vgl. hierzu die Ausführungen in Kap. 4. A. I. 2. b). cc).

Wie bereits der Wortlaut des § 15 Abs. 1 Satz 2 BauNVO erahnen lässt, ist in der Prüfung des Rücksichtnahmegebotes eine Berücksichtigung der Umstände des Einzelfalls und damit letztlich des Gerechtigkeitsgedankens aus Art. 20 Abs. 3 GG enthalten. Somit konzentriert sich die Prüfung dabei erneut auf die Gewichtung der individuellen Belange der widerstreitenden Interessen von Bauherr und Drittem, in concreto regelmäßig die Baufreiheit als Teilaspekt der Eigentumsgarantie aus Art. 14 Abs. 1 GG sowie das Grundrecht auf körperliche Unversehrtheit respektive Gesundheit aus Art. 2 Abs. 2 Satz 1 GG. Diese Belange werden zunächst abstrakt bewertet und gegenseitig in ein Verhältnis gesetzt, welches die Behörde in Ausnahmesituationen[756] dazu verpflichtet, einem grundsätzlich genehmigungsfähigen Bauvorhaben die erstrebte Baugenehmigung letztlich doch zu verweigern.

2. Abwägungen des Gesetzgebers im Baurecht

Wie bereits im Rahmen der abstrakten Untersuchungen des dritten Kapitels festgestellt wurde, besteht in verfassungsrechtlicher Hinsicht die Aufgabe des Gesetzgebers gerade in grundrechtssensiblen Bereichen in der „Harmonisierung" der verschiedenen Beteiligteninteressen – mithin die Lösung von Grundrechtskonflikten zwischen Freiheitssphären und grundrechtlichen Schutzpflichten.[757] Konkret auf das Baurecht bezogen offenbart sich diese legislative Harmonisierung beispielsweise durch die generelle Pflicht zur Durchführung eines Baugenehmigungsverfahrens.[758] Sinn und Zweck des baurechtlichen Genehmigungsverfahrens ist verfassungsrechtlich

---

756 An dieser Stelle sei noch einmal explizit auf den Ausnahmecharakter einer Korrektur behördlicher Entscheidungen aufgrund des Gebotes der Rücksichtnahme hingewiesen. Zum Tragen kommt das Rücksichtnahmegebot tatsächlich nur in besonderen Härtefällen, in denen ein an sich genehmigungsfähiges Bauvorhaben aufgrund ganz besonderer Individualumstände doch als unzulässig bewertet werden muss. Regelmäßig werden solche Ausnahmetatbestände jedoch nicht vorliegen, so dass in der weit überwiegenden Anzahl der Genehmigungsfälle ein bauplanungs- und bauordnungsrechtlich genehmigungsfähiges Vorhaben auch verwirklicht werden kann.

757 Vgl. hierzu die Ausführungen in Kap. 3. B. III. 1.

758 So im Ergebnis auch *Isensee*, der generell in der legislativen Einführung von Genehmigungsverfahren mit Drittbeteiligung *„ein geeignetes Mittel zum Schutz gefährdeter Dritter"* sieht. Vgl. *Isensee*, Das Grundrecht auf Sicherheit, S. 38. Wie sich aus Art. 68 Abs. 4 BayBO i. V. m. Abs. 1 Satz 1 BayBO ergibt, finden dabei generell nur die öffentlich-rechtlich geschützten Rechtspositionen der Drittbetroffenen Berücksichtigung. Nicht im Schutzkreis des Baugenehmigungsverfahrens sind

vereinfacht dargestellt, die durch einen legislativen Abwägungsvorgang herbeigeführte praktische Konkordanz zwischen der sich aus Art. 14 Abs. 1 GG ergebenden Eigentumsfreiheit des Bauherrn sowie dem sich aus den grundrechtlichen Schutzpflichten ergebende Recht des Nachbarn respektive der vom Bauvorhaben Drittbetroffenen auf Beteiligung am Genehmigungsverfahren und Berücksichtigung ihrer schützenswerten Belange.[759] Die im baurechtlichen Genehmigungsverfahren zu prüfenden Vorschriften stellen somit ein Beispiel eines harmonisierten Abwägungsergebnisses des Gesetzgebers dar, in dem die Baufreiheit des Begünstigten einerseits mit den sich dem Grunde nach aus Art. 1 Abs. 1 Satz 2 GG i. V. m. Art. 1 Abs. 3 GG ergebenden, aber noch einfachgesetzlich konkretisierungsbedürftigen, grundrechtlichen Schutzpflichten des Staates gegenüber Drittbetroffenen in einen rechtstaatlich maßvollen Ausgleich gebracht wurden.

Zurück auf Ebene des einfachen Verwaltungsrechts stößt man auch bei der Prüfung einzelner Vorschriften zur Genehmigungsfähigkeit eines baulichen Vorhabens – vergleichbar mit der bereits geschilderten Situation bei § 1 Abs. 6 BauGB[760] –, beispielsweise bei der Vorschrift des § 35 BauGB, an mehreren Stellen auf das Ergebnis einer legislativen Abwägung. Verschafft man sich einen generellen Überblick über die Norm des § 35 BauGB, insbesondere über seine Absätze 1 bis 4, so gelangt man zu dem Ergebnis, dass bauplanungsrechtlich im Außenbereich eine Bebauung generell unzulässig ist, da der Außenbereich insbesondere als Erholungs- und Schutzraum bestmöglich in seiner natürlichen Gestalt erhalten bleiben soll.[761] Eine Ausnahme von diesem Grundsatz enthält § 35 Abs. 1 BauGB, der bestimmte Bauvorhaben auch im Außenbereich als grundsätzlich zulässig erachtet respektive erleichterte Voraussetzung für deren Genehmigungsfähigkeit festlegt.

---

ausdrücklich lediglich privatrechtliche Positionen Dritter gegenüber dem Bauherrn. Vgl hierzu z.B. auch *Jäde* in: Jäde/Dirnberger/Bauer/Weiß, BayBO II, Art. 68 Rn. 46 ff.

759 Vgl. z.B. *Jäde* in: Jäde/Dirnberger/Bauer/Weiß, BayBO II, Art. 66 Rn. 36 ff., 96 ff., 410 ff., Art. 68 Rn.1; *Molodowsky* in: Koch/Molodowsky/Famers, BayBO I, Art. 66 Rn. 1, 30 ff., 142 f., 166 ff., Art. 68 Rn. 1, 19, 62; *Dirnberger* in: Simon/Busse, BayBO I, Art. 66 Rn. 2, 4 ff., 235 ff.

760 Vgl. Kap. 4. B. I. 3.

761 Vgl. *Jäde* in: Jäde/Dirnberger/Weiß, BauGB/BauNVO, § 35 BauGB Rn. 91; *Manssen* in: Becker/Heckmann/Kempen/Manssen, S. 441, Rn. 119.

Diese gemeinhin als *„privilegiert“*[762] oder *„begünstigt“*[763] bezeichneten Bauvorhaben stellen – vereinfacht dargestellt – erneut das Ergebnis einer Abwägung verschiedener Bauvorhaben durch den Gesetzgeber dar. Um überhaupt im Gesetz eine Privilegierung bestimmter Vorhaben im Außenbereich festschreiben zu können, musste der Gesetzgeber durch Gewichtung und Bewertung aller abstrakt denkbaren Bauvorhaben entscheiden, welche dieser Bauvorhaben noch am ehesten aus städtebaulichen Gründen mit dem Grundsatz eines unbebauten und insbesondere der Erholung und dem Naturschutz dienenden Außenbereichs vereinbar sind.[764] Lediglich in den Fällen, in denen man nach der Abwägung zumindest grundsätzlich kein überwiegendes Interesse an einem unberührten Außenbereich feststellen konnte, wurde vom Gesetzgeber eine Privilegierung ausgesprochen, aus der gleichzeitig eine Regelvermutung für die Zulässigkeit des Vorhabens im Außenbereich entnommen werden kann.[765]

Ähnlich ist die Situation bei der Vorschrift des § 35 Abs. 4 BauGB. Hier hat der Gesetzgeber eine *„Teilprivilegierung“*[766] bestimmter Bauvorhaben ausgesprochen, welche grundsätzlich unter das Bauverbot nach § 35 Abs. 2 i. V. m. § 35 Abs. 3 Nr. 2, Nr. 5 Alt. 2 oder Nr. 7 BauGB fallen würden. Diese Bevorzugung bestimmter Vorhaben mit geringer Auswirkung auf den Außenbereich verfolgte den Zweck, bereits vorhandene Anlagen auch nach Einführung des allgemeinen Bauverbots im Außenbereich weiterhin als bauplanungsrechtlich zulässig ansehen zu können und so – beispielsweise im speziellen Fall des § 35 Abs. 4

---

762 Siehe *Taegen* in: Schlichter/Stich, BauGB, § 35 Rn. 8; *Mampel,* Nachbarschutz im öffentlichen Baurecht, S. 216, Rn. 1049; *König,* Drittschutz, S. 63 f.

763 Siehe *Jäde* in: Jäde/Dirnberger/Weiß, BauGB/BauNVO, § 35 BauGB Rn. 93 ff., 248.

764 So im Ergebnis wohl auch *Söfker* in: Ernst/Zinkahn/Bielenberg, BauGB II, § 35 Rn. 21 mit Verweis auf BVerwG, Urt. v. 25.10.1967 – IV C 86.66 – BVerwGE 28, S. 148 ff.

765 Vgl. *Taegen* in: Schlichter/Stich, BauGB, § 35 Rn. 8. Insbesondere ist hier auch der Gesichtspunkt zu beachten, dass derartige privilegierte Vorhaben im bauplanungsrechtlichen Innenbereich schlicht unvorstellbar sind. Exemplarisch sei hier auf die aktuellen Fälle von Windkraftanlagen verwiesen, welche allein aufgrund ihrer Größe, dem verursachten Lärm sowie aus optischen Gründen nicht in ein Stadtgebiet gebaut werden können. Ähnlich ist die Situation bei immissionsstarken Betrieben wie Müllverbrennungsanlagen oder landwirtschaftlichen Betrieben. Hier ist der Störfaktor für die Bevölkerung sowie die damit einhergehenden (gesundheitlichen) Belästigungen deutlich höher zu gewichten als die Freihaltung des Außenbereichs insbesondere als Ort der Erholung für die Bürger.

766 Siehe *Manssen* in: Becker/Heckmann/Kempen/Manssen, S. 449, Rn. 157 ff.; ähnlich *Jäde* in: Jäde/Dirnberger/Weiß, BauGB/BauNVO, § 35 BauGB Rn. 248 ff.

Nr. 1 BauGB – den Strukturwandel in der Landwirtschaft zu erleichtern.[767] Um diese allgemeinen und speziellen Zwecke auch tatsächlich verfolgen zu können, war es von Seiten der Legislative erforderlich, insoweit Ausnahmetatbestände zu generieren, für die das generelle Bauverbot im Außenbereich in bestimmter Hinsicht nicht gelten sollte. Die Einführung der – in der Literatur durchaus auch als gesetzliche Ausformung des aktiven Bestandsschutzes angesehenen[768] – Teilprivilegierungstatbestände stellt somit letztlich das Ergebnis einer gesetzgeberischen Abwägung dar, mithin einen verhältnismäßigen Legislativakt zur Förderung bestimmter Ziele. Letztlich auch durch eine Unzufriedenheit mit den bis dato engen Grenzen des Bestandsschutzes veranlasst[769], entschied sich der Gesetzgeber daher für eine Begünstigung bestimmter, nun in § 35 Abs. 4 aufgezählter Bauvorhaben, denen unter den engen tatbestandlichen Voraussetzungen in aller Regel ein höheres Gewicht gegenüber den entsprechenden öffentlichen Belangen aus § 35 Abs. 3 Nr. 2, Nr. 5 Alt. 2 und Nr. 7 BauGB zugesprochen und somit generell deren bauplanungsrechtliche Zulässigkeit im Außenbereich festgestellt wurde.

Aber auch die Anwendung des § 35 Abs. 4 BauGB im konkreten Einzelfall durch die zuständige Baubehörde erfordert – wie *Jäde* anmerkt – ebenfalls eine Art von Abwägung. Es sei hier aber nicht eine „gestaltende“ sondern lediglich eine *“nachvollziehende“*[770] Abwägung gemeint, d.h. die vom Gesetzgeber in § 35 Abs. 4 BauGB verbindlich getroffene Entscheidung für bestimmte Planungskonstellationen muss durch die entscheidende Behörde ermittelt und ohne jeglichen Beurteilungsspielraum strikt umgesetzt werden.[771] Bei der Anwendung des § 35 Abs. 4 BauGB steht der handelnden Behörde damit keine eigene Abwägungsentscheidung zu, sondern sie hat das durch den Gesetzeswortlaut verdeutlichte Abwägungsergebnis des Gesetzgebers generell umzusetzen.

---

767 Vgl. *Jäde* in: Jäde/Dirnberger/Weiß, BauGB/BauNVO, § 35 BauGB Rn. 93; ähnlich *Söfker* in: Ernst/Zinkahn/Bielenburg, BauGB II, § 35 Rn. 131.

768 Vgl. *Jäde* in: Jäde/Dirnberger/Weiß, BauGB/BauNVO, § 35 BauGB Rn. 99.

769 Vgl. *Taegen* in: Schlichter/Stich, BauGB, § 35 Rn. 100 mit Verweis auf BVerwG, Urt. v. 18.10.1974 – IV C 75.71 – DVBl. 1975, S. 501.

770 Siehe *Jäde* in: Jäde/Dirnberger/Weiß, BauGB/BauNVO, § 35 BauGB Rn. 253.

771 Vgl. *Jäde* in: Jäde/Dirnberger/Weiß, BauGB/BauNVO, § 35 BauGB Rn. 253 f.

3. *Abwägungsentscheidungen der Behörde nach § 35 Abs. 1, Abs. 2 BauGB*

Auch der zuständigen Bauaufsichtsbehörde ist es vorbehalten, Einzelfallentscheidungen anhand des Verhältnismäßigkeitsgedankens zu treffen. Es handelt sich auch hier um Abwägungsvorgänge, die insbesondere bei der Entscheidung über die Zulässigkeit von Bauvorhaben im Außenbereich nach § 35 Abs. 1 und Abs. 2 BauGB an Relevanz gewinnen. Wie sich aus dem Wortlaut des § 35 Abs. 1 und Abs. 2 BauGB ergibt, liegt die Privilegierung der Vorhaben aus Absatz 1 gegenüber sonstigen Vorhaben aus Absatz 2 im Außenbereich in ihrem differenzierten Verhältnis zu den öffentlichen Belangen aus § 35 Abs. 3 BauGB.[772] Während den privilegierten Vorhaben gemäß Absatz 1 die öffentlichen Belange lediglich *„nicht entgegenstehen"* dürfen, sind sonstige Vorhaben im Außenbereich gemäß § 35 Abs. 2 BauGB nur ausnahmsweise in den Fällen bauplanungsrechtlich zulässig, in denen sie – unabhängig von der gesicherten Erschließung – die öffentlichen Belange *„nicht beeinträchtigen"*.

a) Abwägungsentscheidung gemäß § 35 Abs. 1 BauGB

Auch die privilegierten Vorhaben im Sinne des § 35 Abs. 1 BauGB können aufgrund der Umstände im Einzelfall bauplanungsrechtlich unzulässig sein. Gemäß dem expliziten Wortlaut der Vorschrift sind die insoweit begünstigten Vorhaben im Außenbereich insbesondere dann zulässig, wenn – neben der gesicherten Erschließung – ihnen *„öffentliche Belange nicht entgegenstehen"*. Der Gesetzgeber verpflichtet somit die zur Entscheidung berufene Behörde zur Sammlung, Bewertung und Gewichtung der im konkreten Einzelfall zu berücksichtigenden Interessen und Rechtsgüter. Im Rahmen der Abwägung[773] geht die Behörde sodann in den bekannten und bereits erläuterten zwei Schritten vor. Es werden zunächst die beteiligten Interessen des Bauherrn sowie der Öffentlichkeit abstrakt gewichtet und dadurch in ein abstraktes Werteverhältnis transferiert. Aufgrund der gesetzgeberischen Entscheidung zur Privilegierung der in Absatz 1 aufge-

---

772 So auch *Söfker* in: Ernst/Zinkahn/Bielenberg, BauGB II, § 35 Rn. 21; ferner *Dürr* in: Brügelmann, BauGB III, § 35 Rn. 8 f.

773 Vgl. zur Abwägung zwischen den hinter dem konkreten Bauvorhaben stehenden Interessen und den durch das Vorhaben berührten öffentlichen Belangen z.B. BVerwG, Urt. v. 24.08.1979 – 4 C 3.77 – BauR 1979, S. 481; BVerwG, Urt. v. 18.03.1983 – 4 C 17.81 – NVwZ 1984, S. 303; BVerwG, Urt. v. 20.01.1984 – 4 C 43.81 – BVerwGE 68, S. 311; BVerwG, Urt. v. 19.04.1985 – 4 C 13.82 – BauR 1985, S. 541; *Dürr* in: Brügelmann, BauGB III, § 35 Rn. 9 sowie *Taegen* in: Schlichter/Stich, BauGB, § 35 Rn. 10 f.

führten Bauvorhaben ergibt dies auf der Stufe der abstrakten Gewichtung eine Entscheidung grundsätzlich zugunsten der Verwirklichung des Vorhabens und in der Konsequenz zulasten der allgemeinen öffentlichen Interessen.[774]

Aufgabe der Behörde ist es, auf zweiter Stufe zu prüfen, ob die besonderen Umstände des Einzelfalls eine Korrektur dieses abstrakten Werteverhältnisses erforderlich machen. Dies wäre dann der Fall, wenn aufgrund der konkreten Verhältnisse den öffentlichen Belangen der Vorrang vor dem Bauvorhaben zu gewähren ist. Die Behörde hat also festzustellen, ob im konkret zu entscheidenden Fall besondere Umstände vorliegen, die eine Ausnahme von der gesetzgeberischen Vermutung der Zulässigkeit privilegierter Vorhaben im Außenbereich bedeuten.[775]

b) Abwägungsentscheidung gemäß § 35 Abs. 2 BauGB

Die Situation der Behörde bei der Entscheidung über die bauplanungsrechtliche Zulässigkeit eines sonstigen Vorhabens nach § 35 Abs. 2 BauGB ist weitgehend vergleichbar mit dem Vorgehen bei einer Prüfung der Genehmigungsfähigkeit eines privilegierten Vorhabens nach § 35 Abs. 1 BauGB.

Auch hier hat die Behörde im Rahmen einer Abwägung[776] zwischen den Interessen des Bauherrn und den öffentlichen Belangen zu entscheiden, ob das Bauvorhaben im Außenbereich verwirklicht werden kann. Dies bedeutet erneut eine Prüfung in zwei Schritten: Auf erster Stufe gilt es erneut, ein abstraktes Wertverhältnis zwischen den beteiligten Interessen zu bilden. Dabei zeigt sich der vom Gesetzgeber bezweckte Unterschied zwischen privilegierten Vorhaben

---

774 Vgl. *Dürr* in: Brügelmann, BauGB III, § 35 Rn. 9 mit Verweis auf BVerwG, Urt. v. 14.03.1975 - IV C 41.73 - BVerwGE 48, S. 109 ff. (114 f.) sowie BVerwG, Beschl. v. 13.11.1996 - 4 B 210.96 - BauR 1997, S. 444; ferner *Taegen* in: Schlichter/Stich, BauGB, § 35 Rn. 11 sowie *Söfker* in: Ernst/Zinkahn/Bielenberg, BauGB II, § 35 Rn. 21 und *Manssen* in: Becker/Heckmann/Kempen/Manssen, S. 441, Rn. 118.

775 Vgl. generell zur Abwägung im Rahmen von § 35 Abs. 1 BauGB z.B. Söfker in: Ernst/Zinkahn/Bielenburg, BauGB II, § 35 Rn. 60 mit Verweis auf BVerwG, Urt. 25.10.1967 - 4 C 86.66 - BVerwGE 28, S. 148 (151); Beschl. v. 09.05.1972 - 4 C 30.69 - n. v.; Urt. v. 24.08.1979 - 4 C 8.78 - n. v.; ferner *Krautzberger* in: Battis/Krautzberger/Löhr, BauGB, § 35 Rn. 6 mit Verweis auf BVerwG, Urt. v. 14.03.1975 - IV C 41.73 - BVerwGE 48, S. 109 (114).

776 Vgl. *Söfker* in: Ernst/Zinkahn/Bielenberg, BauGB II, § 35 Rn. 76, der den Begriff der „*Bewertung*" bevorzugt mit Verweis auf die Rechtsprechung des BVerwG. Vgl. z.B. BVerwG, Urt. v. 03.03.1972 - IV C 4.69 - DVBl. 1972, S. 684; BVerwG, Urt. v. 03.05.1974 - IV C 10.71 - DÖV 1974, S. 566 sowie Urt. v. 24.08.1979 - 4 C 8.78 - BayVBl. 1980, S. 309.

und sonstigen Vorhaben im Außenbereich: Während bei privilegierten Vorhaben – wie gerade festgestellt – sich das abstrakte Wertverhältnis gegenüber den öffentlichen Belangen zu Gunsten des Vorhabens neigt, ist dies bei sonstigen Vorhaben gerade nicht der Fall. Wie der klare Wortlaut des § 35 Abs. 2 BauGB zeigt, sind sonstige Vorhaben nur *„im Einzelfall"* zuzulassen, wenn sie insbesondere den öffentlichen Belangen *„nicht entgegenstehen"*. Auf den Punkt gebracht traf der Gesetzgeber bereits mit dem Erlass der Vorschrift die Entscheidung, dass sonstige Vorhaben im Außenbereich grundsätzlich unzulässig sind und den öffentlichen Belangen daher im Rahmen der behördlichen Abwägung generell ein höheres Gewicht einzuräumen ist. Abstrakt gesehen kommt daher nach der gesetzgeberischen Wertung bei Vorhaben nach § 35 Abs. 2 BauGB den öffentlichen Belangen ein höheres Gewicht zu als den Interessen des Bauherrn beziehungsweise hat der Gesetzgeber *„den sonstigen Vorhaben"* – im Gegensatz zu den privilegierten Vorhaben – *„kein Gewicht in Bezug auf die Durchsetzbarkeit gegenüber öffentlichen Belangen (...) verliehen."*[777]

Aufgabe der Behörde ist nun in einem zweiten Prüfungsschritt, eine Kontrolle dieses abstrakten Wertverhältnisses anhand der konkreten Umstände des Einzelfalles vorzunehmen. Es geht – vergleichbar mit der Situation bei privilegierten Vorhaben nach § 35 Abs. 1 BauGB – also um die Frage, ob aufgrund der individuellen Gegebenheiten ausnahmsweise die abstrakte Gewichtung der widerstreitenden Interessen durch den Gesetzgeber nicht mit den tatsächlichen Umständen übereinstimmt und in der Folge korrigiert werden muss – hier mit der Konsequenz, dass das sonstige Vorhaben ausnahmsweise als bauplanungsrechtlich zulässig anzusehen ist.[778]

C. Zwischenergebnis

Bei den Vorschriften des Baurechts handelt es sich um eine Rechtsmaterie mit besonderem Konfliktpotential. Eine Vielzahl öffentlicher Belange steht dabei den schützenswerten Interessen und Rechtsgütern der beteiligten Bürger gegenüber,

777 Siehe *Söfker* in: Ernst/Zinkahn/Bielenberg, BauGB II, § 35 Rn. 76.

778 *Dürr* weist insofern daraufhin, dass sich in diesem Fall, in dem nach Abwägung der beteiligen Interessen die öffentlichen Belange im Einzelfall nicht durch das Bauvorhaben beeinträchtigt werden, der Bauherr aufgrund seines aus Art. 14 Abs. 1 GG abgeleiteten Recht zur baulichen Nutzung seines Eigentums einen Anspruch auf Erteilung der Baugenehmigung hat und es sich damit um keine Ermessensentscheidung der Behörde handelt. Vgl. *Dürr* in: Brügelmann, BauGB III, § 35 Rn. 71; *Manssen* in: Becker/Heckmann/Kempen/Manssen, S. 440, Rn. 117.

wobei jede Interessenskollision individueller Art und daher nicht pauschal zu lösen ist. Dies macht es für die Baubehörde nicht einfach, auf rechtstaatliche Art und Weise eine jeweils als gerecht und billig zu wertende Lösung des Einzelfalles zu gewährleisten. Dennoch hat der Gesetzgeber mit dem Rechtsinstitut der Abwägung einen Weg gefunden, mit dem er einerseits seiner verfassungsrechtlichen Aufgabe zum Erlass abstrakt-genereller Normen für die praktische Arbeit der Exekutive nachkommt und andererseits auf flexible Art und Weise der im öffentlichen Baurecht geschuldeten Berücksichtigung der Individualumstände gerecht wird.

Wie die bauplanungsrechtlichen Beispiele des § 1 Abs. 6 BauGB sowie § 35 Abs. 1 und Abs. 4 BauGB zeigen, arbeitet auch der Gesetzgeber an Stellen, in denen mit einem ständigen Konflikt widerstreitender Interessen der Beteiligten zu rechnen ist, mit dem Instrument der Abwägung. Durch die ausdrückliche Aufnahme seines Abwägungsergebnisses in den Wortlaut der einfach-gesetzliche Norm sichert der Gesetzgeber zugleich die verbindliche Berücksichtigung seiner Wertung respektive Gewichtung durch die zur Einzelentscheidung berufene Behörde. An Stellen, in denen die Entscheidung der Behörde jedoch insbesondere von den Umständen des Einzelfalles abhängig ist und daher der Gesetzgeber im Rahmen seiner abstrakt-generellen Regelungen keine Entscheidungshilfe für die Behörde liefern kann, sieht er im Wortlaut des Gesetzes die Vornahme einer Abwägung mit Ermittlung, Bewertung und Gewichtung aller zu berücksichtigenden Belange des Einzelfalles vor. So gewährleistet er den Bürgern respektive deren Grundrechten einen effektiven Schutz durch (aktive) Beteiligung. Er erleichtert damit gleichzeitig die Arbeit der Behörde, deren Aufgabe – insbesondere im Bauplanungsrecht – sich fortan darauf beschränkt, anhand der individuellen Umstände zu prüfen, ob die abstrakten und vom Gesetzgeber vorgegebenen Wertverhältnisse im Einzelfall einer Korrektur bedürfen.

Inhaltlich liegt im Rahmen des grundsätzlich vierstufigen Abwägungsverfahrens der Schwerpunkt eindeutig auf der Gewichtung und abschließenden Abwägung der widerstreitenden Interessen. Nachdem eine objektive Gewichtung der in Streit stehenden Rechtsgüter vorgenommen wurde, erfolgt als letzter Schritt eine Überprüfung des objektiv erarbeiteten Ergebnisses anhand der Umstände des Einzelfalles und gegebenenfalls dessen einzelfallgerechter Korrektur. Kurz gefasst gewährleistet die Anwendung des Abwägungsverfahrens im Baurecht umfassenden und effektiven Schutz der bürgerlichen Grundrechte und damit eine Begrenzung staatlicher Macht zugunsten der bürgerlichen Freiheit.

Insbesondere aber – und dies ist für die Beantwortung der eingangs dieses Kapitels gestellte Frage nach dem Verhältnis zwischen Baurecht und dem

Verhältnismäßigkeitsgedanken entscheidend – macht die besondere Häufung von privaten Konfliktsituationen auf dem Gebiet des öffentlichen Baurechts einen verstärkten Einsatz des Prinzips des einzelfallgerechten Ausgleichs erforderlich. Ob in Form des Grundsatzes der Verhältnismäßigkeit (i. w. S.) oder in Gestalt eines umfassenden Abwägungsverfahrens bei multipolaren Interessenkonflikten, der Verhältnismäßigkeitsgedanke spielt in kaum einem anderen Gebiet des öffentlichen Rechts eine ähnlich bedeutende Rolle wie im öffentlichen Baurecht und prägt somit in vielen Fällen maßgeblich die konkrete Entscheidungsfindung der Behörde.

Kapitel 5: Verhältnismäßigkeit und Ermessensreduzierung am Beispiel der Beseitigungsanordnung nach Art. 76 Satz 1 BayBO

Im Rahmen der abstrakten Untersuchungen des 3. Kapitels wurde festgestellt, dass dem Grundsatz der Verhältnismäßigkeit (i. w. S.) im Dreipersonen- respektive Mehrpersonenverhältnis aus dem Gesichtspunkt der bürgerlichen Freiheit generell dieselbe Schutzfunktion zukommt, wie dies in rein bipolaren Verwaltungsrechtsverhältnissen der Fall ist. Darüber hinaus konnte jedoch dargelegt werden, dass aus Sicht des Drittbetroffenen im Falle einer behördlichen Ermessensreduzierung (auf Null) aufgrund privater Beeinträchtigung gewichtiger Drittbelange die staatliche Erfüllung der grundrechtlichen Schutzpflichten relevant werden kann und sich in der Konsequenz daraus hinsichtlich des behördlichen Auswahlermessens – genauer: im Hinblick auf die Prüfung des Verhältnismäßigkeitsgrundsatzes – nicht unerhebliche Modifikationen prüfungstechnischer Art ergeben.

Diese abstrakten Ergebnisse der Untersuchungen sollen nun auf einen konkreten Sachverhalt angewandt und dabei auf ihre inhaltliche Richtigkeit überprüft werden. Als Anwendungsbeispiel wurde hierfür mit der Baubeseitigungsanordnung nach Art. 76 Satz 1 BayBO bewusst eine baurechtlich bedeutende und zugleich für den jeweiligen Adressaten sehr belastende Vorschrift ausgewählt. Diese Ermessensvorschrift berechtigt die zuständige Baubehörde gegenüber dem Bürger unter bestimmten Voraussetzungen zur Anordnung der teilweisen oder umfassenden Beseitigung einer errichteten Anlage. Wie auch die Enteignung stellt diese bauordnungsrechtliche Vorschrift einen der schwersten staatlichen Eingriffe in die Eigentumsgarantie aus Art. 14 Abs. 1 GG[779] dar und bietet aus diesem Grund in der Praxis besonders hohes Konfliktpotential.[780]

---

779 Vgl. *Decker* in: Simon/Busse, BayBO I, Art. 76 Rn. 238.

780 Welche Bedeutung dem verfassungsrechtlichen Verhältnismäßigkeitsgedanken aus Art. 20 Abs. 3 GG bei der Baubeseitigung bei bipolaren als auch multipolaren Verwaltungsrechtsverhältnissen zu kommt, soll nachfolgend anhand der bayerischen Baubeseitigungsvorschrift des Art. 76 Satz 1 BayBO untersucht werden. Nachdem dabei in einem ersten Teil zunächst auf die Baubeseitigung an sich bzw. ihrem

A. Die Baubeseitigung im Allgemeinen

Die Vorschrift des Art. 76 Satz 1 BayBO ermächtigt die zuständige Baubehörde zu einem besonders tiefen Eingriff in die Rechtsgüter des Bürgers, indem sie die Befugnis zur Anordnung einer (Teil-)Beseitigung einer Anlage unter gewissen Voraussetzungen ermöglicht. Explizit heißt es in der aktuellen Fassung[781] der BayBO:

> *„Werden Anlagen im Widerspruch zu öffentlichrechtlichen Vorschriften errichtet oder geändert, so kann die Bauaufsichtsbehörde die teilweise oder vollständige Beseitigung der Anlagen anordnen, wenn nicht auf andere Weise rechtmäßige Zustände hergestellt werden können.“*

Die Baubeseitigung ist Teil der sog. bauaufsichtlichen Maßnahmen, zu denen die zuständige Baubehörde im Rahmen ihrer sicherheitsrechtlichen Aufgaben[782] befugt ist. Neben der Baubeseitigung zählen hierzu ferner die Baueinstellung nach Art. 75 Abs. 1 BayBO, die Nutzungsuntersagung nach Art. 76 Satz 2 BayBO[783] sowie die sonstigen sicherheitsrechtlichen Maßnahmen auf Grundlage der bauordnungsrechtlichen Generalklausel des Art. 54 Abs. 2 Satz 2 1. Hs. BayBO.

Verhältnis zu weiteren baupolizeilichen Maßnahmen der BayBO eingegangen werden soll, wird anschließend anhand zweier praxisrelevanter Anschauungsbeispiele zu zeigen sein, ob die abstrakten Erkenntnisse des 3. Kapitels hinsichtlich der Bedeutung des Grundsatzes der Verhältnismäßigkeit im Zwei – bzw. Dreipersonenverhältnis aus Sicht der Behörde mit der Verwaltungspraxis übereinstimmen. Es wird dabei lediglich auf den Modifikationsbedarf und die Auswirkungen der Ermessensreduzierung auf Null aus Sicht der Behörde eingegangen. Denn wie die abstrakten Untersuchungen im 3. Kapitel gezeigt haben, ergibt sich weder aus Sicht des Drittbetroffenen noch aus Sicht des Störers ein Bedarf an Modifikation im Hinblick auf die Prüfung des Verhältnismäßigkeitsgrundsatzes an sich.

781 Stand: Dezember 2012

782 Nach der ständigen Rechtsprechung des BayVGH kann aufgrund des sicherheitsrechtlichen Charakters der Norm zu ihrer Ausfüllung notfalls auch auf die entsprechenden Normen aus dem Landesstraf- und Verordnungsgesetzes (LStVG) wie beispielsweise Art. 8 LStVG (Verhältnismäßigkeit) oder Art. 9 LStVG (Maßnahmerichtung) zurückgegriffen werden. Vgl. *Decker* in: Simon/Busse, BayBO I, Art. 76 Rn. 7 mit Verweis auf BayVGH, Urt. v. 22.04.1992 – 2 B 90.1348 – BayVBl. 1993, S. 147.

783 In verfassungsrechtlicher Hinsicht handelt es sich bei diesen drei genannten und gesetzlich explizit vorgesehenen Eingriffsbefugnissen der Bauaufsichtsbehörde um Inhalts- und Schrankenbestimmungen im Sinne des Art. 14 Abs. 1 Satz 2 GG; vgl. *Decker* in: Simon/Busse, BayBO I, Art. 76 Rn. 238 m. w. N.

I. Die Baubeseitigung im Gefüge der bauaufsichtlichen Maßnahmen der BayBO

Bei den bauaufsichtlichen Maßnahmen handelt es sich um sicherheitsrechtliche Vorschriften, die der Gefahrabwehr und damit letztlich insbesondere der Durchsetzung des Bauplanungsrechts dienen, indem sie die Rechtsordnung vor *„individueller Willkür"*[784] schützen und auf die grundsätzliche Durchführung eines Genehmigungsverfahrens drängen.[785] Der Gesetzgeber hat demnach die Errichtung, Änderung und Nutzungsänderung von (baulichen) Anlagen ohne vorherige Durchführung einer behördlichen Prüfung grundsätzlich als so bedeutend für die Belange der öffentlichen Sicherheit und Ordnung im Hinblick auf die Gefahr schwer zu revidierender Folgen angesehen, dass er diese baurechtsrelevanten Handlungen des Bürgers generell unter ein Verbot mit Erlaubnisvorbehalt[786] setzte.[787]

1. Die Baueinstellung nach Art. 75 BayBO

Die behördliche Anordnung einer Baueinstellung dient insbesondere der Durchsetzung[788] des sog. formellen Baurechts und zielt somit auf die (vorläufige) Einstellung der Bauarbeiten insbesondere in den Fällen[789], in denen von der

---

784 Siehe *Jäde*, Bauaufsichtliche Maßnahmen, S. 8.

785 Auch außerhalb genehmigungspflichtiger Vorhaben ist die Anwendung der baupolizeilichen Maßnahmen möglich, so etwa bei genehmigungsfreien Anlagen im Sinne von Art. 57 BayBO. Vgl. hierzu vertiefend *Molodowsky* in: Koch/Molodowsky/Famer, BayBO I, Art. 57 Rn. 2 f., Art. 76 Rn. 39, 163; ferner *Decker* in: Simon/Busse, BayBO I, Art. 55 Rn. 133 ff., Art. 76 Rn. 89.

786 Generell zum Verbot mit Erlaubnisvorbehalt sowohl als legislatives Mittel der präventiven Konfliktschlichtung als auch als Mittel zur Erfüllung verfassungsrechtlicher Schutzpflichten gegenüber der Bevölkerung, vgl. *Roth*, Verwaltungshandeln mit Drittbetroffenheit und Gesetzesvorbehalt, S. 370 mit Nachweisen aus der Rechtsprechung.

787 Vgl. *Kischel*, DVBl. 1996, S. 189.

788 Vertiefend zur Durchsetzung einer Baueinstellungsanordnung nach den Vorschriften des Verwaltungszwangs vgl. *Finkelnburg/Ortloff/Otto*, Öffentliches Baurecht II, S. 164 f.

789 Diese formelle Illegalität ist – wie sich aus dem klaren Wortlaut der Vorschrift entnehmen lässt – nicht die einzige Fallkonstellation, in denen eine Baueinstellung angeordnet werden kann. Gleichwohl stellt der Baubeginn trotz fehlender Baugenehmigung wohl in der Praxis einen der Regelfälle dar. Vertiefend zu weiteren Fallkonstellationen des Art. 75 Abs. 1 BayBO, insbesondere auch bei Fällen der materiellen Rechtswidrigkeit des Vorhaben, vgl. *Molodovsky* in: Koch/Molodovsky/Famers, BayBO I, Art. 75 Rn. 10 ff., 17 ff.; ferner *Decker* in: Simon/Busse, BayBO I,

zuständigen Baubehörde noch nicht über den Antrag des Bauherrn auf Erteilung einer Baugenehmigung entschieden bzw. noch gar kein Bauantrag gestellt wurde.[790] Diese Regelung steht in engem Zusammenhang mit der Vorschrift des Art. 68 Abs. 5 Nr. 1 BayBO, wonach ein Bauherr generell erst dann mit dem Bauvorhaben beginnen darf, wenn ihm die Baugenehmigung für sein genehmigungspflichtiges Vorhaben zugegangen ist. Beide Vorschriften verfolgen somit den Zweck, eine Sachlage bereits präventiv zu verhindern, in der ein Bauherr bereits vor der Erteilung der nötigen Baugenehmigung mit den Bauarbeiten beginnt und somit im Falle der (nachträglichen) behördlichen Versagung der Genehmigung bereits vollendete Tatsachen schaffen kann[791], die nicht oder nur unter hohem finanziellen Aufwand wieder rückgängig gemacht werden können.[792]

2. *Die Nutzungsuntersagung nach Art. 76 Satz 2 BayBO*

Schwerwiegender als die Anordnung der vorübergehenden Baueinstellung ist für den Adressaten eine behördliche Untersagung der konkreten, anlagenbezogenen Nutzung. Es geht hier insbesondere um Sachverhaltskonstellationen, in denen ein Bürger eine (bauliche) Anlage ohne entsprechende Genehmigung auf eine Weise nutzt, die – in dem entsprechenden Baugebiet – nicht genehmigungsfähig ist.

Beispiel:
Bürger B ist Eigentümer eines zweigeschossigen Wohnhauses, das sich in einem reinen Wohngebiet nach § 34 BauGB i. V. m. § 3 BauNVO befindet. Nachdem seine Kinder ausgezogen sind, beschließt B mit seiner Frau nur noch das 1. Obergeschoß zu bewohnen und eröffnet im Erdgeschoss seines Hauses eine Kneipe. Einen Antrag auf Erteilung einer entsprechenden Nutzungsgenehmigung stellt B nicht.
Die Nutzungsänderung des Erdgeschosses von einer Wohnung in eine Kneipe ist aufgrund ihrer bauplanungsrechtlichen Relevanz nach § 29 ff. BauGB genehmigungspflichtig.

Art. 75 Rn. 34 ff. sowie *Jäde* in: Jäde/Dirnberger/Bauer/Weiß, BayBO II, Art. 75 Rn. 1 ff.

790 So auch *Kischel*, DVBl. 1996, S. 186.

791 Aufgrund ihres präventiv-polizeilichen Charakters reicht nach Ansicht des OVG Sachsen-Anhalt für den Erlass einer Baueinstellungsverfügung „*ein durch Tatsachen belegter Anfangsverdacht eines Rechtsverstoßes*“ aus mit der Konsequenz, dass „*die Frage der Genehmigungsbedürftigkeit […] ernstlich zweifelhaft ist*“. Siehe OVG Sachsen-Anhalt – Beschl. v. 21.01.2012 – 2 M 194/11 – BauR 2012, S. 929 f.; ähnlich auch BayVGH, Urt. v. 27.06.2005 – 24 B 04.3436 – VGH n.F. 58, S. 174 ff. zur Baueinstellung einer Mobilfunkantenne.

792 Vgl. *Molodovsky* in: Koch/Molodovsky/Famers, BayBO I, Art. 75 Rn. 2; *Manssen* in: Becker/Heckmann/Kempen/Manssen, S. 511, Rn. 461 ff.; *Finkelnburg/Ortloff/Otto*, Öffentliches Baurecht II, S. 162.

In einem reinen Wohngebiet nach § 3 BauNVO ist jedoch eine Kneipe generell nicht zulässig und aus diesem Grund bauplanungsrechtlich nicht genehmigungsfähig, so dass die Nutzung des Erdgeschosses rechtswidrig ist. Dieser illegale Zustand kann durch eine behördliche Untersagung der Nutzung der Räume zum Betrieb einer Kneipe beendet werden.

Wie das Beispiel zeigt, ist es für die behördliche Anordnung einer Nutzungsuntersagung – im Gegensatz zur Anordnung einer Baueinstellung – nicht ausreichend, dass der Adressat nicht über die erforderliche Genehmigung für sein Vorhaben verfügt. Neben dieser sog. formellen Illegalität[793] darf das Vorhaben zudem nicht offensichtlich materiell genehmigungsfähig sein.[794] Nach gefestigter Rechtsprechung des BayVGH[795] wäre die Anordnung einer Nutzungsuntersagung alleine aufgrund einer fehlenden Baugenehmigung unverhältnismäßig, wenn das Vorhaben jederzeit genehmigungsfähig wäre und daher der Adressat lediglich einen formellen Antrag auf Erteilung der Genehmigung stellen müsste.

Damit bedeutet eine Nutzungsuntersagung im Vergleich zur exekutiven Anordnung der (vorläufigen) Baueinstellung einen weitaus tiefergehenden Eingriff in die Rechte des Bürgers. Allerdings ist selbst diese Belastung[796] für den Adressaten nicht im Ansatz vergleichbar mit den Konsequenzen einer Baubeseitigungsanordnung nach Art. 76 Satz 1 BayBO.[797]

3. Die Baubeseitigung nach Art. 76 Satz 1 BayBO

Die behördliche Anordnung der (vollständigen oder teilweisen) Beseitigung einer Anlage stellt im Rahmen der bausicherheitsrechtlichen Maßnahmen

793 Vgl. *Decker/Konrad*, Bayerisches Baurecht, S. 137, Rn. 64; *Busse/Dirnberger*, Die neue Bayerische Bauordnung, Art. 76 Rn. 10; *Jäde* in: Jäde/Dirnberger/Bauer/Weiß, BayBO II, Art. 76 Rn. 343.

794 Vgl. *Decker* in: Simon/Busse, BayBO I, Art. 76 Rn. 282; *Decker/Konrad*, Bayerisches Baurecht, S. 137, Rn. 64; *Jäde* in: Jäde/Dirnberger/Bauer/Weiß, BayBO II, Art. 76 Rn. 350 mit Verweis auf BayVGH, Beschl. v. 06.02.1980 – 14 CS -1776/79 – BayVBl. 1980, S. 246; *Kischel*, DVBl. 1996, S. 186.

795 Vgl. z.B. BayVGH, Urt. v. 21.01.1982 – 18 XV 78 – NuR 1983, S. 158; BayVGH, Beschl. v. 05.07.2004 – 15 CS 04.58 – BayVBl. 2005, S. 117 m. w. N.; BayVGH, Urt. v. 05.12.2005 -1 B 03.2608 – BayVBl. 2006, S. 702.

796 Zur Unverhältnismäßigkeit einer Nutzungsuntersagung von Wohnraum als Mittelpunkt der privaten Existenz vgl. BayVGH, Urt. v. 05.12.2005 – 1 B 03.2608 – VGH n.F. 59, S. 108 ff.

797 Differenziert werden muss ferner zwischen einer Nutzungsuntersagung einer baulichen Anlage nach Art. 76 Satz. 2 BayBO und dem Verbot einer Werbung für eine unzulässige Nutzung einer konkreten Anlage. Vgl. BayVGH, Urt. v. 19.05.2011 – 2 B 11.354 – BayVBl. 2012, S. 89 f.

den schwersten Eingriff in die verfassungsrechtliche Eigentumsgarantie des Adressaten dar.[798] Als „actus contrarius" zur Errichtung einer illegalen Bauanlage[799] soll durch diese besonders belastende Maßnahme das betreffende Grundstück wieder in einen rechtmäßigen Zustand versetzt werden.[800]

a) Formelle und materielle Illegalität der Anlage

Grundlegende Voraussetzung hierfür ist im Regelfall[801] die formelle und[802] materielle Illegalität der Anlage, d.h. es darf keine wirksame Baugenehmigung für die Anlage bestehen[803] und die Anlage auch zum Zeitpunkt der behördlichen Entscheidung materiell-rechtlich nicht genehmigungsfähig sein.[804]

---

798 Von der Beseitigungsanordnung an sich strikt zu trennen ist die Duldungsanordnung gegenüber Dritten in Bezug auf die Beseitigungsanordnung, beispielsweise gegenüber dem lediglich obligatorisch zur Nutzung des betroffenen Grundstücks Berechtigten. Vgl. BayVGH, Beschl. v. 12.03.2012 – 1 CS 12.282 – BayVBl. 2012, S. 470 f.

799 Vgl. *Mampel*, BauR 1996, S. 13 (16).

800 Vgl. *Decker* in: Simon/Busse, BayBO I, Art. 76 Rn. 12.

801 Bei genehmigungsfreien Anlagen nach Art. 57 BayBO oder Anlagen, die von der Genehmigungspflicht nach Art. 58 BayBO freigestellt wurden, gelten selbstredend andere Maßstäbe. Hier ist insbesondere zu prüfen, ob ein Verstoß gegen öffentlich-rechtliche Normen besteht, der nicht auf anderem Wege als durch Beseitigung der Anlage behoben werden kann; vgl. hierzu vertiefend *Decker* in: Simon/Busse, BayBO I, Art. 76 Rn. 89 ff., 95 ff.

802 Die Rechtsprechung macht hiervon bei bestimmten, „*leicht zu entfernenden und jederzeit ohne Schwierigkeiten wieder aufbaubaren Anlagen*" insoweit eine Ausnahme, indem in diesen Fällen bereits die formelle Illegalität für die behördliche Beseitigungsanlage als ausreichend erachtet wird. Siehe *Decker* in: Simon/Busse, BayBO I, Art. 76 Rn. 146 mit Verweis auf VGH Kassel, Beschl. v. 20.06.1991 – 4 TH 2607/90 – BauR 1992, S. 66; OVG Schleswig, Urt. v. 25.11.1991 – 1 L 115/91 – NuR 1994, S. 202; OVG Bautzen, Beschl. v. 17.03.1997 – 1 S 769/96 – NVwZ 1997, S. 1238; OVG Schleswig, Beschl. v. 28.08.1992 – 1 M 36/92 – BauR 1992, S. 742; ähnlich *Kischel*, DVBl. 1996, S. 188.

803 Wurde ursprünglich eine Baugenehmigung für die Anlage erteilt, so kann die Beseitigung durch die zuständige Behörde nur angeordnet werden, wenn diese Genehmigung zwischenzeitlich bestandskräftig gemäß Art. 48 f. BayVwVfG zurückgenommen respektive widerrufen wurde oder eine Anordnung der sofortigen Vollziehung erfolgte; vgl. *Jäde* in: Jäde/Dirnberger/Bauer/Weiß, BayBO II, Art. 76 Rn. 3.

804 Vgl. OVG Münster, Urt. v. 25.09.1990 – 11 A 1938/87 – BauR 1991, S. 448; OVG Saarlouis, Urt. v. 22.10.1982 – 2 R 209/81 – NVwZ 1983, S. 685; ferner *Fischer*, NVwZ 2004, S. 1057; *Kischel*, DVBl. 1996, S. 188; *Rabe*, BauR 1978, S. 166; *Därr*, DÖV 1976, S. 111; *Decker* in: Simon/Busse, BayBO I, Art. 76 Rn. 78 f.

Der Gesetzeswortlaut stellt insofern klar, dass die zu beseitigende Anlage nicht unbedingt gegen materiell-rechtliche Normen des öffentlichen Baurechts verstoßen muss. Voraussetzung ist „lediglich“ eine Errichtung oder Änderung einer Anlage *„im Widerspruch zu öffentlichen Vorschriften“*. Diese weite Formulierung des Gesetzgebers umfasst insbesondere auch Normen der in baurechtlichen Genehmigungsverfahren regelmäßig Relevanz zukommenden Vorschriften des Denkmalschutzrechts, des Naturschutzrechts, des Wasserrechts sowie Teilen[805] des Immissionsschutzrechtes.[806] Ferner zählen hierzu auch Verordnungen im Sinne des Art. 80 BayBO, gegebenenfalls vorhandene örtliche Bauvorschriften im Sinne des Art. 81 BayBO sowie sonstige Verordnungen, die ihre Ermächtigungsgrundlage in den Vorschriften des bayerischen Landesstraf- und Verordnungsgesetzes haben.[807] Neben dem Erfordernis der formellen und materiellen Illegalität der Anlage liegt ein weiterer Schwerpunkt der Rechtmäßigkeitsprüfung einer behördlichen Beseitigungsanordnung bei der Frage ihrer Verhältnismäßigkeit.

b) Baubeseitigung als ultima ratio

Wie der Wortlaut des Art. 76 Satz 1 BayBO explizit vorgibt, darf die zuständige Behörde eine vollständige oder teilweise Beseitigung einer Anlage nur anordnen, *„wenn nicht auf andere Weise rechtmäßige Zustände hergestellt werden können.“* Nach dem Willen des Gesetzgebers soll eine Beseitigungsanordnung als ultima ratio die letzte mögliche Maßnahme darstellen, um einen baurechtswidrigen Zustand zu beheben. Die Behörde hat im Rahmen ihrer Entscheidung mithin stets und umfassend zu prüfen, ob nicht auf einem anderen, für den Adressaten weniger belastenden Weg der baurechtswidrige Zustand dauerhaft behoben werden kann. Rechtlich gesehen stellt diese Problematik insbesondere eine Prüfung der Teilgrundsätze der Erforderlichkeit sowie der Angemessenheit des Mittels dar, so dass auch im Rahmen einer Maßnahme nach Art. 76 Satz 1 BayBO dem Verhältnismäßigkeitsgrundsatz an sich eine bedeutende Rolle zukommt.[808]

---

805 Insbesondere angesprochen sind insoweit die Vorschriften der §§ 22 ff. BImSchG bezüglich nicht genehmigungsbedürftiger Anlagen.

806 Vgl. *Decker* in: Simon/Busse, BayBO I, Art. 76 Rn. 105, der explizit darauf hinweist, dass in jedem Fall die Vorschrift des Art. 54 Abs. 2 Satz 1 BayBO zu beachten sei.

807 Vgl. *Decker* in: Simon/Busse, BayBO I, Art. 76 Rn. 103.

808 So auch *Finkelnburg/Ortloff/Otto*, Öffentliches Baurecht II, S. 182.

II. Zwischenergebnis

Der zuständigen Baubehörde steht nach den jeweiligen Vorschriften der Länderbauordnungen eine Vielzahl sicherheitsrechtlicher Befugnisse zur grundstücksbezogenen Wiederherstellung der Rechtsordnung zur Verfügung. Diese unter dem Sammelbegriff der baupolizeilichen respektive bausicherheitsrechtlichen Maßnahmen zusammengefassten Vorschriften legitimieren die Exekutive zur angemessenen Reaktion auf baurechtliche Verstöße – abhängig jeweils von der Art und Intensität des Rechtsverstoßes durch den Bürger. So gewährleisten insbesondere die explizit in den Wortlaut des Gesetzes aufgenommenen Instrumentarien der Baueinstellung, Nutzungsuntersagung sowie der Baubeseitigung auf effektive Art und Weise in einer abgestuften Belastungsstärke, die öffentlichen Sicherheit und Ordnung unter Berücksichtigung der jeweiligen Umstände des Einzelfalles aufrechtzuerhalten.

B. Der Verhältnismäßigkeitsgrundsatz bei der Beseitigungsanordnung nach Art. 76 Satz 1 BayBO

Die nachfolgende Untersuchung der abstrakten Ergebnisse zur Bedeutung des Verhältnismäßigkeitsgrundsatzes im Zwei- und Dreipersonenverhältnis auf ihre Vereinbarkeit mit den tatsächlichen Gegebenheiten in der bauordnungsrechtlichen Praxis soll jeweils anhand eines konkreten Fallbeispiels erfolgen.

I. Der Verhältnismäßigkeitsgrundsatz bei der Baubeseitigungsanordnung im bipolaren Verwaltungsrechtsverhältnis

In der baurechtlichen Verwaltungspraxis stellt heutzutage die Baubeseitigung im bipolaren Rechtsverhältnis wohl die Ausnahmekonstellation dar. Der Grund hierfür ist – wie bereits dargelegt[809] – insbesondere in der Entwicklung des Verwaltungsrechtsverhältnisses von einem rein zweiseitigen Rechtsverhältnis zwischen Bürger und Behörde hin zu mehrheitlich multipolaren Interessenskonflikten zu sehen – dies insbesondere im Hinblick auf den erheblichen Bedeutungszugewinn der Drittschutzproblematik. Das nachfolgende Fallbeispiel zur Bedeutung des Verhältnismäßigkeitsgrundsatzes im klassischen bipolaren Baurechtsverhältnis soll daher als Vergleichsmaßstab für die anschließenden Untersuchungen des Dreipersonenverhältnisses dienen.

809 Siehe hierzu die Ausführungen in Kap 3. A. I.

Fallbeispiel:
Jäger J hat innerhalb seines Jagdgebiets im bauplanungsrechtlichen Außenbereich eine einst zulässig errichtete Jagdhütte zu einem komfortablen, zweigeschossigen Wochenendhaus mit Terrasse, Pool sowie Doppelgarage ausgebaut. Eine Baugenehmigung für den Ausbau hat J in Kenntnis der Rechtslage nicht beantragt. Durch Zufall erlangt die zuständige Behörde mehr als fünf Jahre nach Beendigung der Bauarbeiten Kenntnis von dem Schwarzbau und beabsichtigt den Erlass einer Baubeseitigungsanordnung. J wendet die Unverhältnismäßigkeit einer Beseitigungsanordnung ein: immerhin habe er € 150.000 in den Umbau investiert und nutze bereits seit fünf Jahren Jahr das Haus an den Wochenenden. Ferner sei das ehemalige Jagdgebiet damals aus natur- und tierschutzrechtlichen Gründen aufgehoben und damit die Jagdhütte für ihn nutzlos geworden. Durch den anschließenden Erwerb des Grundstücks und den Ausbau der Hütte zum Wochenendhaus habe er lediglich sein Recht auf freies Bauen auf eigenem Grund und Boden wahrgenommen.

1. Formelle und materielle Illegalität

Die behördliche Befugnis zur (teilweisen) Beseitigungsanordnung nach Art. 76 Satz 1 BayBO setzt zunächst die formelle und materielle Illegalität der (baulichen) Anlage voraus – mithin darf das Wochenendhaus des J im vorliegenden Fall weder über eine wirksame Baugenehmigung verfügen, noch darf sie aus materiell-rechtlicher Sicht jemals für einen rechtlich relevanten Zeitraum genehmigungsfähig gewesen sein.[810]

a) Formelle Illegalität

Es geht hierbei um die Frage, ob die zum gegenwärtigen Zeitpunkt konkret bestehende und genehmigungspflichtige bauliche Anlage mit ihrer aktuellen Art der Nutzung durch die Baubehörde im Rahmen eines baurechtlichen Genehmigungsverfahren als genehmigungsfähig eingestuft und in der Konsequenz hierfür eine Bau bzw. Nutzungsgenehmigung erteilt wurde. Dies ist im vorliegenden Fall des genehmigungspflichtigen Wochenendhauses des J nicht der Fall: Das seit mehr als 5 Jahren bestehende Haus war zu keinem Zeitpunkt Gegenstand eines behördlichen Genehmigungsverfahrens, es wurde keine Genehmigung durch die zuständige Baubehörde hierfür erteilt. Insbesondere kommt der ehemals erteilten Baugenehmigung für die Jagdhütte insofern keinerlei rechtliche Relevanz zu: Bei dieser Jagdhütte handelte es sich in

810 Vertiefend zu den Begrifflichkeiten der formellen und materiellen Illegalität, vgl. *Jäde* in: Jäde/Dirnberger/Bauer/Weiß, BayBO II, Art. 76 Rn. 3 ff., 26 ff.; *Molodowsky* in: Koch/Molodowsky/Famer, BayBO I, Art. 76 Rn. 29 ff., 43 ff.; *Decker* in: Simon/Busse, BayBO I, Art. 76 Rn. 80 ff., 100 ff.; ferner *Rabe*, BauR 1978, S. 166 ff.

bauplanungs- und bauordnungsrechtlicher Hinsicht um eine andere Anlage[811] als das heute bestehende Wohnhaus – mithin ist an eine Art Fortwirkung der damaligen Baugenehmigung nicht zu denken.

b) Materielle Illegalität

Neben der formellen Illegalität ist nach Art. 76 Satz 1 BayBO weitere tatbestandliche Voraussetzung einer Beseitigungsanordnung, dass die streitgegenständliche Anlage zum aktuellen Zeitpunkt weder genehmigungsfähig ist, noch jemals in der Vergangenheit für einen rechtlich relevanten Zeitpunkt genehmigungsfähig war. Das Wochenendhaus des J stellt ein genehmigungspflichtiges, sonstiges Vorhaben im bauplanungsrechtlichen Außenbereich nach § 35 Abs. 2 BauGB dar. Aufgrund des grundsätzlichen Bauverbots im Außenbereich sowie der erhöhten Genehmigungshürde für nichtprivilegierte Bauvorhaben im Verhältnis zu den öffentlichen Belangen aus § 35 Abs. 3 BauGB ist grundsätzlich die fehlende Genehmigungsfähigkeit des Wochenendhauses sowohl für die vergangenen fünf Jahre als auch für den aktuellen Zeitpunkt festzustellen. Aufgrund der erheblichen Veränderung der einstigen Jagdhütte (zusätzliche Etage, Garage, Terrasse und Pool) stellt sich zudem weder die Frage einer Teilprivilegierung nach § 35 Abs. 4 BauGB noch des passiven Bestandschutzes nach Art. 14 GG.

2. Baubeseitigung und Verhältnismäßigkeitsgrundsatz

Wie der Wortlaut des Art. 76 Satz 1 BayBO offenlegt, handelt es sich bei der exekutiven Legitimation zur Beseitigungsanordnung um eine Ermessensvorschrift, in deren Rahmen der Gesetzgeber der zuständigen Baubehörde einen Beurteilungs- und Entscheidungsspielraum gewährt. In einem verwaltungsrechtlichen Zweipersonenverhältnis zwischen Behörde und Maßnahmeadressat, wie der hier geschilderten Sachverhaltskonstellation, findet die Ermessensausübung[812] der Behörde respektive finden die von ihr durch die Ermessensausübung wahrgenommenen Entscheidungsfreiräume ihre Grenze insbesondere im Grundsatz

---

811 Man spricht insofern hinsichtlich des Ausbaus der ehemaligen Jagdhütte zum Wochenendhaus von einer neuen Anlage mit *„bodenrechtlicher Relevanz"*, die auf ihre Vereinbarkeit mit den öffentlich-rechtlichen Vorschriften zu prüfen ist. Vgl. *Krautzberger* in: Ernst/Zinkahn/Bielenburg, BauGB II, § 29 Rn. 23; *Löhr* in: Battis/Krautzberger/Löhr, BauGB, § 29 Rn. 14 ff.; ähnlich BVerwG, Urt. v. 18.05.1990 – 4 C 49.89 – n. v.

812 Vgl. *Decker* in: Simon/Busse, BayBO I, Art. 76 Rn. 240.

der Verhältnismäßigkeit.[813] In verfassungsrechtlicher Hinsicht offenbart sich insofern die klassische Abwehrfunktion der bürgerlichen Grundrechte respektive die grundrechtlich gewährleistete Freiheitssphäre gegenüber hoheitlichen belastenden Maßnahmen einerseits sowie der Verhältnismäßigkeitsgrundsatz als „Schranken-Schranke" des Grundrechtseingriffs andererseits.

In bipolaren Rechtsverhältnissen erfolgt die Prüfung des Verhältnismäßigkeitsgrundsatzes im Rahmen des Art. 76 Satz 1 BayBO[814] nach dem klassischen Schema und befasst sich daher neben der Legalität des angestrebten Zweckes auch mit der Geeignetheit, Erforderlichkeit und Angemessenheit der Beseitigungsanordnung.[815]

a) Legitimer Zweck

In seiner Eigenschaft als besonderem Sicherheitsrecht[816] obliegt dem Bauordnungsrecht die zentrale Aufgabe der Aufrechterhaltung der öffentlichen Sicherheit und Ordnung, wie es in Bayern (als Beispiel für die allgemeinen Sicherheitsgesetze der Länder) die Generalbefugnis des Art. 6 BayLStVG ausdrückt. Als Teilaspekt der öffentlichen Sicherheit gehört insbesondere die Wahrung der Rechtsordnung zum Tätigkeitsfeld der Baubehörde, so dass illegale Bauvorhaben – wie das Wochenendhaus des J im vorliegenden Beispielsfall – ein bauaufsichtsrechtliches Einschreiten der Behörde im Einzelfall legitimieren können, um die öffentliche Sicherheit wieder herzustellen.[817]

---

813 Vgl. *Molodowsky* in: Koch/Molodowsky/Famers, BayBO I, Art. 76 Rn. 82 ff.; *Jäde* in: Jäde/Dirnberger/Bauer/Weiß, BayBO II, Art. 76 Rn. 193 ff.; *Decker* in: Simon/Busse, BayBO I, Art. 76 BayBO Rn. 240.

814 Mangels expliziter Regelung zum Verhältnismäßigkeitsgrundsatz in der BayBO wird insofern auf das allgemeine Sicherheitsrecht zurückgegriffen und damit letztlich eine analoge Anwendung von Art. 8 LStVG befürwortet; vgl. *Decker/Konrad*, S. 145, Rn. 58.

815 Beispielhaft für eine umfassende Prüfung der einzelnen Teilgrundsätze des Verhältnismäßigkeit im Hinblick auf eine Beseitigungsanordnung vgl. BayVGH, Urt. v. 28.06.2010 – 1 B 09.1911 – BayVBl. 2011, S. 500 ff.

816 Vgl. *Jäde*, Bauaufsichtliche Maßnahmen, S. 114 Rn. 213; *Decker* in: Simon/Busse, BayBO I, Art. 76 Rn. 7.

817 Dabei handelt es sich sowohl in der Rechtsprechung als auch in der Literatur regelmäßig um eine derartige Selbstverständlichkeit mit der Konsequenz, dass hierzu von Seiten der Gerichte lediglich Stellung genommen wird, wenn ausnahmsweise tatsächlich insofern Streit zwischen den Parteien besteht.

b) Geeignetheit der Baubeseitigungsanordnung

Mit der Frage der tatsächlichen Geeignetheit der Baubeseitigung zur Wiederherstellung der öffentlichen Sicherheit im jeweiligen Einzelfall beschäftigt sich die Verwaltungsgerichtsbarkeit nur in besonderen Sachverhaltskonstellationen tiefgehend. Dies ist einerseits darauf zurückzuführen, dass das Gesetz selbst von der generellen Geeignetheit der Maßnahme bei illegalen Bauanlagen ausgeht und die Anforderungen an diesen Teilgrundsatz der Verhältnismäßigkeit bei Ermessensentscheidungen von der Verwaltungsgerichtsbarkeit generell nicht besonders hoch gesteckt sind.[818] Andererseits steht die Frage der Geeignetheit des Mittels unter der Direktive des von den Verwaltungsgerichten nur eingeschränkt überprüfbaren behördlichen Beurteilungsspielraums.[819] Da an dieser Stelle der Verhältnismäßigkeitsprüfung regelmäßig[820] keinerlei Streitigkeiten zwischen den Beteiligten bestehen werden, entspricht es auch der verwaltungsgerichtlichen Praxis, sich im Rahmen der Prüfung des Verhältnismäßigkeitsgrundsatzes auf die regelmäßigen Prüfungsschwerpunkte der Erforderlichkeit und Angemessenheit der Baubeseitigung zu konzentrieren. Die behördliche Anordnung der Beseitigung des Wochenendhauses des J erscheint im vorliegenden Fall nicht völlig ungeeignet um die öffentliche Sicherheit und Ordnung wieder herstellen zu können, weshalb von der Geeignetheit der Maßnahme zur Zweckerreichung auszugehen ist.

c) Erforderlichkeit der Baubeseitigungsanordnung

Ob eine Baubeseitigungsanordnung tatsächlich im Einzelfall das mildeste, gleich effektive Mittel zur Wahrung der Rechtsordnung und Wiederherstellung der öffentlichen Sicherheit und Ordnung darstellt, gehört zu den entscheidenden Fragen bei der Prüfung ihrer Rechtmäßigkeit. Insbesondere hat die zuständige Behörde zu prüfen, ob nicht auf anderem Wege der rechtswidrige Zustand auf dem betroffenen Grundstück behoben werden kann. So wäre beispielsweise der Erlass einer Beseitigungsanordnung im Einzelfall nicht erforderlich im Sinne des Verhältnismäßigkeitsgrundsatzes, wenn für die betreffende Anlage eine Befreiung respektive Ausnahme nach § 31 BauGB erteilt werden

818 Vgl. hierzu bereits die Ausführungen in Kap. 1. C. II. 2.,4.

819 Vgl. Kap. 1. C. II. 3.

820 Offensichtlich ungeeignet ist eine Maßnahme beispielweise dann, wenn durch ihre behördliche Anordnung ein neuer Rechtsverstoß herbeigeführt wird, vgl. *Decker* in: Simon/Busse, BayBO I, Art. 76 Rn. 241.

könnte[821] oder die Bauaufsichtsbehörde bereits über einen öffentlich-rechtlichen Vollstreckungstitel gegenüber dem Störer verfügt, der diesen zur Beseitigung der Baurechtswidrigkeit verpflichtet.[822] Zum selben Ergebnis gelangt man, wenn bereits eine Nutzungsuntersagung ausreichen würde, um den rechtswidrigen Zustand dauerhaft zu beheben, da diese keinen Eingriff in die Bausubstanz bedeutet und dadurch gegenüber der (Teil-)Beseitigung der Anlage als gleich effektives, aber milderes Mittel anzusehen ist.[823]

Desweiteren wird auch in der Literatur und Rechtsprechung[824] darauf hingewiesen, dass die Bauaufsichtsbehörde im Rahmen der Erforderlichkeitsprüfung ferner zu berücksichtigen hat, ob nicht bereits durch die nachträgliche Auferlegung von Nebenbestimmungen ein rechtmäßiger Zustand auf dem Grundstück wiederhergestellt werden kann. Namentlich der nachträgliche Erlass von Auflagen kann im Einzelfall durchaus als milderes Mittel gegenüber dem Störer in Betracht kommen mit der Konsequenz, dass eine Beseitigungsanordnung als unbillig respektive unverhältnismäßig anzusehen wäre. Allerdings stellt der BayVGH insoweit in ständiger Rechtsprechung fest, dass die vertiefte Suche nach milderen Mitteln, wie etwa die Möglichkeit eines (teilweisen) Rückbaus bzw. Umbaumaßnahmen, grundsätzlich nicht zur Aufgabe der Bauordnungsbehörde gehört, sondern das schlüssige Vorbringen von Alternativlösungen insbesondere in den Verantwortungsbereich des Bauherrn fällt.[825]

Bezüglich des Wochenendhauses des J im Außenbereich ist jedoch selbst durch den nachträglichen Erlass von Auflagen oder sonstigen Nebenbestimmungen

---

821 Vgl. *Molodowsky* in: Koch/Molodowsky/Famers, BayBO I, Art. 76 Rn. 28; *Decker* in: Simon/Busse, BayBO I, Art. 76 Rn. 249 sowie *Finkelnburg/Ortloff/Otto*, Öffentliches Baurecht II, S. 182.

822 *Jäde* weist insofern darauf hin, dass allein ein zivilrechtlicher Vollstreckungstitel der Behörde gegenüber dem Störer dagegen eine Beseitigungsanordnung gemäß Art. 76 Satz 1 BayBO nach der heute herrschenden Meinung nicht unverhältnismäßig erscheinen lassen würde. Vgl. *Jäde*, Bauaufsichtliche Maßnahmen, S. 87, Rn. 154.

823 So im Ergebnis auch *Decker* in: Simon/Busse, BayBO I, Art. 76 Rn. 242. Darüber hinaus stellt auch der Rückbau einer illegalen Anlagenerweiterung auf die ursprünglich genehmigte Anlagengröße eine mildere Maßnahme im Vergleich zur umfassenden Baubeseitigung dar; vgl. *Rasch*, BauR 1975, S. 94 (95 f.)

824 Vgl. *Jäde*, Bauaufsichtliche Maßnahmen, S. 88 f., Rn. 157 ff. mit Nachweisen aus der Rechtsprechung.

825 Vgl. BayVGH, Urt. v. 28.06.2010 – 1 B 09.1911 – BayVBl. 2011, S. 500 ff.; Beschl. v. 12.06.1973 – IV B 58.72 – BayVBl. 1973, S. 412; ferner *Decker* in: Simon/Busse, BayBO I, Art. 76 Rn. 249 mit Nachweisen aus der Rechtsprechung; *Rasch*, BauR 1975, S. 94 (96); *Rabe*, BauR 1978, S. 166 (178).

eine Vereinbarkeit des Schwarzbaus mit den geltenden Vorschriften des Bauplanungs- und Bauordnungsrechts nicht herstellbar. Aufgrund des allgemeinen Bauverbots im Außenbereich sowie mangelnder (Teil-)Privilegierung des Ferienhauses gemäß § 35 Abs. 1, Abs. 4 BauGB ist daher die Beseitigung der Anlage die einzig mögliche und damit zugleich erforderliche Maßnahme zur Wiederherstellung der Rechtsordnung auf dem betroffenen Grundstück.

d) Angemessenheit der Baubeseitigungsanordnung

Im Rahmen der Angemessenheitsprüfung stellt sich die Frage nach der Zweck-Mittel-Relation, d. h. die bereits im Wortlaut des Art. 76 Satz 1 BayBO angelegte Problematik der besonderer Schwere des Eingriffs in das von Art. 14 Abs. 1 GG umfasste Recht auf Baufreiheit des Bürgers. Es ist an dieser Stelle zu fragen, ob die mit der Beseitigungsanordnung für den J einhergehenden Nachteile nicht außer Verhältnis zu den bezweckten Vorteilen stehen.[826]

Letztlich umfasst die Prüfung zwei Schritte:[827] Zunächst erfolgt eine objektive Gewichtung der zu berücksichtigenden, widerstreitenden Interessen der Baubehörde und des Bauherrn J sowie die Prüfung eines insoweit bestehenden objektiven Rangverhältnisses. Anschließend ist zu erörtern, ob das – gegebenenfalls bestehende objektive Rangverhältnis – einer Korrektur aufgrund der Umstände des Einzelfalls bedarf. Sollte auf erster Prüfungsstufe das Nichtvorliegen eines abstrakten Rangverhältnisses festzustellen sein, ist allein auf zweiter Stufe maßgeblich, welche der konfligierenden Interessen im Einzelfall der Vorrang zu gewähren ist.

aa) Objektive Gewichtung der betroffenen Rechtsgüter

Auf den vorliegenden Sachverhalt übertragen bedeutet dies auf erster Stufe eine objektive Gewichtung der widerstreitenden Interessen wie folgt: Auf Seiten des J droht durch die Beseitigungsanordnung ein erheblicher Eingriff in sein grundsätzlich durch Art. 14 Abs. 1 GG geschütztes Recht auf generelle Baufreiheit auf seinem Grundstück. Das Eigentumsrecht zählt zu den elementaren und wichtigen Grundrechten des Bürgers im Geltungsbereich des GG, so dass auf Seiten des J ein Grundrecht von objektiv hohem Gewicht durch eine Beseitigungsanordnung der Behörde beeinträchtigt wäre.

Aus dem Blickwinkel der Bauaufsichtsbehörde als Vertreterin der staatlichen Interessen steht zentral die im Gemeinwohl liegende Aufgabe der

826 Vgl. *Decker* in: Simon/Busse, BayBO I, Art. 76 Rn. 243.

827 Vgl. hierzu die Ausführungen in Kap. 2. B. IV.

Wiederherstellung der öffentlichen Sicherheit und Ordnung im Mittelpunkt. Wie im Rahmen der Prüfung von formeller und materieller Illegalität festgestellt wurde, stellt das Wochenendhaus des J im Außenbereich ein genehmigungspflichtiges, jedoch nicht genehmigungsfähiges Vorhaben dar. Die bauliche Anlage steht somit im Widerspruch zu den öffentlich-rechtlichen Vorschriften des Bauplanungs- und Bauordnungsrechts – ein Umstand, der einen Verstoß gegen die Rechtsordnung und infolgedessen auch eine Störung der öffentlichen Sicherheit bedeutet. Durch die vollständige Beseitigung des Wochenendhauses will die Behörde nun die öffentliche Sicherheit wiederherstellen, d. h. einen Zweck verfolgen, der aufgrund seines hohen Gemeinwohlfaktors ebenfalls von erheblichem objektiven Gewicht ist.

Als Zwischenergebnis kann festgehalten werden, dass der vorliegende Sachverhalt beide Parteien in jeweils bedeutenden Rechtsgütern und Belangen betrifft, zwischen denen generell ein objektives respektive abstraktes Werteverhältnis nicht festgestellt werden kann. Somit muss die Frage der Angemessenheit einer Beseitigungsanordnung im vorliegenden Fallbeispiel durch eine Gesamtabwägung unter Berücksichtigung der Umstände des Einzelfalls beantwortet werden.

bb) Gesamtabwägung unter Berücksichtigung der Einzelfallumstände

Nachdem im Rahmen der objektiven Gewichtung der betroffenen Interessen und Rechtsgüter – wie regelmäßig – kein abstraktes Rang- oder Werteverhältnis zwischen den Belangen festgestellt werden konnte, ist im Rahmen einer Gesamtabwägung unter Berücksichtigung sämtlicher Umstände des Einzelfalles die Angemessenheit der Baubeseitigung zu prüfen.[828] Auf Seiten des J wäre dabei grundsätzlich berücksichtigungsfähig, dass

- er einen hohen Geldbetrag in den Ausbau des Wochenendhauses investiert hat und ein Abriss des Gebäudes eine erhebliche finanzielle Belastung für ihn darstellen würde[829];

828 Vgl. z.B. BayVGH, Urt. v. 29.11.2010 – 1 B 09.1603 – BayVBl. 2011, S. 538 f.; Beschl. v. 12.10.2010 – 1 ZB 08.2923 – n. v.

829 Nach überzeugender Ansicht der Rechtsprechung stellen wirtschaftlichen Interessen jedoch insbesondere dann keinen im Rahmen der Gesamtabwägung zu berücksichtigenden Belang dar, wenn der Störer bewusst einen Verstoß gegen die Rechtsordnung begangen hat und aufgrund dieses Vorverhaltens keine Schutzbedürftigkeit gegeben ist. Vgl. z.B. BayVGH, Urt. v. 06.02.1980 – 15.B 1048.79 – BayVBl. 1981, S. 89 (89 f.); ferner OVG Nordrhein-Westfalen, Urt. v. 17.05.1983 – 7 A 330/81 – BauR 1984, S. 160 (164). Darüber hinaus bleibt festzuhalten, dass das öffentliche Baurecht im

- er seit nun mehr fünf Jahren das Wochenendhaus tatsächlich genutzt hat, ohne dass es der Behörde aufgefallen wäre, womit die Beeinträchtigung der Rechtsordnung bisher zumindest kein erhebliches Ausmaß angenommen hat.[830]

Auf Seiten der Bauaufsichtsbehörde ist zur Aufrechterhaltung der öffentlichen Sicherheit und Ordnung in die Abwägung einzubeziehen, dass

- J in Kenntnis der Rechtslage handelte und daher ein vorsätzlicher Verstoß gegen die Rechtsordnung vorliegt;
- das Wochenendhaus des J negativen Vorbildcharakter für Gleichgesinnte haben könnte;
- kein milderes Mittel besteht, um die zwingende Wiederherstellung der öffentlichen Sicherheit und Ordnung und damit eines legalen Zustands auf dem Grundstück zu erreichen;
- die faktische Erheblichkeit des Rechtsverstoßes nach dem Wortlaut der Vorschrift des Art. 76 Satz 1 BayBO für die Entscheidung der Behörde grundsätzlich nicht relevant ist sowie
- ein illegales Vorhaben auch durch einen langen Zeitraum der behördlichen Duldung beziehungsweise behördlicher Unkenntnis nicht legal wird.[831]

Generellen und somit gerade auch die bauaufsichtlichen Maßnahmen im Speziellen nicht personenbezogen sondern grundstücksbezogen ausgestaltet sind und bereits aus diesem Grund die persönlichen oder wirtschaftlichen Umstände des Einzelfalls bei der Entscheidung über eine Beseitigungsanordnung grundsätzlich unberücksichtigt bleiben. Aus diesem Grund ist bei der Entscheidung der Behörde über die Beseitigungsanordnung auch irrelevant, wie hoch die Kosten der Beseitigung für den Bürger wären. Im späteren Verlauf des Verfahrens, insbesondere im Rahmen einer zwangsweisen Durchsetzung einer bauaufsichtlicher Maßnahme, können jedoch solche besonderen persönlichen oder wirtschaftlichen Umstände durchaus Berücksichtigung finden; vgl. *Decker* in: Simon/Busse, BayBO I, Art. 76 Rn. 210, 245.

830 Im Grundsatz wird jedoch eine illegale Anlage nach ständiger Rechtsprechung der Verwaltungsgerichte nicht alleine dadurch legalisiert, dass der Schwarzbau über einen längeren Zeitraum durch die zuständige Behörde – in Kenntnis oder in Unkenntnis – hingenommen wird, vgl. z.B. BVerwG, Urt. v. 04.06.1996 – 4 C 15/95 – NVwZ-RR 1997, S. 271. Gleiches gilt für die Frage einer Verwirkung der behördlichen Beseitigungsbefugnis, da diese als behördliche Pflicht zur Aufrechterhaltung der öffentlichen Sicherheit und Ordnung – im Gegensatz zu behördlichen Rechten – nicht der Verwirkung unterliegt. Vgl. *Decker* in: Simon/Busse, BayBO I, Art. 76 Rn. 216 mit Verweis auf BayVGH, Urt. v. 04.12.1969 – 133 II 66 – BayVBl. 1970, S. 103 sowie BayVGH, Urt. v. 25.11.1997 – 27 B 95.3466 – BayVBl. 1998, 660.

831 Vgl. BVerwG, Urt. v. 04.06.1996 – 4 C 15.95 – BayVBl. 1997, S. 23.

Letztlich zeigt sich aufgrund der individuellen Umstände des Falles ein klares Abwägungsergebnis zu Gunsten der behördlichen Interessen. Insbesondere aufgrund seines vorsätzlichen Handelns und damit eines bewussten Verstoßes gegen die Rechtsordnung wäre J – selbst unter Berücksichtigung der negativen finanziellen Folgen einer Beseitigungsanordnung – im vorliegenden Fall als nicht schutzwürdig anzusehen[832] und damit ein Vorrang der Allgemeininteressen in Form der Wiederherstellung der öffentlichen Sicherheit und Ordnung festzustellen. Im Ergebnis darf somit die Beseitigung des Wochenendhauses durch die Behörde gemäß Art. 76 Satz 1 BayBO angeordnet werden.[833]

II. Verhältnismäßigkeit und Ermessensreduzierung bei der Baubeseitigungsanordnung im dreiseitigen Verwaltungsrechtsverhältnis

Die zunehmende Bedeutung der Drittschutzproblematik und der damit einhergehende Wandel des Verwaltungsrechtsverhältnisses[834] hat in der gelebten Verwaltungswirklichkeit zur praktischen Konsequenz, dass das multipolare Verwaltungsrechtsverhältnis insbesondere im öffentlichen Bauplanungs- und Bauordnungsrecht mittlerweile den Regelfall darstellt. Ausgehend von der unmittelbar vorangegangenen Prüfung des Verhältnismäßigkeitsgrundsatzes im Zweipersonenverhältnis, soll nun im Rahmen des nachfolgenden Teilabschnitts[835] die entsprechende Konstellation unter Berücksichtigung von

---

832 So auch das BVerwG in ständiger Rechtsprechung, beispielsweise im Beschluss v. 12.06.1973 – IV B 58.72 – BayVBl. 1973, S. 412. Danach stellt eine Beseitigung sanordnung grundsätzlich keine unzumutbare Härte für den Bauherrn dar, wenn er den dadurch entstandenen finanziellen Schaden selbst verursacht hat. Ähnlich *Rasch*, BauR 1975, S. 94 (96) sowie *Rabe*, BauR 1978, S. 166 (177 f.).

833 Anders hingegen wäre nach der Rechtsprechung des BVerfG zu entscheiden, wenn an einem illegalen, aber von der Behörde bisher geduldeten, Wochenendhaus durch den Bauherrn geringfügige Änderungen vorgenommen werden würden. Dann – so das BVerfG – stelle eine behördliche Abbruchanordnung des gesamten Hauses einen unverhältnismäßigen Eingriff in das Eigentumsgrundrecht aus Art. 14 Abs. 1 GG dar – folglich dürfte von der zuständigen Bauaufsichtsbehörde lediglich die Rückgängigmachung der Änderungsmaßnahmen verlangt werden. Vgl. BVerfG, Beschl. v. 02.09.2004 – 1 BvR 1860/02 – NVwZ 2005, S. 203 f.

834 Vgl. *Kloepfer* in: FG 50 Jahre BVerwG, S. 338 f., 341 ff.; ähnlich *König*, Drittschutz, S. 77 m. w. N. Vgl. ferner hierzu die Ausführungen in Kap. 3. A. I.

835 Die nachfolgenden Ausführungen beziehen sich alleine auf Sachverhaltskon stellationen, in denen ein Schwarzbau in die geschützten Rechtsgüter eines Dritten eingreift und der Dritte aus diesem Grund Schutz bei der zuständigen

Drittinteressen untersucht und auf die Konformität mit den im Rahmen des 3. Kapitels abstrakt festgestellten Ergebnissen bezüglich der Bedeutung des Verhältnismäßigkeitsgrundsatzes (i. w. S.) überprüft werden.[836]

1. Art 76 Satz 1 BayBO als mittelbar drittschützende Ermessensnorm

Rechtlicher Ausgangspunkt der Untersuchung ist denknotwendig die Feststellung, dass es sich bei der Vorschrift des Art. 76 Satz 1 BayBO um eine mittelbar drittschützende Vorschrift handelt. Die vom Gesetzgeber weit gefasste Tatbestandsvoraussetzung des „*Widerspruch*[s] *zu öffentlich-rechtlichen Vorschriften*" dient dabei als „Einfallstor" für die mögliche Berücksichtigung von Drittbelangen. Verstößt eine (bauliche) Anlage gegen eine drittschützende Vorschrift[837] des materiellen öffentlichen Rechts – mithin gegen eine gesetzliche Regelung, die in qualifizierter und individualisierter Art und Weise auf die schützenswerte Belange eines abgrenzbaren Kreises Dritter Rücksicht nimmt[838] –, so können geschützte Drittpersonen im Rahmen des Art. 76 Satz 1 BayBO generell die ausreichende Berücksichtigung ihrer Belange im Rahmen der behördlichen Entscheidungsfindung verlangen.

Allerdings ist insofern zu beachten, dass die Anordnung einer (teilweisen) Baubeseitigung grundsätzlich im Ermessen der Behörde steht und in der Konsequenz ein Dritter regelmäßig nur einen Anspruch auf ermessensfehlerfreie Entscheidung gegenüber der Bauaufsichtsbehörde geltend machen kann.[839] Eine Ausnahme von dieser Regel, in Form eines Anspruchs des Dritten auf aktives Einschreiten der Bauaufsichtsbehörde gegenüber dem Störer, kann – wie

---

Bauaufsichtsbehörde sucht. Explizit nicht Gegenstand der Ausführungen sind somit diejenigen Fallkonstellationen des sogenannten Folgenbeseitigungsanspruchs des Nachbarn in dreiseitigen Rechtsverhältnissen, mithin Sachverhalte, in denen der beeinträchtigte Nachbar eine erteilte Baugenehmigung erfolgreich angefochten hat und nun gegen die illegale Anlage mit Hilfe der Bauaufsichtsbehörde vorgeht. Vertiefend zu dieser Fallkonstellation vgl. *Kraft*, BayVBl. 1992, S. 456 ff.

836 Vertiefend zur rechtlichen Ausgangslage im baupolizeilichen Dreipersonenverhältnis vgl. *Maunz*, BayVBl. 1977, S. 135.

837 Zu den rechtlichen Möglichkeiten der Ausgestaltung von Drittschutz, insbesondere anhand der Schutznormtheorie generell, vgl. die Ausführungen unter 3. A. II. 1. b); sowie im öffentlichen Baurecht speziell, vgl. *Decker* in: Simon/Busse, BayBO I, Art. 76 Rn. 488 mit Nachweisen aus der Rechtsprechung.

838 Vgl. hierzu die allgemeinen Ausführungen zum Drittschutz in Kap. 3. A. II. 1.

839 Vgl. z.B. BayVGH, Beschl. v. 21.12.2001 – 15 ZS 01.2570 – BayVBl. 2003, S. 48 ff.; ferner *Timmermann*, Der baurechtliche Nachbarschutz, S. 156; *Maunz*, BayVBl. 1977, S. 135 (136).

dargelegt[840] – nur in besonderen Fallkonstellationen eintreten[841], in denen zumindest das Entschließungsermessen der Behörde auf Null reduziert ist. Im Unterschied zu der einheitlichen Rechtsprechung des BVerwG zu den generellen tatbestandlichen Anforderungen an eine solche Ausnahmekonstellation, ist die Frage ihrer inhaltlichen Voraussetzungen im Baurecht an sich und insbesondere im Rahmen bauaufsichtlicher Maßnahmen im Baunachbarrecht in Literatur[842] und Rechtsprechung weitaus umstrittener.[843] Die herrschende Meinung in Bayern – beeinflusst vom sogenannten Bandsäge-Urteil[844] des BVerwG und in der Folge geprägt durch die darauf beruhende und mittlerweile gefestigte Rechtsprechung des BayVGH – bejaht eine Ermessensreduzierung auf Null im Baunachbarrecht, wenn *„eine besondere Intensität der Störung oder der Gefährdung nachbargeschützter Rechtsgüter gegeben ist.“*[845]

Weitgehende Übereinstimmung finden die Stimmen in Rechtsprechung und Literatur jedoch bei der Frage nach der rechtlichen Konsequenz einer festgestellten Ermessensreduzierung auf Null im Baunachbarrecht: Regelmäßig[846] wird die

---

840 Vgl. hierzu die Ausführungen in Kap. 3. B. I. 2. b).

841 So auch zuletzt Niedersächsisches OVG, Urt. v. 16.02.2012 – 1 LB 19/10 – BauR 2012, S. 933 f. zur Frage des Anspruchs einen Nachbarn auf bauaufsichtliches Einschreiten bei einer Grenzabstandsverletzung. Zum sicherheitsbehördlichen Einschreiten siehe auch *Happ* in: Eyermann, VwGO, § 42 Rn. 154.

842 Vgl. z.B. *Decker*, JA 1998, S. 799 (803 f.) sowie *Uechtritz*, BauR 1998, S. 719 (721 f.)

843 Zum aktuellen Stand der Diskussion vgl. die ausführlichen Darstellungen von *Decker* in: Simon/Busse, BayBO I, Art. 76 Rn. 490 ff.; *Finkelnburg/Ortloff/Otto*, Öffentliches Baurecht II, S. 261 ff. Auf eine vertiefte Darstellung dieser Streitfrage wird an dieser Stelle aus Gründen der Schwerpunktsetzung verzichtet und sich der ständigen Rechtsprechung des BayVGH angeschlossen.

844 Vgl. BVerwG, Urt. v. 18.08.1960 – I C 42.59 –BVerwGE 11, 95 (97).

845 Siehe *Decker* in: Simon/Busse, BayBO I, Art. 76 Rn. 490 ff. mit Verweis auf BayVGH, Beschl. v. 31.03.2004 – 1 ZB 03.452 – n. v.; Beschl. v. 18.12.2002 – 26 B 97.429 – n. v.; Beschl. v. 21.05.2001 – 1 ZB 00.3206 – n. v.; Urt. v. 30.03.2001 – 26 B 97.174 – n. v.; Urt. v. 14.10.1999 – 2 B 95.4182 – n. v.; ähnlich OVG Niedersachsen, Beschl. v. 28.02.2012 – 1 PA 143/11 – DVBl. 2012, S. 643; *Jäde* in: Jäde/Dirnberger/Bauer/Weiß, BayBO II, Art. 76 Rn. 210 m. w. N. sowie *Timmermann*, Der baurechtliche Nachbarschutz, S. 158 f. Kritisch zu den unterschiedlichen Anforderungen an den *„Einschreitungsmaßstab“* bei illegalen genehmigungspflichtigen und illegalen genehmigungsfreien Bauanlagen vgl. *Lohmöller*, Anwendungsbezogene Rechtsschutzkompensation am Beispiel des „deregulierten“ Bayerischen Bauordnungsrechts, S. 238 ff.

846 In besonderen Ausnahmekonstellationen kann es jedoch im Hinblick auf baupolizeiliches Einschreiten der Behörde auch zu einer Reduzierung des Auswahlermessens auf Null kommen. Vgl. hierzu z.B. OVG Nordrhein-Westfalen, Urt. v. 23.04.1982 – 10

zuständige Bauaufsichtsbehörde nur in ihrem Entschließungsermessen eingeschränkt, so dass sie letztlich zu einem Einschreiten per se verpflichtet werden[847], der Nachbar im Gegenzug jedoch nicht den Erlass einer bestimmten Maßnahme verlangen kann.[848]

Um daher am Beispiel der Baubeseitigung des Art. 76 Satz 1 BayBO die Bedeutung des Verhältnismäßigkeitsgrundsatzes im Mehrpersonenverhältnis aus Sicht der Behörde[849] feststellen zu können, wird auch diese Untersuchung anhand eines geeigneten Fallbeispiels durchgeführt.[850]

A 645/80 - OVGE 36, S. 126; OVG Berlin, Urt. v. 14.05.1982 - 2 B 57/59 - DÖV 1983, S. 644; OVG Nordrhein-Westfalen, Urt. v. 17.05.1983 - 7 A 330/81 - BauR 1984, S. 160; BayVGH, Urt. v. 15.04.1975 - Nr. 91 I 71 - BayVBl. 1976, S. 175.

847 Im Rahmen der behördlichen Prüfung eines reduzierten Ermessenspielraumes ist ferner das Verhalten des beeinträchtigten Dritten zu würdigen: So kann beispielsweise eine langfristige Duldung der Störung ebenso wie eigenes baurechtliches Fehlverhalten des Dritten eine Verpflichtung der Behörde zum Einschreiten ausschließen. Vgl. vertiefend hierzu *Jäde*, Bauaufsichtliche Maßnahmen, S. 94, Rn 169 ff.

848 Vgl. *Decker* in: Simon/Busse, BayBO I, Art. 76 Rn. 494 ff. mit Verweis auf BayVGH, Beschl. v. 14.08.2006 - 22 B 05.2608 - n. v.; ähnlich *Bachof*, Anmerkung zu BVerwG, Urt. v. 18.08.1960 - I C 42.59 - DVBl. 1961, S. 128 (129); *Finkelnburg/Ortloff/Otto*, Öffentliches Baurecht II, S. 264.

849 Wie bereits im Rahmen der Untersuchungen im 3. Kapitel aufgezeigt werden konnte, verändert sich die Bedeutung des Verhältnismäßigkeitsgrundsatzes an sich im Mehrpersonenverhältnis für den Störer gegenüber einem Zweipersonenverhältnis in keinster Weise. Aus diesem Grund konzentrieren sich die nachfolgenden Untersuchungen zum Verhältnismäßigkeitsgrundsatz im Dreipersonenverhältnis alleine auf die Sichtweise der Behörde und die Überprüfung der insoweit abstrakt festgestellten Unterschiede in der Bedeutung des Verhältnismäßigkeitsgrundsatzes an einem konkreten Fallbeispiel.

850 Dabei soll nicht unberücksichtigt bleiben, dass ein Einschreiten der Behörde gegen eine illegale bauliche Anlage aufgrund eines Verstoßes gegen nachbarschützende Vorschriften in der Praxis auf zwei unterschiedlichen Grundsachverhalten beruhen kann: Neben dem hier untersuchten Einschreiten gegen einen Schwarzbau, der den Nachbarn in seinen Rechten verletzt sind damit insbesondere die Fallkonstellationen angesprochen, in denen die Baugenehmigungsbehörde einem materiell illegalen Vorhaben ursprünglich eine Baugenehmigung erteilt hat, welche durch den Nachbarn im Wege einer Drittanfechtungsklage wieder beseitigt wird. Das stattgebende Urteil entzieht dem Bauvorhaben jedoch nur dessen formelle Legalität, die Beseitigung der Anlage kann daraus nicht verlangt werden. Jedoch lässt sich ein Folgenbeseitigungsanspruch des Dritten gegen die Bauaufsichtsbehörde auf Anordnung der Beseitigung der illegalen Anlage gegenüber dem Bauherrn ableiten,

2. *Fallbeispiel: Die illegale Verbrennungsanlage*

Unternehmer S betreibt einen genehmigten Elektrohandel in einem Mischgebiet der Gemeinde G. Als seine Lagerkapazitäten nicht mehr ausreichen, beginnen Arbeiter des S auf dessen Anordnung aus Gründen der Kostenersparnis täglich nach Einbruch der Dunkelheit in kleinen Mengen unverwertbaren Elektromüll in einer selbst gebauten, baurechtlich formell und materiell illegalen Vorrichtung am Rande des Firmengrundstücks zu verbrennen. Das Grundstück des Nachbarn D liegt in der Windrichtung des Firmengrundstücks des S, so dass das Wohnhaus des D regelmäßig unter dem Einfluss des Rauchs steht. Nachdem mehrere Beschwerden betroffener Mitbürger gegenüber S ohne Erfolg blieben und seine 3 jährige Tochter T plötzlich unter schweren Reizungen der Bronchien sowie zeitweise unter schwerer Atemlosigkeit leidet, lässt D durch einen staatlich geprüften und anerkannten Sachverständigen den Rauch auf seine Schädlichkeit untersuchen. Im Rahmen der wissenschaftlichen Analyse wird bezüglich stark krebserregender Bestandteile eine erhebliche Überschreitung des zulässigen Grenzwertes festgestellt, so dass eine erhebliche Schädigung der menschlichen Gesundheit bereits nach kurzer Zeit konkret zu befürchten ist. Nachdem auch mehrmalige Gespräche zwischen der Gemeinde und dem uneinsichtigen S mit der Androhung von Verwaltungszwang erfolglos blieben, fordert D die zuständige Bauaufsichtsbehörde auf, gegenüber S einzuschreiten und die Anlage zu beseitigen, um sich, seine Familie sowie die weiteren beeinträchtigten Bürger zu schützen.

Um die Prüfung auf die Bedeutung des Verhältnismäßigkeitsgrundsatzes (i. w. S.) im mehrseitigen, baurechtlichen Interessenkonflikt konzentrieren zu können, wird im Rahmen des Anschauungsbeispiels unterstellt, dass die selbstgebaute Vorrichtung des S zwar in baurechtlicher, nicht aber in immissionsschutzrechtlicher Hinsicht genehmigungspflichtig ist. Immissionsschutzrechtliche Fragen im Zusammenhang mit der zu untersuchenden Baubeseitigungsanordnung bleiben somit außer Betracht.

a) *Vorliegen einer Ermessensreduzierung auf Null*

Einen Anspruch auf Einschreiten der Bauaufsichtsbehörde gegenüber S hat D nur in den Fällen einer Ermessensreduzierung auf Null. *Isensee* weist insofern daraufhin, dass selbst – wie vorliegend – bei einer verwaltungsrechtlichen Maßnahme zur Erfüllung grundrechtlicher Schutzpflichten der Gefährdete grundsätzlich lediglich einen Anspruch auf behördliche Berücksichtigung seiner Belange hat – mithin das behördliche Ermessen sich nur ausnahmsweise *„verengen"* könne,

---

so dass auch auf diesem Wege der Drittschutz effektiv durchgesetzt werden kann. Vgl. *Timmermann*, Der baurechtliche Nachbarschutz, S. 153 ff. Kritisch zum Bestehen eines Folgenbeseitigungsanspruchs aus Gründen der Gleichbehandlung jedoch OVG Nordrhein-Westfalen, Urt. v. 17.05.1983 – 7 A 330/81 – BauR 1984, S. 160 (161 f.).

wenn *„effektiver Schutz auf andere Weise nicht zu erreichen"* wäre.[851] Entsprechend den hohen Anforderungen der Rechtsprechung an solche Fallkonstellationen, erfordert dies eine *„eine besondere Intensität der Störung oder der Gefährdung nachbargeschützter Rechtsgüter."*[852] Im Beispielsfall geht die Beeinträchtigung des D und dessen Familie durch den giftigen Rauch der Müllverbrennung weit über das durchschnittliche Maß hinaus, wodurch zumindest eine Verletzung des drittschützenden[853] baurechtlichen Rücksichtnahmegebots[854] vorliegt. Zugleich ist mit der körperlichen Unversehrtheit der Familie des D ein verfassungsrechtlich besonders hochrangiges Rechtsgut beeinträchtigt, so dass in der Konsequenz aufgrund des Verstoßes gegen öffentlich-rechtliche Vorschriften im Sinne von Art. 76 Satz 1 BayBO insoweit die Voraussetzungen an eine Reduzierung des behördlichen Entschließungsermessens auf Null erfüllt sind und die Behörde daher von D (zumindest) zum Einschreiten gegenüber S verpflichtet werden kann.

---

851 Siehe *Isensee*, Das Grundrecht auf Sicherheit, S. 51.

852 Siehe *Decker* in: Simon/Busse, BayBO I, Art. 76 Rn. 490 ff. mit Verweis auf BayVGH, Beschl. v. 31.03.2004 – 1 ZB 03.452 – n. v.; Beschl. v. 18.12.2002 – 26 B 97.429 – n. v.; Beschl. v. 21.05.2001 – 1 ZB 00.3206 – n. v.; Urt. v. 30.03.2001 – 26 B 97.174 – n. v.; Urt. v. 14.10.1999 – 2 B 95.4182 – n. v.; ähnlich *Timmermann*, Der baurechtliche Nachbarschutz, S. 158 f. Nicht ausreichend für eine Ermessensreduzierung auf Null sei es dagegen, wenn nicht eine konkrete Nutzung des (unbebauten) Nachbargrundstücks durch eine illegale Anlage beeinträchtigt wird, sondern lediglich eine Nutzungsmöglichkeit zum gegenwärtigen Zeitpunkt, vgl. OVG Nordrhein-Westfalen, Urt. v. 17.05.1983 – 7 A 330/81 – BauR 1984, S. 160 (163).

853 Im Ergebnis reicht es somit für eine Ermessensreduzierung auf Null im im Hinblick auf eine Baubeseitigungsanordnung nicht aus, dass der Dritte in einem bedeutenden Rechtsgut besonders intensiv beeinträchtigt ist – vielmehr muss diese Verletzung auf einer drittschützende Vorschrift respektive einem drittschützendes Rechtsinstitut wie dem Rücksichtnahmegebot beruhen. Vgl. hierzu vertiefend *Jäde* in: Jäde/Dirnberger/Bauer/Weiß, BayBO II, Art. 76 Rn. 215 mit zahlreichen Nachweisen aus der oberverwaltungsgerichtlichen Rechtsprechung.

854 Zum drittschützenden Charakter des baurechtlichen Rücksichtnahmegebots bei unzumutbaren Beeinträchtigungen Dritter vgl. z.B. VGH Baden-Württemberg, Beschl. v. 13.12.1991 – 3 S 2358/91 – VBlBW 1992, S. 148 m. w. N. Beispielhaft für die generelle Pflicht zum Einschreiten einer Baubehörde beim Verstoß einer formell und materiell illegalen Anlage gegen eine drittschützende Vorschrift, die unzumutbare Beeinträchtigungen verbietet, vgl. OVG Berlin, Urt. v. 24.05.1982 – 2 B 57.79 – DÖV 1983, S. 644.

Wie bereits festgestellt, hat diese Sachlage generell nur die „*Schrumpfung*“[855] des behördlichen Entschließungsermessens zur Folge, d.h., grundsätzlich hat die Behörde in ihrer Wahl des einzusetzenden Mittels frei zu bleiben um den Umständen des Einzelfalles gerecht werden zu können.[856] Dennoch wurde im Rahmen der allgemeinen Ausführungen zum Mehrpersonenverhältnis aus Sicht der Behörde eine richtungsweisende Funktion einer festgestellten Ermessensreduzierung auf Null auch auf das Auswahlermessen – explizit für die Prüfung des Verhältnismäßigkeitsgrundsatzes – festgestellt. Diese abstrakte These soll auf ihre praktische Richtigkeit hin überprüft werden:

b) Prüfung der Teilgrundsätze der Verhältnismäßigkeit

Aus dem Blickwinkel der Bauaufsichtsbehörde stellt sich – nach positiver Feststellung ihrer Handlungsverpflichtung – die Frage nach dem geeigneten, erforderlichen und angemessenen Eingriffsmittel gegenüber Störer S.

In verfassungsrechtlicher Hinsicht ist dabei die Ausgangslage der Behörde denknotwendig anders zu beurteilen als im vorangegangenen Fallbeispiel zur Baubeseitigung im bipolaren Rechtsverhältnis: Während sich dort in grundrechtsdogmatischer Hinsicht die klassische „Eingriff-Abwehr“- Konstellation zwischen Behörde und belastetem Maßnahmeadressaten offenbarte, hat die Bauaufsichtsbehörde im nun zu untersuchenden Dreipersonenverhältnis im Rahmen ihres Ermessens kumulativ auch ihre grundrechtliche Schutzpflicht gegenüber den betroffenen Drittrechtsgütern wahrzunehmen und effektiv auszufüllen – dies insbesondere unter Berücksichtigung der Tatsache, dass der Störer bewusst kein Baugenehmigungsverfahren durchgeführt hat und aus diesem Grund die generelle Erfüllung der grundrechtlichen Schutzpflicht durch den Gesetzgeber (in Form der generellen, normativen Verpflichtung des Bauherrn zur Durchführung eines Baugenehmigungsverfahrens) gegenüber den Drittbetroffenen im konkreten Einzelfall noch nicht gegriffen hat. Es geht dabei aus Sicht der Bauaufsichtsbehörde nicht um die behördliche Harmonisierung sich überschneidender Grundrechtssphären von Störer und Betroffenem, sondern vielmehr um die Bewältigung der Interessenskollision im konkreten Einzelfall.

---

855 Siehe *Bachof*, Anmerkung zu BVerwG, Urt. v. 18.08.1960 – I C 42.59 – DVBl. 1961, S. 128 (129.).

856 So auch *Jäde* in: Jäde/Dirnberger/Bauer/Weiß, BayBO II, Art. 76 Rn. 208 sowie *König*, Drittschutz, S. 76.

Während die Legislative im Rahmen ihrer harmonisierenden Gesetzgebung[857] generell von einem abstrakten Gleichgewicht der sich überschneidenden, beteiligten Rechtsgüter ausgehen darf, deren Konflikt sich im Rahmen eines ordnungsgemäßen Baugenehmigungsverfahrens „automatisch" lösen lässt, hat die Behörde im vorliegenden Fall bereits durch die positive Feststellung einer Ermessensreduzierung auf Null zu Gunsten des Dritten im konkreten Einzelfall den Vorrang dessen Rechtsgüter gegenüber den Interessen des Störers bejaht. Es besteht somit bereits vor der Anwendung des Verhältnismäßigkeitsgrundsatzes durch die Behörde keine Gleichwertigkeit der widerstreitenden Interessen. Hinzu tritt die durch den Störer S verschuldete, fehlende Durchführung eines Genehmigungsverfahrens, so dass hierdurch kumulativ aus dem Blickwinkel der Behörde im Hinblick die ohnehin bereits schutzbedürftigeren Rechtsgüter der Drittbetroffenen zusätzlich die staatliche Pflicht zum Schutz ihrer Grundrechte zu erfüllen ist.

Mit anderen Worten: Durch die festgestellte, sowohl auf der Erheblichkeit der betroffenen Drittrechtsgutgefährdung als auch aufgrund der bis dato unerfüllten staatlichen Pflicht zum Grundrechtsschutz basierenden, Handlungsverpflichtung der Behörde besteht bereits vor der eigentlichen Verhältnismäßigkeitsprüfung der Baubeseitigungsanordnung ein starkes Ungleichgewicht zwischen den widerstreitenden Rechtsgütern zu Gunsten des schutzbegehrenden Dritten – mithin eine völlig unterschiedliche Ausgangskonstellation der Behörde gegenüber dem durchschnittlichen dreiseitigen Baurechtsverhältnis (mit durchgeführtem Genehmigungsverfahren), welche in der Konsequenz auch Auswirkungen auf die Prüfung der einzelnen Teilgrundsätze des Verhältnismäßigkeitsprinzips hat.

Insoweit ist aus Sicht der Behörde zunächst klarzustellen, dass im Fallbeispiel der betroffene Nachbar D zwar explizit die Beseitigung der Anlage des S fordert. Es wurde jedoch bereits ebenfalls dargelegt, dass selbst im Rahmen einer Ermessensreduzierung auf Null der Bürger regelmäßig kein Bestimmungsrecht hinsichtlich der zu ergreifenden Maßnahme besitzt – sein Anspruch sich vielmehr lediglich auf ein generelles Einschreiten des Staates zum Schutze seiner Rechtsgüter beschränkt. Mithin muss die Behörde im Rahmen ihres Auswahlermessens nicht zuletzt prüfen, ob eine Beseitigungsanordnung nach Art. 76 Satz 1 BayBO die im vorliegenden Einzelfall verhältnismäßige Eingriffsmaßnahme gegenüber S darstellt.

857 Vgl. hierzu insbesondere die Ausführungen in Kap. 3. B. III. 1.

aa) Legitimes Ziel der Beseitigungsanordnung

Zweck des hoheitlichen Eingriffs gegenüber S ist aus Sicht der Behörde vorliegend insbesondere die effektive Erfüllung ihrer grundrechtlichen Schutzpflichten gegenüber dem Nachbarn D, dessen Familie sowie aller Bürger, die durch den giftigen Rauch in ihrer Gesundheit und ihrer körperlichen Integrität gefährdet oder – wie im Falle der dreijährigen Tochter T – bereits erheblich beeinträchtigt wurden.[858] Die körperliche Unversehrtheit des Einzelnen ist ebenso wie die Volksgesundheit als eines der zentralen Elemente des staatlichen Schutzauftrags[859] und damit auch als gewichtiger Aspekt der öffentlichen Sicherheit und Ordnung von staatlichen Sicherheitsbehörden besonders zu beachten, so dass an der zweckorientierten Legitimität einer Beseitigungsanordnung durch die Behörde im vorliegenden Fallbeispiel keine Zweifel bestehen. Allerdings wurde diese Frage des legitimen Handlungsziels bei genauerer Betrachtung bereits vor der eigentlichen Verhältnismäßigkeitsprüfung positiv festgestellt: Indem die Behörde eine intensive Gefährdung respektive Störung der Familie des D sowie eine Gefährdung weiterer Bürger in ihrer Gesundheit – und damit eine Reduzierung des behördlichen Entschließungsermessens – positiv festgestellt hat, legitimierte sie gleichzeitig ihr Einschreiten gegenüber S, da – wie gezeigt – die Gefährdung respektive Störung der körperlichen Integrität von Bürgern ein von der Rechtsordnung besonders geschütztes (Allgemein-) Interesse darstellt. Eine erneute Prüfung des legitimen Handlungszwecks als Vorfrage der eigentlichen Verhältnismäßigkeitsprüfung ist daher im Rahmen des behördlichen Auswahlermessens obsolet. Dieses erste Untersuchungsergebnis aus dem 3. Kapitel betreffend die Unterschiede zwischen der Verhältnismäßigkeitsprüfung im Zwei- und Dreipersonenverhältnis kann daher an dieser Stelle bestätigt werden.

bb) Geeignetheit der Beseitigungsanordnung

Im Hinblick auf den ersten Teilgrundsatz des Verhältnismäßigkeitsprinzips ist zunächst abstrakt festzustellen, dass – gemessen an den Anforderungen zur Geeignetheit eines Eingriffsmittels im bipolaren Verwaltungsrechtsverhältnis[860]

---

858 Betroffen sind mithin alle Bürger, deren Grundrechte aufgrund des bewusst durch den Störer nicht durchgeführten Baugenehmigungsverfahrens zum Zeitpunkt der Behördenentscheidung insoweit noch keinen staatlichen Schutz erfahren konnten. Zur generellen Eignung von Genehmigungen bzw. der Durchführung von Genehmigungsverfahren zur Erfüllung des staatlich auferlegten Grundrechtsschutzes vgl. *Isensee*, Das Grundrecht auf Sicherheit, S. 38.

859 Vgl. hierzu Kap. 2. B. II. 2.

860 Vgl. hierzu die Ausführungen in Kap. 1. C. II. 2.

– die Beseitigung der illegalen Anlage des S nicht völlig ungeeignet erscheint um die Gefährdung respektive Störung der hierdurch betroffenen Bürger endgültig zu beenden. Allerdings wurde ebenfalls im Rahmen der abstrakten Untersuchungen dargelegt[861], dass eine festgestellte Ermessensreduzierung auf Null aus Sicht der Bauaufsichtsbehörde die Notwendigkeit impliziert, strengere Anforderungen an die Geeignetheit des Eingriffsmittels zu stellen. Auch dieses abstrakte Ergebnis der Untersuchungen des dritten Kapitels lässt sich konkret am vorliegenden Fallbeispiel bestätigen: Aufgrund der akuten Gefährdung der Familie des D in einem überaus bedeutenden Rechtsgut darf die Behörde nur solche Maßnahmen gegenüber S als „geeignet" zur Erfüllung ihres grundrechtlichen Schutzauftrags im Sinne des Verhältnismäßigkeitsgrundsatzes ansehen, durch deren Einsatz der Schutz der Bürger generell und der Familie des D im Speziellen vor weiteren erheblichen gesundheitlichen Beeinträchtigungen umfassend und effektiv möglich ist. Als verfassungsrechtlich durch Art. 2 Abs. 2 Satz 1 GG besonders hervorgehobenes und wichtiges Allgemeingut untersteht die (Volks-) Gesundheit auf verwaltungsrechtlicher Ebene dem besonderen Schutz der Sicherheitsbehörden. Staatliche Schutzmaßnahmen erfordern daher aufgrund des verfassungsrechtlich hervorgehobenen Gesundheitsschutzes insoweit in qualitativer Hinsicht besonders restriktive Anforderungen. Es würde diesem grundgesetzlichen Schutzauftrag daher nicht entsprechen, wenn die Geeignetheit der behördlichen Eingriffsmaßnahme zur Gefahrbeseitigung nicht mit einer an Sicherheit grenzenden Wahrscheinlichkeit fest steht. Die exekutive Schutzmaßnahme muss somit im vorliegenden Fall einer Ermessensreduzierung auf Null den angestrebten Schutz der betroffenen Bürger vor weiteren Schädigungen in ihrer körperlichen Unversehrtheit durch den giftigen Rauch mit hinreichender Wahrscheinlichkeit[862] ermöglichen können. Nicht ausreichend wäre es jedoch aus Sicht der Behörde in dieser Situation – aufgrund der „Zuspitzung" der Gefährdungslage und somit

---

861 Vgl. Kap. 3. B. III. 2. b) bb).

862 Ähnlich war die Situation beim finalen Rettungsschuss: Dort hatten die Polizeibeamten vor Ort ebenfalls nicht die Möglichkeit sich über die Geeignetheit verschiedener Eingriffsmaßnahme gegenüber dem Geiselnehmer zur Beendigung der Geiselnahme tiefgehende Gedanken zu machen. Vielmehr durften und konnten die Einsatzkräfte letztlich aufgrund der akuten Gefährdungslage sowie aus Effektivitätsgesichtspunkten der Gefahrenabwehr nur solche Maßnahmenmittel als geeignet ansehen und damit in die nähere Auswahl nehmen, die mit hinreichender Wahrscheinlichkeit eine effektive und effiziente Beendigung der Geiselnahme versprachen – möglichst ohne Gefahr der Schädigung der Geisel sowie der beteiligten Sicherheitskräfte. Vgl. hierzu die Ausführungen in Kap. 3. B. III. 2. b) ff).

aus Gründen der Effektivität der exekutiven Gefahrenabwehr sowie der Erfüllung der konkreten, grundrechtlichen Schutzpflicht – lediglich festzustellen, dass die ausgewählte Eingriffshandlung zumindest nicht offensichtlich ungeeignet zum Schutz der Bürger vor dem Rauch erscheint. Konkret auf das vorliegende Fallbeispiel bezogen, stellt die behördliche Anordnung der Anlagenbeseitigung – und somit letztlich der Abbau respektive die Zerstörung der Gefahrenquelle – sicherlich eine Maßnahme dar, die auch diesen restriktiveren Anforderungen an den Teilgrundsatz der Geeignetheit erfüllt.

cc) Erforderlichkeit der Beseitigungsanordnung

An diesem Punkt der Verhältnismäßigkeitsprüfung hat sich die Behörde die Frage zu stellen, ob die Beseitigung der Anlage als Gefahrenquelle auf dem Grundstück des S tatsächlich das mildeste, gleich effektive Mittel zum Schutz der körperlichen Unversehrtheit der betroffenen Bürger darstellt. Als für den Störer weniger belastende und somit mildere Eingriffsalternativen wären beispielsweise die Versetzung der Anlage in einen anderen Teil des Firmengeländes des S oder der behördliche Erlass einer Auflage zum nachträglichen Filtereinbau anzusehen, so dass der Verbrennungsrauch von seinen giftigen Bestandteilen befreit wird und damit keine gesundheitlichen Schäden für außenstehende Personen mehr verursachen kann. Ferner wäre nicht zuletzt an die behördliche Untersagung der Anlagennutzung unter gleichzeitiger Zwangsgeldandrohung nach dem einschlägigen Verwaltungsvollstreckungsgesetz zu denken.

Ausgangspunkt der behördlichen Rechtsprüfung muss insoweit die Tatsache sein, dass die Familie des D – vor allem dessen dreijährige Tochter – bereits erheblich unter den Folgen des schädlichen Rauchs leidet, mithin sich die bestehende, konkrete Gefahr realisiert hat. Insbesondere die eingetretene, schwere Beeinträchtigung der Tochter in ihrer körperlichen Unversehrtheit sowie der wissenschaftlich fundierte Nachweis der krebserregenden Wirkung des ungefilterten Rauchs offenbaren für die Behörde eine akute Gefährdung nicht nur der Familie des D, sondern einer Vielzahl von Bürgern, die sich dem Einflussbereich der Gefahrenquelle aus den verschiedensten Gründen nicht entziehen können. Diese Tatsache der nur schwer absehbaren und einschätzbaren Folgen des Rauchs für die Gesundheit einer Vielzahl von Bürgern sowie die Erheblichkeit der bestehenden Gefährdung respektive der bereits eingetretenen Störung erfordert von Seiten der zum Grundrechtsschutz allgemein und somit zur Gefahrenabwehr im konkreten Fall verpflichteten Bauaufsichtsbehörde ein qualifiziertes

Einschreiten[863] dergestalt, dass die Gefahrenquelle effektiv und dauerhaft beseitigt wird und dadurch wirkungsvoll und zeitnah die Gefährdungslage endet.

In den Grundzügen durchaus vergleichbar mit der Situation beim finalen Rettungsschuss[864] hat die Baubehörde im vorliegenden Fallbeispiel in der Konsequenz bei der Suche nach dem erforderlichen Eingriffsmittel insbesondere die Erfüllung ihrer grundrechtlichen Schutzpflicht der Bürger dergestalt anzustreben, dass die gewählte Eingriffsmaßnahme möglichst sofort und damit bereits bei ihrer ersten Anwendung gegenüber dem Störer zur Beendigung der Gefahrenlage führt. Zwar hätte ein „Fehlschlag" der ersten Eingriffsmaßnahme gegenüber S im vorliegenden Fall nicht zwangsläufig ähnlich unmittelbare, lebensbedrohliche Konsequenzen wie bei einem erfolglosen Versuch der Beendigung einer Geiselnahme, dennoch würde ein Scheitern der ersten Maßnahme die Gesundheit einer Vielzahl von Bürgern weiterhin erheblich belasten – ein Umstand, der aufgrund des qualifizierten, verfassungsrechtlichen Schutzauftrags der Behörde aus Art. 1 Abs. 1 Satz 2 GG i. V. m. Art. 2 Abs. 2 Satz 1 GG nicht nur im Hinblick auf die bereits erheblich in ihrer Gesundheit beeinträchtigte T nicht zu tolerieren wäre.

Gemäß Art. 76 Satz 1 BayBO soll die teilweise oder vollständige Beseitigung der Anlage nur dann angeordnet werden, wenn „nicht auf andere Weise rechtmäßige Zustände hergestellt werden können." Im vorliegenden Fallbeispiel wird die formelle und materielle Illegalität der Anlage des S in baurechtlicher Hinsicht unterstellt. Mithin ist der denkbare, und – im Vergleich zur Beseitigungsanordnung als objektiv „milder" zu bewertende – Erlass einer Auflage zum Einbau eines Filters gegenüber dem Störer S bereits als nicht „geeignet" im Sinne des Verhältnismäßigkeitsgrundsatzes anzusehen, den eingetretenen Verstoß gegen die Rechtsordnung zu beheben. Auch mit einem Filter wäre die Anlage des S in bauplanungsrechtlicher Sicht nicht genehmigungsfähig und daher materiell illegal. Es handelt sich mithin bei der Eingriffsalternative „Filtereinbau" nicht – wie auf den ersten Blick erscheinend – um eine Frage der Erforderlichkeit des Maßnahmemittels, sondern es ist vielmehr aufgrund der konkreten Fallumstände bereits von der fehlenden Eignung dieser Handlungsalternative zur hinreichend

863 Zum Verhältnis zwischen der Bedeutung des gefährdeten Rechtsguts und der Schwere des hoheitlichen Eingriffs vgl. BVerwG, Urt. v. 13.11.1979 – 1 C 12.75 – BVerwGE 59, S. 104 (109); Urt. v. 17.01.1980 – 7 C 42.78 – BVerwGE 59, S. 319 (323); Urt. v. 20.02.1990 – 1 C 42.83 – BVerwGE 84, S. 375 (381); Urt. v. 27.08.1996 – 1 C 8.94 – BVerwGE 102, S. 12 (19); Urt. v. 09.11.1994 – 1 D 57.93 – BVerwGE 103, S. 184 (189).

864 Vgl. hierzu die Ausführungen in Kap. 3. B. III. 2. b) ff).

wahrscheinlichen Beendigung der Gefahrenlage sowie der damit einhergehenden Wiederherstellung der öffentlichen Sicherheit auszugehen.

Ob darüber hinaus im vorliegenden Fall die behördliche Untersagung der Anlagennutzung[865] gegenüber S mit gleichzeitiger Androhung eines Zwangsgelds nach den Vorschriften der Verwaltungsvollstreckung ebenfalls ein effektives Mittel zur Gefahrenbeseitigung darstellt, ist nach dem vorgegebenen Sacherhalt zumindest zweifelhaft: Es besteht vielmehr aufgrund der bis dato erfolglosen Gespräche zwischen den Beteiligten unter Einschaltung der Gemeindeverwaltung die realistische Gefahr, dass S weiterhin eigensinnig auf seinen Vorteil bestehen wird und damit auch eine angeordnete Nutzungsuntersagung kein Ende der qualifizierten Gefährdungslage mit der erforderlichen, hinreichenden Sicherheit erwarten lässt. Dieser Ungewissheit im Bezug auf die tatsächlichen Erfolgschancen einer Nutzungsuntersagung im vorliegenden Fall steht jedoch die Gefahr der fortwährenden, erheblichen Gesundheitsbeeinträchtigung der betroffenen Bürger und damit letztlich eine kontinuierliche Nichterfüllung der staatlichen, grundrechtlich vorgeschriebenen Schutzpflichten gegenüber. Während man bei verwaltungsrechtlichen Standardfällen ohne vergleichbar akute Gefahrenlage für ein wichtiges Rechtsgut durchaus mit guten Gründen vertreten kann, dass die Behörde vor dem Erlass einer Beseitigungsanordnung zunächst aus dem Gesichtspunkt der Erforderlichkeit ein im Hinblick auf den Erfolgseintritt mit Zweifeln behaftetes, jedoch für den Adressaten milderes Mittel[866] samt Zwangsgeldandrohung anzuwenden hat, kann dies nicht für Ausnahmekonstellationen wie der Vorliegenden geltend, in denen es gilt, eine erhebliche Gefahr respektive erhebliche Störung eines verfassungsrechtlich besonders schützenswerten Rechtsguts dauerhaft und umfassend zu beseitigen. In derartigen besonderen Gefahrsituationen stellt – auch in verfassungsrechtlicher Hinsicht konform mit der bereits konkludent durch die Ermessensreduzierung

865 An dieser Stelle sei darauf hingewiesen, dass neben dem Einbau eines Filters auch der Erlass einer Nutzungsuntersagung vorliegend mit guten Gründen bereits bei der Frage der Geeignetheit des Mittels behandelt werden könnte – insbesondere wenn die Frage der Geeignetheit nicht nur auf die Beseitigung der Gesundheitsgefährdung zielt sondern vielmehr auch im Hinblick auf die Beendigung des baurechtswidrigen Zustands gestellt wird.

866 Zur Nutzungsuntersagung als grundsätzlich milderes Eingriffsmittel gegenüber der (Teil-) Beseitigungsanordnung vgl. *Molodowsky* in: Koch/Molodowsky/Famers, BayBO I, Art. 76 Rn. 27 f.; *Decker* in: Simon/Busse, BayBO I, Art. 76 Rn. 270, 278 sowie *Jäde* in: Jäde/Dirnberger/Bauer/Weiß, BayBO II, Art. 76 Rn. 199 mit Nachweisen aus der Rechtsprechung.

konstatierten Präferenz der beeinträchtigten Drittgrundrechte gegenüber der Freiheitssphäre des Störers – ein grundsätzlich objektiv als milder einzustufendes Eingriffsmittel dann nicht die erforderliche Maßnahme im Sinne des Verhältnismäßigkeitsgrundsatzes dar, wenn im Einzelfall begründete Zweifel an ihrer Wirksamkeit bestehen. Diese besondere Sachlage in Verbindung mit dem qualifizierten Schutzauftrag der Behörde für die körperliche Unversehrtheit der Bürger macht es vielmehr erforderlich, dass auch im Hinblick auf die Schwere der Gesundheitsbeeinträchtigung der Bürger von staatlicher Seite ein adäquates Mittel gegenüber dem Störer eingesetzt wird, dass den angestrebten Zweck so effektiv und wirksam wie anhand der individuellen Fallumstände nur möglich erreicht.[867] Dies wäre im vorliegenden Fallbeispiel jedoch beim Erlass einer Nutzungsuntersagung samt Zwangsgeldandrohung durch die Behörde aufgrund der erheblichen, fortwährenden Gefahr für die Gesundheit der Bürger im Falle der – aufgrund der konkreten Fallumstände durchaus realistisch in Betracht zu ziehenden – Erfolglosigkeit der Maßnahme nicht der Fall. Aus diesem Grund offenbart sich aus Sicht der Bauaufsichtsbehörde insbesondere auch im Hinblick auf den festgestellten Vorrang des grundrechtlichen Schutzbedürfnisses der drittbetroffenen Bürger gegenüber den Störerinteressen die unbedingte Erforderlichkeit einer Beseitigungsanordnung. Nur durch den Abbau bzw. die Zerstörung der Verbrennungsanlage des S als alleiniger Gefahrenquelle kann mit der benötigten hinreichenden Wahrscheinlichkeit auf effektive und umfassende Weise der bestehenden erheblichen Gesundheitsgefährdung der Bürger von Seiten der zum Schutz verpflichteten Behörde entgegengetreten und gleichzeitig die bereits eingetretene Störung der öffentlichen Sicherheit und Ordnung dauerhaft behoben werden.

Das Fallbeispiel belegt damit in Bezug auf die Frage der Erforderlichkeit des Eingriffsmittels im Dreipersonenverhältnis die abstrakten Untersuchung sergebnisse aus dem 3. Kapitel: Die vorab festgestellte Reduzierung des behördlichen Entschließungsermessens und der damit konkludent feststehende Vorrang der schützenswerten Rechtsgüter der Drittbetroffenen gegenüber den Rechtsgütern des S verlangen – neben den bereits bestätigten Modifikationen hinsichtlich der Prüfung des legitimen Ziels sowie den Anforderungen an die Geeignetheit des Eingriffsmittels – zu Gunsten der präferierten Rechtsgüter einen für die Behörde in Zweifelsfällen moderateren Umgang mit der Frage der Erforderlichkeit der zu ergreifenden Eingriffs- bzw. Schutzmaßnahme. Dabei

867 So im Ergebnis auch *Kloepfer* in: FG 50 Jahre BVerwG, S. 339 mit Verweis auf BVerwG, Urt. v. 27.08.1996 – 1 C 8.94 – BVerwGE 102, S. 12 (19).

sind zum Zwecke des Grundrechtsschutzes sowie der effektiven Gefahrenabwehr beim Vorliegen einer Ermessensreduzierung auf Null an die Exekutivmaßnahme höhere Anforderungen an die Zweckerreichbarkeit zu stellen als dies in verwaltungsrechtlichen Standardsachverhalten der Fall ist. Zugleich bestimmt die Bedeutung des Rechtsguts sowie das Maß seiner Beeinträchtigung konkludent die im Einzelfall bestehende Maximalgrenze[868] des erforderlichen Eingriffsmittels[869] und erlaubt es auf diesem Wege der Behörde und in der Konsequenz zu Gunsten der im Einzelfall vorrangigen Schutzgüter, bei bestehenden Zweifeln über die Erfolgschancen eines objektiv als geringfügig milder einzustufenden Mittels ohne rechtliche Bedenken ein nächstschwereres, aber deutlich erfolgversprechenderes Eingriffsmittel gegenüber dem Störer anzuwenden. Es zeigt sich insoweit im Rahmen der Erforderlichkeitsprüfung erneut eine Konsequenz des bereits durch die behördliche Feststellung der Ermessensreduzierung indizierten Ungleichgewichts zwischen den beteiligten widerstreitenden Interessen bzw. Rechtsgütern zu Gunsten der Drittbetroffenen: Wenn die Behörde im Rahmen ihrer „Vorprüfung" aufgrund der Erheblichkeit der Rechtsgutsgefährdung der Drittbetroffenen ihre Handlungsverpflichtung gegenüber und zu Lasten des Störers feststellt – und konkludent hierdurch der Störer als Handlungs- respektive Zustandsverantwortlicher faktisch bereits in den Augen des Staates an Schutzbedürftigkeit verliert – ist es zur individuell möglichen Maximierung der Schutzmaßnahmeneffektivität nur konsequent, wenn die Behörde zur effektiven Gefahrenabwehr respektive verfassungskonformen Erfüllung ihrer Schutzpflicht aus Art. 1 Abs. 1 Satz 2 GG i. V. m. Art. 1 Abs. 3 GG in Zweifelsfällen ein effektiveres Maßnahmenmittel einsetzen darf, auch wenn dies mit einer geringfügigen Mehrbelastung für den Störer einhergeht.[870]

---

868 Vgl. BVerwG, Urt. v. 13.11.1979 – 1 C 12.75 – BVerwGE 59, S. 104 (109); Urt. v. 17.01.1980 – 7 C 42.78 – BVerwGE 59, S. 319 (323); Urt. v. 20.02.1990 – 1 C 42.83 – BVerwGE 84, S. 375 (381); Urt. v. 27.08.1996 – 1 C 8.94 – BVerwGE 102, S. 12 (19); Urt. v. 09.11.1994 – 1 D 57.93 – BVerwGE 103, S. 184 (189).

869 Ähnlich *Roth*, der den staatlichen Schutzauftrag generell im Einzelfall am jeweiligen *„Gefahrpotential"* orientiert. Vgl. *Roth*, Verwaltungshandeln mit Drittbetroffenheit und Gesetzesvorbehalt, S. 371 m. w. N.

870 Natürlich wird die Frage der „geringfügigen Mehrbelastung" im Einzelfall nur an den individuellen Umständen zu messen sein. Abstrakte, allgemeingültige Definitionsversuche oder gar prozentuale Grenzwerte der Mehrbelastung helfen insoweit nicht weiter. Vielmehr ist es als eine Ausprägung des bei Ermessensreduzierungen auf Null behördlich fortbestehenden Auswahlermessenspielraums zu bewerten, dass die Behörde in Zweifelsfällen zum Zwecke der Effektivitätsmaximierung ihrer Gefahrenabwehr auf „Nummer Sicher" gehen darf. In der Konsequenz darf sich auch

Folgerichtig stellt aus Sicht der Behörde im vorliegenden Fallbeispiel die Anordnung der vollständigen Anlagenbeseitigung gegenüber S das erforderliche Mittel im Sinne des Verhältnismäßigkeitsgrundsatzes (i. w. S.) dar.

dd) Angemessenheit der Beseitigungsanordnung

Nachdem die Geeignetheit und Erforderlichkeit der Beseitigungsanordnung im Fallbeispiel positiv festgestellt wurde, hat die Behörde zum Abschluss ihrer Verhältnismäßigkeitkontrolle zu prüfen, ob die Beseitigung der Anlage des S im angemessenen Verhältnis zum dadurch eintretenden Schutz der Familie des D sowie weiterer betroffener Bürger in ihrer körperlichen Unversehrtheit steht. Im verwaltungsrechtlichen Zweipersonenverhältnis kommt dieser Frage der Proportionalität mit ihren Prüfungspunkten der Gewichtung und Abwägung der widerstreitenden Interessen regelmäßig hohe Bedeutung zu.[871] Ob diese Feststellung auch für das verwaltungsrechtliche Dreipersonenverhältnis auf Basis einer Reduzierung des behördlichen Entschließungsermessens auf Null aufgrund bedeutender Drittbelange gilt, ist nach den abstrakten Ausführungen des 3. Kapitels jedoch fraglich.

Denn wie bereits eingangs der Verhältnismäßigkeitsprüfung festgestellt wurde, befindet sich die „Waagschale“ zwischen der Freiheitssphäre des Störers und den Schutzinteressen der vom Rauch betroffenen Bürger im vorliegenden Fallbeispiel bereits seit dem frühen Zeitpunkt der behördlichen Feststellung einer Ermessensreduzierung auf Null zu Gunsten der betroffenen Bürger stark im Ungleichgewicht. Der hierdurch konkret bestehende Vorrang der Drittrechtsgüter gegenüber den Störerinteressen verpflichtet die Behörde zur Ergreifung effektiver Schutzmaßnahmen – dies steht bereits vor Beginn der eigentlichen Verhältnismäßigkeitsprüfung fest. Insoweit sieht sich die Behörde bei der Auswahl des konkreten Eingriffsmittels zur effektiven Erfüllung ihres Schutzauftrags mit strengeren Anforderungen an dessen Geeignetheit und Erforderlichkeit konfrontiert, welche letztlich wiederrum alleine auf die festgestellte Präferenz der Drittrechtsgüter gegenüber den Störerinteressen und der damit zwangsläufig einhergehenden behördlichen Verpflichtung zu umfassendem und effektiven Grundrechtsschutz zurückzuführen ist. Ein Gleichgewicht zwischen den widerstreitenden Interessen und Rechtsgütern ist dadurch zu Beginn der behördlichen Angemessenheitsprüfung – im Gegensatz zum

---

die verwaltungsgerichtliche Kontrolle insoweit lediglich in den engen Grenzen des § 114 Satz 1 VwGO bewegen.

871 Vgl. hierzu bereits die Ausführungen in Kap. 2. B. IV.

klassisch-bipolaren Eingriff-Abwehr-Rechtsverhältnis – somit gerade nicht festzustellen. In der Konsequenz muss auch hier bei der Anwendung des letzten Teilgrundsatzes des Verhältnismäßigkeitsprinzips der Einfluss einer festgestellten Ermessensreduzierung auf Null aufgrund der unterschiedlichen Grundkonstellation zu einem prüfungstechnischen Modifikationsbedarf führen:

Tatsächlich offenbart sich für die Behörde eine erhebliche, prüfungstechnische Veränderung im Rahmen der Angemessenheitsfrage gerade im „Kernstück" ihrer eigentlichen Prüfung: Eine parallel verlaufende, objektive Gewichtung der widerstreitenden Interessen – bei Zweipersonenverhältnissen der erste wesentliche Prüfungsschritt im Rahmen der Angemessenheitsprüfung[872] – findet im vorliegend untersuchten Dreipersonenverhältnis nicht mehr statt. Die objektive Gewichtung der betroffenen, schutzbegehrenden Rechtsgüter der Familie des D bzw. der Gesamtheit der von der Verbrennungsanlage betroffenen Bürger erfolgt aus Sicht der Bauaufsichtsbehörde denknotwendig bereits bei der Feststellung des generellen Bestehens einer Ermessensreduzierung auf Null[873], also zu einem Zeitpunkt, zu dem sich die Frage der Verhältnismäßigkeit eines Eingriffsmittels für die Behörde noch gar nicht stellt. Indem die Behörde anhand den hierfür von der Rechtsprechung aufgestellten, hohen Anforderungen[874] prüft, ob sie im konkreten Einzelfall (zumindest) in ihrem Entschließungsermessen begrenzt und damit faktisch zum Einschreiten zu Gunsten der beeinträchtigten Bürger sowie der Familie des D verpflichtet ist, hat sie zwangsläufig deren betroffene Belange objektiv gewichtet. Das im vorliegende Fallbeispiel insoweit festgestellte, besonders hohe Gewicht des verletzten Rechtsgutes – basierend auf der erheblichen Beeinträchtigung der körperlichen Unversehrtheit – rechtfertigt aus Sicht der Bauaufsichtsbehörde die Annahme einer vollständigen Reduzierung des Entschließungsermessens.

Die objektive Gewichtung der durch die konkrete Eingriffsmaßnahme belasteten Rechtsgüter des Störers findet hiervon zeitlich und räumlich getrennt erst im Rahmen der Angemessenheitsprüfung und somit zu einem Zeitpunkt statt, zu dem die Behörde bereits über ein umfassendes und zugleich für die zu fällende Entscheidung vorprägendes Bild vom Vorrang der Drittbelange

---

872 Vgl. die Ausführungen im Rahmen des Fallbeispiels in Kap. 5. B. I. 2. d).

873 Vgl. *Kopp/Ramsauer*, VwVfG, § 40 Rn. 30 ff.; *Maurer*, Allgemeines Verwaltungsrecht, S. 151; *Schmidt*, Allgemeines Verwaltungsrecht; S. 124 f.; *Sachs* in: Stelkens/Bonk/Sachs, VwVfG, § 40 Rn. 55 ff.

874 Zur Rechtsprechung des BVerwG sowie des BayVGH bzgl. den tatbestandlichen Anforderungen an eine Ermessensreduzierung auf Null im Baurecht vgl. Kap. 5. B. II. 2. a).

sowie deren konkret im Einzelfall hervorgehobener Bedeutung verfügt. Damit ist festzuhalten, dass die Behörde aufgrund der festgestellten Reduzierung ihres Entschließungsermessens auf Null in der Konsequenz gezwungen ist, die Gewichtung der Belange zeitlich in zwei getrennten Schritten vorzunehmen. Konkret auf das zu untersuchende Fallbeispiel bezogen, bedeutet dies einen erheblichen Wertungsvorteil für die schützenswerten Rechtsgüter der betroffenen Bürger gegenüber den Rechtsgütern des Störers S: Wenn man berücksichtigt, dass die Behörde in vergleichbaren Mehrpersonenkonstellationen regelmäßig nur dann zu einer Ausübung ihres Auswahlermessens und damit zu einer individualisierten Berücksichtigung der Störerinteressen (im Rahmen der Angemessenheitsprüfung) gelangt, sofern sie durch gewichtige Drittinteressen in ihrem Entschließungsermessen beschränkt ist, so bedeutet dies gleichzeitig auch in psychologischer Hinsicht einen Vorteil für die zu schützenden Rechtsgüter, da die Behörde bereits vor Berücksichtigung der Störerinteressen eine richtungsweisende „Vorfestlegung" über den Sachverhalt durch die Feststellung ihrer Handlungsverpflichtung – vorliegend zu Gunsten der Familie des D – trifft.

Mit anderen Worten: Die festgestellte Handlungsverpflichtung aus Sicht der Bauaufsichtsbehörde impliziert im vorliegenden Fall faktisch die generelle Zulässigkeit einer effektiven Eingriffsmaßnahme gegenüber dem Störer S – ohne, dass dessen Belange zuvor berücksichtigt wurden. Die Behörde weiß somit bereits zu diesem Zeitpunkt ihrer Prüfung – noch vor der Frage der Angemessenheit des konkret ins Auge gefassten Eingriffsmittels –, dass sie zur Erfüllung ihres verfassungsrechtlichen vorgegebenen Schutzauftrags gegenüber dem Störer S handeln muss – einzig zu prüfen ist an dieser Stelle nur noch, ob die bereits als geeignet und erforderlich anerkannte Eingriffsmaßnahme auch angemessen ist.

Denn gerade im vorliegenden Fallbeispiel wäre die festgestellte Reduzierung des behördlichen Entschließungsermessens auf Null zum Zwecke der unbedingten Erfüllung grundrechtlicher Schutzpflichten in der Praxis regelmäßig äußerst ineffektiv und wirkungslos, wenn anhand der nachfolgenden Proportionalitätsprüfung festgestellt werden würde, dass die konkrete Eingriffsmaßnahme – hier die Beseitigungsanordnung – zwar geeignet und erforderlich, jedoch unangemessen wäre. Wäre diese Fallkonstellation tatsächlich möglich, so würde dies bedeuten, dass die Behörde im Einzelfall selbst das erforderliche Mittel nicht zur Beendigung der Gefahrenlage einzusetzen vermag – somit faktisch gar nicht ohne eigenen Rechtsverstoß handeln könnte – und daher die vorangegangene Feststellung der Ermessensreduzierung auf Null ohne Folge bliebe.

Daher kann an dieser Stelle der Untersuchung die abstrakte These aus dem dritten Kapitel auch in praktischer Hinsicht bestätigt werden, wonach in aller Regel die aufgrund einer Ermessensreduzierung auf Null ergriffene, den modifizierten, strengeren Anforderungen an ihre Zweckeignung und Zweckerforderlichkeit gerecht werdende Eingriffs- respektive Schutzmaßnahme im Einzelfall auch angemessen sein wird. Diese Erkenntnis bedeutet auf den vorliegenden Sachverhalt bezogen, dass aufgrund des festgestellten, besonders hohen Gewichts der beeinträchtigten Rechtsgüter der von der Verbrennungsanlage beeinträchtigten Bürger die erst zeitlich nachfolgende Gewichtung der Belange des Störers unter Berücksichtigung der Umstände des Einzelfalls nicht mehr zur Unangemessenheit der Beseitigungsanordnung führen kann – mithin lediglich ein teilweises Aufwiegen der gewichtigen Drittbelange mit den weniger gewichtigen, da weniger schutzwürdigeren, Störerbelangen erfolgt. Bildlich gesprochen gerät durch die vorweggenommene Gewichtung der vorrangigen Drittbelange das Pendel respektive die Waagschale bereits derart zu deren Gunsten und somit zu Lasten des Störers, dass in der Konsequenz die Gewichtung der Interessen des S sowie die Berücksichtigung der konkreten Fallumstände lediglich zum Ausschluss völlig unangemessener Maßnahmen (wie z.B. vorliegend die Zwangsstilllegung des legalen Schrotthandels) führen kann und sich damit die Bedeutung der Angemessenheitsprüfung im hier untersuchten Dreipersonenverhältnis in der Konsequenz auf eine Art „Evidenzkontrolle" reduziert.

Im Ergebnis lässt sich somit in Bezug auf das Fallbeispiel die Angemessenheit der Beseitigungsanordnung gegenüber S zum Schutz der Gesundheit der Familie des D sowie aller Drittbetroffener positiv feststellen. Insbesondere sind weder Anzeichen für eine offensichtliche Unangemessenheit einer Beseitigungsanordnung[875] ersichtlich noch besonders schützenswerte Belange des S festzustellen, die die frühzeitig zu Gunsten der Drittbetroffenen geneigte Waagschale wieder in eine ausgeglichene, neutrale Position zurückführen könnten.

875 Selbst bei unterstellter Unverhältnismäßigkeit einer Beseitigungsanordnung wäre D und seine Familie nicht schutzlos gestellt; insbesondere erkennt die Rechtsprechung in solchen Fällen zumindest eine finanzielle Entschädigung durch analoge Anwendung des § 906 Abs. 2 Satz 2 BGB an. Vgl. z.B. BVerwG, Urt. v. 29.04.1988 – 7 C 33.87 – BVerwGE 79, S. 254 (262).

III. Ergebnis der Prüfung

Die Prüfung des Verhältnismäßigkeitsgrundsatzes im Mehrpersonenverhältnis anhand des konkreten Fallbeispiels der Baubeseitigung nach Art. 76 Satz 1 BayBO hat die abstrakten Feststellungen aus dem 3. Kapitel belegt: Ist eine (Sicherheits-)Behörde in einem multipolaren Verwaltungsrechtsverhältnis aufgrund einer auf Drittbelangen basierenden Reduzierung ihres Entschließungsermessens auf Null zum belastenden Einschreiten gegenüber einem Störer verpflichtet, so beeinflusst diese Feststellung – zusammen mit den mangels Durchführung eines Genehmigungsverfahrens bis dato von staatlicher Seite noch unerfüllten grundrechtlichen Schutzpflichten – regelmäßig auf richtungsgebende Art und Weise die Verhältnismäßigkeitsprüfung der konkreten Eingriffsmaßnahme. Die Angemessenheitsprüfung, welcher im verwaltungsrechtlichen Zweipersonenverhältnis zentrale Bedeutung zukommt, beschränkt sich im hier untersuchten Dreipersonenverhältnis im Wesentlichen[876] auf eine Art „Evidenzkontrolle" im Hinblick auf die Aussortierung offensichtlich unangemessener Eingriffsmaßnahmen gegenüber dem Störer.

Der damit einhergehende Bedeutungsverlust der Angemessenheitsprüfung basiert in diesen Fallkonstellationen insbesondere auf der vorangegangenen, behördlichen Feststellung einer Ermessensreduzierung auf Null. Im Rahmen dieser – für die behördliche Entscheidung in der Sache nun zentrale Bedeutung zukommenden – Prüfung wird regelmäßig bereits „der Grundstein" für die spätere Verhältnismäßigkeitsprüfung innerhalb des Auswahlermessens „gelegt". Stellt sich dabei heraus, dass aufgrund der besonderen Intensität der Gefährdung bzw. Störung der gewichtigen Drittbelange die Behörde zum Einschreiten gegenüber dem Störer verpflichtet ist, kommt dieser Feststellung in der Regel eine bedeutende und richtungsweisende Funktion für die nachfolgende Ausübung des behördlichen Auswahlermessens dergestalt zu, dass in aller Regel das zweckgeeignete und zweckerforderliche Maßnahmenmittel auch als angemessen

876 Daneben kann in außergewöhnlichen Sachverhaltskonstellationen ein besonders gewichtiges Interesse des Störes ausnahmsweise zu einer Revidierung der fälschlicherweise zunächst bejahten Ermessensreduzierung auf Null führen, mit der Konsequenz, dass die Behörde erneut eine Entscheidung unter Ausübung ihres pflichtgemäßen Ermessens nach § 40 VwVfG sowohl hinsichtlich des Entschließungs- als auch des Auswahlermessens treffen muss. Die praktische Relevanz dieser Fallkonstellation ist jedoch auf absolute Ausnahmesituationen beschränkt und kann daher an dieser Stelle ohne tiefergehende Erörterung unberücksichtigt bleiben.

zur effektiven Erfüllung der bestehenden Schutzpflicht anzusehen sein wird.[877] Der inhaltliche Schwerpunkt einer Prüfung des Art. 76 Satz 1 BayBO im hier untersuchten Dreipersonenverhältnis liegt aus Sicht der Behörde demnach nicht – wie der Wortlaut der Vorschrift vermuten lassen würde – bei der Frage der Verhältnismäßigkeit der Beseitigungsanordnung an sich, sondern bei der unmittelbar vorangehenden Feststellung einer Reduzierung des behördlichen Entschließungsermessens auf Null.[878]

C. Zusammenfassung

Die konkret an Fallbeispielen vorgenommene Untersuchung der Beziehung zwischen dem Verhältnismäßigkeitsgrundsatzes und der Ermessensreduzierung auf Null im sicherheitsrechtlichen Dreipersonenverhältnis aus Sicht der Behörde konnte die abstrakten Ergebnisse aus dem 3. Kapitel bestätigen:

Nachdem im Rahmen der Untersuchung des bipolaren Verwaltungsrechtsverhältnisses die besondere Bedeutung des Grundsatzes der Verhältnismäßigkeit als Schutzmechanismus für den bürgerlichen Adressaten vor übermäßigen Eingriffen des Staates festgestellt und dabei die zentrale Rolle der Angemessenheitsprüfung belegt werden konnte[879], zeigten sich bei der anschließenden Prüfung des bauordnungsrechtlichen Dreipersonenverhältnisses nicht unerhebliche prüfungstechnische Modifikationen im Bezug auf den Verhältnismäßigkeitsgrundsatz – bedingt insbesondere durch das Vorliegen einer auf der erheblichen Gefährdung bedeutender Dritt-Rechtsgüter beruhenden Ermessensreduzierung auf Null. Explizit konnte anhand des gewählten Fallbeispiels gezeigt werden, dass bei einer derartigen Reduzierung des Entschließungsermessens auf Null die Behörde auch bei der Ausübung ihres

877 Diese Feststellung gilt umso mehr, wenn – wie im vorliegenden, sicherheitsrechtlichen Fallbeispiel – das legislativ zur Erfüllung grundrechtlicher Schutzpflichten gegenüber Drittbetroffenen vorgesehene Baugenehmigungsverfahren nicht durchgeführt wurde und daher zusätzlich die Behörde zugunsten der Drittbetroffenen den staatlichen Schutzauftrag erst noch zu erfüllen hat. Hierdurch neigt sich – verbildlicht gesprochen – die ohnehin bereits durch die festgestellte Ermessensreduzierung auf Null stark zu Gunsten der Drittbetroffenen tendierende Waagschale noch weiter zu deren Vorteil und somit zu Lasten des Störers.

878 Desweiteren erhält die Erforderlichkeitsprüfung auch nicht zuletzt durch ihre strengeren Anforderungen einen nicht unerheblichen Bedeutungszugewinn, da nunmehr in ihr – anstatt der Angemessenheitsprüfung – die letzte, ernstzunehmende „Hürde“ für die konkrete, behördliche (Auswahl-)Ermessensausübung zu sehen ist.

879 Vgl. hierzu die Ausführungen unter Kap. 5. B. I. 2.

Auswahlermessens insbesondere[880] durch die vorangegangene Feststellung der Ermessensschrumpfung bereits richtungsweisend festgelegt ist. Konkret nimmt die Ermessensreduzierung auf Null nicht unerheblichen Einfluss auf die Prüfung des Verhältnismäßigkeitsgrundsatzes (i. w. S.) im Generellen sowie insbesondere auf die Prüfung des Teilgrundsatzes der Proportionalität im Speziellen und betrifft damit einen Prüfungspunkt, dem im klassischen bipolaren Verwaltungsrechtsverhältnis regelmäßig erhebliche Bedeutung zu kommt.

Dieser Einfluss einer Ermessensreduzierung auf Null im hier untersuchten Dreipersonenverhältnis hat gleichzeitig einen nicht unerheblichen Bedeutungsverlust der – im Rahmen des behördlichen Auswahlermessens stattzufindenden – Verhältnismäßigkeitsprüfung (i. e. S.) zur Folge. Konzentriert sich im Zweipersonenverhältnis die Frage der Rechtmäßigkeit einer belastenden Ermessenshandlung – bei Vorliegen der tatbestandlichen Voraussetzungen im Übrigen – regelmäßig insbesondere auf die Prüfung der Zweck-Mittel-Relation und damit auf die Frage des angemessenen Mittels, so gilt dieser Grundsatz nach den hier erarbeiteten Ergebnissen nicht für das konkret untersuchte, sicherheitsrechtliche Dreipersonenverhältnis. Vielmehr lässt sich insoweit eine richtungsweisende Einflussnahme einer behördlichen Handlungsverpflichtung in Bezug auf die Angemessenheit der geeigneten und erforderlichen Eingriffsmaßnahme bereits vor der eigentlichen Prüfung des Verhältnismäßigkeitsgrundsatzes (i. w. S.) an sich feststellen. Wie sich dabei gezeigt hat, bedeutet eine vorab festgestellte Reduzierung des behördlichen Entschließungsermessens auf Null nicht nur eine einfache Handlungsverpflichtung der Behörde zu Gunsten des schutzsuchenden Dritten, sondern darüber hinaus gleichzeitig eine teilweise Vorwegnahme der Angemessenheitsprüfung sowie eine restriktivere Handhabung der Prüfung der Teilgrundsätze der Geeignetheit und Erforderlichkeit.

Konkret wird durch die behördliche Feststellung der tatbestandlichen Voraussetzungen einer Ermessensreduzierung auf Null bereits konkludent die eigentlich erst im Vorfeld der Verhältnismäßigkeitsprüfung zu thematisierende Frage der Legalität des mit der konkreten Eingriffsmaßnahme gegenüber dem Störer verfolgten Zwecks beantwortet. Darüber hinaus hat eine solche Handlungsverpflichtung der Behörde sowie der damit konkludent

880 Es darf an dieser Stelle darüber hinaus nicht übersehen werden, dass sich im gewählten Fallbeispiel das festgestellte Ungleichgewicht zwischen den beteiligten Rechtsgütern noch durch den vorsätzlichen Rechtsverstoß des Störers (keine Durchführung eines Genehmigungsverfahrens) verschärfte, da aus diesem Grund der staatliche Schutzauftrag gegenüber den Rechtsgütern der Drittbetroffenen bis dato noch nicht erfüllt werden konnte.

festgestellte Vorrang der Drittrechtsgüter gegenüber den Störerbelangen desweiteren eine qualifizierte Erhöhung der Anforderungen an die Zweckeignung und Zweckerforderlichkeit der Eingriffsmaßnahme mit dem Ziel der individuellen Schutzmaximierung der hoheitlichen Gefahrenabwehrmaßnahme zur Folge. Zuletzt bleibt auch die Angemessenheitsprüfung durch die festgestellte Ermessensreduzierung nicht unbeeinflusst – vielmehr offenbart sich an dieser Stelle der Prüfung die wohl gravierendste prüfungstechnische Modifikation in der Bedeutung des Verhältnismäßigkeitsgrundsatzes im multipolaren Verwaltungsrechtsverhältnis gegenüber seinem bipolaren Äquivalent: Im untersuchten Dreipersonenverhältnis verliert die Angemessenheitsprüfung ihre zentrale, prüfungstechnische Bedeutung, die ihr seit jeher bei der Rechtmäßigkeitsprüfung von hoheitlichen, belastenden Ermessenshandlungen im bipolaren Verwaltungsrechtsverhältnis zukommt. Die objektive Gewichtung der in Streit stehenden Belange wird dabei in prüfungstechnischer Hinsicht in zwei räumlich und zeitlich voneinander getrennte Schritte unterteilt: Die Gewichtung der zu schützenden Drittbelange wird umfassend bereits im Rahmen der Feststellung der Ermessensreduzierung vorgenommen, die Gewichtung der Störerbelange bleibt weiterhin Bestandteil der Angemessenheitsprüfung. Ferner erfolgt das eigentliche „In-Verhältnis-setzen" der verschiedenen Belange nicht mehr im Rahmen einer Gesamtabwägung als abschließendem Schritt der Angemessenheitsprüfung, vielmehr werden die schützenswerten Drittbelange bei einer Ermessensreduzierung auf Null von derart hohem Gewicht sein, dass die geeignete und erforderliche regelmäßig auch die angemessene Eingriffsmaßnahme darstellen wird und damit eine Egalisierung der Drittbelange durch die Berücksichtigung der Störerinteressen im Rahmen der Angemessenheitsprüfung in aller Regel nicht mehr erfolgen kann.

Verfassungsrechtlich ist dieser prüfungstechnische Modifikationsbedarf des Verhältnismäßigkeitsgrundsatzes basierend auf einer – auch durch den verfassungsrechtlichen Schutzauftrag des Staates veranlassten –, sicherheitsrechtlichen Ermessensreduzierung auf Null logisch und in der Sache konsequent: Durch die bestehende Ermessensreduzierung auf Null ist in verfassungsrechtlicher Hinsicht klargestellt, dass im konkreten Einzelfall die schutzbedürftigen Rechtsgüter der Drittbetroffenen aufgrund der individuellen Fallumstände aus Sicht der Behörde oberste Priorität genießen und in der Konsequenz die generell auch grundrechtlich geschützte Freiheitssphäre des Störers aus dem Blickwinkel der Behörde im konkreten Fall weniger schutzbedürftig ist – dies gerade auch unter Berücksichtigung des selbstverschuldeten Übergriffs durch S.

Indem die Behörde im konkreten Fallbeispiel gerade durch diese festgestellte Präferenz der betroffenen Schutzgüter – sowie aufgrund der bis dato von staatlicher Seite unverschuldeten Nichterfüllung der staatlichen Schutzpflichten mangels Durchführung eines Genehmigungsverfahren – zur Erfüllung des generell aus Art. 1 Abs. 1 Satz 2 GG i. V. m. Art. 1 Abs. 3 GG abgeleiteten grundrechtlichen Schutzauftrags gegenüber den schutzbegehrenden Drittbetroffenen verpflichtet ist, hat sie auch dafür Sorge zu tragen, dass der bestehende Gefahrzustand als Ursache ihres Handels effektiv und umfassend beendet wird. Neben den bestehenden grundrechtlichen Schutzpflichten hat die Behörde demnach kumulativ im konkreten Einzelfall die Wiederherstellung der öffentlichen Sicherheit und Ordnung zu verantworten. Wenn sich für die Behörde nun in dieser Sachverhaltskonstellation in rechtlicher Hinsicht sowohl die Frage der verhältnismäßigen Schutzmaßnahme als auch kumulativ die Problematik der maßvollen Gefahrenabwehrmaßnahme stellt, mithin zwei verfassungsrechtlich besonders hoch eingestufte Ziele zu verfolgen sind, ist in der Konsequenz aber auch offensichtlich, dass zur Erreichung dieser Interessen dem für die Gefahrenlage verantwortlichen Störer im Zweifel eine geringfügige „härtere" Belastung treffen kann, wenn dadurch die Zielerreichung der „optimierten"[881] Entfaltung der konkret zu schützenden Drittgrundrechte aus Sicht der Behörde mit an Sicherheit grenzender Wahrscheinlichkeit erreicht werden kann.

Verfassungsrechtlich gesehen befindet sich die Behörde somit bereits vor der Ausübung ihres Auswahlermessens alleine aufgrund der erfolgten Feststellung der Ermessensreduzierung auf Null vor einer Entscheidung zwischen zwei Seiten mit im Einzelfall erheblich unterschiedlichem, verfassungsrechtlichen Gewicht[882]: Auf der einen Seite befinden sich die besonders schützenswerten Rechtsgüter der Drittbetroffenen sowie kumulativ das weit darüber hinaus gehende Allgemeinziel der wiederherzustellenden öffentlichen Sicherheit und Ordnung. Auf der anderen, regelmäßig deutlich geringer zu gewichtenden Seite steht der Störer mit seinem generellen Anspruch auf Entfaltung seiner persönlichen Freiheit, die im Einzelfall aufgrund der Grenzen des Art. 2 Abs. 1 GG

---

881 Angelehnt an die maßgeblich von *Alexy* entwickelte Prinzipientheorie, wonach die Grundrechte vereinfacht dargestellt keine starren Regeln, sondern „anpassungsfähige" Prinzipien mit einer Tendenz (auch) zur einzelfallbezogenen, relativen Optimierung darstellen. Vgl. *Alexy*, Theorie der Grundrechte, S. 75 ff., 84; ferner *Borowski*, Grundrechte als Prinzipien, S. 68 ff., 121.

882 *Schlink* verwendet hierfür den Begriff der *„Asymmetrie"* und unterscheidet in der Konsequenz zwischen symmetrischen Grundrechtskonflikten, in denen sich gleichwertige Konfliktrechtsgüter gegenüberstehen, und asymmetrischen Grundrechtskonflikten, die sich durch ein mehr oder minder großes Ungleichgewicht der Parteiinteressen als Basis des Interessensstreits auszeichnen. Vgl. vertiefend hierzu *Schlink*, Die Abwägung im Verfassungsrecht, S. 46 f., 188 ff., 215 f.

bereits ihre Grenzen erreicht hat und deshalb insoweit keines weiteren Schutzes mehr bedarf.

Alleine aus dieser verbildlichten Grundsituation ist offensichtlich, dass es zu einer streitentscheidenden Gesamtabwägung der beiden Seiten aufgrund ihres völlig unterschiedlichen, verfassungsrechtlichen Gewichts nicht kommen kann respektive nicht kommen muss. Vielmehr offenbart sich bereits an dieser Stelle der behördlichen Prüfung, dass eine Eingriffsmaßnahme, die den erhöhten Anforderungen an die Geeignetheit und der Zweckerforderlichkeit gerecht wird, denknotwendig auch in aller Regel das angemessene Maßnahmemittel darstellen muss, ansonsten die festgestellte Ermessensreduzierung auf Null sowie die dadurch betonte besonders hohe Wertigkeit der Drittschutzgüter sowie der öffentlichen Sicherheit und Ordnung konterkariert werden würde.

Der festgestellte, prüfungstechnische Bedeutungsverlust der Zweck-Mittel-Relation ist letztlich die konsequente Schlussfolgerung aus der Feststellung einer Ermessensreduzierung auf Null im sicherheitsrechtlichen Mehrpersonenverhältnis: Müsste es nach der behördlichen Feststellung des im Einzelfall erforderlichen Mittels noch kumulativ zu einer vertieften Prüfung der Angemessenheit von Zweck und Mittel in Form einer umfassenden Gesamtabwägung der widerstreitenden Interessen und Belange kommen, könnte im Umkehrschluss in aller Regel nicht die von der Rechtsprechung aufgestellten, besonders hohen Anforderungen an eine Ermessensreduzierung auf Null erfüllt sein.

Auf den Punkt gebracht: Liegen die qualifizierten Voraussetzungen einer Ermessensreduzierung auf Null in einem dreiseitigen, sicherheitsrechtlichen Verwaltungsrechtsverhältnis der hier untersuchten Gestalt „Störer-Behörde-Drittbetroffener“ vor, steht dadurch regelmäßig bereits fest, dass die dabei konfligierenden Interessen und Rechtsgüter von einem derartig unterschiedlichem verfassungsrechtlichen Gewicht sind, dass selbst einer Angemessenheitsprüfung für die Entscheidung der Behörde in der Sache kaum mehr Relevanz zuzusprechen ist – vielmehr gerade die Verhältnismäßigkeit (i. w. S.) des gegenüber dem Störer zu erlassenden Eingriffsmittels faktisch bereits durch die Feststellung seiner Erforderlichkeit impliziert ist.

Schlussbetrachtung

A. Der prüfungstechnische Modifikationsbedarf des Verhältnismäßigkeitsgrundsatzes bei Ermessensreduzierungen auf Null in multipolaren Verwaltungsrechtsverhältnissen

Die Untersuchung des Verhältnismäßigkeitsgrundsatzes respektive seiner Bedeutung im Dreipersonenverhältnis unter Einbeziehung einer Ermessensreduzierung auf Null hat sowohl den Anpassungsbedarf des Verhältnismäßigkeitsgrundsatzes an die Emanzipation des Drittschutzes als auch die damit einhergehende Entwicklung des Verwaltungsrechtsverhältnisses von der Bipolarität zur Multipolarität bestätigt. Die diesbezüglich herausgearbeiteten Modifikationen der Verhältnismäßigkeitsprüfung sind maßgeblich beeinflusst durch die Verknüpfung von Mehrpersonenkonstellationen mit der – auf beeinträchtigten Drittbelangen beruhenden – Reduzierung behördlicher Ermessensspielräume. Der Verhältnismäßigkeitsgrundsatz als bedeutende Maxime des Rechtsstaats bedarf in diesen Fallkonstellationen konkreter Modifikationen, um auch in der Zukunft weiterhin als verfassungs- und verwaltungsrechtliches Schutzinstrument den drittbetroffenen Bürger vor Rechtseingriffen bewahren und in der Konsequenz Einzelfallgerechtigkeit herstellen zu können. Dieser Modifikationsbedarf beschränkt sich auf die inhaltlichen Anforderungen an die Prüfung der Teilgrundsätze der Geeignetheit, Erforderlichkeit und Angemessenheit sowie der vorgelagerten Frage des legitimen Eingriffszwecks. Keiner Veränderung bedarf hingegen die Struktur des Verhältnismäßigkeitsgrundsatzes an sich – die generelle Anwendung seiner Teilgrundsätze bietet den bürgerlichen Rechtsgütern auch bei zunehmend komplexeren und mehrseitigen Verwaltungsentscheidungen in ausreichendem Maße den von rechtstaatlicher Seite erforderlichen Schutz.

Als Grund für diesen Modifikationsbedarf ist neben der Doppelfunktion der Grundrechte insbesondere der weitreichende Einfluss einer vollständigen Reduzierung des behördlichen Entschließungsermessens anzusehen, welche sich in besonderen Fällen als rechtliche Konsequenz der behördlichen Sachverhaltsermittlung ergibt. Die für eine solche Reduzierung des behördlichen Entschließungsermessens tatbestandlich erforderliche, intensive Gefährdung besonders bedeutender Rechtsgüter führt das hierdurch veranlasste, sicherheitsrechtliche Verwaltungshandeln auf eine qualitativ höhere Stufe, wodurch in der Konsequenz auch an die Erfüllung der grundrechtlichen Schutzpflichten im Sinne von Art. 1 Abs. 1 Satz 2 GG i.V. m. Art. 1 Abs. 3 GG sowie den unmittelbar auch damit verbundenen, hoheitlichen Maßnahmen der Gefahrenabwehr entsprechend restriktivere – im Sinne von höhere – Anforderungen zu stellen sind. Diese Anpassung der sicherheitsrechtlichen Maßnahmen an die erhöhte Gefährdungsstufe beeinflusst auch die rechtsstaatlichen Anforderungen an den Verhältnismäßigkeitsgrundsatz – insbesondere unter Berücksichtigung der verfassungsrechtlichen Ansprüche an die Effektivität und Effizienz behördlicher Schutz- und Gefahrenabwehrmaßnahmen.

B. Prüfungstechnische Auswirkungen einer Ermessensreduzierung auf Null auf den Verhältnismäßigkeitsgrundsatz

Die prüfungsrelevanten Auswirkungen einer vollständigen Reduzierung des behördlichen Entschließungsermessens auf die Verhältnismäßigkeitsprüfung einer hoheitlichen, sicherheitsrechtlichen Eingriffsmaßnahme im untersuchten Dreipersonenverhältnis lassen sich grob in zwei Strömungen unterteilen:

Der festgestellte Bedarf an inhaltlicher Prüfungsmodifikation bezüglich der Frage des legitimen Maßnahmenzwecks wie auch im Hinblick auf die veränderten Anforderungen an die Geeignetheits- und Erforderlichkeitsprüfung, kann als „Weiterentwicklung" der Anforderungen aus dem klassischen bipolaren Verwaltungsrechtsverhältnis angesehen werden. Der Änderungsbedarf ist insoweit begrenzt und der Anpassung an die Doppelfunktion der Grundrechte sowie an die besondere Intensität der Gefährdungslage bei einer Ermessensreduzierung auf Null geschuldet. Dieser „Entwicklungsgedanke" kann jedoch aufgrund der Erheblichkeit der Veränderungen sowie dem damit einhergehenden Bedeutungsverlust nicht für den festgestellten Modifikationsbedarf der Angemessenheitsprüfung gelten, d.h. insoweit weniger von einer Fortentwicklung als von einer Art „Rückentwicklung" gesprochen werden.

I. Weiterentwicklung der Fragen des legitimen Zwecks, der Geeignetheit sowie der Erforderlichkeit

Besteht im sicherheitsrechtlichen Dreipersonenverhältnis eine Handlungsverpflichtung der Behörde aufgrund einer auf die Gefährdung von Drittbelangen zurückzuführenden Reduzierung ihres Entschließungsermessens auf Null, so impliziert diese Feststellung den legalen Zweck der im Einzelfall zu ergreifenden hoheitlichen Maßnahme. Dies hat zur Konsequenz, dass eine explizite

Vorprüfung des legitimen Ziels – im klassischen Zweipersonenverhältnis regelmäßig der Einstieg in die Verhältnismäßigkeitsprüfung einer Exekutivmaßnahme – obsolet wird.

Nicht obsolet, sondern vielmehr weitaus restriktiver zu handhaben ist im untersuchten Dreipersonenverhältnis mit Ermessensreduzierung auf Null die Prüfung der Tauglichkeit respektive Geeignetheit der Eingriffsmaßnahme gegenüber dem Störer. Die niedrigen Anforderungen an diesen Teilgrundsatz im bipolaren Rechtsbereich können aufgrund der besonderen Gefährdungslage – und damit unmittelbar zusammenhängend auch mit den grundrechtlichen Schutzpflichten des Staates gegenüber dem Drittbetroffenen – nicht aufrechterhalten werden. Es ist im Rahmen einer Ermessensreduzierung auf Null im hier untersuchten Mehrpersonenverhältnis nicht ausreichend, wie im bipolaren Verwaltungsrechtsverhältnis „Staat-Störer" lediglich festzustellen, dass die ergriffene, sicherheitsrechtliche Eingriffsmaßnahme „nicht offensichtlich ungeeignet" zur Beseitigung der Gefahr erscheint. Vielmehr verpflichten der staatliche Schutzauftrag gegenüber dem betroffenen Bürger, die Schwere der Rechtsgutbeeinträchtigung im Einzelfall sowie die generelle staatliche Pflicht zur Wiederherstellung der öffentlichen Sicherheit und Ordnung in der Konsequenz die Behörde, die positive Eignung der Maßnahme zur hinreichend sicheren und endgültigen Beseitigung der Gefahr respektive Störung positiv festzustellen.

Darüber hinaus führt eine derartige Ermessensreduzierung auf Null im Hinblick auf die Erforderlichkeit der behördlichen Eingriffsmaßnahme gegenüber dem Störer in Zweifelsfällen zu einer großzügigeren Interpretation des Erforderlichkeitsbegriffs: Die besondere Schwere der Rechtsgutbeeinträchtigung des Dritten darf von der Behörde im Einzelfall als Maß der maximal zulässigen Eingriffshärte gegenüber dem Störer angesehen werden, d.h. die Frage des mildesten, gleich effektiven Mittels orientiert sich im hier untersuchten Dreipersonenverhältnis maßgeblich an dem Maß der Beeinträchtigung respektive des Übergriffs durch den Störer. Hierdurch wird es der Sicherheitsbehörde erlaubt, im Rahmen des jeweiligen Störungsmaßes diejenige Maßnahme anzuwenden, die mit größtmöglicher Sicherheit die angestrebten Gefahr- respektive Störungsbeseitigung verspricht. Ein stufenweises „Herantasten" der Behörde vom schwächeren zum nächst schwereren Eingriff ist aufgrund der zugespitzten sicherheitsrechtlichen Gefährdungslage, der besonderen Bedeutung der gefährdeten Rechtsgüter sowie dem staatlichen Schutzauftrag gegenüber den bürgerlichen Grundrechten aus Art. 1 Abs. 1 Satz 2 GG i. V. m. Art. 1 Abs. 3 GG nicht zielführend. Vielmehr gestattet das der Ermessensreduzierung immanente, qualifizierte Störung- und Schutzmaß im Zweifelsfall einen „freizügigeren Umgang" der Behörde mit geeigneten Eingriffsmaßnahmen, solange die Belastungsstärke der jeweiligen Maßnahme noch der Intensität der Gefahrenlage entspricht – selbst wenn damit im Zweifelsfall eine geringfügig stärkere Belastung des Störers verbunden ist.

II. Bedeutungsverlust der Angemessenheitsprüfung und Schwerpunktverschiebung

Im Rahmen der Proportionalitätsfrage von Maßnahmezweck und Maßnahmemittel – dem klassischen Schwerpunkt der Verhältnismäßigkeitsprüfung im bipolaren Verwaltungsrechtsverhältnis – haben die Untersuchungen zum sicherheitsrechtlichen Dreipersonenverhältnis gezeigt, dass die Feststellung einer Ermessensreduzierung auf Null richtungsweisende Bedeutung für die im Rahmen des nachfolgenden Auswahlermessens durchzuführende Angemessenheitsprüfung hat. Dies zeigt sich insbesondere daran, dass die eigentliche Prüfung der Proportionalität respektive der dabei zu erfolgenden Abwägung der widerstreitenden Belange im Falle der Ermessensreduzierung auf Null faktisch nicht mehr stattfindet. Anstelle einer Gewichtung und gegenseitigen Abwägung der kollidierenden Belange dient die Angemessenheitsprüfung im untersuchten Dreipersonenverhältnis aufgrund der vorangegangenen Feststellung des reduzierten Entschließungsermessens regelmäßig nur noch der Evidenzkontrolle, mithin dem Ausschluss offensichtlich unangemessener bzw. willkürlicher Eingriffsmaßnahmen. In der Konsequenz ist im Hinblick auf die außergewöhnlichen Intensität der zugrundeliegenden Gefahrsituation, der besonderen Bedeutung der betroffenen Rechtsgüter, unter Beachtung des Rechtsverstoßes des Störers sowie aufgrund des staatlichen Schutzauftrags generell zu konstatieren, dass das im Einzelfall an den beschriebenen, modifizierten Anforderungen gemessene, geeignete und erforderliche Eingriffsmittel gegenüber dem Störer in aller Regel auch angemessen ist. Die vorab festgestellte Handlungsverpflichtung der Behörde und die hierbei implizierte objektive Gewichtung der beeinträchtigten Drittinteressen geben hierfür den maßgeblichen Ausschlag. Während die Angemessenheitsprüfung im bipolaren Rechtsverhältnis gerade ein Gegenüberstellen der Belange und somit einen Stärkevergleich im konkreten Einzelfall enthält – mithin von einem ursprünglichen Gleichgewicht der konfligierenden Belange auszugehen ist –, wird dieser Prüfungsinhalt im sicherheitsrechtlichen Dreipersonenverhältnis maßgeblich im Rahmen der behördlichen Feststellung einer Ermessensreduzierung auf Null vorweggenommen. Basierend auf dem dabei von Anfang an festgestellten, starken Ungleichgewicht zwischen den konfligierenden Rechtsgüter von

Drittem und Störer, kann das besondere Gewicht der betroffenen Drittbelange dabei – das konnte am Beispiel der Baubeseitigungsanordnung belegt werden – regelmäßig im Rahmen der Angemessenheitsprüfung nicht mehr durch die jeweiligen Störerinteressen aufgewogen und damit neutralisiert werden. Aufgabe der Angemessenheitsprüfung bleibt es damit im Regelfall, lediglich offensichtlich unangemessene Eingriffsmaßnahmen auszusortieren. Der eigentliche Schwerpunkt der Verhältnismäßigkeitsprüfung verschiebt sich jedoch von der Proportionalitätsfrage im Zweipersonenverhältnis insbesondere hin zur vorgezogenen, behördlichen Feststellung einer Ermessensreduzierung auf Null sowie in Grenzen auf die Frage des im Einzelfall erforderlichen Eingriffsmittels.

Literaturverzeichnis

Achterberg, Norbert: Die Rechtsordnung als Rechtsverhältnisordnung, Berlin 1982

Achterberg, Norbert (Hrsg.): Recht und Staat im sozialen Wandel, Festschrift für Hans Ulrich Scupin zum 80. Geburtstag, Berlin 1983 (zitiert: *Verfasser* in: FS f. Scupin)

Achterberg, Norbert / *Püttner,* Günter / *Würtenberger,* Thomas: Besonderes Verwaltungsrecht, 2. Auflage, Heidelberg 2000 (zitiert: *Verfasser* in: Achterberg/Püttner/Würtenberger, BesVerwR)

Ahlert, Wilhelm: Die Aufgabe der Polizei im allgemeinen Landrecht für die Preußischen Staaten von 1794, AöR 30 (1939), S. 129 ff.

Alexy, Robert: Theorie der Grundrechte, Baden-Baden 1985

Appel, Ivo: Das Verwaltungsrecht zwischen klassischem dogmatischen Verständnis und steuerungswissenschaftlichem Anspruch, VVDStRL 67 (2008), S. 226 ff.

Arnauld, A. von: Die normtheoretische Begründung des Verhältnismäßigkeitsgrundsatzes, JZ 2000, S. 276 ff.

Arnstedt, Oskar von: Das Preußische Polizeirecht, Band I, Berlin 1905

Aulehner, Josef: Grundrechte und Gesetzgebung, Tübingen 2011

Bachof, Otto: Die Dogmatik des Verwaltungsrechts vor den Gegenwartsaufgaben der Verwaltung, VVDStRL 30 (1972), S. 193 ff.

Badura, Peter: Staatsrecht, 5. Auflage, München 2012

Badura, Peter / *Dreier,* Horst (Hrsg.): Festschrift 50 Jahre Bundesverfassungsgericht, Band I, Tübingen 2001 (zitiert: *Verfasser* in: FS 50 Jahre BVerfG I)

Badura, Peter/*Dreier,* Horst (Hrsg.): Festschrift 50 Jahre Bundesverfassungsgericht, Band II, Tübingen 2001, (zitiert: *Verfasser* in: FS 50 Jahre BVerfG II)

Badura, Peter / *Scholz,* Rupert (Hrsg.): Wege und Verfahren des Verfassungslebens – Festschrift für Peter Lerche zum 65. Geburtstag, München 1993 (zitiert: *Verfasser* in: FS f. Lerche)

Bachof, Otto (Hrsg.): Forschungen und Berichte aus dem öffentlichen Leben – Gedächtnisschrift für Walter Jellinek, München 1955 (zitiert als: *Verfasser* in: GS f. Jellinek)

Bachof, Otto / *Heigl,* Ludwig / *Redeker,* Konrad (Hrsg.): Verwaltungsrecht zwischen Freiheit, Teilhabe und Bindung – Festgabe aus Anlaß des 25jährigen Bestehens des Bundesverwaltungsgerichts, München 1978 (zitiert: *Verfasser* in: FG 25 Jahre BVerwG)

Baer, Susanne: „Der Bürger" im Verwaltungsrecht, Tübingen 2006

Battis, Ulrich: Öffentliches Baurecht und Raumordnungsrecht, 5. Auflage, Stuttgart 2006

Battis, Ulrich / *Krautzberger*, Michael / *Löhr*, Rolf-Peter: Baugesetzbuch, Kommentar, 11. Auflage, München 2009 (zitiert: *Verfasser* in: Battis/Krautzberger/Löhr, BauGB)

Bauer, Hartmut: Geschichtliche Grundlagen der Lehre vom subjektiven öffentlichen Recht, Berlin 1986

Baumann, Wolfgang: Betroffensein durch Großvorhaben – Überlegungen zum Rechtsschutz im Atomrecht, BayVBl. 1982, S. 292 ff.

Beaucamp, Guy: Ermessen der Verwaltung: Frei? Pflichtgemäß? Reduziert? Intendiert? – Eine Bestandsaufnahme, JA 2006, S. 74 ff.

Becker, Ulrich / *Heckmann*, Dirk / *Kempen*, Bernhard / *Manssen*, Gerrit: Öffentliches Recht in Bayern, 5. Auflage, München 2011 (zitiert: *Verfasser* in: Becker/Heckmann/Kempen/Manssen)

Beisel, Daniel: Straf- und verfassungsrechtliche Problematiken des finalen Rettungsschusses, JA 1998, S. 721 ff.

Benda, Ernst / *Klein*, Eckart: Lehrbuch des Verfassungsprozessrechts, Heidelberg 1991

Bender, Bernd / *Dohle*, Rolf: Nachbarschutz im Zivil- und Verwaltungsrecht, München 1972

Berner, Georg / *Köhler*, Gerd Michael: Polizeiaufgabengesetz, 19. Auflage, Heidelberg u.a. 2008

Bernhardt, Rudolf: Zur Anfechtung von Verwaltungsakten durch Dritte, JZ 1963, S. 302 ff.

Bethge, Herbert: Der Grundrechtseingriff, VVDStRL 57 (1998), S. 7 ff.

Blech, Ulrich: Die Verhältnismäßigkeit nachträglicher Anordnungen nach § 17 Bundes-Immissionsschutzgesetz, Frankfurt am Main 1990

Bleckmann, Albert: Begründung und Anwendungsbereich des Verhältnismäßigkeitsprinzips, JuS 1994, S. 177 ff.

Bleckmann, Albert: Staatsrecht II – Grundrechte, 4. Aufl., Köln u.a. 1997

Böckenförde, Ernst Wolfgang: Staat, Gesellschaft, Freiheit, Frankfurt am Main 1976

Böckenförde, Ernst Wolfgang: Zur Lage der Grundrechtsdogmatik nach 40 Jahren Grundgesetz – erweiterte Fassung eines Vortrages gehalten in der Carl Friedrich von Siemens Stiftung am 19. Oktober 1989, Miesbach 1990

Borowski, Martin: Grundrechte als Prinzipien, Baden-Baden 1998

Breuer, Rüdiger: Baurechtlicher Nachbarschutz, DVBl. 1983, S. 431 ff.

Breuer, Rüdiger: Ausbau des Individualschutzes gegen Umweltbelastungen als Aufgabe des öffentlichen Rechts, DVBl. 1986, S. 849 ff.

Britz, Gabriele: Einzelfallgerechtigkeit versus Generalisierung, Tübingen 2008

Brügelmann, Hermann: Baugesetzbuch, Kommentar, Loseblatt, Band 1, 84. Ergänzungslieferung (Stand: September 2012), Stuttgart (zitiert: *Verfasser* in: Brügelmann, BauGB I)

Brügelmann, Hermann: Baugesetzbuch, Kommentar, Loseblatt, Band 2, 84. Ergänzungslieferung (Stand: September 2012), Stuttgart (zitiert: *Verfasser* in: Brügelmann, BauGB II)

Brügelmann, Hermann: Baugesetzbuch, Kommentar, Loseblatt, Band 3, 84. Ergänzungslieferung (Stand: September 2012), Stuttgart (zitiert: *Verfasser* in: Brügelmann, BauGB III)

Brügelmann, Hermann: Baugesetzbuch, Kommentar, Loseblatt, Band 6, 84. Ergänzungslieferung (Stand: September 2012), Stuttgart (zitiert: *Verfasser* in: Brügelmann, BauGB VI)

Bumke, Christian: Der Grundrechtsvorbehalt – Untersuchungen über die Begrenzung und Ausgestaltung der Grundrechte, Baden-Baden 1998

Bumke, Christian: Ausgestaltung von Grundrechten, Tübingen 2009

Busse, Jürgen / *Dirnberger*, Franz: Die neue Bayerische Bauordnung, 4. Auflage, Heidelberg u.a. 2009

Calliess, Christian: Rechtstaat und Umweltstaat, Tübingen 2001

Calliess, Christian: Gewährleistung von Freiheit und Sicherheit im Lichte unterschiedlicher Staats- und Verfassungsverständnisse, DVBl. 2003, S. 1096 ff.

Calliess, Christian: Die grundrechtliche Schutzpflicht im mehrpoligen Verfassungsrechtsverhältnis, JZ 2006, S. 321 ff.

Canaris, Claus-Wilhelm: Grundrechte und Privatrecht, AcP 184 (1984), S. 201 ff.

Canaris, Claus-Wilhelm: Grundrechtswirkungen und Verhältnismäßigkeitsprinzip in der richterlichen Anwendung und Fortbildung des Privatrechts, JuS 1989, S. 161 ff.

Conrad, Hermann / *Kleinmeyer,* Gerd: Vorträge über Recht und Staat, Köln u.a. 1960 (zitiert: *Verfasser* in: Vorträge über Staat und Recht)

Cremer, Wolfram: Freiheitsgrundrechte, Tübingen 2003

Därr, Manfred: Rechtsschutz für Schwarzbauten gegen Abbruch, DÖV 1976, S. 111 ff.

Dechsling, Rainer: Das Verhältnismäßigkeitsgebot, München 1989

Decker, Andreas: Der Rechtsschutz im Genehmigungsfreistellungsverfahren, JA 1998, S. 799 ff.

Decker, Andreas / *Konrad*, Christian: Bayerisches Baurecht, 3. Auflage, München 2011

Degenhart, Christoph: Staatsorganisationsrecht, 28. Auflage, Heidelberg 2012

Dietlein, Johannes: Der Anspruch auf polizei- oder ordnungsrechtliches Einschreiten, DVBl. 1991, S. 685

Dietlein, Johannes: Das Untermaßverbot, ZG 1995, S. 131 ff.

Di Fabio, Udo: Die Ermessensreduzierung, VerwArch 86 (1995), S. 214 ff.

Dreier, Horst (Hrsg.): Grundgesetz-Kommentar, Band I, 2. Auflage, Tübingen 2004 (zitiert: *Verfasser* in: Dreier, Grundgesetz-Kommentar I)

Dreier, Horst (Hrsg.): Grundgesetz-Kommentar, Band II, 2. Auflage, Tübingen 2006 (zitiert: *Verfasser* in: Dreier, Grundgesetz-Kommentar II)

Dürig, Günter: Der Grundrechtssatz von der Menschenwürde, AöR 81 (1956), 117 ff.

Eckhoff, Rolf: Der Grundrechtseingriff, Köln u.a. 1992

Eichler, Friedrich / *Oestreicher*, Ernst: Verwaltungsverfahrensgesetz, Kommentar, Loseblatt, 23. Ergänzungslieferung (Stand: 2001), Starnberg 1993

Engelhard, Hans: Finaler Rettungsschuß, ZRP 1989, S. 120 ff.

Engisch, Karl: Einführung in das juristische Denken, 1. Auflage, Stuttgart u.a. 1977

Erbguth, Wilfried (Hrsg.): Planung – Festschrift für Werner Hoppe zum 70. Geburtstag, München 2000 (zitiert: *Verfasser* in: FS f. Hoppe)

Erichsen, Hans-Uwe / *Ehlers*, Dirk (Hrsg.): Allgemeines Verwaltungsrecht, 14. Auflage, Berlin 2010 (zitiert: *Verfasser* in: Erichsen/Ehlers, Allg. Verwaltungsrecht)

Ernst, Werner / *Zinkahn*, Willy / *Bielenburg*, Walter (Hrsg.): Baugesetzbuch-Kommentar, Loseblatt, Band I, 106. Ergänzungslieferung (Stand: September 2012), München (zitiert: *Verfasser* in: Ernst/Zinkahn/Bielenburg, BauGB I)

Ernst, Werner / *Zinkahn*, Willy / *Bielenburg*, Walter (Hrsg.): Baugesetzbuch-Kommentar, Loseblatt, Band II, 106. Ergänzungslieferung (Stand: September 2012), München (zitiert: *Verfasser* in: Ernst/Zinkahn/Bielenburg, BauGB II)

Ernst, Werner / *Zinkahn*, Willy / *Bielenburg*, Walter (Hrsg.): Baugesetzbuch-Kommentar, Loseblatt, Band III, 106. Ergänzungslieferung (Stand: September 2012), München (zitiert: *Verfasser* in: Ernst/Zinkahn/Bielenburg, BauGB III)

Ernst, Werner / *Zinkahn*, Willy / *Bielenburg*, Walter (Hrsg.): Baugesetzbuch-Kommentar, Loseblatt, Band V, 106. Ergänzungslieferung (Stand: September 2012), München (zitiert: *Verfasser* in: Ernst/Zinkahn/Bielenburg, BauGB V)

Ernst, Werner / *Zinkahn*, Willy / *Bielenburg*, Walter (Hrsg.): Baugesetzbuch-Kommentar, Loseblatt, Band VI, 106. Ergänzungslieferung (Stand: September 2012), München (zitiert: *Verfasser* in: Ernst/Zinkahn/Bielenburg, BauGB VI)

Eyermann, Erich: Verwaltungsgerichtsordnung, Kommentar, 13. Auflage, München 2010 (zitiert: *Verfasser* in: Eyermann, VwGO)

Ferner, Hilmar / *Kröninger*, Holger / *Aschke*, Manfred: Baugesetzbuch mit Baunutzungsverordnung, Kommentar, 2. Auflage, Baden-Baden 2008 (zitiert: *Verfasser* in: Ferner/Kröninger/Aschke, BauGB)

Fickert, Hans Carl / *Fieseler*, Herbert: Baunutzungsverordnung, Kommentar, 11. Auflage, Stuttgart 2008 (zitiert: *Fickert/Fieseler*, BauNVO)

Finkelnburg, Klaus / *Ortloff*, Karsten Michael / *Otto*, Christian-W.: Öffentliches Baurecht, Band II, 6. Auflage, München 2010

Fischer, Markus: Formelle und materielle Illegalität?, NVwZ 2004, S. 1057 ff.

Fleiner, Fritz: Institutionen des deutschen Verwaltungsrechts, 2. Auflage, Tübingen 1912

Fleiner, Thomas: Recht und Gerechtigkeit – Eine Einführung in rechtliche und staatsphilosophische Grundfragen, Zürich 1975

Fohmann, Lothar H.: Konkurrenzen und Kollisionen im Grundrechtsbereich, EuGRZ 1985, S. 49 ff.

Frankenberg, Günter: Staatstechnik – Perspektiven auf Rechtstaat und Ausnahmezustand, Berlin 2010

Gallwas, Hans-Ullrich / *Wolff*, Heinrich Amadeus: Bayerisches Polizei- und Sicherheitsrecht, 3. Auflage, Stuttgart u. a. 2004 (zitiert: *Verfasser* in: Gallwas/Wolff, Bay. Polizei- und Sicherheitsrecht)

Gellermann, Martin: Grundrechte in einfachgesetzlichem Gewande, Tübingen 2000

Gentz, Manfred: Zur Verhältnismäßigkeit von Grundrechtseingriffen, NJW 1968, S. 1600 ff.

Gern, Alfons: Die Ermessensreduzierung auf Null, DVBl. 1987, S. 1194 ff.

Götz, Volkmar: Allgemeines Polizei- und Ordnungsrecht, 15. Auflage, München 2010

Grabitz, Eberhard: Freiheit und Verfassungsrecht, Tübingen 1976

Grabitz, Eberhard: Der Grundsatz der Verhältnismäßigkeit in der Rechtsprechung des Bundesverfassungsgerichts, AöR 98 (1973), S. 568 ff.

Grimm, Dieter: Die Zukunft der Verfassung, Frankfurt, 1994

Grote, Rainer / *Härtel*, Ines / *Hain*, Karl-E. / *Schmidt*, Thorsten Ingo / *Schmitz*, Thomas / *Schuppert*, Gunnar Folke / *Winterhoff*, Christian (Hrsg.): Die

Ordnung der Freiheit – Festschrift für Christian Starck zum siebzigsten Geburtstag, Tübingen 2007 (zitiert: *Verfasser* in: FS f. Starck)

Grupp, Klaus: Das Angebot des anderen Mittels, VerwArch. 69 (1978), 125 ff.

Hain, Karl-Eberhard: Der Gesetzgeber in der Klemme zwischen Übermaß- und Untermaßverbot, DVBl. 1993, S. 982 ff.

Hain, Karl-Eberhard: Das Untermaßverbot in der Kontroverse, ZG 1996, S. 75 ff.

Hain, Karl-Eberhard / *Schlette*, Volker / *Schmitz*, Thomas: Ermessen und Ermessensreduktion – ein Problem im Schnittpunkt von Verfassungs- und Verwaltungsrecht, AöR 122 (1997), S. 33 ff.

Hanau, Hans: Der Grundsatz der Verhältnismäßigkeit als Schranke privater Gestaltungsmacht, Tübingen 2004

Heinsohn, Stephanie: Der öffentlichrechtliche Grundsatz der Verhältnismäßigkeit, Hamburg 1997

Held-Daab, Ulla: Das freie Ermessen, Berlin 1996

Henke, Wilhelm: Das subjektive öffentliche Recht auf Eingreifen der Polizei, DVBl. 1964, S. 649

Hesse, Konrad: Grundzüge des Verfassungsrechts der Bundesrepublik Deutschland, 21. Auflage, Heidelberg 1999

Heusch, Andreas: Der Grundsatz der Verhältnismäßigkeit im Staatsorganisationsrecht, Berlin 2003

Hippel, Eike von: Die Konkretisierung von Grundrechtsnormen, NJW 1967, S. 539 ff.

Hirschberg, Lothar: Der Grundsatz der Verhältnismäßigkeit, Göttingen 1981

Hofer-Zeni, Herbert: Das Ermessen im Spannungsfeld von Rechtsanwendung und Kontrolle, Wien u.a. 1981

Hofmann, Ekkehard: Abwägung im Recht, Tübingen 2007

Hoffmann-Riem, Wolfgang: Reform des Allgemeinen Verwaltungsrechts: Vorüberlegungen, DVBl. 1994, S. 1381 ff.

Hoffmann-Riem, Wolfgang / *Schmidt-Aßmann*, Eberhard (Hrsg.): Innovation und Flexibilität des Verwaltungshandelns, Baden-Baden 1994 (zitiert: *Verfasser* in: Hoffmann-Riem/Schmidt-Aßmann, Innovation)

Hoffmann-Riem, Wolfgang / *Schmidt-Aßmann*, Eberhard / *Schuppert*, Gunnar Folke (Hrsg.): Reformen des Allgemeinen Verwaltungsrechts, Baden-Baden 1993 (zitiert: *Verfasser* in: Hoffmann-Riem/Schmidt-Aßmann/Schuppert, Reformen des Allgemeinen Verwaltungsrechts)

Hoffmann-Riem, Wolfgang / *Schmidt-Aßmann*, Eberhard / *Voßkuhle*, Andreas (Hrsg.): Grundlagen des Verwaltungsrechts, Band I, 2. Aufl., München

2012 (zitiert: *Verfasser* in: Hoffmann-Riem/Schmidt- Aßmann/Voßkuhle, Grundlagen des Verwaltungsrechts I)

Hoffmann-Riem, Wolfgang / *Schmidt-Aßmann*, Eberhard / *Voßkuhle*, Andreas (Hrsg.): Grundlagen des Verwaltungsrechts, Band II, 2. Aufl., München 2012 (zitiert: *Verfasser* in: Hoffmann-Riem/Schmidt-Aßmann/Voßkuhle, Grundlagen des Verwaltungsrechts II)

Hoppe, Werner / *Bönker*, Christian / *Grotefels*, Susan: Öffentliches Baurecht, 4. Auflage, München 2010 (zitiert: *Verfasser* in: Hoppe/Bönker/Grotefels, BauGB)

Hotz, Werner Friedrich: Zur Notwendigkeit und Verhältnismässigkeit von Grundrechtseingriffen, Zürich 1977

Huber, Peter-Michael: Konkurrenzschutz im Verwaltungsrecht, Tübingen 1991

Hubmann, Heinrich: Wertung und Abwägung im Recht, Köln u.a. 1977

Hubmann, Heinrich: Grundsätze der Interessenabwägung, AcP 155 (1956), S. 85 ff.

Huck, Winfried / *Müller*, Martin: Verwaltungsverfahrensgesetz, Kommentar, München 2011(zitiert: *Verfasser* in: Huck/Müller, VwVfG)

Hübner, UIrich / *Ebke*, Werner F. (Hrsg.): Festschrift für Bernhard Großfeld zum 65. Geburtstag, Heidelberg 1999 (zitiert: *Verfasser* in: FS f. Großfeld)

Ihlefeld, Thomas: Das Gebot der Rücksichtnahme in der Diskussion um das subjektiv-öffentliche Recht des Nachbarn, Osnabrück 1988

Ipsen, Hans Peter: Besprechung von: Klaus Stern, Das Staatsrecht der Bundesrepublik Deutschland, Band I, AöR 103 (1978), S. 413

Ipsen, Jörn: „Stufentheorie" und Übermaßverbot - Zur Dogmatik des Art. 12 GG, JuS 1990, S. 634 ff.

Ipsen, Jörn: Staatsrecht II, 11. Auflage, München 2008

Ipsen, Jörn: Allgemeines Verwaltungsrecht, 8. Auflage, Köln u.a. 2012

Isensee, Josef: Das Grundrecht auf Sicherheit – Zu den Schutzpflichten des freiheitlichen Verfassungsstaates, Berlin u.a. 1983

Isensee, Josef / *Kirchhof*, Paul (Hrsg.): Handbuch des Staatsrechts der Bundesrepublik Deutschland, Band III, 2. Aufl., Heidelberg 1988 (zitiert: *Verfasser* in: Handbuch des Staatsrechts III)

Isensee, Josef / *Kirchhof*, Paul (Hrsg.): Handbuch des Staatsrechts der Bundesrepublik Deutschland, Band III, 3. Aufl., Heidelberg 2005 (zitiert: *Verfasser* in: Handbuch des Staatsrechts III, (3. Aufl.))

Isensee, Josef / *Kirchhof*, Paul (Hrsg.): Handbuch des Staatsrechts der Bundesrepublik Deutschland, Band V, 2.Aufl., Heidelberg 1992 (zitiert: *Verfasser* in: Handbuch des Staatsrechts V)

Isensee, Josef / *Kirchhof,* Paul (Hrsg.): Handbuch des Staatsrechts der Bundesrepublik Deutschland, Band V, 3.Aufl., Heidelberg 2007 (zitiert: *Verfasser* in: Handbuch des Staatsrechts V, (3.Aufl.))

Isensee, Josef / *Kirchhof,* Paul (Hrsg.): Handbuch des Staatsrechts der Bundesrepublik Deutschland, Band IX, Heidelberg 2011 (zitiert: *Verfasser* in: Handbuch des Staatsrechts IX)

Jaeckel, Liv: Schutzpflichten im deutschen und europäischen Recht, Baden-Baden 2001

Jäde, Henning: Bauaufsichtliche Maßnahmen, 3. Auflage, Stuttgart u.a. 2009

Jäde, Henning / *Dirnberger,* Franz / *Bauer,* Karl / *Weiß,* Josef: Die neue Bayerische Bauordnung, Band II, Kommentar, Loseblatt, 54. Ergänzungslieferung (Stand: Januar 2013), Stuttgart u.a. (zitiert: *Verfasser* in: Jäde/Dirnberger/Bauer/Weiß, BayBO II)

Jäde, Henning / *Dirnberger,* Franz / *Weiß,* Josef: Baugesetzbuch / Baunutzungsverordnung, Kommentar, 6. Auflage, Stuttgart u.a. 2010 (zitiert: *Verfasser* in: Jäde/Dirnberger/Weiß, BauGB/BauNVO)

Jäde, Henning: Das bauplanungsrechtliche Rücksichtnahmegebot, JuS 1999, S. 961 ff.

Jäde, Henning: Die bauaufsichtliche Lebenslüge, die Schutznormtheorie und das Bundesverwaltungsgericht, UPR 1998, S. 326 ff.

Jäde, Henning: „Schwarzbau" und Bauaufsicht – Grundprobleme von Beseitigungsanordnung, Nutzungsuntersagung und Baueinstellung, ThürVBl. 1993, S. 82 ff.

Jakobs, Michael Ch.: Der Grundsatz der Verhältnismäßigkeit, Köln u.a. 1985

Jakobs, Michael Ch.: Der Grundsatz der Verhältnismäßigkeit, DVBl. 1985, S. 97 ff.

Jarass, Hans D. / *Pieroth,* Bodo: Grundgesetz-Kommentar, 12. Auflage, München 2012 (zitiert: *Verfasser* in: Jarass/Pieroth, GG-Kommentar)

Jellinek, Georg: System der subjektiven öffentlichen Rechte, 2. Auflage, Tübingen 1919

Jellinek, Walter: Gesetzesanwendung und Zweckmäßigkeitserwägungen, Tübingen 1913

Jesch, Dietrich: Gesetz und Verwaltung, 2. Auflage, Tübingen 1968

Jestaedt, Matthias: Grundrechtsentfaltung im Gesetz, Tübingen 1999 *Kahl,* Wolfgang / *Waldhoff,* Christian / *Walter,* Christian (Hrsg.): Bonner Kommentar zum Grundgesetz, Loseblatt, Band 1, 160. Aktualisierung (Stand: März 2013), Heidelberg (zitiert: *Verfasser* in: Bonner Kommentar zum Grundgesetz I)

Kern, Fritz: Gottesgnadentum und Widerstandsrecht im frühen Mittelalter, Darmstadt 1962

Kischel, Uwe: Formelle und materielle Illegalität im Recht der Gefahrenabwehr, DVBl. 1996, S. 185 ff.

Klein, Eckart: Grundrechtliche Schutzpflichten des Staates, NJW 1989, S. 1633 ff.

Klein, Oliver: Das Untermaßverbot – Über die Justiziabilität grundrechtlicher Schutzpflichterfüllung, JuS 2006, S. 960 ff.

Kloepfer, Michael: Grundrechte als Entstehenssicherung und Bestandschutz, München 1970

Knack, Hans Joachim / *Henneke*, Hans Günter: Verwaltungsverfahrensgesetz, Kommentar, 9. Auflage, Köln 2010 (zitiert: *Verfasser* in: Knack/Henneke, VwVfG)

Knemeyer, Franz-Ludwig: Polizei-und Ordnungsrecht, 11. Auflage, München 2007

Koch, Hans / *Molodovsky*, Paul / *Famers*, Gabriele (Hrsg.): Bayerische Bauordnung, Band I, Loseblatt, 107. Ergänzungslieferung (Stand: März 2013), Heidelberg u.a. (zitiert: *Verfasser* in: Koch/Molodovsky/Famers, BayBO I)

Koch, Oliver: Der Grundsatz der Verhältnismäßigkeit in der Rechtsprechung des Gerichtshofs der Europäischen Gemeinschaften, Berlin 2003

König, Helmut / *Roeser*, Thomas / *Stock*, Jürgen: Baunutzungsverordnung, Kommentar, 2. Auflage, München 2003

König, Klaus: Verwaltungsstaat im Übergang – Transformation, Entwicklung, Modernisierung, Baden-Baden 1999

König, Klaus (Hrsg.): Deutsche Verwaltung an der Wende zum 21. Jahrhundert, Baden-Baden 2002 (zitiert: *Verfasser* in: König, Verwaltung)

König, Sigurd: Drittschutz: der Rechtsschutz Drittbetroffener gegen Bau- und Anlagengenehmigungen im öffentlichen Baurecht, Immissionsschutzrecht und Atomrecht, Berlin 1993

Kopp, Ferdinand O. / *Ramsauer*, Ulrich: VwVfG, Kommentar, 12. Auflage, München 2011

Kopp, Ferdinand O. / *Schenke*, Wolf-Rüdiger: VwGO, Kommentar, 19. Auflage, München 2013

Kraft, Ingo: Folgenbeseitigung in dreipoligen Rechtsverhältnissen, BayVBl. 1992, S. 456 ff.

Krauss, Rupprecht von: Der Grundsatz der Verhältnismäßigkeit, Hamburg 1955

Krueger, Herbert: Die Einschränkung von Grundrechten nach dem Grundgesetz, DVBl. 1950, S. 625 ff.

Krugmann, Michael: Der Grundsatz der Verhältnismäßigkeit im Völkerrecht, Berlin 2004

Kühling, Jürgen / *Wintermeier*, Florian: Die Bauleitplanung als Gegenstand plebiszitärer Bürgerbeteiligung, DVBl. 2012, S. 317 ff.

Küper, Wilfried: Tötungsversuch und Lebensnotstand, JuS 1981, S. 785 ff.

Langheineken, Uwe: Der Grundsatz der Verhältnismäßigkeit, Wiesbaden 1972

Larenz, Karl: Methodenlehre der Rechtswissenschaft, 4. Auflage, Berlin u.a. 1979

Laub, Karin: Die Ermessensreduzierung in der verwaltungsgerichtlichen Rechtsprechung, München 2000

Leibholz, Gerhard / *Rinck*, Hans-Justus (Hrsg.): Grundgesetz für die Bundesrepublik Deutschland, Kommentar–Rechtsprechung des Bundesverfassungsgerichts, Band I, Loseblatt, 60. Ergänzungslieferung (Stand: Oktober 2012), Köln (zitiert: *Leibholz/Rinck*, GG I)

Leipholz, Gerhard: Die Gleichheit vor dem Gesetz, München 1925

Leisner, Walter: Der Abwägungsstaat, Berlin 1997

Lerche, Peter: Übermaß und Verfassungsrecht, 2. Auflage, Goldbach 1999

Lerche, Peter / *Schmitt Glaeser*, Walter / *Aßmann*, Eberhard: Verfahren als staats- und verwaltungsrechtliche Kategorie, Heidelberg 1984 (zitiert: *Verfasser* in: Lerche/Schmitt Glaeser/Aßmann)

Link, Christoph: Herrschaftsordnung und bürgerliche Freiheit – Grenzen der Staatsgewalt in der älteren deutschen Staatslehre, Wien u.a. 1979

Lohmöller, Stefan: Anwendungsbezogene Rechtsschutzkompensation am Beispiel des „deregulierten" Bayerischen Bauordnungsrechts, Frankfurt am Main 2003

Lücke, Jörg: Die Grundsätze der Verhältnismäßigkeit und der Zumutbarkeit, DÖV 1974, S. 769 ff.

Lutter, Marcus / *Stimpel*, Walter / *Wiedemann*, Herbert (Hrsg.): Festschrift für Robert Fischer, Berlin / New York 1979 (zitiert: *Verfasser* in: FS f. Fischer)

Malluche, Hans-Rainer: Opportunitätsprinzip, Würzburg 1978

Mampel, Dietmar: Nachbarschutz im öffentlichen Baurecht, Herne u.a. 1994

Mampel, Dietmar: § 34 Abs. 2 BauGB dient auch dem Schutz des Nachbarn – Überlegungen zur Harmonisierung des Drittschutzes im Plangebiet und im unbeplanten Bereich, BauR 1994, S. 299 ff.

Mampel, Dietmar: Formelle und materielle Illegalität – Zu den Voraussetzungen von Abbruchverfügungen BauR 1996, S. 13 ff.

Mampel, Dietmar: Zum Anspruch des Dritten auf bauaufsichtliches Einschreiten, DVBl. 1999, S. 1403 ff.

Mangoldt, Hermann von / *Klein*, Friedrich / *Starck*, Christian: Kommentar zum Grundgesetz, Band 1, 6. Auflage, München 2010 (zitiert: *Verfasser* in: Mangoldt/Klein/Starck, GG I)

Mann, Jürgen: Das gestufte Verwaltungsverfahren im Baurecht, Frankfurt am Main 1992

Manssen, Gerrit: Privatrechtsgestaltung durch Hoheitsakt, Tübingen 1994

Martens, Wolfgang: Der Schutz des Einzelnen im Polizei- und Ordnungsrecht, DÖV 1976, S. 457 ff.

Martens, Wolfgang: Wandlungen im Recht der Gefahrenabwehr, DÖV 1982, S. 89 ff.

Marx, Michael: Zur Definition des Begriffs „Rechtsgut", Saarbrücken u.a. 1972

Maunz, Rudolf: Rechtsansprüche des Verletzten auf Einschreiten der Ordnungsbehörde gegen den Störer, BayVBl. 1977, S. 135

Maunz, Theodor / *Dürig*, Günter (Hrsg.): Grundgesetz-Kommentar, Band I, Loseblatt, 67. Ergänzungslieferung (Stand: November 2012), München (zitiert: *Verfasser* in: Maunz/Dürig, GG-Kommentar I)

Maunz, Theodor / *Dürig*, Günter (Hrsg.): Grundgesetz-Kommentar, Band III, Loseblatt, 67. Ergänzungslieferung (Stand: November 2012), München (zitiert: *Verfasser* in: Maunz/Dürig, GG-Kommentar III)

Maurer, Hartmut: Staatsrecht I, 6. Auflage, München 2010

Maurer, Hartmut: Allgemeines Verwaltungsrecht, 18. Auflage, München 2011

Mayer, Otto: Deutsches Verwaltungsrecht, Band I, Leipzig 1914

Medicus, Dieter: Der Grundsatz der Verhältnismäßigkeit im Privatrecht, AcP 192 (1992), S. 35 ff.

Merten, Detlef / *Schmidt*, Reiner / *Stettner*, Rupert (Hrsg.): Der Verwaltungsstaat im Wandel – Festschrift für Franz Knöpfle zum 70. Geburtstag, München 1996 (zitiert: *Verfasser* in: FS f. Knöpfle)

Merten, Detlef / *Papier*, Hans-Jürgen (Hrsg.): Handbuch der Grundrechte, Band I, Heidelberg 2004 (zitiert: *Verfasser* in: Handbuch der Grundrechte I)

Merten, Detlef / *Papier*, Hans-Jürgen (Hrsg.): Handbuch der Grundrechte, Band II, Heidelberg 2006 (zitiert: *Verfasser* in: Handbuch der Grundrechte II)

Möstl, Markus: Probleme der verfassungsprozessualen Geltendmachung gesetzgeberischer Schutzpflichten, DÖV 1998, S. 1029 ff.

Müller, Horst Joachim: Anmerkung zu BVerwG, Urt. v. 25.02.1977 – IV C 22.75, DVBl. 1978, S. 80 f.

Müller-Franken, Sebastian: Maßvolles Verwalten, Tübingen 2004

Münch, Ingo von / *Kunig*, Philip: Grundgesetz, Kommentar, Band 1, 6. Auflage, München 2012 (zitiert: *Verfasser* in: Münch/Kunig I)

Münzberg, Wolfgang: Verhalten und Erfolg als Grundlagen der Rechtswidrigkeit und Haftung, Frankfurt am Main 1966

Neuner, Jörg (Hrsg.): Grundrechte und Privatrecht aus rechtsvergleichender Sicht, Tübingen 2007 (zitiert: *Verfasser* in: Neuner, Grundrechte und Privatrecht)

Numberger, Ulrich: Abstandsflächenrecht und Nachbarschutz im vereinfachten Baugenehmigungsverfahren der Bayerischen Bauordnung 2008, BayVBl. 2008, S. 741 ff.

Ossenbühl, Fritz: Die gerichtliche Überprüfung der Beurteilung technischer und wirtschaftlicher Fragen in Genehmigungen des Baus von Kraftwerken, DVBl. 1978, S. 1 ff.

Ossenbühl, Fritz: Eigentumsgarantie und Umweltschutz, Heidelberg 1990 (zitiert: *Verfasser* in: Eigentumsgarantie und Umweltschutz)

Ossenbühl, Fritz / Cornils, Matthias: Staatshaftungsrecht, 6. Auflage, München 2013

Palandt, Otto: Bürgerliches Gesetzbuch, Kommentar, 72. Auflage, München 2013 (zitiert: Palandt/*Verfasser*, BGB)

Pausch, Wolfgang: Die Rechtmäßigkeit der vorhandenen gesetzlichen Regelungen des Todesschusses in den Polizeigesetzen des Bundes und der Länder, Gießen 1997

Pernice, Ingolf: Billigkeit und Härteklauseln im öffentlichen Recht, Baden-Baden 1991

Pieroth, Bodo / *Schlink,* Bernhard: Staatsrecht II – Grundrechte, 28. Auflage, Heidelberg u.a. 2012

Pietrzak, Alexandra: Die Schutzpflicht im verfassungsrechtlichen Kontext, JuS 1994, S. 748 ff.

Poscher, Ralf: Grundrechte als Abwehrrechte, Tübingen 2003

*Preu,*Peter: Freiheitsgefährdung durch die Lehre von den grundrechtlichen Schutzpflichten, JZ 1991, S. 265 ff.

Preu, Peter: Subjektivrechtliche Grundlagen des öffentlichrechtlichen Drittschutzes, Berlin 1992

Püttner, Günther (Hrsg.): Festschrift für Otto Bachof, München 1984 (zitiert: *Verfasser* in: FS f. Bachof)

Rabe, Klaus: Das Vorgehen der Bauaufsichtsbehörde gegen illegale Bauwerke, BauR 1978, S. 166 ff.

Ramm, Thilo: Der Wandel der Grundrechte und der freiheitliche soziale Staat, JZ 1972, S. 137 ff.

Rasch, Ernst: Die Abbruchverfügung, BauR 1975, S. 94 ff.

Redeker, Konrad / *Oertzen*, Hans-Joachim: Verwaltungsgerichtsordnung, 15. Auflage, Stuttgart 2010 (zitiert: *Redeker/Oertzen*, VwGO)

Remmert, Barbara: Verfassungs- und verwaltungsrechtsgeschichtliche Grundlagen des Übermaßverbotes, Heidelberg 1995

Rosin, Heinrich: Der Begriff der Polizei und der Umfang des polizeilichen Verfügungs- und Verordnungsrechts in Preußen, VerwArch 3 (1895), S. 260

Roth, Andreas: Verwaltungshandeln mit Drittbetroffenheit und Gesetzesvorbehalt, Berlin 1991

Rupp, Hans Heinrich: Das Grundrecht der Berufsfreiheit in der Rechtsprechung des Bundesverfassungsgerichts, AöR 92 (1967), S. 212 ff.

Rüthers, Bernd / *Stern*, Klaus (Hrsg.): Freiheit und Verantwortung im Verfassungsstaat, Festgabe zum 10jährigen Jubiläum der Gesellschaft für Rechtspolitik, München 1984 (zitiert: *Verfasser* in: FG 10 Jahre GfR)

Säcker, Franz Jürgen / *Rixecker*, Roland / *Oetker*, Hartmut (Hrsg.): Münchener Kommentar zum Bürgerlichen Gesetzbuch, Band 2, 6. Auflage, München 2012 (zitiert: *Verfasser* in: MüKo II)

Säcker, Franz Jürger / *Rixecker*, Roland / *Oetker*, Hartmut (Hrsg.): Münchener Kommentar zum Bürgerlichen Gesetzbuch, Band 6, 6. Auflage, München 2013 (zitiert: *Verfasser* in: MüKo VI)

Sarnighausen, Hans-Cord: Zum Nachbaranspruch auf baubehördliches Einschreiten, NJW 1993, S. 1623

Sarnighausen, Wolf: Behördliche Ermessensbindungen zum Schutz des Nachbarn gegen genehmigungsfreie Wohnbauten, UPR 1998, S. 329 ff.

Scheerbarth, Walter: Das allgemeine Bauordnungsrecht, 2. Auflage, Köln 1966

Scheuner, Ulrich: Grundrechtsinterpretation und Wirtschaftsordnung, DÖV 1956, S. 65 ff.

Schlichter, Otto: Baurechtlicher Nachbarschutz, NVwZ 1983, S. 641 ff.

Schlichter, Otto: Das baurechtliche Gebot der Rücksichtnahme, DVBl. 1984, S. 875 ff.

Schlichter, Otto / *Stich*, Rudolf (Hrsg.): Berliner Kommentar zum Baugesetzbuch, 2. Auflage, Köln u.a. 1995 (zitiert: *Verfasser* in: Schlichter/Stich, BauGB)

Schlink, Bernhard: Abwägung im Verfassungsrecht, Berlin 1976

Schlözer, August Ludwig: Allgemeines Statsrecht und Statsverfassungslere, Göttingen 1793

Schmidt, Rolf: Verwaltungsprozessrecht, 15. Auflage, Grasberg 2013

Schmidt-Aßmann, Eberhard / *Hoffmann-Riem*, Wolfgang: Methoden der Verwaltungsrechtswissenschaft, Baden-Baden 2004 (zitiert: *Verfasser* in: Schmidt-Aßmann/Hoffmann-Riem, Methoden der Verwaltungsrechtswissenschaft)

Schmidt-Aßmann, Eberhard / *Sellner*, Dieter / *Hirsch*, Günter / *Kemper*, Gerd- Heinrich / *Lehmann-Grube*, Hinrich (Hrsg.): Festgabe 50 Jahre Bundesverwaltungsgericht, Köln u.a. 2003 (zitiert: *Verfasser* in: FG 50 Jahre BVerwG)

Schmidt-Aßmann, Eberhard: Das allgemeine Verwaltungsrecht als Ordnungsidee, 2. Auflage, Berlin u.a. 2004

Schmidt-Preuß, Matthias: Möglichkeiten und Grenzen reduzierter Regelungsgehalte von Parallelgenehmigungen, DVBl. 1991, S. 229 ff.

Schmidt-Preuß, Matthias: Kollidierende Privatinteressen im Verwaltungsrecht, 2. Auflage, Berlin 2005

Schmitt, Carl: Verfassungslehre, München/Leipzig 1928

Schnapp, Friedrich E.: Anmerkung zu VG Saarlouis – Urteil vom 12.12.1968, DVBl. 1969, S. 596

Schnapp, Friedrich E.: Die Verhältnismäßigkeit von Grundrechtseingriffen, JuS 1983, S. 850 ff.

Schneider, Harald: Die Güterabwägung des Bundesverfassungsgerichts bei Grundrechtskonflikten, Baden-Baden 1979

Schoch, Friedrich: Grundfälle zum Polizei- und Ordnungsrecht, JuS 1994, S. 754

Schoch, Friedrich: Das verwaltungsbehördliche Ermessen, JURA 2004, S. 462 ff.

Schoen, Xaver: Die Grenzen der Verwaltungsgerichtsbarkeit, DÖV 1955, S. 137 ff.

Schöpfer, Siegfried R.: Die ablehnende Entscheidung nach § 172 BauGB – gebundene Entscheidung oder Ermessensentscheidung, NVwZ 1991, S. 551

Schreiber, Manfred (Hrsg.): Polizeilicher Eingriff und Grundrechte – Festschrift zum 70. Geburtstag von Rudolf Samper, Stuttgart 1982 (zitiert: *Verfasser* in: FS f. Samper)

Schrödter, Hans: Anmerkung zu BVerwG, Urt. v. 25.02.1977 – IV C 22.75 – DVBl. 1977, S. 722 ff., DVBl. 1977, S. 726 f.

Schulte, Bernd H.: Rechtsgutbegriff und Öffentliches Recht, Frankfurt am Main 1980

Schulte, Bernd H.: Rechtsgüterschutz durch Bauordnungsrecht, Berlin 1982

Schuppert, Gunnar Folke: Funktionell-rechtliche Grenzen der Verfassungsinterpretation, Königstein 1980

Schwarzer, Herbert / *König*, Helmut: Bayerische Bauordnung, 4. Auflage, München 2012

Schwerdtfeger, Gunther: Grundrechtlicher Drittschutz im Baurecht, NVwZ 1982, S. 5 ff.

Sellmann, Martin: Entwicklung und Problematik der öffentlich-rechtlichen Nachbarklage im Baurecht, DVBl. 1963, S. 273 ff.

Selmer, Peter (Hrsg.): Gedächtnisschrift für Wolfgang Martens, Berlin 1987 (zitiert: *Verfasser* in: GS f. W. Martens)

Sening, Christoph: Eigenwert und Eigenrechte der Natur?, NuR 1989, S. 325 ff.

Simon, Alfons / *Busse*, Jürgen (Hrsg.): Bayerische Bauordnung – Kommentar, Loseblatt, Band 1, 110. Ergänzungslieferung (Stand: November 2012), München (zitiert: *Verfasser* in: Simon/Busse, BayBO I)

Sobota, Katharina: Das Prinzip Rechtsstaat, Tübingen 1997

Spannowsky, Willy / *Uechtritz*, Michael: Baugesetzbuch, Kommentar, München 2009 (zitiert: *Verfasser* in: Spannowsky/Uechtritz, BauGB)

Starck, Christian (Hrsg.): Bundesverfassungsgericht und Grundgesetz, Festgabe aus Anlaß des 25jährigen Bestehens des Bundesverfassungsgerichts, Erster Band, Tübingen 1976 (zitiert: *Verfasser* in: FG 25 Jahre BVerfG I)

Starck, Christian (Hrsg.): Bundesverfassungsgericht und Grundgesetz, Festgabe aus Anlaß des 25jährigen Bestehens des Bundesverfassungsgerichts, Zweiter Band, Tübingen 1976 (zitiert: *Verfasser* in: FG 25 Jahre BVerfG II)

J. von Staudingers Kommentar zum Bürgerlichen Gesetzbuch, Zweites Buch – Recht der Schuldverhältnisse §§ 255- 304 BGB, Neubearbeitung 2009 (zitiert: Staudinger/*Verfasser,* BGB)

J. von Staudingers Kommentar zum Bürgerlichen Gesetzbuch, Zweites Buch – Recht der Schuldverhältnisse §§ 433 – 487 BGB, Neubearbeitung 2004 (zitiert: Staudinger/*Verfasser,* BGB)

J. von Staudingers Kommentar zum Bürgerlichen Gesetzbuch mit Einführungsgesetz und Nebengesetzen, Drittes Buch – Sachenrecht, §§ 985 – 1011 BGB, Berlin 2013 (zitiert als: Staudinger/*Verfasser,* BGB)

Steiner, Udo (Hrsg.): Besonderes Verwaltungsrecht, 8. Auflage, Heidelberg 2006 (zitiert: *Verfasser* in: Steiner, Bes. VerwR)

Stelkens, Paul / *Bonk*, Joachim / *Sachs*, Michael: Verwaltungsverfahrensgesetz, Kommentar, 7. Auflage, München 2008 (zitiert: *Verfasser* in: Stelkens/Bonk/Sachs)

Stern, Klaus (Hrsg.): Das Staatsrecht der Bundesrepublik Deutschland, Kommentar, Band III/1 München 1988 (zitiert: *Stern*, Staatsrecht III/1)

Stern, Klaus (Hrsg.): Das Staatsrecht der Bundesrepublik Deutschland, Kommentar, Band III/2 München 1994 (zitiert: *Stern*, Staatsrecht III/2)

Störring, Lars Peter: Das Untermaßverbot in der Diskussion, Berlin 2009

Stollmann, Frank: Öffentliches Baurecht, 8. Auflage, München 2011

Stüer, Bernhard: Das Eigentum als subjektiv-öffentliches Recht und als abwägungserheblicher Belang in der Planfeststellung, NuR 1981, S. 149 ff.

Stürner, Michael: Der Grundsatz der Verhältnismäßigkeit im Schuldvertragsrecht, Tübingen 2010

Timmermann, Franz Hubert: Der baurechtliche Nachbarschutz, Berlin 1969

Triepel, Heinrich: Goldbilanzverordnung und Vorzugsaktien, Berlin u.a. 1924

Uber, Giesbert: Freiheit des Berufs, Hamburg 1952

Unruhe, Peter: Zur Dogmatik der grundrechtlichen Schutzpflichten, Berlin 1996

Uechtritz, Michael: Nachbarrechtschutz bei der Errichtung von Wohngebäuden im Freistellungs-, Anzeige- und vereinfachten Verfahren, NVwZ 1996, S. 640 ff.

Uechtritz, Michael: Vorläufiger Rechtsschutz eines Nachbarn bei genehmigungsfreigestellten Bauvorhaben – Konkurrenz zwischen Zivil- und Verwaltungsprozeß, BauR 1998, S. 719 ff.

Volpert, Raimund / *Bachmann*, Peter / *Diederichsen*, Lars: Bauplanungs- und Bauordnungsrecht, Berlin 2003

Voßkuhle, Andreas: Der Grundsatz der Verhältnismäßigkeit, JuS 2007, S. 429 ff.

Voßkuhle, Andreas: Entscheidungsspielräume der Verwaltung (Ermessen, Beurteilungsspielraum, planerische Gestaltungsfreiheit), JuS 2008, S. 117 ff.

Wagner, Hellmut: Schadensvorsorge bei der Genehmigung umweltrelevanter Großanlagen, DÖV 1980, S. 269 ff.

Wahl, Rainer: Der Nachbarschutz im Baurecht, JuS 1984, S. 577 ff.

Wahl, Rainer / *Masing*, Johannes: Schutz durch Eingriff, JZ 1990, S. 553 ff.

Wassermann, Rudolf (Hrsg.): Kommentar zum Grundgesetz für die Bundesrepublik Deutschland, Band 2, 3. Auflage, Neuwied u.a. 2001 (zitiert: *Verfasser* in: Wassermann, GG II)

Weber-Dürler, Beatrice: Der Grundrechtseingriff, VVDStRL 57 (1998), S. 57 ff.

Wehr, Matthias: Grundfälle zu Vorrang und Vorbehalt des Gesetzes, JuS 1997, S. 231 ff., 419 ff.

Weichert, Thilo: Der sogenannte „finale Rettungsschuß“, VBlBW 1991, S. 249 ff.

Weidemann, Clemens: Die behördliche Feststellung nach § 6 Abs. 3 Verpackungsverordnung, DVBl. 1992, S. 1568 ff.

Wellhöfer, Claus: Das Übermaßverbot im Verwaltungsrecht, Würzburg 1971

Wendt, Rudolf: Der Garantiegehalt der Grundrechte und das Übermaßverbot, AöR 104 (1979), 414 ff.

Wernsmann, Rainer: Wer bestimmt den Zweck einer grundrechtseinschränkenden Norm?, NVwZ 2000, S. 1364

Wieacker, Franz: Geschichtliche Wurzeln des Prinzips der verhältnismäßigen Rechtsanwendung, Berlin u.a. 1979

Windmann, Jörg: Vorrang der Beseitigung als der umweltverträglicheren Lösung, UPR 1998, S. 103 ff.

Wittig, Peter: Zum Standort des Verhältnismäßigkeitsgrundsatzes im System des Grundgesetzes, DÖV 1968, S. 817 ff.

Witzstrock, Heike: Der polizeiliche Todesschuß, Frankfurt am Main 2001

Wolf, Stephan: Bayerische Bauordnung – Kurzkommentar, 4. Auflage, Köln 2010

Wolff, Hans J. / *Bachhof*, Otto / *Stober*, Rolf / *Kluth*, Winfried: Verwaltungsrecht I, 12. Auflage, München 2007 (zitiert: *Verfasser* in: Wolff/Bachhof/Stober/Kluth, Verwaltungsrecht I)

Zischer, Wolfram: Der Grundsatz der Verhältnismäßigkeit im Arbeitsvertragsrecht als Blankettformel, BB 1983, S. 1285 ff.